21世纪经济与管理应用型规划教材
财务管理系列

# 资产评估学
## 理论、实务与案例

# Valuation
## Theory, Practice and Case

陈文军 编著

北京大学出版社
PEKING UNIVERSITY PRESS

**图书在版编目(CIP)数据**

资产评估学:理论、实务与案例/陈文军编著.—北京:北京大学出版社,2015.8
(21世纪经济与管理应用型规划教材·财务管理系列)
ISBN 978-7-301-26152-1

Ⅰ.①资… Ⅱ.①陈… Ⅲ.①资产评估—高等学校—教材 Ⅳ.①F20

中国版本图书馆CIP数据核字(2015)第177805号

| | |
|---|---|
| 书　　名 | 资产评估学：理论、实务与案例 |
| 著作责任者 | 陈文军　编著 |
| 策划编辑 | 李　娟 |
| 责任编辑 | 黄炜婷 |
| 标准书号 | ISBN 978-7-301-26152-1 |
| 出版发行 | 北京大学出版社 |
| 地　　址 | 北京市海淀区成府路205号　100871 |
| 网　　址 | http://www.pup.cn |
| 电子信箱 | em@pup.cn　QQ:552063295 |
| 新浪微博 | @北京大学出版社　@北京大学出版社经管图书 |
| 电　　话 | 邮购部 62752015　发行部 62750672　编辑部 62752926 |
| 印刷者 | 北京富生印刷厂 |
| 经销者 | 新华书店 |
| | 787毫米×1092毫米　16开本　19.25印张　421千字 |
| | 2015年8月第1版　2016年11月第2次印刷 |
| 定　　价 | 39.00元 |

未经许可，不得以任何方式复制或抄袭本书之部分或全部内容。
**版权所有，侵权必究**
举报电话：010-62752024　　电子信箱：fd@pup.pku.edu.cn
图书如有印装质量问题，请与出版部联系，电话：010-62756370

# 丛书出版前言

《国家中长期教育改革和发展规划纲要（2010—2020年）》指出，目前我国高等教育还不能完全适应国家经济社会发展的要求，学生适应社会和就业创业能力不强，创新型、实用型、复合型人才紧缺。所以，在此背景下，北京大学出版社响应教育部号召，在整合和优化课程、推进课程精品化与网络化的基础上，积极构建与实践接轨、与研究生教育接轨、与国际接轨的教材体系，特策划出版"21世纪经济与管理应用型规划教材"。

"21世纪经济与管理应用型规划教材"注重系统性与综合性，注重加强学生分析能力、人文素养及应用性技能的培养。本系列包含三类课程教材：通识课程教材，如《大学生创业指导》等，着重于提高学生的全面素质；基础课程教材，如《经济学原理》《管理学基础》等，着重于培养学生建立宽厚的学科知识基础；专业课程教材，如《组织行为学》《市场营销学》等，着重于培养学生扎实的学科专业知识以及动手能力和创新意识。

本系列教材在编写中注重增加相关内容以支持教师在课堂中使用先进的教学手段和多元化的教学方法，如用课堂讨论资料帮助教师进行启发式教学，增加案例及相关资料引发学生的学习兴趣等；并坚持用精品课程建设的标准来要求各门课程教材的编写，力求配套多元的教辅资料，如电子课件、习题答案和案例分析要点等。

为使本系列教材具有持续的生命力，我们每隔三年左右会对教材进行一次修订。我们欢迎所有使用本系列教材的师生给我们提出宝贵的意见和建议（我们的电子邮箱是em@pup.cn），您的关注就是我们不断进取的动力。

在此，感谢所有参与编写和为我们出谋划策、提供帮助的专家学者，以及广大使用本系列教材的师生，希望本系列教材能够为我国高等院校经管专业的教育贡献绵薄之力。

北京大学出版社<br>
经济与管理图书事业部

# 前　言

经济越发展，资产评估越重要。经济的发展离不开资产评估，资产评估的发展离不开资产评估人才的培养，而资产评估人才的培养又离不开优秀的资产评估教材。中国经济发展迅速，资产评估准则体系不断建立与完善，资产评估教材也必须紧跟经济与资产评估的发展脉搏，与时俱进。

本教材是在过去资产评估教材的基础上，吸收国内外相关教材的精华，并结合中国《资产评估准则》、国际资产评估惯例和审计实务编写而成。本教材的主要特点在于：第一，既注重企业基本业务处理的理论阐述，又注重与中国现行《资产评估准则》及资产评估实践的结合，以中国《资产评估准则》为依据，但又不是《资产评估准则》的简单解读；第二，对资产评估理论的阐述力求精炼、简明和通俗易懂，不同于以往资产评估教材的叙述方式，而是以较直观的表现形式予以展现，使学生一目了然，易于掌握；第三，注重理论与案例、实践的结合，对每一理论问题的阐述均配有恰当的案例，每章内容均配有相关案例的分析，便于培养学生的实践能力和发现问题、分析问题与解决问题的能力，有利于提高其职业判断能力；第四，配备颇具特色的同步检测练习，非常适合学生进行课后消化、复习与提高。

本教材既可作为高等院校会计、财务管理专业本科高年级学生学习"资产评估学"等课程时使用，又可作为会计、财务管理实务工作者开展继续教育时使用。

本教材编写的过程中，得到南京师范大学泰州学院商学院院长张薇教授、南京师范大学金陵女子学院党委书记江希和教授、院长赵媛教授、副院长熊筱燕教授的悉心指导和大力帮助，也得到会计与财务管理系系主任王佩博士、李云博士等的帮助与支持，在此一并致以最诚挚的谢意；本教材的编著，参考了诸多相关文献，在此对全体文献作者表示衷心的感谢，同时还要对本教材的各位编审人员特别表示感谢！她们为本教材的出版付出了辛勤的劳动，她们的工作，不仅保证了本教材的顺利完成，还减少了教材中的错误，使本教材增色不少。

最后恳请各位同仁对本教材批评指正！

陈文军

于南京金信花园

2015.5

# 目 录

## 第一章 总 论 ············································································· 1
引导案例 文物专家称为假古董估价 24 亿元系学术自由 ························· 2
第一节 资产评估的产生与发展 ··················································· 2
第二节 资产评估及其特点 ························································· 8
第三节 资产评估的价值类型和评估目的 ······································ 13
第四节 资产评估的假设与原则 ·················································· 16
第五节 资产评估与会计、财务管理、审计的关系 ·························· 22
第六节 学习、研究资产评估的方法 ············································ 26
同步检测练习 ········································································· 28

## 第二章 资产评估程序 ································································ 33
引导案例 人大常委委员对规范资产评估程序的建议 ·························· 34
第一节 资产评估程序概述 ························································ 34
第二节 资产评估的基本程序 ····················································· 36
第三节 资产评估的具体程序 ····················································· 38
同步检测练习 ········································································· 44

## 第三章 资产评估途径与方法 ······················································ 49
引导案例 一头牛的"资产评估" ···················································· 50
第一节 资产评估途径与方法概述 ··············································· 50
第二节 市场法 ········································································ 56
第三节 收益法 ········································································ 61

第四节　成本法 ... 66
　　同步检测练习 ... 73

## 第四章　机器设备评估 ... 76
　　引导案例　创业办厂中的评估 ... 77
　　第一节　机器设备评估概述 ... 77
　　第二节　市场法在机器设备评估中的应用 ... 82
　　第三节　收益法在机器设备评估中的应用 ... 85
　　第四节　成本法在机器设备评估中的应用 ... 87
　　同步检测练习 ... 98

## 第五章　房地产评估 ... 105
　　引导案例　二手房屋抵押价值的评估 ... 106
　　第一节　房地产评估概述 ... 111
　　第二节　市场法在房地产评估中的应用 ... 125
　　第三节　收益法在房地产评估中的应用 ... 130
　　第四节　成本法在房地产评估中的应用 ... 136
　　第五节　假设开发法在房地产评估中的应用 ... 142
　　第六节　路线价法在房地产评估中的应用 ... 145
　　第七节　基准地价修正法在房地产评估中的应用 ... 150
　　第八节　在建工程评估 ... 152
　　同步检测练习 ... 154

## 第六章　资源资产评估 ... 161
　　引导案例　全球变暖与森林资源 ... 162
　　第一节　资源资产概述 ... 162
　　第二节　森林资源资产评估 ... 165
　　第三节　矿产资源资产评估 ... 169
　　同步检测练习 ... 173

## 第七章 无形资产评估 ... 177

引导案例 它们能否形成企业的无形资产? ... 178
第一节 无形资产评估概述 ... 178
第二节 市场法在无形资产评估中的应用 ... 184
第三节 收益法在无形资产评估中的应用 ... 185
第四节 成本法在无形资产评估中的应用 ... 192
同步检测练习 ... 195

## 第八章 长期投资性资产评估 ... 202

引导案例 转让价值应如何确定? ... 203
第一节 长期投资评估概述 ... 203
第二节 长期债权投资评估 ... 204
第三节 长期股权投资评估 ... 207
第四节 其他长期性资产的评估 ... 212
同步检测练习 ... 213

## 第九章 流动资产评估 ... 219

引导案例 振华公司流动资产评估 ... 220
第一节 流动资产评估概述 ... 221
第二节 实物类流动资产评估 ... 223
第三节 其他流动资产评估 ... 228
同步检测练习 ... 231

## 第十章 企业价值评估 ... 237

引导案例 "小鱼"吃"大鱼" ... 238
第一节 企业价值评估及其特点 ... 238
第二节 市场法在企业价值评估中的应用 ... 242
第三节 收益法在企业价值评估中的应用 ... 246
第四节 资产基础法在企业价值评估中的应用 ... 249
同步检测练习 ... 254

## 第十一章　资产评估报告································261

引导案例　资产评估报告纠错································262

第一节　资产评估报告概述································264

第二节　资产评估报告的编制································270

第三节　资产评估报告的使用································272

第四节　资产评估报告的法律效力与责任································273

同步检测练习································275

# 模拟考试试题（一）································281

# 模拟考试试题（二）································286

# 参考文献································291

# 附　录································293

# 第一章  总论

> **引导案例**
>
> ### 文物专家称为假古董估价 24 亿元系学术自由
>
> 商人谢根荣自行伪造了两件"金缕玉衣",出钱请故宫专家等人估价24亿元,由此向银行骗贷。有一位参与其中的专家接受采访时,用了"学术自由"这么一个词,引起舆论非议。一个富豪自制的金缕玉衣,五位国内顶尖鉴定专家,一份估价24亿元人民币的鉴定报告,今天也现了原形。一个商人,一个头顶收藏家、慈善家等多项光环的骗子,在他行骗的一系列环节中,五位古董鉴定专家到底充当了什么角色?他们是在进行资产评估吗?
>
> 资料来源:中央电视台《新闻1+1》节目2011年9月6日播出的"'助纣为虐'的古董鉴定!"

## 第一节 资产评估的产生与发展

### 一、资产评估产生的动因

从现象上看,资产评估活动的开展与交易所的交易行为、海上贸易保险行为,以及房地产交易行为密切相关。从本质上讲,这些引起资产评估活动的经济行为反映了一个共同的事实——市场经济的发展,市场经济的发展对社会经济生活的影响是资产评估产生的基本动因。市场经济发展对社会经济生活的影响主要体现在以下四个方面:

1. 交易对象的增加和交易空间的扩展

商品经济和商品交换早在资产评估出现之前就已经存在了,日常的或者普通的商品交换并不一定会引起资产评估的产生。只有当市场经济发展到一定的程度,交易对象增加,交易空间扩展,不同细分市场的透明度出现差异时,作为一种估值咨询活动的资产评估才应运而生。随着经济的发展,珠宝首饰、不动产等成为交易的对象,而这些交易对象具有价值大、个体差异大、市场不透明、价值难以把握等特点,交易当事人往往需要借助估值专业人士才能很好地完成交易。而交易空间的扩展往往伴随着陆路运输和海上运输的发展,由于当时的海上运输设备相对简陋和运输条件的不确定性,海上运输风险十分巨大,因此海上运输保险业兴起。这为保险理赔服务的资产评估活动的出现创造了条件。

2. 交易双方的信息不对称

资产交易双方充分占有市场信息是资产能够顺利成交的基础。一方面,受客观条件的限制,交易双方往往对取得资产的历史价格比较了解,而对资产现行价格的信息掌握较少;另一方面,资产的专用性和交易的低频率等特点,又使其他资产以往的交易事实难以作为待交易资产价格确定的依据。因此，需要一个掌握较多市场交易信息，并能站在客观立场上的、具有一定的权威性的中介机构，用双方可以接受的程序和方法估算一个数值，为交易双方确定成交价格提供参考。这种需求的不断增多，是资产评估业产生的客观前提。

3. 交易双方对交易的公允性要求的一致性

交易的公允性始终是相对的。随着市场经济的发展，交易对象、交易数量、交易金额和交易空间的扩大，交易双方对公允性要求是一致的。交易双方由于受到知识、专业、经验和经历等的局限，很难把握每一次交易活动的公允结果，因此聘请相关专业人士以保证交易的顺利进行和交易的公允性就成为必要。资产评估人员及资产评估所扮演的正是维护交易的顺利进行和交易的公允性的角色。

4. 大宗交易的发生

资产交易的数额一般都比较大，对交易双方利益的影响也较大，交易双方都希望在理性的基础上进行交易，由此产生对评估信息的需求。此外，交易额的增大使评估费用相对于资产价值的比率降低，委托方支付的评估费用远远低于在缺少评估信息情况下交易所带来的预期损失，资产评估成为一种能够支付得起的客观需求。

不少国外的资产评估的历史资料表明，国外的资产评估是随着经济的发展，为满足经济行为的相关交易决策的价格咨询需要而产生的；而中国的资产评估的产生则不然，它是顺应社会主义经济体制改革和国有资产管理的需要，基于加强国有资产管理的需要而产生的。

## 二、资产评估的产生与发展

### （一）国外资产评估的产生与发展

资产评估在国外已有多年历史，随着人类社会中商品交易的产生与发展，产生了对资产评估的需要。从总体上来看，国外资产评估大致经历了三个阶段。

**第一个阶段：原始评估阶段**

在原始社会后期，生产的进一步发展导致剩余财产的出现，这是私有制产生的物质基础。商品生产及其交易随着私有制的产生而出现，生产性商品的资产交易也随之产生并得到发展，于是产生了对资产评估的客观需要。在房屋、土地、牲畜及珠宝等贵重财产的交易过程中，由于这些财产的价值具有不确定性，交易双方对价格往往难以达成一致的意见；此时，双方就需要找一个略有经验并共同信得过的第三者进行评判，从而达成一个公平价格，以使买卖成交。这个第三者在协调过程中，需要根据各种理由和方法给出一个交易双方都能接受的价格，实际上扮演了类似现代资产评估人员的角色。人们通常将该阶段资产评估的特点概括为"四性"。（1）直观性。是指在资产评估中仅依靠评估人员的直觉和偏好来进行评估，没有借助其他科学的测评手段。（2）简单性。是指此时的资产评估所采用的方法相对简单，评估过程的完成快速、简洁明了、操作简单。（3）偶然性。是指此时的资产评估是在偶然进行的资产交易下发生的。（4）无偿性。是指此时的资产交易双方都无须向评估人员支付报酬，同样评估人员也无须对评估结果负责。

**第二个阶段：经验评估阶段**

随着社会经济的发展和资产交易的日益频繁，资产评估业务逐步向专业化和经营化的方向发展，产生了一批具有一定资产评估经验的评估人员。他们结合过去评估中的经验数据和丰富的评估经验、知识对资产进行评估，专业水平有了很大的提高；同时，资产交易双方都委托他们进行评估，实行有偿服务，资产评估逐渐迈向职业化。人们通常将该阶段资产评估的特点概括为"四性"。（1）专业性。是指从事资产评估的人员具备一定的专业知识和评估经验。资产评估业务很频繁，已经成为一种经常性、专业性的活动。（2）有偿性。是指资产评估人员对资产评估业务需要收取一定的报酬，不再是无偿服务。（3）准确性。是指评估结果更为准确、可靠，但其程度取决于具体资产评估人员的个人道德素质和评估经验。（4）法律性。是指资产评估人员或机构对评估的结果负有法律责任，特别是对因欺诈行为或其他违法行为而产生的后果负有法律责任。

**第三个阶段：科学评估阶段**

随着经济社会的进一步发展，以资产交易为主的资产业务急剧扩大，资产业务中的分工日益精细化。经济发展对资产评估的需要越来越迫切，要求越来越高，从而推动了资产评估的职业化发展，逐步产生了公司化的资产评估机构，它们凭借强大的实力和现代化的管理方式为资产交易双方提供高质量的评估服务。人们通常将该阶段资产评估的特点概括为"六化"。

（1）范围扩大化。资产评估业务的范围扩大，不仅包括有形资产评估和无形资产评估，而且进一步细分为机器设备、房地产、流动资产、长期投资、资源性资产、企业价值评估等。

（2）机构公司化。公司化的评估机构通常是产权明晰、权责明确、管理科学的现代服务型企业，并以自主经营、自负盈亏的独立法人形式进行经营管理。

（3）人员专业化。资产评估机构集中了许多具有相当专业化水平的评估人员；他们可以是专职员工，也可以是兼职人员；他们对资产评估的业务知识与理论都有相当程度的了解和掌握。

（4）方法科学化。评估机构一方面积累了丰富的经验和知识，另一方面培养了大量的评估人员，评估人员将现代科学技术和方法应用到资产评估中，提高了评估结果的准确性和科学性。

（5）工作规范化。各国资产评估机构及其行业自律协会开始制定统一的评估准则，对评估师的职业道德规范和评估工作程序作出了明确而具体的规定。

（6）结果法律化。资产评估结果一般要经过法律部门的公证，评估机构和评估人员对资产评估结果负法律责任。

在中国，资产评估行业是在改革开放以后逐渐发展起来的，还是一个较为年轻的行业。20世纪80年代末，随着中国社会主义市场经济的逐步形成，企业逐渐成为相对独立的经济实体。在这种情况下，企业的生产要素不再通过国家计划进行调拨，而是通过市场在企业间进行交换、流动,企业通过联营、兼并、股份制改组、资产转让、交易等多种行为来提高企业资产的运营效益。为了保障交易双方的权益不受损害,保护国有资产不流失,资产评估行业应运而生。

1989年,国家国有资产管理局下发了《关于国有资产产权变动时必须进行资产评估的若干暂行规定》,这是中国第一份提到评估问题的政府文件。1990年7月,国家国有资产管理局成立资产评估中心,其职能是对全国国有资产的评估工作进行管理和监督。资产评估中心成立以来,一方面,按照国务院和国有资产管理局的要求,积极开展资产评估各项管理工作,进行资产评估理论和方法的研究;另一方面,积极制定资产评估法规和各项规章。1990年年底以后,省级国有资产管理部门陆续成立评估中心,管理地方的资产评估工作。至此,资产评估在全国全面开展起来。

### (二)中国资产评估的产生与发展

中国的资产评估行业起步于20世纪80年代末期90年代初期,虽然时间不长,但已取得令世人瞩目的可喜成绩。目前,资产评估已经成为社会主义市场经济体系中一个不可或缺的社会中介行业。

中共十一届三中全会以后,中国经济体制的改革逐步深入,国有企业对外合资合作、承包租赁、兼并、破产等经济行为日益增多,这些行为事实上都需要建立在对所涉及的国有资产价值的合理估算的基础上。但与此不相适应的是,当时中国并没有专门的资产评估机构,国有企业往往以账面价值与境外投资者合资合作,导致国有资产大量流失。这些现象引起社会各界的广泛关注,要求合理重估国有资产价值的呼声日益高涨。

1989年,国家体制改革委员会、财政部、国家国有资产管理局《关于出售国有小型企业产权的暂行办法》(体改经〔1989〕39号)和国家体制改革委员会、国家计划委员会、财政部、国家国有资产管理局《关于企业兼并的暂行办法》(体改经〔1989〕38号)明确规定,对被出售企业的资产要认真进行清查评估。1990年7月,国家国有资产管理局成立了资产评估中心,负责资产评估项目和资产评估行业的管理工作。这些早期资产评估管理文件的发布和资产评估管理机构的成立,标志着中国资产评估工作正式起步。

20世纪90年代初,原国家国有资产管理局代表政府直接管理资产评估行业,包括法规起草、机构管理、项目管理等基础工作,在较短的时间内完成了《国有资产评估管理办法》的起草工作;1991年11月,国务院发布了《国有资产评估管理办法》(国务院令第91号)。该规章对中国开展资产评估工作的程序、目的、法定评估范围、评估应遵循的原则、评估工作管理主体、评估操作机构的资格认定、评估的基本方法和评估行为各方的法律责任等作出系统的规定,确立了中国资产评估工作的基本依据、基本方针和基本政策。国家国有资产管理局围绕着贯彻落实91号令制定了一系列配套的规章制度,地方省市人民政府也制定了一些地方评估管理的法规条例,为保证全国资产评估活动的有序开展和逐步形成全国统一的资产评估行业体系提供了法律保证。

1993年12月,中国资产评估协会成立,标志着中国资产评估行业由政府直接管理向政府监督指导下的行业自律性管理过渡。资产评估作为社会公正性的中介服务组织，必须坚持独立、客观、公正的原则，不仅承担维护国有资产所有者权益的责任，还要承担维护其他产权主体权益的责任。中国资产评估协会的主要职责是负责管理协会会员，制定评估准则、标准，代拟行业管理法规，开展评估理论及政策的研究，出版刊物，开展教育培训、国际交流、信息服务，调解仲裁纠纷，维护会员的合法权益。

1995年3月，中国资产评估协会代表中国资产评估行业加入国际评估准则委员会，中国资产评估行业开始走向世界。目前，全国各省、自治区、直辖市和计划单列市基本成立了资产评估协会，形成了较完整的组织体系。

从此以后，中国资产评估行业得到空前的发展，资产评估机构和从业人员的数量迅速增加。中国逐渐建立了注册资产评估师制度，完善了资产评估行业准入制度，并陆续发布了资产评估操作规范意见等技术性规范。

随着社会主义市场经济的发展，评估项目越来越多，规模越来越大，涉及的行业越来越广，技术复杂程度也越来越高。没有一支知识全面、技能精湛的专业评估师队伍，愈加难以胜任此项工作。为此，1995年5月10日，国家国有资产管理局、人事部共同发布了《注册资产评估师执业资格制度暂行规定》和《注册资产评估师执业资格考试实施办法》，该办法规定，注册资产评估师由人事部和国家国有资产管理局共同管理。参加注册资产评估师全国统一考试合格者，就能取得《执业资格证书》，经过注册取得《注册资产评估师注册证》后即可执业。

注册资产评估师具备签署评估报告的权力。评估报告必须由两个以上的注册资产评估师签字方为有效。评估机构的申办设立也必须具备一定数量的资产评估师。报考注册资产评估师有一定的要求，如参加注册资产评估师的考试者必须具备相关专业（经济管理、财务会计和工程技术）的相应学历与专业年限。例如，中专毕业的必须有8年以上相关专业工作经历，其中从事资产评估工作要求满5年；大专毕业的必须有6年以上相关专业工作经历，其中从事资产评估工作要求满4年；本科毕业的必须有4年以上相关专业工作经历，其中从事资产评估工作要求满3年；硕士或第二学士学位、研究生班毕业的必须从事资产评估工作满2年；取得博士学位的，可直接报考；不具备上述学历的，也有相应的报考条件。

考试合格者进行注册，必须满足遵纪守法，具备民事行为能力及单位考核同意等条件。

注册资产评估师注册后3年内有效，3年期满要到国有资产管理部门重新注册，在两个注册期之间，注册资产评估师必须接受国有资产管理局统一组织的在职培训。

注册资产评估师制度的实行，为保证资产评估人员在社会经济中提供高质量的服务，强化资产评估人员的专业责任发挥了重要作用；同时，也为规范评估机构的管理打下了必要的基础。

为了规范机构管理，中国在每一个发展时期都根据当时的实际情况，及时地制定机构管理办法。例如，1993年国资办发布了《资产评估机构管理暂行办法》（国资办发

〔1993〕第58号），同年还发布了《关于从事证券业务的资产评估机构资格确认的规定》（国资办发〔1993〕第12号）。在1997年11月召开的全国评估管理工作大会上，中国提出了评估机构脱钩改制的要求，讨论了脱钩改制的办法，要求评估机构都要与挂靠单位或原上级部门脱钩，办成规范的、由评估师出资的有限责任公司或合伙人事务所，并对评估师人数等条件提出了要求。评估机构的脱钩改制工作于1998年开始实施，1999年年底全部完成。

2003年，国务院设立国有资产监督管理委员会（简称"国资委"），财政部将有关国有资产管理的部分职能划归国资委。国资委作为国务院的特设机构，以出资人的身份管理企业的国有资产，包括负责监管所属企业资产评估项目的核准和备案；财政部则作为政府管理部门负责资产评估行业的管理工作。2003年12月，国务院办公厅转发财政部《关于加强和规范评估行业管理的意见》（国办发〔2003〕101号），对加强和规范评估行业的管理提出了全面要求。根据国务院文件的精神，2004年2月，财政部发布了《资产评估准则——基本准则》《资产评估职业道德准则——基本准则》。

2003年12月31日，国务院国有资产监督管理委员会和财政部联合发布了《企业国有产权转让管理暂行办法》（国务院国有资产监督管理委员会、中华人民共和国财政部令第3号），对企业国有产权转让行为进行规范。其中明确规定，企业国有产权在转让时应当委托具有相关资质的资产评估机构，依照国家有关规定进行资产评估。

2005年5月11日，财政部发布《资产评估机构审批管理办法》（财政部令第22号），对资产评估机构及其分支机构的设立、变更和终止等行为进行规范。

2008年4月29日，财政部、证监会联合印发了《关于从事证券期货相关业务的资产评估机构有关管理问题的通知》（财企〔2008〕81号），对从1993年开始对资产评估机构从事证券业务实施行政许可，资产评估机构申请证券资格应当满足的条件和应当提交的材料，对具有证券评估资格的资产评估机构后续监管等问题作了明确的规定，不仅加强了资格的准入管理，还建立了"优胜劣汰"的退出机制。

 **相关链接**

国际评估准则委员会（International Valuation Standards Committee，IVSC）是20世纪80年代以来在世界各国资产评估专业团体的推动下，逐步发展起来的重要国际性评估专业组织，目前在国际评估界发挥着主导作用，其制定和努力推广的《国际评估准则》，是目前最具影响力的国际性评估专业准则。2008年10月，国际评估准则委员会改组为国际评估准则理事会。

## 第二节　资产评估及其特点

### 一、资产及其特点

（一）资产的定义及特征

资产是一个具有多角度、多层面的概念，既有经济学中资产的概念，也有其他学科（如会计学）中资产的概念。经济学中的资产是指特定主体拥有或控制的，能够给特定经济主体带来经济利益的经济资源；会计学中的资产是指过去的交易或事项形成的，并由企业拥有或控制的资源，该资源预期会给企业带来经济利益；资产评估学中的资产概念在全国注册资产评估师考试辅导教材《资产评估》中则被表述为，经济主体拥有或控制的，能以货币计量的并能够给经济主体带来经济效益的经济资源。可见，资产评估学中的资产更接近经济学中的资产。

一项资源，只有具备以下三项基本特征时，才能被认为是资产评估学中的资产：

（1）资产是由过去的交易或事项所形成的。也就是说，资产必须是现实的资产，而不能是预期的资产；它是企业在过去的一个时期里，通过交易或事项所形成的结果。对于未来的交易或事项以及未发生的交易或事项可能产生的结果，则不属于现在的资产，不得作为企业的资产。

（2）资产是企业拥有或者控制的。通常情况下，企业应当对其资产拥有所有权，可以按照自己的意愿使用或处置该项资产，其他企业或个人未经同意不能擅自使用。但在某些情况下，对于一些特殊方式形成的资产（如融资租入的固定资产），企业虽然对其不拥有所有权，但实际上能够对其实施控制，按照实质重于形式的原则，也应当视之为企业的资产。

（3）资产预期会给企业带来经济利益。这也是资产的最重要的特征。所谓给企业带来未来经济利益，是指直接或间接地增加流入企业的现金或现金等价物的潜力，这种潜力可以单独或与其他资产结合起来产生净现金流入。预期不能给企业带来经济利益的，就不能作为企业的资产。同样，对于企业已经取得的某项资产，如果其内含的未来经济利益已经不复存在，就应该将其剔除。例如，库存已失效或已毁损的存货，它们已经不能给企业带来未来经济利益，就不应该再作为企业的资产；否则，将会虚增企业的资产。

（二）资产的种类

通常情况下，按照不同的标准，可将资产分为不同的种类。

1. 按会计报表项目可将资产分为流动资产、长期投资、固定资产、无形资产及其他资产

目前中国资产评估实务工作中，通常情况下，企业资产评估项目是与企业会计报表相联系的。了解这些不同类型的资产，有利于合理地组织和顺利地完成企业整体资产评估项目；同时，也便于被评估单位在评估对象发生产权变动后根据评估结果进行会计账务处理。

2. 按资产的存在形态可将资产分为有形资产和无形资产

有形资产是指那些具有实体形态的资产，如机器设备、房屋建筑物、库存商品、材料等。由于这类资产具有不同的功能和特性，通常具有较强的专业性，在评估时应根据资产的不同特点分别进行。无形资产是指那些虽然没有实物形态，但在很大程度上制约着企业物质产品的生产能力和生产质量，直接影响企业经济效益的资产，主要包括专利权、商标权、非专利技术、土地使用权、特许权、商誉等。无形资产通常具有较强的综合性，影响因素较为复杂，评估难度也较大。

3. 按资产是否具有综合获利能力可将资产分为单项资产和整体资产

单项资产是指单台、单件的资产，如一台设备、一栋房屋等。整体资产是指由一组单项资产组成的、具有整体获利能力的资产综合体，如一个具有正常经营活动能力的企业的所有资产、一个独立的部门或车间等。在一些情况下，企业各单项资产之和并不一定等于企业的整体资产。也就是说，在企业整体资产中，有一部分资产无法以单项资产的形式存在。在资产评估工作中，区分单项资产和整体资产，便于合理安排评估人员，顺利完成资产评估任务。

4. 按资产能否独立存在可将资产分为可确指的资产和不可确指的资产

可确指的资产是指能独立存在的资产，前面所列示的有形资产和无形资产（除商誉以外）都是可确指的资产。不可确指的资产是指不能脱离企业有形资产而单独存在的资产，如商誉。商誉是指企业基于地理位置优越、信誉卓著、生产经营出色、劳动效率高、历史悠久、经验丰富、技术先进等原因，获得的投资收益率高于一般正常投资收益率所形成的超额收益资本化的结果。商誉是一种特殊的无形资产，它不能以独立的形式存在，通常表现为企业整体资产与各单项资产之和的差额。

5. 按资产与生产经营过程的关系可将资产分为经营性资产和非经营性资产

经营性资产是指处于生产经营过程中的资产，如企业的机器设备、厂房、交通工具等。经营性资产又可按是否对盈利产生贡献分为有效资产和无效资产。区分有效资产和无效资产是开展资产评估工作的一项重要内容。非经营性资产是指处于生产经营过程以外的资产，如政府机关的用房、办公设备等。

6. 按资产的法律意义可将资产分为不动产、动产和合法权利

不动产是指不能离开原有固定位置而存在的资产，如自然资源、房地产等。动产是指能脱离原有位置而存在的资产，如各种流动资产、长期资产等。合法权利是指受国家法律保护并能取得预期收益的特权，如专利权、商标权、特许经营权等无形资产。

## 二、资产评估及其特点

（一）资产评估的基本含义

全国注册资产评估师考试辅导用书编写组编写的《资产评估》（2013年版）中对资产评估的定义是，"资产评估是专业机构和人员，按照国家法律法规和资产评估准则，根据特定目的，遵循评估原则，依照相关程序，选择适当的价值类型，运用科学方法，对资产

价值进行评定和估算的行为"。该定义认为，资产评估本质上是对被评估资产在某一时点的价值进行的评定和估算。这种观点是目前中国资产评估理论界的主要观点。

（二）资产评估的基本要素

一般认为，资产评估应当包括以下基本要素：

（1）评估主体。评估主体是经过国家注册资产评估师资格认证的、具有从事资产评估资格的机构和人员。资产评估机构和人员是从事资产评估各项经济活动的主导者，评估主体是资产评估工作得以顺利进行的保证。

（2）评估客体。评估客体是被评估的各类资产，是资产评估的具体对象，也被称为评估对象。

（3）评估依据。评估依据是资产评估经济活动中需要遵循的法律、法规、经济行为文件、重大合同协议以及计算过程中的各种取费标准和其他参考依据。

（4）评估目的。评估目的是资产评估对象即将发生的经济行为，是资产评估业务引发的经济行为对资产评估结果的要求或资产评估结果的具体用途。评估目的在一定程度上决定和制约资产评估的条件和对评估价值类型的选择。明确资产评估目的，对于科学、合理地组织资产评估工作，提高资产评估工作的质量和效率具有重要的意义。

（5）评估原则。评估原则是资产评估的行为规范，是调节评估当事人各方关系、处理评估业务的行为准则。评估原则是开展资产评估工作应当遵循的最基本要求。

（6）评估程序。评估程序是资产评估工作从开始准备到最后结束的工作顺序。严格遵循评估程序是确保资产评估结果科学性、合理性和公正性的重要保证。

（7）评估价值类型。评估价值类型是指资产评估结果的价值属性及其表现形式。评估是对资产评估价值质的规定性（即价值内涵），它对资产评估参数的选择具有一定的制约作用。

（8）评估方法。评估方法是资产评估所运用的特定技术，是分析和判断资产评估价值的手段和途径。

（9）评估假设。评估假设是资产评估得以进行的前提条件和假设等。

（10）资产评估基准日。资产评估基准日是指资产评估的时间基准。

以上十大要素构成了资产评估活动的有机整体。

（三）资产评估的种类

由于资产种类的多样化和资产业务的多样性，资产评估也相应具有多种类型。通常，按照不同分类标准，可将资产评估分为下列三种形式：

1. 按资产评估工作的内容可具体分为一般评估、评估复核和评估咨询

一般评估是指正常情况下的资产评估，通常以资产发生产权变动、产权交易以及资产保险、纳税或其他经济行为为前提，包括市场价值评估和市场价值以外的价值评估。例如，企业上市资产评估、组建合资企业资产评估、企业股份制改造资产评估、企业资产抵押贷款资产评估等。

评估复核是指在对被评估的资产已经出具评估报告的基础上，由其他评估机构和评估人员对同一被评估资产独立地进行评定和估算，并出具报告的行为和过程。

评估咨询是一个较为宽泛的术语。确切地讲，评估咨询主要不是对评估标的物的价值估计和判断，它更侧重于对评估标的物的利用价值、利用方式、利用效果的分析和研究，以及与此相关的市场分析、可行性研究等。

2. 按资产评估与评估准则的关系可具体分为完全评估和限制评估

完全评估一般是指完全按照评估准则的要求进行的资产评估，未适用准则中的背离条款。完全评估中的被评估资产通常不受某些方面的限制，评估人员可以按照评估准则和有关规定收集评估资料，并对被评估资产的价值作出判断。

限制评估一般是指根据评估准则中的背离条款，或在允许的前提下未完全按照评估准则或规定进行的资产评估，评估结果受到某些特殊因素的影响。

3. 按资产评估对象与获利能力可具体分为单项资产评估和整体资产评估

单项资产评估是指评估对象为单项、可确指资产的评估。通常机器设备评估、土地使用权评估、房屋建筑物评估、商标权评估、专利权评估等均为单项资产评估。由于单项资产评估的对象为某一类资产，不考虑其他资产的影响，通常由具有某一方面的专业评估人员参加即可完成资产评估任务。

整体资产评估是指以若干单项资产组成的资产综合体所具有的整体生产能力或获利能力为评估对象的资产评估。例如，以企业全部资产作为评估对象的企业整体价值评估（或称企业价值评估）、以企业某一部分或某一车间为评估对象的整体资产评估、以企业全部无形资产为评估对象的无形资产整体评估等。企业价值评估是整体资产评估中最常见的形式。整体资产评估与单项资产评估不同的关键之处就在于，在整体资产评估工作中要以贡献原则为中心，考虑不同资产的相互作用以及它们对企业整体生产能力或总体获利能力的影响。

（四）资产评估的特点

资产评估是资产交易等资产业务的中介环节，它是市场经济条件下资产交易和相关资产业务得以顺利进行的基础。这种以提供资产价值判断为主要内容的经济活动与其他经济活动相比，具有以下五个鲜明的特点：

1. 市场性

资产评估是市场经济发展到一定阶段的产物，没有资产产权变动和资产交易的普遍进行，就不会有资产评估的存在。资产评估一般要估算的是资产的市场价值，因而资产评估专业人员必须凭借其对资产性质、功能等的认识以及市场经验，模拟市场对特定条件下的资产价值进行估计和判断，评估结果是否客观需要接受市场价格的检验。因此，资产评估结论要经得起市场的检验。资产评估结论能否经得起市场检验是判断资产评估活动是否合理、规范，以及评估人员是否合格的根本标准。

2. 系统性

对被评估资产的价值作出科学的估算和判断是一项系统的工程，必须用系统论的观点加以分析和开展工作。首先，必须将被评估资产置于整个企业或整个行业中，必要时还要置于整个国家的范围内进行分析和评价，因为同样的资产在不同的企业、不同的行业、不同的国家可能发挥不同的作用，也就具有不同的价值；其次，必须对被评估资产相互之间的匹配问题进行系统的考虑，主要是不同的有形资产、无形资产及其相互之间的匹配，因为同样的有形资产与不同的其他有形资产或无形资产匹配，可能发挥不同的作用，价值也就可能会不同；最后，评估人员在评估工作的过程中，必须系统地收集、整理和分析被评估资产的相关资料，将影响资产价值的各种相关因素进行系统的、综合的考虑，并在此基础上对评估结论作出系统的判断。

3. 技术性

资产评估人员在对被评估资产的价值作出专业判断的过程中，需要依据大量的数据资料，经过复杂且细致的技术性处理和必要的计算，不具备相应的专业知识就难以完成评估工作。例如，在对厂房或有关建筑物进行评估时，需要对其进行测量，了解建筑构造、工程造价、使用磨损程度等情况，如果缺乏建筑专业基础知识就难以进行；对机器设备进行评估时，需要对被评估设备的有关技术性能、磨损程度、预计经济寿命等情况作出判断，这些都具有较强的专业技术性，如果不具备相关专业知识就难以得出客观的评估结果。

资产评估的技术性要求评估人员应当由具备一定专业知识（如建筑、土地、机电设备、经济、财务等）的专业技术人员构成。

4. 公正性

资产评估的公正性主要体现在，资产评估是由交易双方以外的独立的第三者，站在客观公正的立场上对被评估资产所作的价值判断，评估结果具有公正性。资产评估的结果密切关系着资产业务有关各方的经济利益，如果背离客观公正的基本要求，就会使得资产业务的一方或几方蒙受不必要的损失，资产评估就失去了其存在的前提。

资产评估的公正性要求评估人员必须站在公正的立场，采取独立、客观、中立的态度，不屈服于任何外来的压力和任何一方的片面要求，客观、公正地作出价值判断。对于资产评估机构而言，资产评估的公正性也是十分重要的，只有以客观、公正的评估结果为客户提供优质的服务，才能赢得客户的信任，逐步树立自己的品牌，评估机构才能不断得到发展；否则，必将逐步丧失信誉，丧失市场，最终走向破产。

5. 咨询性

资产评估结论是评估人员在评估时点，根据所能搜集到的数据资料，模拟市场对资产价值所作出的主观推论和判断。不论评估人员的评估依据有多么充分，评估结论仍然是评估人员的一种主观判断，而不是客观事实。因此，资产评估不是一种给资产定价的社会经济活动，它只是一种经济咨询或专家咨询活动。评估结果本身并没有强制执行的效力，评估人员只对评估结论的客观性负责，而不对资产交易价格的确定负责。评估结果只是为资产业务提供一个参考价值，最终的成交价格取决于交易双方在交易过程中的议价能力。

**相关链接**

**资产评估的定义**

2004年2月,财政部颁布的《资产评估准则——基本准则》第二条对资产评估作出如下定义:"本准则所称资产评估,是指注册资产评估师依据相关法律法规和资产评估准则,对评估对象在评估基准日特定目的下的价值进行分析、估算并发表专业意见的行为和过程。"

## 第三节 资产评估的价值类型和评估目的

### 一、资产评估的价值类型

（一）资产评估的价值类型的含义及其分类

资产的价值不是一个静态的、性质不变的概念。任何资产的价值都依赖于许多随时间而变化的因素,如宏观经济环境、资产的潜在用途、评估的基准、资产的地理位置、资产的相对稀缺性、替代物的价值、所有权状况、资产在市场中的流动性、资产的物理状况等。因此,资产的价值并不是一个确定值,它反映了特定环境下与资产有关的利益各方的市场观念。由于评估目的、资产的用途和市场环境不同,因而出现了不同的价值判断标准,即资产的价值类型。资产评估中的价值类型是指资产评估结果的价值属性及其表现形式。不同的价值类型从不同的角度反映资产评估价值的属性和特征。不同属性的价值类型所代表的资产评估价值不仅在性质上是不同的,在数量上往往也存在较大的差异。

由于所处的角度不同以及对资产评估价值类型理解方面的差异,人们对资产评估的价值类型主要有以下四种分类:

一是以资产评估的估价标准形式表述的价值类型,具体包括重置成本、收益现值、现行市价（或变现价值）和清算价格四种。

二是从资产评估假设的角度来表述资产评估的价值类型,具体包括继续使用价值、公开市场价值和清算价值三种。

三是从资产业务的性质来划分资产评估的价值类型,具体包括抵押价值、保险价值、课税价值、投资价值、清算价值、转让价值、保全价值、交易价值、兼并价值、拍卖价值、租赁价值、补偿价值等。

四是以资产评估时所依据的市场条件以及被评估资产的使用状态来划分资产评估的价值类型,具体包括市场价值和市场价值以外的价值。

## （二）市场价值类型和非市场价值类型

（1）《国际评估准则》将市场价值定义为，自愿买方与自愿卖方在评估基准日进行正常的市场营销之后所达成的公平交易中，某项资产应当进行交易的价值估计数额，当事人双方应当精明、谨慎行事，不受任何强迫压制。

（2）中国的一般解释是，资产评估中的市场价值指资产在评估基准日，公开市场上最佳使用状态下，最有可能实现的交换价值的估计值。

市场价值以外的价值也称非市场价值或其他价值，凡不符合市场价值定义条件的资产价值类型都属于市场价值以外的价值。市场价值以外的价值不是一种具体的资产评估价值的存在形式，它是一系列不符合资产市场价值定义条件的价值形式的总称或组合。例如，在用价值、投资价值、持续经营价值、保险价值，等等。

在用价值是指作为企业组成部分的特定资产为其所属企业能够带来的价值，并不考虑该资产的最佳用途或资产变现的情况。

投资价值是指资产对于具有明确投资目标的特定投资者或某一类投资者所具有的价值。资产的投资价值与投资性资产价值是两个不同的概念，投资性资产价值是指特定主体以投资获利为目的而持有的资产，在公开市场上按其最佳用途实现的市场价值。

持续经营价值是指企业作为一个整体的价值。由于企业的各个组成部分对该企业整体价值都有相应的贡献，可以将企业总的持续经营价值分配给企业的各个组成部分，即构成企业持续经营性的各局部资产的在用价值。

保险价值是指根据保险合同或协议中规定的价值定义所确定的价值。

## （三）资产评估中的市场价值与市场价值以外价值的意义和作用

从资产评估的价值基础以及资产评估结果的适用范围和使用范围角度对评估结果进行分类，可将其分为市场价值和非市场价值。这符合资产评估服务于客户、服务于社会的内在要求。因此，明确资产评估中的市场价值与市场价值以外价值具有重要的意义和作用：

（1）有利于评估人员认识其评估结果的性质，便于评估人员在撰写评估报告时更清楚、明了地说明其评估结果的确切涵义。

（2）便于评估人员划定其评估结果的适用范围和使用范围。

（3）避免因价值概念不清而造成对评估报告的使用不当。

 **相关链接**

### 关于在资产评估中选择价值类型的要求

2004年2月，财政部颁布的《资产评估准则——基本准则》第十四条对在资产评估过程中选择价值类型提出如下要求："注册资产评估师执行资产评估业务，应当根据评估目的等相关条件选择适当的价值类型，并对价值类型予以明确的定义。"

## 二、资产评估目的

### （一）资产评估的一般目的

资产评估的一般目的或资产评估的基本目标是由资产评估的性质及其基本功能决定的。资产评估作为一种专业人士对特定时点及特定条件约束下资产价值的估计和判断的社会中介活动，其所要实现的一般目的只能是资产在评估时点的公允价值。公允价值是一种相对合理的评估价值，它是一种相对于当事人各方的地位、资产的状况及资产面临的市场条件的合理的评估价值，是评估人员根据被评估资产自身的条件及其所面临的市场条件，对被评估资产客观交换价值的合理估计值。公允价值的一个显著特点是，它与相关当事人的地位、资产的状况及资产所面临的市场条件相吻合，且没有损害各当事人的合法权益，亦没有损害他人的利益。

### （二）资产评估的特定目的

通常把资产业务对评估结果用途的具体要求称为资产评估的特定目的。中国资产评估实践表明，资产业务主要有资产转让、企业兼并、企业出售、企业联营、股份经营、中外合资与合作、企业清算、抵押、担保、企业租赁、债务重组，等等。

（1）资产转让。资产转让是指资产拥有单位有偿转让其拥有的资产，通常是指转让非整体性资产的经济行为。

（2）企业兼并。企业兼并是指一个企业以承担债务、购买、股份化和控股等形式有偿接收其他企业的产权，使被兼并方丧失法人资格或改变法人实体的经济行为。

（3）企业出售。企业出售是指独立核算的企业或企业内部的分厂、车间及其他整体资产产权的出售行为。

（4）企业联营。企业联营是指国内企业、单位之间以固定资产、流动资产、无形资产及其他资产投入组成各种形式的联合经营实体的行为。

（5）股份经营。股份经营是指资产占有单位实行股份制经营方式的行为，包括法人持股、内部职工持股、向社会发行不上市股票和上市股票等。

（6）中外合资、合作。中外合资、合作是指中国的企业和其他经济组织与外国企业和其他经济组织或个人在中国境内举办合资或合作经营企业的行为。

（7）企业清算。企业清算包括破产清算、终止清算和结业清算。

（8）抵押。抵押是指资产占有单位，以本单位的资产作为物质保证进行抵押而获得贷款的经济行为。

（9）担保。担保是指资产占有单位，以本单位的资产为其他单位的经济行为作担保，并承担连带责任的行为。

（10）企业租赁。企业租赁是指资产占有单位在一定期限内，以收取租金的形式，将企业全部或部分资产的经营使用权转让给其他经营使用者的行为。

（11）债务重组。债务重组是指债权人按照其与债务人达成的协议或法院的裁决，同意债务人修改债务条件的事项。

资产评估特定目的是指引起资产评估的具体资产业务,贯穿资产评估活动的始终,影响整个资产评估行为,在资产评估中具有很重要的地位和作用。具体包括:

(1)资产评估特定目的对评估结果的性质、价值类型等具有重要的影响。

(2)资产评估特定目的是界定评估对象的基础。

(3)资产评估特定目的对于资产评估的价值类型选择具有约束作用。

**相关链接**

2005年12月16日,第十届全国人大常委会第四十次委员长会议决定制定《中华人民共和国资产评估法》,并将《中华人民共和国资产评估法》作为补充项目列入第十届全国人大常委会补充立法计划。2006年7月,全国人大财经委牵头组织成立了《中华人民共和国资产评估法》起草领导小组、工作小组和专家顾问小组,标志着《中华人民共和国资产评估法》正式进入立法程序。经过5年多的努力,《中华人民共和国资产评估法(草案)》已于2012年3月在全国人大网站公布,开始广泛征求意见,《中华人民共和国资产评估法》的立法进入最后程序。

## 第四节 资产评估的假设与原则

### 一、资产评估假设

(一)假设与资产评估假设的含义

要理解资产评估假设的含义,首先要理解什么是假设。

假设是哲学和逻辑学中的一个概念,它指若干理所当然的原始命题,是进行演绎推理或科学论证的先决条件。假设是任何科学产生和发展的先导,因为进行任何科学的研究都会产生一系列未被确知并难以直接论证的问题,而任何科学的原理、定律及结论的产生,都要依赖于某种特定的假设。也就是先建立假设,再进行实验、实践,作进一步的验证,最后才能形成科学的理论。在社会科学领域中,人类要为各种社会疑难问题找出答案和作出解释,势必要借助种种假设。通过对客观事物的观察提出合乎逻辑的假设,经过不断地实践得到验证,在反复验证中探索出科学的奥秘和正确的结论。因此,提出切合实际而又符合情理的假设,既是进行科学研究的必要,又是指导社会实践的必要。假设一般具有如下特征:

(1)假设并不证明其自身的正确性。任何假设都不能对它本身作直接的验证,但可以对由假设所演绎的结论进行验证,因此假设的正确性要由其推演的结论的正确性来验证。

(2)假设是推论的基础。假设是一种人们可以接受的公理,它具有一定的科学性。人们借助假设进行推导、实践或实验，如果假设正确，其推导的结论或实验的结果也会正确。

（3）假设是发展变化的。虽然假设是科学产生和发展的先导，但它产生于一定的政治、经济、文化、技术环境之中，势必要随着它们的发展而有所变化。也就是旧假设可能消失而新假设不断涌现，只有这样才能推动科学在理论与实践上不断地向前发展。

资产评估学作为一门经济管理科学，自然也需要特定的假设。比如，为什么要进行资产评估？要对什么样的资产和活动进行资产评估？怎样提出资产评估结论？等等，都离不开假设。如果没有既符合客观实际又合情合理的资产评估假设，那么不仅无法建立资产评估学科的理论，也无法开展资产评估工作。无论社会制度如何，也不管人的主观认识程度如何，资产评估假设始终存在，它是资产评估理论和实务的产生和发展的基本前提。

在国外资产评估理论研究和资产评估实践中，资产评估假设得到较为广泛的运用；但是，到底什么是资产评估假定，它应该包括哪些方面的内容，目前尚无定论。资产评估假设，一般是指对资产评估理论和实务中产生的一些尚未确知的事务，根据客观的正常情况或者发展趋势所作的合乎情理的判断和假设说明。它是建立资产评估制度的前提，也是实施资产评估推理的依据。这里提出资产评估假设的客体是"资产评估理论和实务中产生的一些尚未确知的事务"，而不是已知的或者可望确知的事务，因为资产评估所面对的是复杂的经济活动，其认定的可行性和有效性若没有这种假设，那么也就无必要和可能去实行资产评估制度。比如，假设会计资料可以查明，才有检查的必要；假设资产评估人员具有胜任能力，才有可能有效地检查。假设只是针对特殊情况、过去情况或者不合乎情理的情况，如假设会计资料能遵循会计原理、会计原则、会计制度的要求如实予以反映。在这里就撇开了那些不如实予以反映的特殊情况、不合乎情理的情况，对于这种假设是否需要证实呢？大可不必，因为这是被社会公认的一般道理。资产评估假设不是由哪一个人提出来的，也不是由哪一项法令特别规定的，但它得到了人们的一致公认。因此，资产评估假设往往被称为公设，也就是公认的假设。

由此可以看出，资产评估假设是有条件的假设而不是随意的判断，它与资产评估推理、资产评估惯例、资产评估准则、资产评估观念等相关的资产评估概念有着本质的区别。资产评估假设只是资产评估推理的依据，其本身不是推理的过程。资产评估惯例是指那些在法律上没有明文规定，或者没有形成具体的原则和理论，在资产评估实践中曾经施行并且已成为习惯的通行做法，是从随心所欲开始逐步形成的资产评估处理上的习惯的通行做法。资产评估惯例是资产评估假设的来源依据，但假设并不是惯例。资产评估准则是由人们主观意志决定的一种行为规范，它不是对不确知事务的判断和假定，它要求资产评估人员必须遵循，是制约资产评估行为的准则。资产评估观念是人们在资产评估实践中产生的思维活动，并由这些活动所形成的对资产评估实践的看法和思想。资产评估观念的范围广泛，它不仅包括在资产评估实践中形成的各种资产评估概念，还包括各种资产评估理论和方法，资产评估假设只是资产评估观念的一种概念。任何概念都有它自身的本质属性，资产评估假设也有其自身属性，它与资产评估的有关概念有联系，但不完全一致。

资产评估假设是人们从长期的资产评估实践中总结出来的，是对资产评估工作及其涉及的有关方面所作的合乎逻辑的论断，是公认的理性认识，是资产评估工作的前提，是资产评估理论的基石。资产评估实践是形成资产评估假设的客观基础；资产评估假设是一种公理，而不是一种定理，无法从逻辑上证明其正确性；资产假设是资产评估实践经验的结晶，具有较高的正确性。

资产评估假设是建立资产评估理论的基础，也是资产评估理论的重要内容。首先，研究资产评估假设，有利于推动对整个资产评估理论体系的研究；其次，资产评估假设可被用于指导资产评估实践活动，也可作为建立资产评估理论的基础，通过资产评估理论再指导资产评估实践；最后，资产评估假设是确定资产评估人员责任的重要依据，一般情况下每条资产评估假设都涉及一定的资产评估责任。因此，资产评估假设为确定资产评估人员及其应承担的资产评估责任提供了必要的依据。

（二）中国资产评估假设的基本内容

资产评估假设是指对资产评估过程中某些未被确知的事务，根据客观的正常情况或发展趋势所作的合乎情理的推断。资产评估假设也是资产评估结论成立的前提条件。中国资产评估假设主要有如下四种：

1. 交易假设

交易假设是资产评估得以进行的一个最基本的前提假设。交易假设是假定所有待评估资产已经处在交易过程中，评估人员根据待评估资产的交易条件等模拟市场进行估价。众所周知，资产评估其实是在资产实施交易之前进行的一项专业服务活动，而资产评估的最终结果又属于资产的交换价值范畴。为了发挥资产评估在资产实际交易之前为委托人提供资产交易底价的专家判断的作用，同时又能够使资产评估得以进行，利用交易假设将被评估资产置于"交易"当中，模拟市场进行评估就是十分必要的。

一方面，交易假设为资产评估得以进行"创造"了条件；另一方面，交易假设明确限定了资产评估的外部环境，即资产是被置于市场交易之中，资产评估不能脱离市场条件而孤立地进行。

2. 公开市场假设

公开市场假设是对资产拟进入的市场的条件，以及资产在这样的市场条件下受到何种影响的一种假定说明或限定。公开市场假设的关键在于认识和把握公开市场的实质和内涵。就资产评估而言，公开市场是指充分发达和完善的市场条件，指一个有自愿的买者和卖者的竞争性市场。在这个市场上，买者和卖者的地位是平等的，彼此都有获取足够市场信息的机会和时间，买卖双方的交易行为都是在自愿的、理智的，而非强制或不受限制的条件下进行的。但是，现实中的市场条件未必真能达到上述公开市场的完善程度。公开市场假设就是假定那种较为完善的公开市场存在，被评估资产将要在这样一种公开市场上进行交易。当然，公开市场假设也是基于市场客观存在的现实，即资产在市场上可以公开买卖这样一种客观事实为基础的。

由于公开市场假设假定市场是一个充分竞争的市场，资产在公开市场上实现的交换价值，隐含着市场对该资产在当时条件下有效使用的社会认同。当然，在资产评估中，市场是有范围的，它可以是地区性市场，也可以是国内市场，还可以是国际市场。资产在公开市场上实现的交换价值所隐含的对资产效用有效发挥的社会认同也是有范围的，它可以是区域性的，也可以是全国性的，还可以是国际性的。

公开市场假设旨在说明一种充分竞争的市场条件，在这种条件下，资产的交换价值受到市场机制的制约并由市场行情决定，而不是由个别交易决定。

公开市场假设是资产评估中的一个重要假设，其他假设都是以公开市场假设为基本参照。公开市场假设也是资产评估中使用频率较高的一种假设，凡是能在公开市场上交易、用途较为广泛或通用性较强的资产，都可以考虑按公开市场假设前提进行评估。

3. 持续使用假设

持续使用假设也是对资产拟进入的市场条件，以及在这样的市场条件下的资产状态的一种假定性描述或说明。该假设首先设定被评估资产正处于使用状态，包括正在使用中的资产和备用的资产；然后根据有关数据和信息，推断这些处于使用状态的资产还将继续被使用下去。持续使用假设既说明了被评估资产所面临的市场条件或市场环境，还着重说明了资产的存续状态。按照通行的说法，持续使用假设又被细分为三种具体情况：一是在用续用；二是转用续用；三是移地续用。在用续用指的是处于使用中的被评估资产在产权发生变动或资产业务发生后，将按其现行的使用用途及方式继续使用下去。转用续用则是指被评估资产将在产权发生变动或资产业务发生后，改变资产现时的使用用途，调换新的用途继续使用下去。移地续用则是指被评估资产将在产权变动发生或资产业务发生后，改变资产现在的空间位置，转移到其他空间位置上继续使用。

持续使用假设是在一定市场条件下对被评估资产使用状态的一种假定说明。在持续使用假设前提下，资产评估及其结果的适用范围常常是有限制的。在许多场合下，评估结果并没有充分考虑资产用途的调换，它只对特定的买者和卖者是公平合理的。

在确认持续使用的资产时，必须充分考虑以下条件：①资产能以其提供的服务或用途，满足所有者期望的经营收益；②资产尚有显著的剩余使用寿命；③资产所有权明确，并保持完好；④资产从经济上、法律上允许转作他用；⑤资产的使用功能完好或较为完好。

持续使用假设也是资产评估中的一个非常重要的假设，尤其在中国，经济体制处于转轨时期，市场发育尚未完善，资产评估活动大多与老企业的存量资产的产权变动有关。因此，被评估对象经常处于或被限定在持续使用的假设前提之下。充分认识和掌握持续使用假设的内涵和实质，对于中国的资产评估有着重要意义。

4. 清算假设

清算假设是对资产拟进入的市场条件的一种假定说明或限制。具体而言，它是对资产在非公开市场条件下被迫出售或快速变现条件的假定说明。清算假设首先是基于被评估资产面临清算或具有潜在的被清算的事实或可能性，然后根据相应的数据资料推定被评估资产处于被迫出售或快速变现的状态。由于清算假设假定被评估资产处于被迫出售或快速变现的条件之下，被评估资产的评估值通常要低于在公开市场假设前提下或持续使用假设前提下同样资产的评估值。因此，在清算假设前提下的资产评估结果的适用范围是非常有限的。当然，清算假设本身的使用也是较为特殊的。

## 二、资产评估原则

资产评估原则是规范评估行为和业务的准则。规定资产评估原则是为了确保不同的评估人员在遵循规定的评估程序，采用适宜的评估方法和正确的处理方式的前提下，对同一评估对象的评估结果能具有一致性。资产评估原则包括工作原则和经济技术原则。

（一）资产评估的工作原则

资产评估工作的性质决定了资产评估机构及其资产评估人员在执业过程中应坚持独立、客观公正和专业服务科学性等工作原则。

1. 独立性原则

独立性原则要求在资产评估的过程中摆脱资产业务当事人的影响，评估工作始终坚持独立的第三者立场。资产评估机构是独立的社会中介机构，在评估中应处于中立的地位，不能为资产业务各方的任何一方所左右，评估工作不应受外界的干扰和委托者意图的影响。同时，评估机构和评估人员不应与资产业务有任何利益上的联系。

2. 客观公正性原则

客观公正性原则是指评估结果应以充分的事实为依据。评估人员要从实际出发，认真进行调查研究，在评估过程中排除人为因素的干扰，坚持客观公正的态度和采用科学的方法。评估过程中的预测、推理和逻辑判断等只能建立在市场和现实的基础资料上。在整个评估工作中必须把主观评价与客观测算，静态分析与动态分析，定性分析与定量分析有机地结合起来，使评估工作做到科学合理、真实可信。

3. 科学性原则

科学性原则是指在资产评估的过程中，必须根据评估的特定目的，选择适用的价值类型和方法，制订科学的评估实施方案，使资产评估结果科学合理。这里的科学性应包括两个内容：

第一，资产评估工作的科学性。资产评估工作的科学性不仅在于评估方法本身，更重要的是必须严格与价值类型相匹配，而价值类型的选择要以评估的特定目的为依据，它对评估方法具有约束性。

第二，资产评估程序的科学性。资产评估业务不同，其评估程序也有繁简的差异。在评估工作中，应根据评估本身的规律性和国家的有关规定，结合资产评估的实际情况，确定科学的评估程序。

## （二）资产评估的经济技术原则

资产评估的经济技术原则是指在资产评估执业过程中的一些技术规范和业务准则。它们为评估人员在执业过程中进行专业判断提供技术依据和保证。这些原则主要包括以下五项：

1. 预期收益原则

预期收益原则是以技术原则的形式概括资产及其价值的最基本的决定因素。资产之所以有价值，是因为它能为其所有者或控制者带来未来经济利益，资产价值的高低主要取决于它能为其所有者或控制者带来的预期收益量的多少。预期收益原则是评估人员判断资产价值的一个最基本的依据。

2. 供求原则

供求原则是经济学中关于供求关系影响商品价格原理的概括。假定在其他条件不变的前提下，商品的价格随着需求的增长而上升，随着供给的增加而下降。尽管商品价格随供求变化并不呈固定比例的变化，但变化的方向都带有规律性。供求原则对商品价格形成的作用同样适用于资产价值的评估，评估人员在判断资产价值时也应充分考虑和依据供求原则。

3. 贡献原则

从一定意义上讲，贡献原则是预期收益原则的一种具体化，它要求资产价值的高低由该资产的贡献来决定。贡献原则主要适用于构成某整体资产的各组成要素资产的贡献，或者是当整体资产缺少该项要素资产时将蒙受的损失。

4. 替代原则

作为一种市场规律，在同一市场上，具有相同使用价值和质量的商品，应有大致相同的交换价值。如果具有相同使用价值和质量的商品，具有不同的交换价值或价格，那么买者会选择价格较低者。当然，作为卖者，如果可以将商品卖到更高的价格水平上，那么他会在较高的价位上出售商品。在资产评估中确实存在评估数据、评估方法等的合理替代问题，正确运用替代原则是公正地进行资产评估的重要保证。

5. 评估时点原则

市场是变化的，资产的价值会随着市场条件的变化而不断改变。为了使资产评估得以操作，同时又能保证资产评估结果可以被市场检验，在进行资产评估时，必须假定市场条件固定在某一时点。这一时点就是评估基准日（或称估价日期），它为资产评估提供了一个时间基准。资产评估的评估时点原则要求资产评估必须有评估基准日，而且评估值就是评估基准日的资产价值。

 **相关链接**

### 自律惩戒

2005年12月，中国资产评估协会下发了《资产评估执业行为自律惩戒办法》，包括总则、自律惩戒的种类和实施、对注册资产评估师的自律惩戒、对资产评估机构的

> 自律惩戒、自律惩戒程序、附则等，共6章37条。惩戒方式主要有两类：
> （1）对注册资产评估师规定了警告、行业内通报批评、公开谴责、吊销注册资产评估师证书等四种方式；
> （2）对资产评估机构规定了警告、限期整改、行业内通报批评、公开谴责等四种方式。

# 第五节 资产评估与会计、财务管理、审计的关系

## 一、资产评估与会计的关系

由于资产评估产生于对资产价值进行估算的客观需要，资产评估所需要的数据资料有相当一部分来自企业的财务会计数据，而会计也涉及对资产的价值进行计量的问题，因此有人认为，资产评估是现代会计发展到一定阶段后分离出来的一种社会经济活动，资产评估与会计计价有一种密不可分的关系。从会计与资产评估自身的发展来看，两者确实存在许多相互的联系，但它们之间也存在根本的区别，只有科学地认识它们之间的不同，才能充分发挥资产评估和会计在社会经济中的不同作用。

（一）资产评估与会计的区别

尽管资产评估与会计之间存在某种密切的联系，但从本质上来说，两者属于不同的经济活动领域，有着明显的区别。

1. 性质和基本职能不同

会计是一项以确认、计量和披露为基本手段，连续、系统地核算和监督企业生产经营、财务收支及其成果的一种社会活动，是企业组织管理中的一个重要组成部分，其基本职能是对会计主体经济活动的核算和监督。资产评估则是一种以提供资产价值判断为主要内容的咨询活动，是一种社会中介服务活动，评值和评价是其基本职能。

2. 确定资产价值的依据不同

在会计账簿中，为了能够清楚地反映资产的取得成本，主要是以历史成本为依据记录资产的价值，对于没有发生实际耗费的资产，通常情况下不予确认。在资产评估中，判断一项资产是否有价值以及价值的大小，则不能简单地以是否发生历史成本为标准，而必须以资产的效用和市场价值为依据。对于那些虽有历史成本的发生，但在评估基准日及其以后不能再给企业创造收益或没有市场需求的资产，从资产评估的角度来看，则没有价值；而对于那些虽没有发生实际支出，但能给企业带来预期收益的项目，仍然可以对其价值进行评估。

3. 计价方法不同

现代会计理论为了解决通货膨胀因素的影响，使会计资料更好地反映资产的现时价

值，对于资产的计价方法在历史成本计价的基础上，又提出了重置成本、变现价值、收入现值和清算价值等多种新的会计计量标准；但到目前为止，世界各国普遍采用的资产计价方法仍然以历史成本为主。资产评估中的资产价值评估除了可以利用核算方法外，还广泛运用收益法、市场法等多种技术方法。

4. 计价目的不同

会计与资产评估虽然都要对资产的价值进行确认和计量，但是两者的计价目的却不同。会计计价的总体目标是全面反映企业的历史和现实资产状况，为企业管理服务。资产评估的总体目标则是为资产交易提供估值服务。

（二）资产评估与会计的联系

1. 资产评估的结论为会计提供依据

《公司法》及相关法律法规规定，当投资方以非货币资产投资时，应当对非货币资产进行资产评估，以资产评估结果为依据确定投资数额，并以此作为公司会计入账的重要依据；当企业进行联合、兼并、重组等产权变动经济行为时，也需要对拟发生产权变动的资产进行评估，评估结果可以作为产权变动后企业重新建账、调账的重要依据；此外，为了消除通货膨胀等因素的影响，使财务报表使用者正确理解和使用财务报表数据，《国际会计准则》及许多国家的会计制度中，也提倡或允许同时使用历史成本和现行公允价值对有关资产进行记账和披露，而公允价值一般可通过资产评估得到。例如，91/92 版的《国际会计准则第 16 号——固定资产会计》第 21 条指出："有时财务报表不是在历史成本的基础上编报，而是将一部分或全部固定资产以代替历史成本的重估价值编报，折旧也相应地重算……"，第 22 条指出："重定固定资产价值的公认方法，是由合格的专业估价员进行估价，有时也使用其他方法，如按指数或参照现行价格进行调整。"另外，英国、丹麦、法国也颁布过类似的规定。

可见，在特定条件下，资产会计计价和财务报告需要利用资产评估的结论。鉴于此，《国际资产评估准则》中对资产评估与会计之间的联系给予了充分的考虑，对"以会计报表为目的的资产评估"方面的内容作出了规定。

2. 资产评估结论的形成依赖会计提供的有关数据资料

资产评估结论的形成需要大量的数据支持，评估中所依据的许多数据资料都来自企业的会计资料和财务数据，特别是续用前提下的资产评估。比如，企业会计账簿中记录的取得资产的原始凭证，是资产评估工作中确定资产产权和原始价值构成的重要证明资料；对固定资产修理和损耗情况的记录，是资产评估工作中判断其实际贬值、确定成新率指标的重要参考；资产评估工作中对资产的预期收益、预期风险的测算都离不开企业的财务会计数据。由于资产评估结论的形成依赖会计提供的有关数据资料，这些企业会计数据资料的准确性在一定程度上会对资产评估结果的质量产生影响。

不管是特定条件下会计计价利用资产评估的结果，还是资产评估需要参考会计数据资料，都说明资产评估与会计有着一定的联系，而且这种联系会随着投资者对企业披露资产现值的要求的不断提高而更加广泛。

## 二、资产评估与财务管理的关系

财务管理是市场经济条件下企业最基本的管理活动，是企业组织财务活动、处理财务关系的一项综合性管理工作。由于财务管理与资产评估在许多方面具有相同的内容，因此往往容易混淆。为了更好地理解资产评估，必须正确区别资产评估与财务管理。

（一）资产评估与财务管理的区别

1. 目的不同

资产评估的目的在于通过评定和估算资产的现时价值，适应资产产权的变动与交易，促进资产或产权的合理流动，维护资产业务有关各方的合法权益。财务管理的主要目的则是摸清企业的家底，为企业管理及核算提供基础和依据，促进企业管理的科学化。

2. 方法不同

资产评估是由专门的评估机构和专业评估人员按照严格的评估程序，运用规范的评估方法进行的，评估结果通常以评估报告的形式提交给委托方，具体评估方法包括市场法、成本法和收益法三种基本评估方法，任何评估机构或评估人员都不得违反。财务管理则一般没有法定的、严格的评估方法和评估程序，在管理的进程中可以根据实际情况灵活掌握。

3. 价值尺度不同

财务管理只考虑资产本身的价值，按照资产的历史成本原则计价。资产评估还必须考虑资产使用的收益，资产占有单位各类资产的匹配情况，以及货币的时间价值等，主要反映企业资产的获利能力和现时价值。

4. 范围不同

财务管理通常仅对企业的有形资产（即实物资产）、各种款项、债权和债务进行清理核实。资产评估还必须对无形资产如商誉、商标、专利以及土地使用权等进行评定估算，其范围比较宽泛。

5. 主体和功能不同

财务管理一般在上级有关部门的指导下，由企业内部财务人员进行，因此不具有客观性和公正性。资产评估必须由企业之外的专门的资产评估机构和评估人员进行，资产评估提供的服务属于社会中介服务，具有独立性，因此资产评估既具有评值功能，还具有评价和公证功能。

6. 结果的效力不同

财务管理的结果只能作为企业自身在经济核算时和在向上级反映企业经营状况时使用，其结果不具有法律效力。资产评估的结果则可以是企业股东或其他利益主体维护自己合法权益的法律依据，评估机构和评估人员对资产业务的有关方面承担相应的法律责任。因此，资产评估结果的效力比较广泛。

## （二）资产评估与财务管理的联系

1. 资产评估与财务管理都属于资产管理的范畴，是资产业务的一种形式

在市场经济条件下，作为资产业务范畴的资产管理具有多种多样的形式，但其目的无非是提高资产的运营效率，使有限的经济资源发挥最大的经济效力。作为资产管理的内容，资产评估和财务管理分别是两种不同的手段。

2. 资产评估与财务管理都是以资产作为对象的资产管理方式

资产评估是对拟发生交易或产权变动的资产的价值进行的估算，作为资产评估对象的资产既可以是会计账簿中已经确认的有形或无形资产，也可以是尚未在会计账簿中予以确认、但能够给企业带来预期经济效益的资源。财务管理只是对企业已入账的部分有形资产进行清查核实、重估调账，主要以实物资产为主；对于尚未入账或已入账的无形资产、流动资产等则一般不作为财务管理的对象。尽管两者在资产的范围上有一定的区别，但它们的行为指向的都是资产。

3. 资产评估与财务管理都要对资产进行清查和核实等工作

资产评估前期工作的一项重要内容，就是与被评估单位一起对被评估资产的现有数量和质量状况进行清查核实；在现场工作阶段，评估人员还要逐项勘查、检测，以确定被评估资产的价值状况。开展财务管理工作的主要目的是摸清资产主体占有资产的历史价值及其变化情况，不对资产进行清查和核实就难以达到该目的。

## 三、资产评估与审计的关系

### （一）资产评估与审计的区别

资产评估与审计虽同为专业服务性质的活动，但两者有着本质的区别，主要表现在以下四个方面：

1. 产生的社会条件和活动的本质不同

审计是在现代企业两权分离背景下产生的，旨在对企业财务报表所反映的企业财务状况和经营成果的真实性和公允性作出事实判断，具有明显的公证性特征。资产评估是在市场经济充分发展，适应资产交易、产权变动的需要，旨在为委托人与有关当事人的被评估资产作出价值判断，具有明显的咨询性特征。

2. 执业过程中遵循的原则不同

审计人员在执业过程中，要自始至终地贯彻公正、防护和建设三大专业原则。资产评估人员在执业过程中，则必须遵循供求、替代、贡献、预期等基本经济原则。

3. 专业基础不同

审计的主要工作是围绕会计及相关法规进行的，开展审计工作所需的专业知识主要是会计学、税法及其他经济法规等。因此，审计人员主要由具有财务方面知识的人员构成。开展资产评估工作所需的专业知识，除了经济学、法律、会计学等社会科学知识，工程、技术等方面的自然科学知识也是其重要的组成部分，资产评估体现了专业知识的综合性。

因此，从总体上来看，资产评估人员不但要由具有财务方面知识的人员构成，还应当由具有建筑、设备、土地等方面的专业技术人员构成。

4. 与会计原则的关系不同

尽管现代审计的业务范围不断扩大，但对会计报告的审计仍然是审计的基本业务。审计会计报表及其相关业务的标准与会计是一致的，如对资产价值的计量都以历史成本原则为主，凡是违背了这一会计原则的，审计都将给予查处。资产评估虽然与会计有着密切的联系，但在对资产价值的计量标准上却有很大的区别。会计强调资产的历史成本，而资产评估则强调资产的现时价值，注重资产的重置成本、市场价值和未来收益的价值。

（二）资产评估与审计的联系

资产评估与审计都通过专业机构和人员为社会提供中介服务，两者在业务上有一定的联系。从中国的实际情况来看，资产评估与审计的联系主要表现在以下两个方面：

1. 运用的方法有相同之处

审计的主要工作之一是对反映企事业单位经济活动的财务及其相关的真实性、公允性、合理性等方面作出判断，属于"事实判断"的范畴。因此，审计中主要运用的方法是分析和证实法，如对期初余额的分析性复核、对应收账款的函审、对存货的监盘等。资产评估虽然是对被评估资产的价值作出判断，具有"价值判断"的性质，但在资产评估工作中也会广泛运用分析和证实法。比如，在资产评估中的资产清查阶段，需要对委托方申报的评估对象进行核实和界定，就要用到证实的方法；对应收账款价值的判断通常也会向债务人发询证函；对存货的数量和价值的判断必须依赖评估人员对存货的检测和盘点；等等。可以说，资产评估中的很多方法是借鉴了审计的方法，特别是对流动资产的评估。

2. 资产评估与审计相互配合开展工作

在实际工作中，资产评估与审计通常情况下是相互配合的。企业经过审计后，剔除了财务资料中的虚假成分，使其公允性得到证实；在此基础上开展资产评估工作，可以大大减少资产评估的工作量，如评估前期的财产清查、企业整体资产评估中的流动资产评估等。企业经过资产评估后，对资产的现存数量及其产权进行了核实，对资产的现实价值进行了估算，这些资料都为财务报表的审计提供了重要参考。

总之，资产评估与会计、财务管理和审计的联系是客观存在的，但它们之间的区别也是十分明显的。

# 第六节 学习、研究资产评估的方法

由于按上述理论基础与研究范围建立的资产评估涉及的领域较广，而且难度很大，因此确定或者选择科学的学习、研究方法就显得十分必要。在学习和研究资产评估时，应采用以下四类方法：

1. 以财务会计、财务管理为基础，进行深层次的研究

由于资产评估是为会计学、财务管理等专业高年级本科生开设的课程，因此资产评估所述内容既要与财务会计、财务管理相区别，又要对其进行补充和深化，使两者共同形成一个完整的理论方法体系。这一点不仅要表现在各章节内容的安排和设置上，也要体现在各章节的具体内容之中。对每一章的内容进行必要的、更深层次的理论探讨，并按不同于财务会计、财务管理的方式，从不同的角度进行范围更为广泛的例题演示。

2. 以各个有特色的资产业务为核心，进行专题学习、研究

与财务会计、财务管理不同，资产评估体系是由一系列的资产业务组成的。在对每一资产业务进行探讨时应遵循的原则是，问题一经提出就要尽可能将其交代清楚，既不回避难点，也不故弄玄虚。

3. 理论与实务紧密结合，重视业务分析和实例演示

与财务会计、财务管理相比，资产评估在结合理论阐述与应用业务举例之间的关系方面，有其独特的一面。财务会计的理论大都集中于会计假设与会计原则的解释、各会计要素的说明，以及对各会计要素的确认和计量方面，由此也就形成了财务会计理论部分的相对集中。但是，资产评估不仅有着不同于财务会计的理论基础，而且各个专题中还有其各自的基础理论，以及与各专题事项相关的会计理论和特有的处理方法等。可以说，资产评估各专题的内容在与之相关的认定和计量等方面既有理论上的独特之处，也有与其实际业务联系紧密的、各具特色的业务处理程序和方法等。这样，各个资产业务就形成了一个与传统会计理论大相径庭的专门系列。为此，恰当处理资产评估各资产业务中理论阐述与业务处理之间的关系非常重要；而以业务分析为中心，侧重于实例演示应是正确的选择。

4. 进行多方位比较，坚持"洋为中用"，着重分析中国的实际情况

多方位比较主要是对国外的经济法规、国际的资产评估准则、国外的其他习惯性做法与中国相关法律、法规、准则、制度进行的比较，目的是通过比较，认清各个专题的规律性和已取得共识的问题的处理程序和方法，并以此为基础进一步分析中国现行做法与国际通行做法的异同及其原因。"洋为中用"强调对国外的做法加以介绍，并在基础条件相似的情况下，尽可能吸收国外方法的优点，为我所用。按此要求，中国的资产评估不应是国外教材的编译本，而应是经过加工、处理后，基本上符合中国实际情况的教材。

为了更好地实现上述目的，进行资产评估研究时应注意以下三点：

（1）对于国内国外都有、差异不大的业务，主要按中国的法规和制度加以解释。

（2）对于国内国外都有、差异较大的业务，在阐述基本做法的同时，进行国内国外的比较说明。

（3）尽量按中国《资产评估准则》的要求设置、使用各个资产评估名词，按中国资产评估人员的习惯使用资产评估术语，使内容易读易懂。

## 同步检测练习

一、名词解释

1. 资产评估
2. 资产评估要素
3. 资产评估目的
4. 资产评估假设
5. 资产评估原则

二、单项选择题

1. 设立资产评估交易假设的目的在于把被评估对象（　　）。
   A. 与正在交易的情况相一致　　　　B. 与拟交易的情况相一致
   C. 与以后交易的情况相一致　　　　D. 人为置于"交易中"
2. 资产评估假设最基本的作用之一是（　　）。
   A. 表明资产评估的作用　　　　　　B. 表明资产评估面临的条件
   C. 表明资产评估的性质　　　　　　D. 表明资产评估的价值类型
3. 将资产划分为可确指资产和不可确指资产的分类标准是（　　）。
   A. 资产的存在形态　　　　　　　　B. 资产的综合获利能力
   C. 资产是否独立存在　　　　　　　D. 资产的价值高低
4. 资产评估中的完全资产评估和限制性资产评估是按（　　）。
   A. 评估时收集资料的数量　　　　　B. 评估人员的水平
   C. 评估时遵循准则和报告披露的要求　　D. 评估经历的时间
5. 从理论上讲，资产评估最基本的作用是（　　）。
   A. 管理　　　B. 咨询　　　C. 鉴定　　　D. 定价
6. 从资产交易各方利用资产评估结论的角度来看，资产评估结果具有（　　）。
   A. 现实性　　B. 咨询性　　C. 公正性　　D. 市场性
7. （　　）是资产评估业务的基础，决定了资产价值类型的选择，并在一定程度上制约评估途径的选择。
   A. 评估目的　　B. 评估方法　　C. 评估规则　　D. 评估对象
8. 以下项目中不属于法定评估的资产业务是（　　）。
   A. 企业租赁　　B. 抵押贷款　　C. 国家征用不动产　　D. 资产清算
9. 资产评估是判断资产价值的经济活动，评估价值是资产的（　　）。
   A. 时期价值　　B. 时点价值　　C. 阶段价值　　D. 时区价值
10. 根据财政部2002年1月1日公布的《国有资产评估管理若干问题的规定》，占有单位有（　　）行为的，可以不进行资产评估。
    A. 以非货币资产对外投资

B. 整体或部分改组为有限责任公司或者股份有限公司
C. 行政事业单位下属的独资企业之间的资产转让
D. 确定涉讼资产价值

11. 按存在形态可以将资产分为（　　）。
   A. 可确指资产和不可确指资产　　B. 固定资产和流动资产
   C. 有形资产和无形资产　　　　　D. 单项资产和整体资产

12. 资产评估的主体是指（　　）。
   A. 被评估资产的占有者　　　　B. 被评估资产
   C. 资产评估的委托者　　　　　D. 从事资产评估的机构和人员

13. 以下表述不符合资产评估科学性原则的是（　　）。
   A. 必须根据评估的特定目的选择适用的价值类型和方法
   B. 评估的特定目的必须与价值类型相匹配
   C. 特定的资产业务可采用多种评估方法
   D. 特定的资产业务可采用多种价值类型

14. 资产评估的（　　），是指资产评估的行为服务于资产业务的需要，而不是服务于资产业务当事人任何一方的需要。
   A. 公正性　　B. 市场性　　C. 咨询性　　D. 专业性

15. 下列选项中不符合资产评估中确认"资产"标准的是（　　）。
   A. 控制性　　B. 有效性　　C. 稀缺性　　D. 市场性

## 三、多项选择题

1. 资产评估的特点主要有（　　）。
   A. 市场性　　B. 强制性　　C. 公正性
   D. 咨询性　　E. 行政性

2. 资产评估的市场性主要体现在（　　）。
   A. 资产评估是市场经济的产物
   B. 资产评估结论是市场上资产交易的价格
   C. 资产评估的运作是评估人员模拟市场完成的
   D. 被评估的资产最终要进入市场流通
   E. 资产评估结果最终要能经得起市场的检验

3. 持续使用假设的内容包括（　　）。
   A. 拆零续用　　B. 在用续用　　C. 移地续用
   D. 转用续用　　E. 出售续用

4. 按资产的构成及获利能力划分，资产可分为（　　）。
   A. 有形资产　　B. 无形资产　　C. 可确指资产
   D. 单项资产　　E. 整体资产

5. 资产评估的经济技术原则包括（    ）。
   A. 贡献原则      B. 预期收益原则    C. 替代原则
   D. 供求原则      E. 独立性原则

6. 资产评估中的资产具有的基本特征是（    ）。
   A. 由过去的交易和事项形成的
   B. 能够以货币衡量
   C. 由特定权利主体拥有或控制的
   D. 能给特定主体带来未来经济利益的
   E. 有形的

7. 资产评估中确认资产的标准有（    ）。
   A. 现实性      B. 有效性      C. 稀缺性
   D. 合法性      E. 市场性

8. 根据被评估资产能否独立存在进行分类，资产可分为（    ）。
   A. 整体资产    B. 可确指资产    C. 单项资产
   D. 不可确指资产  E. 有形资产

9. 根据财务会计制度规定与被评估资产的工程技术特点进行分类，资产可分为（    ）。
   A. 在建工程    B. 无形资产      C. 流动资产
   D. 不动产      E. 长期投资

10. 下列原则中，属于资产评估工作原则的是（    ）。
    A. 科学性原则   B. 独立性原则    C. 客观性原则
    D. 贡献性原则   E. 替代原则

11. 资产评估的现实性表现在（    ）。
    A. 资产评估是在当前条件下进行的
    B. 资产评估以现实存在的资产作为估价的依据
    C. 资产评估强调客观存在
    D. 资产评估以现实状况为基础反映未来
    E. 资产评估是客观的

12. 资产评估的科学性原则要求（    ）。
    A. 评估程序要结合具体业务的实际情况，尽量降低评估成本，提高评估效率
    B. 评估结果应以充分的事实为依据
    C. 评估标准的选择应以特定评估目的为依据
    D. 评估方法的选择要受到可利用的条件、数据以及被评估资产的理化状态的制约
    E. 以科学的态度制订评估方案

13. 在资产评估价值类型确定的情况下，资产评估方法的选择具有（    ）。
    A. 多样性      B. 替代性      C. 唯一性
    D. 随意性      E. 科学性

14. 涉及国有资产、属于必须进行资产评估的资产业务有（　　　）。
   A. 企业经营的产成品出售
   B. 资产转让，企业清算
   C. 企业所有权与经营权分离
   D. 企业兼并，企业出售
   E. 中外合资、合作
15. 资产评估的公正性表明资产评估具有（　　　）。
   A. 技术基础　　B. 程序基础　　C. 思想基础
   D. 组织基础　　E. 道德基础

## 四、是非判断题

1. 资产评估通常是在资产产权发生变动时，由专门的人员对资产的交易价格进行确定的活动。（　　　）
2. 公正性是资产评估存在和立足的根本。（　　　）
3. 资产评估是对资产特定时点及特定市场条件下的客观价值的估计和判断。（　　　）
4. 资产评估结论是专家的专业判断和意见，因此具有强制执行的效力。资产评估结论应该直接成为资产交易的价格。（　　　）
5. 资产评估是指对资产一定时期内的价值进行的评定和估算。（　　　）
6. 咨询性使资产评估结论常被用于财产诉讼及政府对财产的征用和管理。（　　　）
7. 不可将企业的借入资产纳入被评估资产的范围，因为企业不拥有其所有权。（　　　）
8. 政府发布的经济信息也是一种经济资源，具有为企业带来经济利益的潜能，因而也是资产评估的对象。（　　　）
9. 根据权益的性质，整体资产评估对象可以分为控制权益、投资权益、所有者权益。其中，投资权益包括所有者投资和负债投资，能较好地反映企业稳定的生产能力，是控制权益扣除流动负债的余额。（　　　）
10. 根据《国际资产评估准则》中的定义，固定资产包括有形和无形两类。其中，无形固定资产又包括长期投资、长期应收账款、结转的费用、商誉、商标、专利以及类似资产。（　　　）
11. 为了保证资产评估的独立性，资产评估机构收取的劳务费只与工作量相关，不与被评估资产的价值挂钩，并应受到公众监督。（　　　）
12. 根据资产的法律意义进行分类，可以将全部资产要素分为财产与合法权利。（　　　）
13. 若评估对象是市中心的一块土地，按照有关规定，该块土地可用于建造商务办公楼，也可用于建造一般居民住宅，评估人员应依据最佳利用原则，按照前一个用途进行估价。（　　　）
14. 资产评估通过对资产的现时价值进行评定和估算，为各项资产业务提供公正的价值尺度。这是资产评估最基本的功能。（　　　）
15. 科学性原则是指资产评估机构必须是提供评估服务的专业技术机构。（　　　）

## 五、简答题

1. 资产评估和市场之间存在怎样的联系?
2. 资产评估的基本构成要素有哪些?
3. 资产评估目的在资产评估中发挥怎样的作用?
4. 评估假设在资产评估中怎样发挥其作用?
5. 资产评估原则的本质是什么?
6. 资产评估在会计公允价值计量中发挥什么样的作用?
7. 什么是资产评估?它由哪些基本要素组成?
8. 市场经济中,资产评估的功能有哪些?
9. 简述资产评估中确认评估对象的标准。
10. 资产评估对象可以依据哪些标准进行分类?

# 第二章
# 资产评估程序

> **引导案例**
>
> **人大常委委员对规范资产评估程序的建议**
>
> 何晔晖委员说,《资产评估法》草案对于资产评估程序的规定不明确。委托人应该出具什么样的法律手续,被委托人要依照什么程序进行评估,在审查过程中应该有哪些法律意义上的程序要求等,有关这些问题的条款不多,不够清楚。
>
> 李连宁委员认为,资产评估法草案在评估师、评估机构、自律组织、行业监管方面都规定得比较明确,但是最大的一块缺失是对资产评估程序的规范。从目前的实际情况来看,草案规范了主体和机构,如果不对程序作出更加明确的规范,对资产评估的结果就要打很大的问号。程序公正才能保证实体公正,程序公正才能实现利益公平。所以,在草案现有的基础上,要对资产评估程序进行充实。
>
> 李连宁委员说:"评估程序涉及两个方面。一是哪些人是合格的资产评估委托人,对此应该有明确的规范。比如这个财产是我的,别人拿去评估了肯定是不对的,这样就等于侵犯了我的财产权利。草案对委托人没有任何规范,只规定委托人可以是自然人、法人,或者其他组织,这就会有评估风险。建议对委托人的合格问题作出明确规定。二是如果对资产评估有异议,草案的规定是要求资产评估机构予以解释,但对解释服不服是另一回事。委托的结果显失公平怎么办?没有发现违法行为,没有串通、收受贿赂等行为,但结果与价值相去甚远。对此,要有一些补救性的程序。在民法通则中,如果交易意思的表达是自愿的,但是显失公平,那是可以改变的。因此,如果对评估结果有异议,仅请求评估机构进行解释,对于当事人的权利保障是不合适的。建议建立对整个资产评估程序的基本规范。"
>
> 资料来源:法制网 http://www.legaldaily.com.cn/bm/content/2012-04/11/content-3487365.htm

# 第一节 资产评估程序概述

## 一、资产评估程序的含义

资产评估程序是指资产评估机构和评估人员执行资产评估业务,形成资产评估结论所履行的系统性工作步骤。资产评估程序由具体的工作步骤组成,不同的资产评估业务由于评估对象、评估目的、评估资料收集情况等相关条件的差异,评估人员可能需要执行不同的资产评估程序或工作步骤;但资产评估业务具有共性,各种资产类型、各种评估目的的资产评估业务的基本程序是相同或相通的。通过对资产评估基本程序的总结和规范,可以有效地指导评估人员开展各种类型的资产评估业务，因此有必要加强对资产评估基本程序的研究和规范。

## 二、资产评估程序的种类

中国资产评估师实务界从不同角度对评估程序有着不同的理解，总的来说，可以从狭义和广义的角度来理解资产评估程序。资产评估是一种基于合同的专业服务，因此从狭义的角度来看，很多人认为资产评估程序开始于资产评估机构和人员接受委托，终止于向委托人或相关当事人提交资产评估报告书。然而，作为一种专业性、风险性很强的中介服务，为保证资产评估业务的质量、控制资产评估的风险、提高资产评估的服务水平，以便更好地服务于委托人或相关当事人，维护资产评估行为各方当事人的合法利益和社会公共利益，有必要从广义的角度来认识资产评估程序。广义的资产评估程序开始于承接资产评估业务前的明确资产评估基本事项的环节，终止于资产评估报告书提交后的资产评估文件的归档管理。

## 三、资产评估程序的作用

资产评估程序的作用体现在以下三个方面：

（1）资产评估程序是规范资产评估行为，提高资产评估业务质量和资产评估服务公信力的重要保证。资产评估机构和评估人员接受委托，不论执行何种资产类型、何种评估目的的资产评估业务，都应当履行必要的资产评估程序，按照工作步骤有计划地进行评估工作，从而有利于规范资产评估机构和评估人员的执业活动，避免可能出现的程序性疏漏，保证资产评估业务的质量。

（2）资产评估程序是相关当事人评价资产评估服务的重要依据。资产评估服务会引起相关各方当事人的关注，包括委托方、资产占有方、资产评估报告使用方、相关利益当事人、司法部门、证券监督及其他行政监督部门、资产评估行业主管协会以及社会公众、新闻媒体等。履行资产评估程序，为上述当事各方提供了评价资产评估服务的依据。

（3）资产评估程序是资产评估机构和评估人员防范执业风险、保护自身合法权益、合理抗辩的重要手段之一。在资产评估实践中，资产评估机构和评估人员与其他各方当事人之间就资产评估服务而引发的纠纷和法律诉讼越来越多。资产评估机构和评估人员在履行必要的资产评估程序方面存在疏漏，成为司法部门追究资产评估机构和评估人员责任的重要方面。因此，资产评估机构和评估人员应切实履行必要的资产评估程序，防范风险。

## 第二节 资产评估的基本程序

### 一、资产评估的基本程序

资产评估具体程序或工作步骤的划分取决于资产评估机构和评估人员对资产评估工作步骤的共性的归纳，资产评估业务的性质、复杂程度也是影响资产评估具体程序划分的重要因素。在 2008 年 7 月 1 日施行的《资产评估准则——评估程序》中，规定了注册资产评估师通常执行的资产评估的基本程序：

（1）明确评估业务基本事项；
（2）签订业务约定书；
（3）编制评估计划；
（4）现场调查；
（5）收集评估资料；
（6）评定估算；
（7）编制和提交评估报告；
（8）工作底稿归档。

注册资产评估师不得随意删减基本评估程序。注册资产评估师应当根据准则，结合评估业务的具体情况，制定并实施恰当的具体评估步骤。注册资产评估师在执行评估业务的过程中，由于受到客观限制，无法或者不能完全履行评估程序，可以根据能否采取必要措施弥补程序缺失或者是否对评估结论产生重大影响，决定继续执行评估业务或者终止评估业务。注册资产评估师应当记录评估程序的履行情况，形成工作底稿。

### 二、资产评估程序的重要性

（1）履行资产评估程序是规范资产评估行为、提高资产评估业务质量和维护资产评估服务公信力的重要保证。资产评估机构和评估人员接受委托，不论执行何种资产类型、何种评估目的的资产评估业务，都应当履行必要的资产评估程序，按照工作步骤有计划地进行资产评估。这样做不仅有利于规范资产评估机构和评估人员的执业行为，而且能够有效地避免由于资产评估机构和评估人员水平不同而导致的在执行具体资产评估业务中可能出现的程序上的重大疏漏，切实保证资产评估业务的质量。

（2）履行资产评估程序，对于提高资产评估机构的业务水平乃至资产评估行业的整体业务水平具有重要意义。

（3）履行资产评估程序是相关当事人评价资产评估服务的重要依据。由于资产评估结论是相关当事人进行决策的重要参考依据之一，因此资产评估服务必然引起许多相关当事方的关注，包括委托人、资产占有方、资产评估报告使用者、相关利益当事人、司法部门、证券监督及其他行政监督部门、资产评估行业主管协会，以及社会公众、新闻媒体等。资产评估程序不仅为资产评估机构和评估人员执行资产评估业务提供了必要的指导和规范，也为上述相关当事方提供了评价资产评估服务的重要依据，更是委托人、司法和行政监管部门及资产评估行业主管协会监督资产评估机构和评估人员、评价资产评估服务质量的主要依据。

（4）履行资产评估程序是资产评估机构和评估人员防范执业风险、保护自身合法权益、合理抗辩的重要手段。随着资产评估行业的发展，资产评估机构和评估人员与其他当事人之间就资产评估服务引起的纠纷和法律诉讼越来越多。从各国的评估实践来看，由于资产评估工作的专业性，无论是当事人还是司法部门鉴于在举证、鉴定方面存在较大难度，都倾向追究资产评估机构和评估人员在履行必要资产评估程序方面的疏漏和责任，而避免在专业判断方面下结论。由于中国资产评估实践尚处于发展阶段，各方对资产评估工作的专业性还存在认识上的差距，中国资产评估委托人和相关当事方、政府和行业监管部门及司法部门在相当长的一段时间里倾向于对资产评估结论作出"高低""对错"的简单二元判断，并以此作为对资产评估服务和评估机构及评估人员的评判依据。随着中国资产评估行业的发展，有关各方对资产评估的认识逐步提高，目前已经逐步转向关注资产评估机构和评估人员在执行业务过程中是否恰当地履行了必要的资产评估程序。因此，恰当地履行资产评估程序是资产评估机构和评估人员防范执业风险、保护自身合法权益、合理抗辩的重要手段。

**相关链接**

**资产评估准则——评估程序**

第五条　注册资产评估师执行资产评估业务，应当遵守法律、法规和资产评估准则的相关规定，履行适当的评估程序。

第六条　注册资产评估师通常执行下列基本评估程序：

①明确评估业务基本事项；

②签订业务约定书；

③编制评估计划；

④现场调查；

⑤收集评估资料；

⑥评定估算；

⑦编制和提交评估报告；

⑧工作底稿归档。

注册资产评估师不得随意删减基本评估程序。

第七条　注册资产评估师应当根据本准则，结合评估业务具体情况，制定并实施适当的具体评估步骤。

> 第八条 注册资产评估师在执行评估业务过程中,由于受到客观限制,无法或者不能完全履行评估程序,可以根据能否采取必要措施弥补程序缺失和是否对评估结论产生重大影响,决定继续执行评估业务或者终止评估业务。
> 第九条 注册资产评估师应当指导业务助理人员履行评估程序。
> 第十条 注册资产评估师应当记录评估程序履行情况,形成工作底稿。

## 第三节 资产评估的具体程序

### 一、明确资产评估业务基本事项

明确资产评估业务基本事项是资产评估程序的第一个环节,包括在签订资产评估业务约定书以前所进行的一系列基础性工作,对于资产评估项目的风险评价、项目承接的确定以及资产评估项目的顺利实施具有重要意义。由于资产评估具有专业服务的特殊性,资产评估程序甚至在资产评估机构接受业务委托前就已开始。资产评估机构和评估人员在接受业务委托之前,应当采取与委托人等相关当事人讨论、阅读基础资料、进行必要的初步调查等方式,与委托人等相关当事人共同明确以下资产评估业务基本事项:

1. 委托方、产权持有者和委托方以外的其他报告使用者

资产评估机构和评估人员应当了解委托方和产权持有者的基本状况。在不同的资产评估项目中,相关当事方的人员组成有所不同,主要包括资产占有方、资产评估报告使用方、其他利益关联方等,也应当将委托人与相关当事人之间的关系作为重要基础资料予以充分了解,这对理解评估目的、相关经济行为及防范恶意委托等十分重要。在可能的情况下,资产评估机构和评估人员还应要求委托人明确资产评估报告的使用人或使用人的范围以及资产评估报告的使用方式。明确资产评估报告使用人的范围,一方面有利于资产评估机构和评估人员更好地根据使用人的需求提供良好的服务,另一方面也有利于降低评估风险。

2. 评估目的

资产评估机构和评估人员应当与委托方就资产评估目的达成明确、清晰的共识,并尽可能细化资产评估目的,说明资产评估业务的具体目的和用途,避免仅仅笼统列出通用资产评估目的的简单做法。

3. 评估对象和评估范围

资产评估机构和评估人员应当了解评估对象及其权益的基本状况,包括法律、经济和物理状况,如资产的类型、规格型号、结构、数量、购置(生产)年代、生产(工艺)流程、地理位置、使用状况、企业的名称、住所、注册资本、所属行业及其在行业中的地位和影响、经营范围、财务和经营状况,等等。资产评估机构和评估人员应当十分了解有关

评估对象的权利受限状况。

4．价值类型

资产评估机构和评估人员应当在明确资产评估目的的基础上，恰当地确定价值类型，确保所选择的价值类型适用于资产评估目的，并就所选择的价值类型的定义与委托方进行沟通，避免出现歧义、误导。

5．评估基准日

资产评估机构和评估人员应当通过与委托方的沟通，了解并明确资产评估基准日。资产评估基准日是评估业务中极为重要的基础，也是评估基本原则之一的时点原则在评估实务中的具体实现。评估基准日的选择应当有利于资产评估结论有效地服务资产评估目的，减少和避免不必要的资产评估基准日期后事项。资产评估机构和评估人员应当凭借自己的专业知识和经验，建议委托方根据评估目的、资产和市场变化情况等因素，合理地选择评估基准日。

6．评估报告的使用限制

资产评估机构和评估人员应当在承接评估业务前，充分地了解所有对资产评估业务可能造成影响的限制条件，以便进行必要的风险评价，更好地为客户服务。

7．评估报告的提交时间及方式

资产评估机构和评估人员应当对评估工作量有个合理的判断，并与委托方进行沟通，以明确本次评估报告的提交时间及方式。

8．评估服务费总额、支付时间和方式

资产评估机构在接受评估委托前，应当与委托方协商资产评估的收费标准和收费方式，对资产评估对象价值低而评估工作量大的项目，可要求委托方按评估项目的实际工作量支付评估费用。

9．委托方与注册资产评估师进行工作配合和协助等其他需要明确的重要事项

资产评估机构和评估人员应当在明确上述基本事项的基础上，对下列因素进行分析以确定是否承接资产评估项目：一是进行风险评价，分析资产评估项目的执业风险；二是分析资产评估机构和评估人员的专业胜任能力及相关经验；三是分析资产评估机构和评估人员的独立性，确认与委托人或相关当事人是否存在现实或潜在的利益冲突。

## 二、签订资产评估业务约定书

资产评估业务约定书是资产评估机构与委托人共同签订的，以确认资产评估业务的委托与受托关系，明确委托目的、被评估资产范围、双方的权利和义务等相关重要事项的合同。

根据中国资产评估行业的现行规定，注册资产评估师承办资产评估业务，应当由其所在的资产评估机构统一受理，注册资产评估师不得以个人名义签订资产评估业务约定书。资产评估业务约定书应当由资产评估机构与委托方的法定代表人或其授权代表签订，资产

评估业务约定书应当内容全面、具体、含义清晰、准确，符合国家法律、法规和资产评估行业的管理规定。2008年7月1日起施行的《资产评估准则——业务约定书》，其基本内容主要包括：

（1）评估机构和委托方的名称、住所；
（2）评估目的；
（3）评估对象和评估范围；
（4）评估基准日；
（5）评估报告使用者；
（6）评估报告提交期限和方式；
（7）评估服务费总额、支付时间和方式；
（8）评估机构和委托方的其他权利和义务；
（9）违约责任和争议解决；
（10）签约时间。

业务约定书签订后，评估目的、评估对象、评估基准日发生变化，或者评估范围发生重大变化，评估机构应当与委托方签订补充协议或者重新签订业务约定书。

### 三、编制资产评估计划

为高效完成资产评估业务，资产评估机构和评估人员应当编制资产评估计划，对资产评估过程中的每一个工作步骤以及时间和人力安排进行规划与安排。资产评估计划是资产评估机构和评估人员为执行资产评估业务拟定的评估思路和实施方案，对合理安排工作量、工作进度、专业人员调配、按时完成资产评估业务具有重要意义。资产评估计划通常包括评估的具体步骤、时间进度、人员安排和技术方案等内容。由于资产评估项目千差万别，资产评估计划也不尽相同，注册资产评估师可以根据评估业务的具体情况，确定资产评估计划的繁简程度。资产评估机构和评估人员应当根据所承接的资产评估项目的具体情况编制合理的资产评估计划，并根据资产评估业务执行过程中的具体情况及时修改、补充资产评估计划。注册资产评估师编制的评估计划应该涵盖现场调查、收集评估资料、评定估算、编制和提交资产评估报告等评估业务实施的全过程。在编制资产评估计划的过程中，应当与委托人等就相关问题进行洽谈，以便于资产评估计划的实施。注册资产评估师应当将编制的评估计划上报评估机构相关负责人审核、批准。注册资产评估师编制资产评估计划应当重点考虑以下因素：

（1）资产评估目的、资产评估对象的状况；
（2）资产评估业务风险、资产评估项目的规模和复杂程度；
（3）资产评估对象的性质、行业特点、发展趋势；
（4）资产评估项目涉及的资产的结构、类别、数量及分布，资产评估相关资料的收集状况；

（5）委托方或资产占有方过去委托资产评估的经历、诚信状况，以及提供资料的可靠性、完整性和相关性；

（6）资产评估人员的专业胜任能力、经验及专业，助理人员的配备情况。

### 四、现场调查

资产评估机构和评估人员执行资产评估业务，应当对评估对象进行必要的勘查，包括对不动产和其他实物性资产进行必要的现场勘查；对企业价值、股权和无形资产等非实物性资产进行评估时，也应当根据评估对象的具体情况进行必要的现场勘查。进行资产勘查和现场调查工作，不仅仅是资产评估人员勤勉尽责义务的要求，同时也是资产评估程序和人员全面、客观地了解评估对象，核实委托方和资产占有方所提供资料的可靠性的要求。评估人员应根据在资产勘查和现场调查过程中发现的问题、线索，有针对性地开展资料收集和分析工作。由于各类资产的差别很大以及评估目的不同，不同项目中对评估对象进行勘查和现场调查的具体方式和程度也不尽相同。

注册资产评估师应当根据评估项目的具体情况，确定合理的资产勘查和现场调查方式，并与委托方或资产占有方进行沟通，确保资产勘查和现场调查工作的顺利进行。

### 五、收集资产评估资料

从资产评估的过程来看，资产评估实际上就是对被评估资产的信息进行收集、分析判断并作出披露的过程。对资产评估加以严格的程序要求，其目的也是要保证评估中对信息收集、分析的充分性和准确性。因此，资产评估人员应当独立获取评估所依据的信息，并确保信息来源是可靠的和适当的。

在上述几个环节的基础上，资产评估机构和评估人员应当根据资产评估项目的具体情况，收集资产评估的相关资料。资料收集工作是资产评估业务质量的重要保证，不同的项目、不同的评估目的、不同的资产类型对评估资料有着不同的需求。由于评估对象及其所在行业的市场状况、信息化和公开化程度的差别较大，相关资料的可获得程度也不同。因此，资产评估机构和评估人员的执业能力在一定程度上体现在其收集、占有及处理项目相关的信息资料的能力上。

注册资产评估师应当通过询问、函证、核对、监盘、勘查、检查等方式进行调查，获取评估业务所需的基础资料，了解评估对象的现状，关注评估对象的法律权属。注册资产评估师在执行现场调查时，无法或者不宜对评估范围内所有的资产、负债等有关内容进行逐项调查的，可以根据重要程度采用抽样等方式进行调查。注册资产评估师应当根据评估业务的需要和评估业务实施过程中的情况变化，及时补充或者调整现场调查工作。注册资产评估师收集的评估资料包括直接从市场等渠道独立获取的资料，从委托方、产权持有者等相关当事方获取的资料，以及从政府部门、各类专业机构和其他相关部门获取的资料,等等。评估资料包括查询记录、询价结果、检查记录、行业资讯、分析资料、鉴定报告、专业报告及政府文件等。

## 六、评定估算

资产评估机构和评估人员在占有相关资产评估资料的基础上,进入评定估算环节,该环节大致经历以下四个阶段:

1. 分析资料

资产评估机构和评估人员应当根据评估目的和其他具体要求,对所收集的资产评估资料进行分析整理,选择相关信息并确定其可靠性和可比性,对不可比信息要进行必要的调整,保证评估所采用的信息的质量。

2. 选择评估途径和具体评估方法

成本途径、市场途径和收益途径是三种通用的资产评估基本技术思路及其具体评估方法的集合。从理论上讲,三种评估途径及其方法适用于任何资产评估项目。因此,在具体的资产评估执业过程中,资产评估人员应当考虑三种评估途径及其方法的适用性。如果不采用某种评估途径及其方法,或者只采用一种评估途径及其方法评估资产的,资产评估人员应当予以必要的说明。适宜采用两种以上资产评估途径及其方法的评估项目,应当使用两种以上的资产评估途径及其方法。

3. 运用评估途径和评估方法评定和估算资产价值

资产评估人员在确定资产评估途径及其方法后,应当根据已明确的评估目的和评估价值类型,以及所收集的信息资料和具体的执业规范要求,恰当、合理地形成初步评估结论。

4. 审核评估结论并给出最终评估结果

在初步评估结论的基础上,评估人员和评估机构内部的审核人员应当对评估所采用的资料、经济技术参数等的数量、质量和选取依据的合理性进行综合分析,确定资产评估结论。

## 七、编制和提交资产评估报告

资产评估机构和评估人员在执行必要的资产评估程序、形成资产评估结论后,应当按照有关资产评估报告的规范编制资产评估报告。资产评估报告除了要满足有关资产评估报告的格式规范和内容规范外,还应当根据评估项目的特点提供必要的相关信息,确保资产评估报告使用者能够正确地理解资产评估结论。

资产评估机构和评估人员可以根据资产评估业务的性质。在遵守资产评估报告规范和不引起误导的前提下,选择资产评估报告的类型和详略程度。

资产评估机构和评估人员应当以恰当的方式将资产评估报告提交委托方。正式提交资产评估报告之前，可以在不影响对最终评估结论进行独立判断的前提下，与委托方或者委托方许可的相关当事方就评估报告的有关内容进行必要的沟通，听取委托方、资产占有方对资产评估结论的反馈意见，并引导委托方、资产占有方以及其他资产评估报告使用者合理地理解资产评估结论。

## 八、资产评估工作底稿归档

资产评估机构和评估人员在向委托方提交资产评估报告后，应当及时将资产评估工作底稿归档。将这一环节列为资产评估的基本程序之一，充分体现了资产评估服务的专业性和特殊性。这不仅有利于评估机构应对今后可能出现的资产评估项目检查及进行法律诉讼，也有利于资产评估工作的总结和完善。

**相关链接**

### 一、资产评估的核准

**（一）实行核准制的范围**

经各级政府批准的涉及国有资产产权变动、对外投资等经济行为的重大项目，其国有资产评估实行核准制。凡经国务院批准实施的重大经济事项涉及的国有资产评估项目，其评估报告由财政部（国资委）负责核准；凡经省级（含计划单列市）人民政府批准实施的重大经济事项涉及的国有资产评估项目，其评估报告由省级财政（国有资产管理）部门负责核准。

**（二）核准工作的程序**

核准工作按以下程序进行：

1. 集团公司或有关部门初审

国有资产占有单位收到资产评估机构出具的评估报告后，应当首先上报其集团公司或有关部门初审。

2. 提出核准申请

经集团公司或有关部门初审同意后，国有资产占有单位应在资产评估报告有效期届满前两个月向财政（国有资产管理）部门提出核准申请。

3. 财政（国有资产管理）部门审核

财政（国有资产管理）部门在收到核准申请后，对符合要求的，应在20个工作日内完成对资产评估报告的审核，下达核准文件；不符合要求的，予以退回。

### 二、资产评估的备案

**（一）实行备案制的范围**

国有资产评估项目备案，是指国有资产占有单位按有关规定进行资产评估后、相应经济行为发生前,将评估项目的有关情况专题向财政(国有资产管理)部门、集团公司、有关部门报告并由后者受理的行为。除核准项目以外的所有国有资产评估项目均实行备案制。

（二）办理备案手续的程序

办理备案手续应当遵循以下程序：

1. 报送备案材料

国有资产占有单位收到资产评估机构出具的评估报告后,对评估报告无异议的,应将备案材料逐级报送财政(国有资产管理)部门、集团公司、有关部门。办理备案手续需报送以下文件材料：

（1）国有资产占有单位填报的《国有资产评估项目备案表》；

（2）资产评估报告；

（3）其他材料。

2. 财政(国有资产管理)部门、集团公司、有关部门备案

财政(国有资产管理)部门、集团公司、有关部门收到国有资产占有单位报送的备案材料后,对材料齐全的,应在10个工作日内办理备案手续；对材料不齐全的,待占有单位或评估机构补充完善有关材料后予以办理。

## 同步检测练习

### 一、名词解释

1. 资产评估程序
2. 资产评估业务约定书
3. 资产评估计划
4. 资产评估核准制
5. 资产评估备案制

### 二、单项选择题

1. 注册资产评估师通常首先应执行的评估程序是（　　）。

    A. 签订资产评估业务约定书　　　B. 资产勘查

    C. 明确评估业务基本事项　　　　D. 评定估算

2. 下列各程序对合理安排工作量、工作进度、专业人员调配、按时完成资产评估业务具有重要意义的是（　　）。

    A. 编制资产评估作业计划　　　　B. 签订资产评估业务约定书

    C. 资产勘查　　　　　　　　　　D. 评定估算

3. 中国国有资产评估程序一般为（　　）。
   A. 业务受理—双方准备工作—评定估算—核准备案—整理归档
   B. 双方准备工作—业务受理—评定估算—整理归档—核准备案
   C. 业务受理—核准备案—双方准备工作—评定估算—整理归档
   D. 业务受理—双方准备工作—评定估算—整理归档—核准备案
4. 关于资产评估业务约定书的基本内容，正确的是（　　）。
   A. 约定书一经签订，双方不得再修改
   B. 资产评估报告必须在确定的评估基准日后的1个月内提出
   C. 为保证资产评估报告的公开性，应将报告公布于指定的媒体
   D. 约定书的有效期以完成评估报告且支付评估费用为准
5. 资产评估业务约定书中，委托方的权利包括（　　）。
   A. 为评估提供必要的工作条件及合作　　B. 支付评估费用
   C. 取得评估报告　　D. 取得评估报酬
6. 资产评估业务中，属于委托方需要做的准备工作是（　　）。
   A. 成立评估项目小组　　B. 资产清查
   C. 制订评估综合计划　　D. 召集多方碰头会议
7. 资产评估业务中，属于资产评估机构需要做的准备工作是（　　）。
   A. 成立评估工作小组　　B. 资产清查
   C. 制订资产评估计划　　D. 准备企业的经营实力资料
8. （　　）国务院发布了《国有资产评估管理办法》，为评估行业的发展奠定基础。
   A. 1990年　　B. 1991年
   C. 1992年　　D. 1993年
9. 现行对国有资产评估项目的行政管理方式有（　　）。
   A. 审批制和核准制　　B. 审批制和备案制
   C. 核准制和备案制　　D. 审批制
10. 国有资产占有单位应在资产评估报告有效期届满前（　　）个月向国有资产管理部门提出核准申请。
    A. 1　　B. 2　　C. 4　　D. 6
11. 评估项目备案后，需对评估结果进行调整的，国有资产占有单位应自调整之日起，（　　）个工作日内向原备案机关重新办理备案手续。
    A. 5　　B. 7　　C. 10　　D. 15
12. 根据国家有关法律、行业管理的规定，从评估基准日算起，上市公司的评估档案至少应保存（　　）。
    A. 3年　　B. 8年　　C. 10年　　D. 15年

## 三、多项选择题

1. 注册资产评估师应明确的评估业务基本事项包括（　　）。
   A. 评估目的
   B. 评估对象和评估范围
   C. 价值类型
   D. 评估基准日
   E. 评估报告使用限制

2. 资产评估业务约定书的基本内容包括（　　）。
   A. 评估目的
   B. 评估假设
   C. 评估收费
   D. 评估基准日
   E. 评估计划

3. 资产评估计划应重点考虑的因素包括（　　）。
   A. 评估目的
   B. 评估假设
   C. 评估收费
   D. 评估基准日
   E. 评估对象的性质

4. 注册资产评估师收集的评估资料包括（　　）。
   A. 查询记录
   B. 询价结果
   C. 检查记录
   D. 行业资讯
   E. 分析资料

5. 根据财政部《国有资产评估管理若干问题的规定》，占有国有资产的企业有（　　）的经济行为，应当对相关国有资产进行评估。
   A. 企业改制为股份有限公司
   B. 上市公司的产权变动
   C. 资产转让、置换、拍卖
   D. 合并、分立、清算

6. 资产评估业务约定书中，资产评估公司的权利主要有（　　）。
   A. 要求委托方提供有关评估资料
   B. 取得评估报酬
   C. 完成资产评估业务
   D. 出具资产评估报告

7. 资产评估业务约定书包括的内容有（　　）。
   A. 资产评估范围
   B. 资产评估基准日
   C. 资产评估报告的使用范围
   D. 约定书的有效期

8. 资产评估委托方的准备工作主要包括（　　）。
   A. 成立评估工作小组
   B. 准备如合资协议、产权证明、评估对象的原始价值证明等相关文件
   C. 制订评估计划
   D. 资产清查

9. 资产评估机构的准备工作主要包括（　　）。
   A. 成立评估项目小组
   B. 制订评估计划
   C. 召集多方碰头会议
   D. 资产清查

10. 资产评估计划的主要内容有（　　）。
    A. 评估项目的背景
    B. 评估工作目标
    C. 评估工作内容、方法、步骤
    D. 执行人和执行时间
11. 国有资产评估核准制的适用范围包括（　　）。
    A. 国有上市公司原股东的股权比例变动
    B. 中央企业及其子公司对外捐赠的资产
    C. 经国务院批准实施的重大经济事项涉及国有资产评估项目的
    D. 经省级（含计划单列市）人民政府批准实施的重大经济事项涉及国有资产评估项目的
12. 对评估项目进行风险评价主要考虑（　　）几个方面。
    A. 评估对象的种类
    B. 评估工作时限
    C. 评估对象的工作状态
    D. 评估机构的执业能力
13. 资产评估综合计划中的主要内容包括（　　）。
    A. 评估对象的范围
    B. 评估的价值类型
    C. 评估进度
    D. 工作底稿索引
14. 在资产清查过程中需逐一核查的资产有（　　）。
    A. 无形资产
    B. 机器设备
    C. 投资性资产
    D. 递延资产

## 四、是非判断题

1. 注册资产评估师不得随意删减基本评估程序。（　　）
2. 注册资产评估师在执行评估业务的过程中，由于受到客观限制，无法或者不能完全履行评估程序的，可直接终止评估业务。（　　）
3. 只要执行了资产评估程序，就可以防范资产评估风险。（　　）
4. 资产评估程序是规范资产评估行为、提高资产评估业务质量的重要保证。（　　）
5. 按《国有资产评估管理若干问题的规定》，需要对国有上市公司的股权转让进行评估。（　　）
6. 按照约定时间完成资产评估业务，是资产评估委托方的义务之一。（　　）
7. 资产清查是资产评估公司主要的准备工作之一。（　　）
8. 未经许可，资产评估报告不得发表于任何公开的媒体。（　　）
9. 只要获得对方的同意，资产评估机构或委托人可以对约定书进行修改、补充。（　　）
10. 经各级政府批准的涉及国有资产产权变动的重大经济行为，其国有资产评估应实行审批制。（　　）
11. 资产评估的委托方必须是资产的实际占有者。（　　）
12. 对待评估资产进行资产清查后，对于清查中发现的申报有误的资产，应根据清查结果和有关财务制度进行财务报表调整。（　　）

13. 为保证日后的核对与检查，一般来说，资产评估的工作底稿应该尽量详细。（    ）

14. 根据国家法律、有关行业的规定，对评估目的已实现的评估档案的保管期限至少是 8 年。（    ）

## 五、简答题

1. 资产评估项目接洽时应注意哪几个环节？
2. 资产评估业务约定书的基本内容是什么？
3. 资产评估委托方应进行哪些准备工作？
4. 资产评估受托方应进行哪些准备工作？
5. 评估人员在资产清查时应注意哪些事项？
6. 如何制订资产评估计划？
7. 什么是资产评估核准制和备案制？为什么要实行资产评估核准制和备案制？
8. 如何进行资产评估的核准？如何进行资产评估的备案？
9. 如何编制资产评估的工作底稿？
10. 评估项目负责人怎样对管理类工作底稿资料进行归集整理？

# 第三章
# 资产评估途径与方法

> **引导案例**
>
> ### 一头牛的"资产评估"
>
> 一个牲口市场上,一群人围着一头待出售的耕牛,评定着耕牛的价格。张三说值300元,因为这头牛正当壮年,但"肩"部太瘦;李四说应该加20元,因为这头牛至少还可以耕10年地;赵五说加10元就够了,因为这头牛看起来像有寄生虫;作为卖家的陈六发表意见了,他说这头牛怎么也得350元,因为昨天一头同样年龄、同样性别、同样体形、同样骨骼的牛卖了350元;旁边的王七马上不同意了,他说这头牛养这么大,所有成本加起来,也要不了350元……大家你一言我一语,最后敲定这头牛值335元,并且以335元成交。这个场景,就是"资产评估",评估对象是一头牛。在这个过程中,资产评估的各种方法都用上了,请问王七采用的评估方法是什么?陈六采用的评估方法是什么?李四采用的评估方法是什么?
>
> 资料来源:邱庆剑,《到评估事务所拿高薪》,电子工业出版社,2010年版。

## 第一节 资产评估途径与方法概述

### 一、资产评估途径与方法的含义

资产评估途径是判断资产价值的技术思路,以及实现该评估技术思路的各种评估技术和方法的集合。所谓判断资产价值的技术思路,包括资产评估理念以及实现评估理念的技术路线或路径。因此,资产评估技术思路也可以理解为评估资产价值的技术理念、路线或路径的结合。从理论上讲,判断资产价值的技术思路或评估资产价值的技术理念、路线或路径的结合体,就是市场供求原理、替代原理、竞争原理、效用原理以及投入产出原理等在资产价值评估方面的具体体现。由于市场供求原理、替代原理、竞争原理、效用原理以及投入产出原理是人们所熟悉和认同的理念和理论,因此建立在这些原理等基础上的资产评估技术思路自然也就能够被人们所接受和理解。从本质上讲,资产评估技术思路就是市场定价原理和市场规则在资产价值评估手段中的集中体现。

资产评估中的具体评估方法是实现资产评估技术思路的工具和手段。资产评估的具体方法在种类及数量方面具有多样性,几乎涉及所有的学科和领域。资产评估利用了许多其他学科、领域和专业的被社会与公众认同的逻辑分析、计算、计价、估值的方法,并通过不同的评估技术思路将它们加以重组,共同构成了资产评估方法体系。

## 二、评估中常用的逻辑分析方法

### （一）比较

比较就是对照各个事物，以确定它们之间的差异点和共同点的逻辑方法。事物间的差异点和共同点是进行比较的客观基础。比较是人类认识客观事物，揭示客观事物发展变化规律的一种基本方法。在资产评估中，比较分析法是一种应用十分广泛的方法，如市场法就是一种通过比较分析，确定资产价值的方法。通过对不同来源的信息进行比较分析，还可以鉴定其可靠性和准确性。

比较通常有时间上的比较和空间上的比较两种类型。时间上的比较是一种纵向比较，即将同一事物在不同时期的某一（或某些）指标（如资产的性能、成本等）进行对比，以便动态地认识和把握该事物发展变化的历史、现状和趋势。空间上的比较是一种横向比较，即将某一时期不同国家、不同地区、不同企业的同类事物进行对比，找出差距，判明优劣。在实际评估中，时间上的比较和空间上的比较往往是彼此结合的。在比较时，需要注意以下三点：

（1）注意可比性。所谓可比性，是指进行比较的各个对象必须具有共同的基础，包括时间上的可比性、空间上的可比性和内容上的可比性。时间上的可比性是指所比较的对象应当是同期的；空间上的可比性是指在比较时，要注意国家、地区、行业等的差异；内容上的可比性是指在比较时，要注意比较对象的内容范畴的一致性。

（2）注意比较方式的选择。不同的比较方式会产生不同的结果，并可用于不同的目的。例如，时间上的比较可反映某一事物的动态变化趋势，可用于预测未来；空间上的比较可揭示不同比较对象之间的水平和差距。

（3）注意比较内容的深度。在比较时，应注意不要被比较对象的表面现象所迷惑，而应该了解决定其价值的本质特征。

### （二）分析与综合

1. 分析

分析就是把客观事物整体按照研究目的的需要分解为各个要素及其关系，并根据事物之间或事物内部各要素之间的特定关系，通过由此及彼、由表及里的研究，以正确认识事物的一种逻辑方法。在分析某一事物时，常常要将事物逻辑地分解为各个要素。只有分解，才能找到这些要素，才能通过研究找到这些要素中影响客观事物发展变化的主要要素或关键要素。例如，对于不同行业的企业，有些行业的企业业绩受技术进步的影响较大，而有些行业的企业业绩受营销能力的影响较大。分析的基本步骤如下：

第一步，明确分析的目的；

第二步，将事物整体分解为若干个相对独立的要素；

第三步，分别考察和研究各个事物以及构成事物整体的各个要素的特点；

第四步，探明各个事物以及构成事物整体的各个要素之间的相互关系，进而研究这些关系的性质、表现形式、在事物发展变化中的地位和作用等。

在实际评估中，各个事物以及构成事物整体的各个要素之间的关系是错综复杂、形式多样的，如因果关系、表象和本质关系、一般和特殊关系等。

（1）因果分析。因果关系是客观事物各种现象之间的一种普遍的联系形式。引起某种现象出现的现象就是原因，由其作用而产生的现象就是结果。也就是只要某一现象出现时，另一现象必定会接着出现，我们就认为这两个现象具备因果关系。其中，先行现象被称作原因，后续现象被称作结果。从客观事物的这种因果关系出发，由原因推导出结果，或者由结果探究出原因的分析方法，就是因果分析。通过因果分析，可以找出事物发展变化的原因，认识和把握事物发展的规律和方向。

（2）表象和本质分析。表象和本质是揭示客观事物的外部表现和内部联系之间相互关系的一对范畴。表象是事物的表面特征，以及这些特征之间的外部联系；本质是事物的根本性质，是构成一个事物的各种必不可少的要素的内在联系。由于本质是通过表象以某种方式表现出来的，因此两者之间存在一定的关系。利用事物的表象和本质之间的这种关系进行分析的方法，就是表象和本质分析。利用表象和本质分析，可达到由表及里、透过事物表象把握其本质的目的。

（3）相关分析。客观事物之间除了因果关系、表象和本质关系外，还存在许多其他相关关系。例如，科技与经济发展、市场供给与需求、市场风险与收益、股票价格与业绩等。在资产评估中，需要对所收集的资料作相关性分析，从而找出影响研究目标的主要因素。

（4）典型分析。典型分析是对一个或几个具有代表性的典型事例，就其核心问题进行深入分析和研究的方法。这种方法涉及面虽然不宽，但是能使人们深入了解同类事物的性质与发展趋势。在资产评估中，如果涉及的目标资产的数量较大，就可采用典型分析法，既能把握其特性，又能节约时间。

2. 综合

综合是与分析相对立的一种方法。它是指人们在思维过程中，将与研究对象有关的众多分散的要素联系起来考虑，以便从错综复杂的现象中探索它们之间的相互关系，从整体的角度把握事物的本质和规律的一种逻辑方法。综合把对研究对象的各个要素之间的认识统一为整体的认识，从而把握事物的本质和规律，它是按照各个要素在研究对象内部的有机联系，从总体上去把握事物。综合的基本步骤如下：

第一步，明确综合的目的；

第二步，把握被分析出来的研究对象的各个要素；

第三步，确定各个要素的有机联系形式；

第四步，从事物整体的角度把握事物的本质和规律，从而获得新的认识结论。

在资产评估中，综合是一种行之有效的方法。它将各种来源、内容各异的分散信息，按特定的目的汇集、整理、归纳和提炼，从而形成系统、全面的认识。例如，影响一项资产价值的因素多种多样，评估人员通常需要收集大量的有关目标资产的信息资料，包括资产的技术性能、市场前景，相关技术发展状况，所属企业的经营历史与现状等。评估人员需要对这些大量的信息资料作出综合的考虑，才能准确把握目标资产的价值。

（三）推理

推理是由一个或几个已知的判断推导一个新判断的思维形式。具体来说，就是在掌握一定的已知事实、数据或因素相关性的基础上，通过因果关系或其他相关关系顺次、逐步地推论，最终得出新结论的一种逻辑方法。任何推理都包含三个因素：

（1）前提，即推理所依据的一个或几个判断；

（2）结论，即由已知判断推导新判断；

（3）推理过程，即由前提到结论的逻辑关系形式。

在推理时，要想获得正确的结论，必须注意两点：①推理的前提必须是准确无误的；②推理的过程必须是合乎逻辑思维规律的。推理是一种重要的逻辑方法，在信息分析与预测中有着广泛的应用。例如，通过对某些已知事实或数据，如科技发展的动向、技术优势和缺陷、市场机会和威胁，也就是通过对科技、技术经济、市场等的历史、现状的逐步推理，顺势推导出其未来发展的趋势。常用的推理方法有以下两种：

（1）演绎推理。演绎推理是借助一个共同的概念把两个直言判断联系起来，从而推导一个新结论的推理，是由一般到个别的推理方法。它以普遍性的事实或数据为前提，通过一定程式的严密推论，最后得出新的、个别的结论，因而是一种典型的必然性推理。这种推理只要前提准确无误，推理过程严格合乎逻辑，推导的结论必然是正确的和可信的。

（2）归纳推理。归纳推理是由个别到一般的推理，即由关于特殊对象的知识得出一般性的知识。在信息分析与预测中，简单枚举的归纳推理是常见的一种推理形式。它是通过简单枚举某类事物的部分对象的某种情况，且在枚举中又没有遇到与此相矛盾的情况，从而得出这类事物的所有对象具有此种情况的归纳推理。

简单枚举的归纳推理是一种或然性推理，推理形式的正确性并不能够保证由真的前提得出真的结论，它只能肯定由真的前提得出的结论有一定程度的可靠性。在运用这种推理形式时，要注意不能有矛盾的情况。

## 三、评估方法之间的关系

资产评估的市场法、成本法与收益法共同构成了资产评估的基本方法体系，三种方法既有联系又有区别。正确认识资产评估方法之间的内在联系和各自的特点，对于评估方法的选择具有十分重要的意义。

（一）资产评估方法之间的联系

评估方法是实现评估目的的手段。对于特定的经济行为，在相同的市场条件下，对处于相同状态的同一资产进行评估，其评估值应该是客观的。这个客观的评估值不会因评估人员所选用的评估方法的不同而出现截然不同的结果。可以说，评估基本目的决定了评估方法间的内在联系,而这种内在联系为评估人员运用多种评估方法评估同一条件下的同一资产,并作相互验证提供了理论根据。但需要指出的是,运用不同的评估方法评估同一条件下的同一资产,必须保证评估目的、评估前提、被评估对象状态的一致,以及运用不同评估方法所选择的经济技术参数合理。

由于资产评估工作基本目标的一致性,可以采用多种方法对同一资产进行评估。如果使用这些方法的前提条件同时具备,而且评估人员也具备相应的专业判断能力,那么多种方法得出的结果应该趋于相同。如果采用多种方法得出的结果出现较大差异,可能的原因有:某些方法的应用前提不具备;分析过程有缺陷;结构分析有问题;某些支撑评估结果的信息依据出现失真;评估人员的职业判断有误;等等。建议评估人员为不同评估方法建立逻辑关系框架图,通过对比分析,有利于发现问题。评估人员在发现的问题的基础上,除了对评估方法作出取舍外,还应该分析问题产生的原因,并据此研究问题的解决对策,以便最后确定评估价值。

(二)资产评估方法之间的区别

各种评估方法独立存在的本身就说明,各种方法之间存在差异。各种评估方法都是从不同角度去表现资产的价值。不论是通过市场参照物的比较获得评估对象的价值,还是根据评估对象的预期收益获得其评估价值,抑或是按照资产的再取得途径寻求评估对象的价值,都是对评估对象在一定条件下的价值的描述,它们之间具有内在联系并可相互替代。但是,每一种评估方法都有其自成一体的运作过程,并要求具备相应的信息基础,评估结论也仅从某一角度反映资产的价值。评估特定目的的不同,评估时市场条件的差别,以及评估时对评估对象使用状态设定的差异,使得需要评估的资产价值类型也是有区别的。由于自身的特点,评估方法在评估不同类型的资产价值时,就有了效率上和直接程度上的差别,评估人员应具备选择最有效率且最直接的评估方法来完成评估任务的能力。

## 四、评估方法的选择

评估方法多种多样,为了高效、简捷、相对合理地估算资产的价值,在选择评估方法时应遵循以下四项原则:

第一,评估方法的选择要与评估目的、评估时的市场条件、评估对象在评估过程中所处的状态,以及由此所决定的资产评估价值类型相适应。资产评估目的解决了为什么要进行资产评估的问题,这是在进行资产评估时首先要考虑的。一般来说,资产评估目的影响评估假设、评估范围和评估对象的确定,从而影响评估方法的确定。所以,资产评估目的制约着资产评估方法的选择。

第二,评估方法的选择受评估对象的类型、理化状态等因素的制约。由于不同的评估方法是从不同的途径来评估资产的价值,因此评估时应根据被评估资产自身的特点,分析从哪条途径进行评估最合适。在评估时,首先应区分被评估资产是单项资产还是整体资产，是有形资产还是无形资产，是通用性资产还是专用性资产，以及是可以复制的资源性资产还是不可复制的资源性资产。一般来说，对于整体资产、无形资产和不可复制的资源性资产，可以考虑选择收益法和市场法；对于通用性资产、单项资产、有形资产，可以选择市场法；对于专用性资产、可以复制的资源性资产，可以选择成本法。

第三，评估方法的选择受运用各种评估方法所需的数据资料及主要经济技术参数能否收集的制约。每种评估方法都需要相应的大量数据资料，如果短时间内不能收集到这些数据资料或者收集有很大困难，则只能选择其他的替代方法进行评估。例如，对于无货币收益的公益性资产、微利亏损企业、收益无规律而难以预测的资产以及风险报酬率无法确定的资产，不能运用收益法评估，可以考虑选择成本法。

第四，评估方法的选择要考虑工作效率和评估人员的特长。

总之，在选择评估方法时，应注意因地制宜、因事制宜，不可机械地按照某种模式或某种特定的顺序进行选择；而且不管选择了哪种评估方法，都应该保证评估目的、评估时所依据的各种假设与各种参数及其评估结果在性质上和逻辑上的一致。

### 相关链接

#### 《国际资产评估准则》关于评估途径与方法的说明

《国际资产评估准则》明确提出，成本法、市场法和收益法是资产评估中最常用的三种基本评估方法。无论评估资产的市场价值还是非市场价值，评估师都需要根据项目的具体情况，恰当地选择评估方法。在选择评估方法时，评估师应当考虑三种基本评估方法在具体项目中的适用性；采用多种评估方法时，应当分析、调整运用多种评估方法得出的评估结论，确定最终评估结果。

成本法、市场法和收益法作为资产评估的三大基本方法，反映了三种评估思路，每种评估方法又包括一些具体的运用方法。评估师在进行某项评估业务时，应当根据其经验和知识、当地的评估准则要求、市场要求、数据的可获得程度等综合因素，选取适宜的评估方法。

对于不动产、动产、企业价值、金融资产等各种资产类型的评估项目而言，三种评估方法都是适用的；但不同类型的资产评估项目所获得的相关信息资料是不同的，分别反映了各类型资产在其相应市场上的特点。评估师应当收集、分析能够合理反映被评估资产价值的数据资料，在选取评估方法时应当充分考虑资料的可获得程度。

评估资产的市场价值时，如果评估方法运用得当，则所有评估市场价值的方法、技术和程序都会得出符合市场价值基本定义的评估结果。采用市场法进行评估时，须根据市场观察得出结果；采用成本法确定建筑成本和损耗时，须根据对成本和应计损耗的市场化分析进行判断；采用收益法时，须以市场认可的现金流和市场确定的回报率为基础。虽然需要根据数据的可获得程度以及与市场或资产本身相关的条件决定最适用的评估方法，但如果每种评估方法都是以市场数据为基础的，那么采用以上任何评估方法都可以评估出资产的市场价值。

## 第二节 市场法

### 一、市场法概述

（一）市场法的含义

市场法是利用市场上同样或类似资产的近期交易价格，经过直接比较或类比分析，估测资产价值的各种评估技术方法的总称。从市场法的含义中可以发现，市场法是资产评估中若干评估途径中的一种，也是实现该评估途径的若干评估技术方法的集合。

（二）市场法的基本前提

运用市场法评估资产价值，需要满足以下两个最基本的前提条件：

1. 要有一个活跃的公开市场

公开市场是一个充分竞争的市场，市场上有自愿的买方和卖方，他们之间开展平等的交易，这就排除了个别交易的偶然性，市场成交价格基本上可以反映市场行情。按照市场行情估测被评估资产价值，评估结果更贴近市场，更容易被资产交易各方理解和接受。

2. 公开市场上要有可比的资产及其交易活动

资产及其交易的可比性是指所选取的资产及其交易活动在近期公开市场上已经发生过，且与被评估资产及资产业务相同或相似，这些已经完成交易的资产就可以作为被评估资产的参照物，其交易数据是进行比较分析的主要依据。

资产及其交易的可比性具体体现在以下四个方面：第一，参照物与评估对象在功能上具有可比性，包括用途、性能上的相同或相似。资产的功能是资产使用价值的主体，是影响资产价值的重要因素之一。同一项或同一类资产，功能不同，则其具有的价值也不同。第二，参照物与评估对象面临的市场条件具有可比性，主要应考虑参照物在成交时与评估对象在评估时的市场条件具有可比性。在一般情况下，供不应求时，价格偏高；供过于求时，价格偏低。交易条件主要包括交易批量、交易动机等。交易批量不同，交易对象的价格就可能不同；交易动机对资产交易价格也有影响。第三，参照物的成交时间与评估基准日的间隔不能过长；同时，时间对资产价值的影响是可以调整的。第四，资产的实体特征和质量。资产的实体特征主要是指资产的外观、结构和规格型号等；资产的质量主要是指资产本身的建造或制造工艺水平。

（三）市场法的基本步骤

1. 选择参照物

不论评估对象是单项资产还是整体资产，运用市场法评估时，首先都要选取参照物。对于所选取的参照物，一要具有可比性，二要具有代表性。不论参照物与评估对象如何相似，通常应选择三个或者三个以上的参照物。由于运用市场法评估资产价值，被评估资产的评估值的高低在很大程度上取决于参照物的成交价格水平，而参照物的成交价格不仅仅是参照物功能自身的市场体现，它还受买卖双方的交易地位、交易动机、交易时限等因素的影响。因此，为了避免某一个参照物个别交易中的特殊因素和偶然因素对成交价格及评估值的影响，运用市场法评估资产时应尽可能地选择三个或者三个以上的参照物。

2. 在评估对象与参照物之间选择比较因素

从大的方面来讲，影响资产价值的基本因素大致相同，如资产性质、市场条件等。但具体到每一种资产时，影响资产价值的因素又各有侧重。例如，影响房地产价值的主要是地理位置因素，而技术水平则在机器设备的评估中起主导作用。所以，应根据不同种类的资产价值形成的特点，选择对资产价值形成影响较大的因素作为对比指标，在评估对象与参照物之间进行比较。

3. 评估对象与参照物之间的差异因素的对比与量化

根据前面所选定的对比指标，在评估对象与参照物之间进行比较，并将两者的差异进行量化。

4. 在各参照物成交价格的基础上调整已经量化的对比指标差异

市场法是以参照物的成交价格作为评定估算评估对象价值的基础。在此基础上，将已经量化的评估对象与参照物的对比指标差异进行调增或调减，就可以得到以每个参照物的成交价格为基础的评估对象的初步评估结果。

5. 综合分析，确定评估结果

按照一般要求，运用市场法通常应选择三个以上的参照物。所以，在一般情况下，运用市场法评估的初步结果也在三个以上。根据资产评估的一般惯例的要求，正式的评估结果只能是一个，这就需要评估人员对若干初步评估结果进行综合分析，确定最终的评估值。

## 二、市场法中的具体评估方法

市场法是指在一种评估思路下的若干具体评估方法的集合，它们可以被分为直接比较法与间接比较法两大类。直接比较法又可以被分为单一因素比较法和类比调整法。

（一）直接比较法

直接比较法是指利用参照物的交易价格及参照物的某一或若干因素直接与评估对象的同一或若干因素进行比较，量化比较因素的差异，并将参照物的价格根据已量化的比较因素的差异进行调整，从而获得被评估资产价值的方法。直接比较法主要应用于参照物与被评估资产具有较强可比性的情况。换句话说，参照物与被评估资产的差异主要体现在单一因素或若干因素上。

1. 单一因素比较法

单一因素比较法就是将参照物的价格根据量化的单一比较因素的差异进行调整，从而获得被评估资产价值的方法。其基本计算公式为：

$$资产评估值 = 参照物成交价 \times \frac{评估对象A因素}{参照物A因素}$$

单一因素比较法还可以细分为现行市价法、市价折扣法、功能价值类比法、价格指数法、成新率价格调整法。

（1）现行市价法。当评估对象本身具有现行市场价格或与评估对象基本相同的参照物具有现行市场价格时，可以直接利用评估对象或参照物在评估基准日的现行市场价格作为评估对象的评估价值。例如，可上市流通的股票和债券可按其在评估基准日的收盘价作为评估值。

【例3-1】被估企业持有某上市公司股票10 000股，股票购入价格为15元/股。评估基准日该股票的开盘价为12元/股，收盘价为14元/股。要求采用现行市价法评估该股票的价值。

**解析**：被估股票价值 = 14 × 10 000 = 140 000（元）

（2）市价折扣法。市价折扣法是以参照物的成交价格为基础，考虑评估对象在销售条件、销售时限等方面的不利因素，根据评估人员的经验或有关部门的规定，设定一个价格折扣率来估算评估对象价值的方法。其基本计算公式为：

$$资产评估值 = 参照物成交价 \times (1 - 价格折扣率)$$

【例3-2】被估企业打算快速变现一批库存商品，该批库存商品的数量为2 000件，现行市价为25元/件，评估人员根据经验估计快速变现的价格折扣率为30%。要求采用市价折扣法评估该批库存商品的价值。

**解析**：被估库存商品的价值 = 25 × 2 000 × (1 - 30%) = 35 000（元）

（3）功能价值类比法（或类比估价法）。功能价值类比法是以参照物的成交价格为基础，考虑参照物与评估对象之间的功能差异并进行调整，进而估算评估对象价值的方法。根据资产的价值与其功能之间的关系可分为线性关系和指数关系两种情况。

① 资产价值与其功能呈线性关系的情况，通常被称作生产能力比例法。其基本计算公式为：

$$资产评估值 = 参照物成交价 \times \frac{评估对象生产能力}{参照物生产能力}$$

② 资产价值与其功能呈指数关系的情况，通常被称作规模经济效益指数法。其基本计算公式为：

$$资产评估值 = 参照物成交价 \times \left(\frac{评估对象生产能力}{参照物生产能力}\right)^x$$

公式中的x是一个经验数据，称为规模经济效益指数。在美国，规模经济效益指数一般为0.4—1.0，加工工业一般为0.7，房地产行业一般为0.9。

【例3-3】被估资产年生产能力为5 000件,参照物年生产能力为6 000件,评估基准日参照物的市场价格为20万元,资产价值与功能之间呈线性关系。要求采用功能价值类比法评估该资产的价值。

**解析:** 被估资产价值 $= 20 \times \dfrac{5\,000}{6\,000} = 16.67$(万元)

(4)价格指数法。价格指数法是以参照物的成交价格为基础,考虑参照物的成交时间与评估对象的评估基准日之间的时间间隔对资产价值的影响,利用价格指数调整估算评估对象价值的方法。其基本计算公式为:

$$资产评估值 = 参照物成交价 \times (1 + 价格变动指数)$$

价格变动指数分为定基价格变动指数和环比价格变动指数。在定基价格变动指数下,其基本计算公式为:

$$资产评估值 = 参照物成交价 \times \dfrac{评估时的定基价格指数}{交易时的定基价格指数}$$

(5)成新率价格调整法。成新率价格调整法是以参照物的成交价格为基础,考虑参照物与评估对象新旧程度上的差异,通过成新率调整估算评估对象价值的方法。其基本计算公式为:

$$资产评估值 = 参照物成交价 \times \dfrac{评估对象成新率}{参照物成新率}$$

$$成新率 = \dfrac{尚可使用年限}{实际使用年限 + 尚可使用年限}$$

【例3-4】被估资产为六成新,参照物为八成新,参照物的现行市价为20 000元。要求采用成新率价格调整法评估被估资产的价值。

**解析:** 被估资产价值 $= 20\,000 \times \dfrac{6}{8} = 15\,000$(元)

2. 类比调整法

参照物与被评估资产的差异往往不止体现在某一方面,只要参照物与评估对象在大的方面基本相同或相似,就可以采用类比调整法。类比调整法通过对比分析调整参照物与评估对象之间的差异,在参照物成交价格的基础上调整估算评估对象的价值。类比调整法主要有市场售价类比法、成本市价法和价值比率法。

(1)市场售价类比法。市场售价类比法是以若干参照物的成交价格为基础,考虑参照物与评估对象在功能、市场条件和销售时间等方面的差异,通过对比分析和量化差异,调整估算评估对象价值的方法。其基本计算公式为:

某参照物修正后的交易价格 = 该参照物成交价 + 功能差异值 + 时间差异值 + …… + 交易情况差异值

或者:

某参照物修正后的交易价格 = 该参照物成交价 × 功能差异修正系数 × 时间差异修正系数 × …… × 交易情况差异修正系数

资产评估值 = 各参照物修正后的交易价格的平均值

**【例3-5】** 被估土地为长方形、800平方米，要求采用市场售价类比法评估2012年10月该土地的市场交易价格。评估人员选择A、B、C三个交易案例，其中交易案例A的单价为8 000元/平方米，交易案例B的单价为8 800元/平方米，交易案例C的单价为8 600元/平方米。其他资料如下：

①区域因素情况。交易案例A与被估土地处于同一地区，而交易案例B、交易案例C与被估土地存在区域因素差异。假设被估土地的区域因素分值为100，通过专家对自然条件、社会环境、街道条件、交通条件、环境污染情况、公共设施完备情况、距离市中心路程、周围环境等因素进行打分，交易案例B的得分为88，交易案例C的得分为98。

②交易情况（具体资料省略）。经过分析，交易案例A为正常交易的结果，所以交易案例A不需要进行交易情况修正。交易案例B较正常交易价格低2%，而交易案例C较正常交易价格低4%。

③交易日期情况。交易案例A发生在2012年4月，交易案例B发生在2012年3月，交易案例C发生在2011年10月。调查结果显示，2011年10月以来土地价格平均每月上涨1%，所以交易案例A、B和C的交易日期修正率分别为6%、7%和12%。

④个别因素情况。假设只存在土地使用年限因素的差异，且交易案例B剩余使用年限与被估土地相同不需要调整。交易案例A、交易案例C剩余使用年限均为35年，被估土地剩余使用年限为30年，假设折现率为8%。因此，交易案例A、交易案例C使用年限因素修正系数为 $0.966 = \dfrac{1-(1+8\%)^{-30}}{1-(1+8\%)^{-35}}$。

**解析：**

计算得到初步评估结果为：

交易案例A修正后的单价 $= 8\,000 \times \dfrac{100}{100} \times \dfrac{100}{100} \times \dfrac{106}{100} \times 0.966 = 8\,191.68$（元/平方米）

交易案例B修正后的单价 $= 8\,800 \times \dfrac{100}{88} \times \dfrac{100}{98} \times \dfrac{107}{100} \times \dfrac{100}{100} = 10\,918.37$（元/平方米）

交易案例C修正后的单价 $= 8\,600 \times \dfrac{100}{98} \times \dfrac{100}{96} \times \dfrac{112}{100} \times 0.966 = 9\,889.99$（元/平方米）

采用算术平均法计算最终结果：

被估土地的单价 $= \dfrac{8\,191.68 + 10\,918.37 + 9\,889.99}{3} = 9\,666.68$（元/平方米）

被估土地总价 $= 800 \times 9\,666.68 = 7\,733\,344$（元）

（2）成本市价法。成本市价法是以评估对象的现行合理成本为基础，利用参照物成本市价比率来估算评估对象价值的方法。其基本计算公式为：

$$资产评估值 = 评估对象的现行合理成本 \times \dfrac{参照物价格}{参照物现行合理成本}$$

**【例3-6】** 被评估资产在评估基准日的现行合理成本为15万元，参照物的成交价为20万元，参照物合理成本为16万元。要求采用成本市价法估算被评估资产的价值。

解析：被评估资产价值 = $15 \times \dfrac{20}{16} = 18.75$（万元）

（3）价值比率法。价值比率法主要适用于企业价值的评估。价值比率法是以参照物（企业）的市场交易价格与其某一经济参数或经济指标相比而形成的价值比率作为乘数，乘以评估对象（企业）的相关财务指标从而估算评估对象（企业）价值的方法。其基本计算公式为：

$$评估值 = 待评估企业某一口径财务指标 \times 参照企业相同口径价值比率$$

$$参照企业价值比率 = \dfrac{参照企业市场价格}{参照企业某一口径财务指标}$$

【例 3-7】被评估企业的年净利润为 1 200 万元，在评估基准日同类企业平均市盈率为 15 倍。要求采用市盈率倍数法估算被评估企业的价值。

解析：被评估企业价值 = $1\,200 \times 15 = 18\,000$（万元）

## （二）间接比较法

间接比较法是利用国家标准、行业标准或市场标准作为基准，分别将参照物、被评估资产与基准对比进行整体的或者分项的打分，将打分所得分值与基准的比值作为调整系数，再调整参照物的成交价格而获得被评估资产价值的方法。间接比较法并不要求参照物与被评估资产一样或基本相似，只要两者在大的方面基本相同或相似即可。但是，由于间接比较法需要利用国家标准、行业标准或市场标准，其应用有较多的限制，因此间接比较法在实践中较为少用。

# 第三节　收益法

## 一、收益法概述

### （一）收益法的含义

收益法又称收益现值法，是指通过估测被评估资产未来预期收益的现值，确定被评估资产价值的各种评估方法的总称。它服从资产评估中将利求本的思路，即采用资本化和折现的途径及其方法来判断和估算资产价值。该思路认为，任何一个理智的投资者在购置或投资某一资产时，所愿意支付或投资的货币数额不会高于所购置或投资的资产在未来能给其带来的回报，即收益额。收益法利用投资回报和收益折现等技术手段，把评估对象的预期产出能力和获利能力作为评估标的来估测评估对象的价值。根据评估对象的预期收益来评估其价值，容易被资产业务各方接受。所以，从理论上讲，收益法是资产评估中较为科学合理的评估方法之一。其基本计算公式为：

$$P = \sum_{i=1}^{n} R_i (1+r)^{-i}$$

其中，$P$ 为评估值；$R_i$ 为未来第 $i$ 年的预期收益；$r$ 为折现率或资本化率；$n$ 为受益年限。

### （二）收益法的基本前提

收益法是依据资产未来预期收益，经折现或资本化处理来估测资产价值的。它涉及三个基本要素：一是被评估资产未来预期收益；二是折现率或资本化率；三是被评估资产取得预期收益的持续时间。因此，能否清晰地把握这三个要素就成为能否运用收益法的基本前提。从这个意义上讲，应用收益法必须具备的前提条件如下：

（1）被评估资产未来预期收益可以预测并可以用货币衡量；

（2）资产拥有者获得预期收益所承担的风险也可以预测并可以用货币度量；

（3）被评估资产预期获利年限可以预测。

### （三）收益法的基本程序

采用收益法进行评估，其基本程序如下：

（1）收集并验证与评估对象未来预期收益有关的数据资料，包括经营前景、财务状况、市场形势以及经营风险等；

（2）分析测算评估对象未来预期收益；

（3）确定折现率或资本化率；

（4）用折现率或资本化率将评估对象未来预期收益折算成现值；

（5）分析确定评估结果。

### （四）收益法的基本参数

运用收益法进行评估涉及许多经济技术参数，其中最主要的参数有三个，分别是收益额、折现率和受益期限。

（1）收益额。收益额是适用收益法评估资产价值的基本参数之一。在资产评估中，资产的收益额是根据投资回报的原理，资产在正常情况下所能得到的归其产权主体的所得额。收益额的特点有：第一，收益额是未来预期收益额，而不是资产的历史收益额或现实收益额；第二，用于资产评估的收益额通常是资产的客观收益，而不一定是资产的实际收益。评估人员应切实注意收益额的上述特点，以便合理地运用收益法来估测资产的价值。

（2）折现率（或资本化率）。从本质上讲，折现率或资本化率都是一种期望投资报酬率，是投资者在投资风险一定的情况下，对投资所期望的回报率。它是由无风险报酬率和风险报酬率组成的。无风险报酬率，也称安全利率，一般是参照同期国库券利率；风险报酬率是指超过无风险报酬率以上部分的投资回报率。

（3）受益期限。受益期限是指资产具有获利能力所持续的时间，通常以年为时间单位。它由评估人员根据被评估资产自身效能与相关条件，以及有关法律、法规、契约、合同等加以测定。

## 二、收益法中的主要技术方法

收益法实际上是在预期收益还原思路下若干具体方法的集合。从大的方面来看，收益法中的具体方法可被分为若干类：（1）针对评估对象未来预期收益有无限期的情况来划分，分为有限期和无限期的评估方法；（2）针对评估对象未来预期收益额的情况来划分，又可分为等额收益评估方法、非等额收益评估方法等。

### （一）被评估资产未来收益期有限

1. 各期收益相等

若各期收益相等，即为年金。此时，以被评估资产的年金现值作为评估值。公式如下：

$$P = A \times (P/A, i, n)$$

或者：

$$P = \frac{A}{i}\left(1 - \frac{1}{(1+i)^n}\right) = A \times \sum_{t=1}^{n}(1+i)^{-t}$$

2. 各期收益不相等

（1）收益期较短、各期收益均能预测的，将各收益期的收益全部预测出来后，按选定的折现率逐期折现，以各期收益的复利现值之和作为评估值。公式如下：

$$P = \sum_{t=1}^{n} R_t (1+i)^{-t}$$

**【例3-8】** 经预测，被评估资产未来5年的预期收益分别为15万元、13万元、17万元、20万元和16万元。设折现率为10%，计算其评估值。

**解析：** 根据评估值计算公式：

$$P = \sum_{t=1}^{n} R_t (1+i)^{-t}$$

$P = 15 \times (1+10\%)^{-1} + 13 \times (1+10\%)^{-2} + 17 \times (1+10\%)^{-3} + 20 \times (1+10\%)^{-4} + 16 \times (1+10\%)^{-5}$
$= 60.75$（万元）

（2）收益期较长的，采用分段法。设被评估资产的收益期为 $N$ 年，以第 $n$ 年（$n < N$，评估实务中一般取5年）为界将其分为前后两段，先对前一段各期收益作出预测，再对后一段各期收益进行假设，将前后两段收益的现值相加即可得到被评估资产的评估值。当然，在实际操作中，可视具体情况，将被评估资产收益期分为若干时段。下面介绍两种比较常用的情形。

情形1：设后一段各期收益相等，则其计算公式为：

$$P = \sum_{t=1}^{n} R_t (1+i)^{-t} + A \times (P/A, i, N-n) \times (1+i)^{-n}$$

情形2：设后一段各期收益按增长率 $g$ 逐年增长，则其计算公式为：

$$P = \sum_{t=1}^{n} R_t(1+i)^{-t} + \frac{R_{n+1}}{i-g} \times \left[1 - \left(\frac{1+g}{1+i}\right)^{N-n}\right] \times (1+i)^{-n}$$

**【例3-9】** 被评估资产未来收益期为12年。经预测，前5年的预期收益分别为15万元、13万元、17万元、20万元和16万元；预计从第6年起，各年收益将在第5年的基础上：（1）年增长2%且保持不变；（2）按2%的比率等比递增。设折现率为10%，要求根据上述资料，计算在这两种情形下该资产的评估值。

**解析：**

（1）第1种情形下的评估值

$P = 15 \times (1+10\%)^{-1} + 13 \times (1+10\%)^{-2} + 17 \times (1+10\%)^{-3} + 20 \times (1+10\%)^{-4} + 16 \times (1+10\%)^{-5} + 16 \times (1+2\%) \times (P/A, 10\%, 7) \times (1+10\%)^{-5} = 60.75 + 49.33 = 110.08$（万元）

（2）第2种情形下的评估值

$P = 15 \times (1+10\%)^{-1} + 13 \times (1+10\%)^{-2} + 17 \times (1+10\%)^{-3} + 20 \times (1+10\%)^{-4} + 16 \times (1+10\%)^{-5} + 16 \times \left(\frac{1+2\%}{10\%-2\%}\right) \times \left[1 - \left(\frac{1+2\%}{1+10\%}\right)^{7}\right] \times (1+10\%)^{-5} = 60.75 + 52.00 = 112.75$（万元）

## （二）被评估资产未来收益期无限

**1. 年金法**

（1）若未来各期的收益均相等，则直接用资本化法。公式如下：

$$P = \frac{A}{r}$$

（2）若未来各期的收益不完全相等，但其生产经营活动相对比较稳定，各期收益相差不大，且没有稳定上升或下降的趋势，此时也可以用年金法进行评估。其计算步骤及公式如下：

第一步，预测评估基准日后未来期（一般5年左右）的收益；

第二步，计算预测期的收益现值 $P_0$；

$$P_0 = \sum_{t=1}^{n} R_t(1+i)^{-t}$$

第三步，根据上述现值，计算预测期的年金 $A$；

$$A = \frac{P_0}{(P/A,\ i,\ n)}$$

第四步，根据上述年金，计算评估值 $P$。

$$P = \frac{A}{r}$$

综上所述，年金法的综合表达式为：

$$P = \frac{1}{r} \sum_{t=1}^{n} \frac{R_t(1+i)^{-t}}{(P/A,\ i,\ n)}$$

【例3-10】已知被评估企业未来5年的收益额分别为93.8万元、100.5万元、93.8万元、100.5万元和107.2万元,设折现率和资本化率均为7%。要求用年金法计算该企业持续经营假设前提下的价值。

**解析:**

(1)计算未来5年的收益现值 $P_0$

$P_0 = 93.8 \times (1+7\%)^{-1} + 100.5 \times (1+7\%)^{-2} + 93.8 \times (1+7\%)^{-3} + 100.5 \times (1+7\%)^{-4} + 107.2 \times (1+7\%)^{-5}$
 $= 405.12$(万元)

(2)计算年金 $A$

$$A = \frac{405.12}{(1+7\%)^{-1} + (1+7\%)^{-2} + (1+7\%)^{-3} + (1+7\%)^{-4} + (1+7\%)^{-5}} = 98.81 \text{(万元)}$$

(3)计算评估值 $P$

$$P = \frac{98.81}{7\%} = 1\,411.57 \text{(万元)}$$

2. 分段法

与收益期有限时的分段法类似,假设将被评估资产的收益期限分为前后两段(根据实际情况也可分为若干段)。此时,前一段为有限年期,后一段仍为无限年期。被评估资产的评估值为前后两段收益的现值之和。如同有限期分段法所述,若假设后一段各期收益相等或按一定比率等比递增,则其计算公式分别为:

(1)当后一段各期收益相等时

$$P = \sum_{t=1}^{n} R_t (1+i)^{-t} + \frac{A}{r}(1+i)^{-n}$$

(2)当后一段各期收益等比递增(增长率为 $g$,且 $g < r$)时

$$P = \sum_{t=1}^{n} R_t (1+i)^{-t} + \frac{R_{n+1}}{r-g}(1+i)^{-n}$$

【例3-11】被评估资产未来收益期为无限期。经预测,前5年的预期收益分别为15万元、13万元、17万元、20万元和16万元;预计从第6年起,各年收益将在第5年的基础上:(1)年增长2%且保持不变;(2)按2%的比率等比递增。设折现率为10%,要求根据上述资料,计算在这两种情形下该资产的评估值。

**解析:**

(1)第一种情形下的评估值

$$\begin{aligned}P &= \sum_{t=1}^{5} R_t (1+i)^{-t} + \frac{A}{r}(1+i)^{-5} \\ &= 60.75 + \frac{16 \times (1+2\%)}{11\%} \times (1+10\%)^{-5} = 152.87 \text{(万元)}\end{aligned}$$

（2）第二种情形下的评估值

$$P = \sum_{t=1}^{5} R_t (1+i)^{-t} + \frac{R_6}{r-g}(1+i)^{-5}$$
$$= 60.75 + \frac{16 \times (1+2\%)}{11\% - 2\%} \times (1+10\%)^{-5} = 173.34 \text{（万元）}$$

## 第四节 成本法

### 一、成本法概述

#### （一）成本法的含义

成本法是指按被评估资产的重置成本扣除其发生的各种贬值，估测资产价值的各种评估技术方法的总称。在采用成本法评估资产价值时，首先要估测被评估资产的重置成本；然后估测被评估资产业已存在的各种贬值因素，再将其从重置成本中予以扣除；最后以重置成本扣除各种贬值后的余额作为被评估资产价值。其基本计算公式为：

资产评估价值 = 重置成本 − 实体性贬值 − 功能性贬值 − 经济性贬值

成本法是以现时再取得被评估资产的重置成本为基础，估算被评估资产价值的评估方法。其基本思路是重置被评估资产。评估人员可以根据购置或建造评估对象所需的正常费用、税金和利润之和来测算其价格。当然，如果评估对象并非全新，则其价格会在评估对象全新的购建成本的基础上扣除各种贬值因素。由于被评估资产的再取得成本的有关数据和信息来源较广泛，而且资产重置与资产的现行市价及收益现值也存在内在联系和替代关系，因此成本法也是一种被广泛应用的评估方法。

#### （二）成本法的基本前提

（1）被评估资产处于继续使用状态，或者被假设为处于继续使用状态。只有当资产能够继续使用并且在持续使用中为潜在投资者或控制者带来经济利益，资产的重置成本才能为潜在投资者和市场所承认和接受。

（2）应当具备可利用的历史资料。成本法的应用是建立在历史资料的基础上的，许多信息资料、指标需要从历史资料中获得；同时，现时资产与历史资产具有相同性或可比性。

（3）形成资产价值的耗费是必需的。耗费是形成资产价值的基础，耗费包括有效耗费和无效耗费。采用成本法评估资产，要确定这些耗费是必需的，而且应体现社会或行业的平均水平。

#### （三）成本法的基本要素

从成本法的基本含义中可以看出，成本法的运用涉及四个基本要素，即资产的重置成本、实体性贬值、功能性贬值和经济性贬值。

1. 资产的重置成本

资产的重置成本就是资产的现行再取得成本,是指在现时价格的条件下,按国家现行法律、法规,重新购置或建造一项与被评估资产具有相同或相似功能的全新资产所发生的耗费。根据重置时参照要素的不同,重置成本又分为复原重置成本和更新重置成本两种。

(1)复原重置成本是指采用与评估对象相同的材料、建筑或制造标准、设计、规格及技术等,以现时价格水平重新购建与评估对象相同的全新资产所发生的费用。

(2)更新重置成本是指采用新型材料、现代建筑或制造标准、设计、规格及技术等,以现时价格水平重新购建与评估对象同等功能的全新资产所发生的费用。

2. 资产的实体性贬值

资产的实体性贬值又称有形损耗,是指资产因使用及自然力的作用导致资产的物理性能损耗或下降而引起的资产的价值损失。资产的实体性贬值通常采用相对数来计量(即实体性贬值率),它反映的是被评估资产的实体性贬值与其全新状态的重置成本的比率。其基本计算公式为:

$$实体性贬值率 = \frac{实体性贬值}{重置成本}$$

3. 资产的功能性贬值

资产的功能性贬值是指因技术进步引起的资产功能相对落后而造成的资产的价值损失。它包括因新工艺、新材料和新技术等的采用而使原有资产的建造成本超过现行同类资产的建造成本的超支额,以及原有资产的运营成本超过体现了技术进步的现行同类资产的运营成本的超支额。

4. 资产的经济性贬值

资产的经济性贬值是指因外部客观条件的变化引起资产实际使用的经济效益下降而造成的资产的价值损失。

## 二、成本法中各要素的估算方法

(一)重置成本的估算方法

1. 重置核算法

重置核算法又称细节分析法、核算法等。它是利用成本核算的原理,根据重新取得资产所需的费用项目,逐项计算然后累加得到资产的重置成本的一种方法。在实际测算的过程中,又具体分为购买型和自建型两种类型。

购买型是以购买资产的方式作为资产的重置过程,又称市场重置法。资产的重置成本具体是由资产的现行市价、运杂费、安装调试费以及其他的必需费用构成。将上述的资产的必需费用累加起来,便可计算得出资产的重置成本。

自建型是把自建资产作为资产的重置过程。它根据重新建造资产所需的料、工、费及必要的资金成本和开发者的合理利润。一方面,重置成本是在现行市场条件下重新购建一项全新资产所支付的全部货币总额,应该包括资产开发者和制造者的合理利润;另一方面,资产评估旨在了解被评估资产在模拟市场条件下的交易价格,一般情况下,价格都应该含有开发者和制造者的合理利润。资产重置成本中的利润部分的确定,应以现行行业或社会平均水平为依据。

在用重置核算法计算重置成本时,可将重置成本分为直接成本和间接成本,先分别测算,然后求和;也可以将重置成本分为材料成本、人工成本和其他费用等成本项目,先分别测算各成本项目,然后再汇总求和。其基本计算公式为:

$$重置成本 = 直接成本 + 间接成本$$

或者:

$$重置成本 = 材料成本 + 人工成本 + 其他费用$$

在实际工作中,为了简化间接成本的估算手续,对间接成本采用按直接成本的比例或者按人工成本的比例等方法进行估算。其基本计算公式为:

**直接成本百分率法**

$$间接成本 = 直接成本 \times 间接成本占直接成本的百分率$$

**人工成本百分率法**

$$成本分配率 = \frac{间接成本}{人工成本总额}$$

$$间接成本 = 人工成本总额 \times 成本分配率$$

【例3-12】在对某设备进行评估时,评估人员经市场调查得知,其现行市场价格为每台160 000元。若重新购置该设备,运杂费为4 600元,直接安装成本为2 300元。其中,原材料为800元,人工成本为1 500元,根据分析、计算,求得安装成本中的间接成本占人工成本的80%。计算该机器设备的重置成本。

**解析:** 直接成本 = 160 000 + 4 600 + 2 300 = 166 900(元)

间接成本 = 1 500 × 80% = 1 200(元)

重置成本 = 166 900 + 1 200 = 168 100(元)

2. 价格指数法

价格指数法是利用与被评估资产有关的价格变动指数,将被评估资产的历史成本调整为重置成本的一种方法。根据所采用的价格指数种类的不同,计算公式也有所不同。

若已知定基价格指数,则:

$$重置成本 = 被评估资产的历史成本 \times \frac{评估时的定基价格指数}{购建时的定基价格指数}$$

若已知环比价格指数,则:

$$重置成本 = 历史成本 \times (1+a_1) \times (1+a_2) \times \cdots \times (1+a_n)$$

式中,$a_n$ 为第 $n$ 年环比价格指数;$n$ 为 1,2,3,…,$n$。

【例3-13】某设备2010年购进,账面原值200万元,购进时的定基价格指数是102%,2015年对其进行评估。已知2012年、2013年、2014年和2015年各年的定基价格指数分别是110%、118%、125%和120%。要求计算该设备的重置成本。

**解析**:重置成本 $= 200 \times \dfrac{120\%}{102\%} = 235.29$(万元)

【例3-14】被评估资产的账面价值为200 000元,2010年建成投入使用,2015年进行评估。经调查得知,2011—2015年,同类资产环比价格指数分别为2%、7%、5%、6%、9%。要求计算该资产的重置成本。

**解析**:该资产的重置成本 $= 200\,000 \times (1+2\%) \times (1+7\%) \times (1+5\%) \times (1+6\%) \times (1+9\%)$
$= 264\,810.75$(元)

3. 功能价值类比法

功能价值类比法是指利用某些资产的功能(如生产能力)的变化与其价格或重置成本的变化呈某种指数关系或线性关系,通过参照物的价格或重置成本以及功能价值关系,估测评估对象价格或重置成本的技术方法,该方法也称类比估价法。当资产的功能变化与其价格或重置成本的变化呈线性关系时,人们习惯把线性关系下的功能价值类比法称为生产能力比例法,而把非线性关系下的功能价值类比法称为规模经济效益指数法。

(1)生产能力比例法。生产能力比例法是寻找一个与被评估资产相同或相似的资产为参照物,根据参照物的重置成本以及参照物与被评估资产生产能力的比例,估算被评估资产的重置成本。其基本计算公式为:

$$重置成本 = 参照物重置成本 \times \dfrac{评估对象生产能力}{参照物生产能力}$$

【例3-15】某被评估设备年产A产品120 000件,经查,目前市场上同类设备年产A产品140 000件,其现行市价每台68 700元。计算被评估设备的重置成本。

**解析**:重置成本 $= 68\,700 \times \dfrac{120\,000}{140\,000} = 58\,885.71$(元)

这种方法运用的前提条件和假设是资产的成本与其生产能力呈线性关系,生产能力越大,成本越高,而且呈正比例变化。应用这种方法估算重置成本时,首先应分析资产成本与生产能力之间是否存在这种线性关系,如果不存在这种线性关系,就不能采用该方法。

(2)规模经济效益指数法。通过不同资产的生产能力与其成本之间关系的分析可以发现,许多资产的成本与其生产能力不存在线性关系。当资产A的生产能力比资产B的生产能力大1倍时,其成本却不一定高1倍。也就是说,资产的生产能力与其成本之间只呈同方向变化,而不是等比例变化,这是由于规模经济效益作用的结果。两项资产的重置成本和生产能力相比较，其关系可用下列公式表示：

$$\frac{评估对象的重置成本}{参照物的重置成本} = \left(\frac{评估对象的生产能力}{参照物的生产能力}\right)^x$$

公式中的 x 被称为规模经济效益指数，通常是一个经验数据。在美国，这个经验数据一般在 0.4—1.2。例如，加工工业一般为 0.7，房地产行业一般为 0.9。中国到目前为止尚未有统一的经验数据，评估过程中要谨慎采用这种方法。公式中的参照物一般可选择同类资产中的标准资产。

4. 统计分析法

当某类资产的数量较多且单位价值较低时，为了简化评估业务，节省评估时间，可以采用统计分析法确定该类资产的重置成本。其基本步骤如下：

第一步，在核实资产数量的基础上，把全部资产按照适当标准划分为若干类别。例如，房屋建筑物按结构划分为钢结构、钢筋混凝土结构等，机器设备按有关规定划分为专用设备、通用设备、运输设备、仪器、仪表等。

第二步，在各类资产中抽样选择适量的、具有代表性的资产，应用功能价值类比法、价格指数法、重置核算法或规模经济效益指数法等估算其重置成本。

第三步，从会计核算资料中找出抽样资产和全部该类资产的账面历史成本。

第四步，将估算的抽样资产的重置成本除以抽样资产的账面历史成本，计算出调整系数 $K$。其计算公式为：

$$K = \frac{CC}{LC}$$

式中，$K$ 表示调整系数；CC 表示抽样资产的重置成本；LC 表示抽样资产的历史成本。

第五步，根据调整系数 $K$ 估算该类被评估资产的重置成本。其基本计算公式为：

$$某类资产重置成本 = 该类资产的历史成本之和 \times K$$

**【例 3—16】** 某评估机构对一大型汽车厂进行评估。该厂固定资产中有同类机床 65 台，账面原值为 585 万元；评估人员将其中 10 台机床作为典型进行了详细评估，该 10 台机床的重置成本为 115 万元，账面原值为 90 万元。要求计算该类机床的重置成本。

**解析：** $K = \dfrac{115}{90} = 1.2778$

全部机床的重置成本 = $585 \times 1.2778 = 747.51$（万元）

（二）实体性贬值的估算方法

1. 观察法

观察法是由具有专业知识和丰富经验的工程技术人员对被评估资产实体的各主要部位进行技术鉴定，并综合分析资产的设计、制造、使用、磨损、维护、修理、大修理、改造情况和物理寿命等因素，将评估对象与其全新状态相比较，考察由于使用磨损和自然损耗对资产的功能、使用效率造成的影响，判断被评估资产的实体性成新率或实体性贬值率，从而估算实体性贬值额。其基本计算公式为：

$$实体性贬值额 = 重置成本 \times 实体性贬值率$$

或者：

$$实体性贬值额 = 重置成本 \times (1 - 实体性成新率)$$

2. 使用年限法

使用年限法也称公式计算法，利用被评估资产的实际已使用年限与其总使用年限的比值，判断被评估资产实体性贬值率，进而估测实体性贬值额。其基本计算公式为：

$$实体性贬值率 = \frac{实际已使用年限}{总使用年限} \times 100\%$$

$$实体性贬值额 = (重置成本 - 预计残值) \times 实体性贬值率$$

或者：

$$实体性贬值额 = \frac{重置成本 - 预计残值}{总使用年限} \times 实际已使用年限$$

3. 修复费用法

修复费用法是利用恢复资产功能所支出的费用金额来直接估算资产实体性贬值的一种方法。修复费用包括资产主要零部件的更换或者修复、改造、停工损失等费用支出。如果资产可以修复并恢复到其全新状态，就可以认为资产的实体性损耗等于其修复费用。其基本计算公式为：

$$实体性贬值率 = \frac{修复费用}{重置成本} \times 100\%$$

（三）功能性贬值的估算方法

功能性贬值包括由超额运营引起的功能性贬值和由超额建造成本引起的功能性贬值。

由超额运营引起的功能性贬值主要是由于被评估资产技术相对落后而造成的。在估算时，要根据资产的效用、生产加工能力、工耗、物耗、能耗水平等功能方面的差异造成的成本增加或效益降低，相应地确定功能性贬值额。同时，还要重视技术进步因素，注意替代设备、替代技术、替代产品的影响，以及行业技术装备水平现状和资产更新换代速度。估算步骤如下：

第一步，将被评估资产的年运营成本与市场上功能相同但性能更好的同类资产的年运营成本进行比较，计算两者的差异。

第二步，考虑所得税因素，计算年净超额运营成本。由于企业支付的运营成本是在税前扣除的，企业支付的超额运营成本会引致税前利润额下降，应交所得税额相应降低，使得企业负担的运营成本低于其实际支付额。因此，净超额运营成本是超额运营成本扣除其抵减的所得税以后的余额。

第三步，估计被评估资产的剩余经济使用寿命。

第四步，选择适当的折现率。

第五步，计算被评估资产的功能性贬值。其基本计算公式为：

$$功能性贬值 = \sum_{t=1}^{n} 年超额运营成本 \times (1-所得税税率) \times (1+i)^{-t}$$

若各年净运营成本相等，则：

$$功能性贬值 = 年超额运营成本 \times (1-所得税税率) \times (P/A, i, n)$$

**【例3-17】** 被评估资产为3年前购置的一条生产线，尚可使用8年，其数控装置需5个人操作，而目前市场上同类生产线的数控装置只需3个人操作。设人工成本为每人每年28 000元，折现率为10%，所得税税率为25%。计算其功能性贬值。

**解析：** 年超额运营成本 = (5−3) × 28 000 = 56 000（元）

年净超额运营成本 = 56 000 × (1−25%) = 42 000（元）

功能性贬值 = 42 000 × (P/A, 10%, 8) = 42 000 × 5.3349 = 224 065.80（元）

### （四）经济性贬值的估算方法

经济性贬值是指由于资产外部客观条件的变化，使得资产实际使用的经济效益下降，由此造成的资产价值的贬值。就表现形式而言，资产的经济性贬值主要为运营中的资产利用率下降，甚至闲置，并由此造成资产的运营收益减少。当有确凿的证据表明资产已经存在经济性贬值时，可根据评估时所掌握的信息资料，参考下列方法估测其经济性贬值率或经济性贬值额。

间接计算法的公式如下：

$$经济性贬值率 = \left[1 - \left(\frac{评估对象预计可被利用的生产能力}{评估对象原设计生产能力}\right)^x\right] \times 100\%$$

$$经济性贬值额 = 重置成本 \times 经济性贬值率$$

式中，$x$ 为功能价值指数，实践中多采用经验数据，数值一般为 0.4—1.2。

直接计算法的公式如下：

$$经济性贬值额 = 年收益损失额 \times (1-所得税税率) \times (P/A, i, n)$$

**【例3-18】** 评估对象为一条3年前购置的生产线，账面原值为1 000 000元，设计生产能力为年产A产品100 000件。已知从投产到评估基准日，同类资产的价格指数平均每年上升2%。评估人员经过市场调查得知，该生产线所生产的产品正进行结构调整，预计调整期为3年，评估时已调整1年。假设在调整过程中：

（1）若维持A产品的单位售价不变，则该生产线的年生产能力将减少20 000件；

（2）若维持该生产线的年生产能力不变，则A产品的单位售价将下降6.5元。

设 $x$ 为0.7，折现率为10%，所得税税率为25%，试计算在上述两种情形下该生产线的经济性贬值额。

**解析：**

（1）在第一种情形下

重置成本 =1 000 000×(1+2%×3) = 1 060 000（元）

经济性贬值率 = $1-\left(\dfrac{80\,000}{100\,000}\right)^{0.7}$ = 14.46%

经济性贬值额 = 1 060 000×14.46% = 153 276（元）

（2）在第二种情形下

经济性贬值额 = 6.5×20 000×(1-25%)×(P/A，10%，2) = 169 211.25（元）

## 同步检测练习

### 一、名词解释

1. 市场法
2. 收益法
3. 成本法
4. 现行市价法
5. 价格指数法

### 二、单项选择题

1. 某资产年金收益额为 8 500 元，剩余使用年限为 20 年，假定折现率为 10%，其评估值最接近（　　）。

   A. 85 000 元　　　　　　　　　　B. 72 366 元
   C. 12 631 元　　　　　　　　　　D. 12 369 元

2. 采用收益途径评估资产时，收益途径中的各个经济参数存在的关系是（　　）。

   A. 资本化率越高，收益现值越低
   B. 资本化率越高，收益现值越高
   C. 资本未来收益期对收益现值没有影响
   D. 资本化率和收益现值无关

3. 运用市场途径评估资产价值时，选择三个及三个以上参照物的目的是（　　）。

   A. 使参照物具有可比性　　　　　B. 便于计算
   C. 排除参照物个别交易的偶然性　D. 避免张冠李戴

4. 价值比率法中的市盈率倍数法主要适用于对（　　）的评估。

   A. 不动产　　　　　　　　　　　B. 无形资产
   C. 机器设备　　　　　　　　　　D. 企业价值

5. 资产评估中的评估途径是指（　　　）。
   A．一种具体方法
   B．多种评估方法的集合
   C．一条评估思路
   D．一条评估思路和实现该思路的各种评估方法的总称

### 三、多项选择题

1. 应用市场途径进行资产评估，必须具备的前提条件是（　　　）。
   A．必须有一个充分发育且活跃的资产市场
   B．必须具有足够数量的参照物
   C．可以收集到被评估资产与参照物可比较的指标和技术参数
   D．市场上必须有与被评估资产相同或相类似的全新资产
   E．市场上的参照物与被评估资产的功能相同或相似

2. 运用市场途径评估任何单项资产都应考虑的可比因素有（　　　）。
   A．资产的功能                B．市场条件
   C．交易条件                  D．资产的实体特征和质量
   E．资产所处的地理位置

3. 从理论上讲，折现率的基本组成因素包括（　　　）。
   A．超额收益率                B．无风险报酬率
   C．风险报酬率                D．价格变动率
   E．平均收益率

4. 从理论上讲，成本途径涉及的基本要素包括（　　　）。
   A．资产的重置成本            B．资产的有形损耗
   C．资产的功能性贬值          D．资产的经济性贬值
   E．资产的获利年限

5. 一般情况下，资产的成新率的估测方法通常有（　　　）。
   A．使用年限法                B．修复费用法
   C．观察法                    D．统计法
   E．价格指数法

### 四、是非判断题

1. 一般情况下，在收益途径运用的过程中，折现率的口径应与收益额的口径保持一致。（　　　）

2. 一般情况下，运用收益途径评估资产的价值，所确定的收益额应该是资产实际收益额。（　　　）

3. 被评估土地被企业不合理使用着，其收益水平很低。因此，土地使用权的市场价值也一定很低。（　　　）

4. 购置一年后的资产，如果还处于全新状态下，其重置成本和历史成本应该是相等的。（　　）

5. 采用成本途径进行资产评估时，资产的实体性贬值与会计上的折旧应该是一样的。（　　）

五、思考题

1. 收益途径依据的是什么样的经济学原理？
2. 复原重置成本与更新重置成本存在哪些联系与区别？
3. 判断经济性贬值是否发生的依据及特征是什么？
4. 在运用市场途径时，参照物的选择需要注意哪些问题？
5. 评估途径与评估具体技术方法之间的关系如何？
6. 不同评估具体技术方法之间是一种什么样的关系？

第四章

# 机器设备评估

> **引导案例**
>
> **创业办厂中的评估**
>
> A、B、C三人出资组建以机械加工为主营业务的公司，A和B分别以货币出资，C以自己所有的一台二手机床出资。按照我国《公司法》的规定，设立公司以非货币出资的应当进行评估。为确定该经济行为所涉及的机床的价值，公司发起人委托资产评估事务所对该二手机床进行评估。假设您是该资产评估事务所的一员，承接了该评估业务后应如何对机器设备进行评估？

# 第一节 机器设备评估概述

## 一、机器设备的含义

1. 自然科学中机器设备的含义

机器设备是指将机械能或非机械能转换为便于人们利用的机械能，以及机械能转换为某种非机械能，或利用机械能来完成一定工作的装备或器具。这种机器设备的特点有三点：（1）由零件和部件组成；（2）零件与部件之间有确定的相对运动和力的传递；（3）有机械能的利用。

2. 资产评估中机器设备的含义

机器设备是指人类利用机械原理及其他科学原理制造的装置，它们是被特定主体拥有或控制的不动产以外的有形资产，包括机器、仪器、器械、装置以及附属的特殊建筑物。从资产评估中机器设备的含义不难看出，机器设备既包括了其自然属性，也包括了其社会属性。机器设备的自然属性泛指人类利用机械原理及其他科学原理制造的装置，它强调机器设备的构造原理、使用材料、实体状态和技术水平等机器设备自身固有的自然特征，是机器设备价值赖以存在的客观基础；机器设备的社会属性是指被特定主体拥有或者控制的，被用于生产、经营、管理等目的的不动产以外的有形资产，它强调机器设备的资产属性。

## 二、机器设备的分类

1. 按照用途分类

机器设备按照用途进行分类是最常用的分类方法，通常把机器设备划分为动力机械、金属切削机械、金属成型机械、交通运输机械、起重运输机械、工程机械、农业机械、通用机械、专用机械、轻工机械等。

2. 按照技术特点分类

按照机器设备的技术特点可以将机器设备划分为通用机器设备、专用机器设备、标准设备、非标准设备等。

3. 按照使用状态和性质分类

按照使用状态和性质可以将机器设备划分为生产用机器设备、非生产用机器设备、租出机器设备、未使用机器设备、不需用机器设备、融资租入机器设备等。

4. 机器设备的其他分类

（1）机器设备按照组合形式分类，可以分为单台机器设备和机器设备组合。

（2）机器设备按照重要程度分类，可以分为A类机器设备、B类机器设备和C类机器设备。

（3）机器设备按照国家标准分类。依据国家标准《固定资产分类与代码》(GB/T14885-2010)，中国机械制造企业按照工艺性质将机器设备划分为机械设备和动力设备两大类；机械设备又分为金属切削机床、锻压设备、起重运输设备、木工铸造设备、专业生产设备五大项；动力设备又分为动能发电设备、电器设备、工业炉窑及其他动力设备四大项，每大项还可进行明细分类。

## 三、机器设备的特征

机器设备作为人类的劳动手段，既有其自身的构造原理等自然特征，又有其能够给拥有者或控制主体带来经济利益的社会特征。

（一）机器设备的自然特征

（1）机器设备是综合体。其一，机器设备是不同功能的各部分的综合体，一般是由动力部分、传动部分、工作部分和控制部分组成的综合体；各部分通过其自身功能的实现，使机器设备整体功能得以发挥。其二，机器设备是零部件的科学组合而形成的综合体，由零件、构件、机构组成。零件是机器设备的制造单元，构件形成机器设备的运动单元，构件的组合形成机构，各机构之间的协调组合形成机器设备。

（2）涉及专业门类多，工程技术性强。机器设备是一种概括的说法，从上述机器设备的分类不难看出，机器设备涉及的专业门类非常多，涵盖工程、机械等几乎所有专业门类。这一特征对机器设备评估人员的专业素质要求非常高。

（二）机器设备的社会经济特征

（1）机器设备属于具有实物形态的动产类资产。其一，机器设备属于有形资产，在使用过程中既存在有形损耗，又存在无形损耗；其二，机器设备是动产，具有空间位置的可移动性，即改变机器设备的空间位置，可能会影响其价值，但不会使机器设备的价值完全消失。

（2）机器设备单位价值高，使用寿命长。一般情况下，机器设备的单件（台）价值较高，使用寿命往往超过1年，在企业中，一般作为固定资产进行管理。单位价值较高决定了确定机器设备的价值时要求的程序相对严谨复杂；使用寿命长决定了确定机器设备的价值时应当考虑机器设备未来所面对的社会经济环境、法律环境和自然环境变化等因素对机器设备价值的影响。

（3）价值补偿与实物更新不一致。机器设备在整个寿命周期内可以被反复使用，价值逐渐转移，但机器设备实体的更新过程往往是一次性的淘汰更新补偿。这种价值补偿的逐次性与实现更新的一次性的矛盾，决定了机器设备的实体状况虽然是影响机器设备价值的主要因素，但并不完全代表机器设备的价值量。

## 四、机器设备评估及其特点

机器设备评估是指评估人员依据相关法律、法规及《资产评估准则》，对单独的机器设备或者作为企业资产组成部分的机器设备的价值进行分析、估算，并发表专业意见的行为和过程。机器设备的特征决定了机器设备评估有其自身的特殊性，将机器设备评估与其他资产评估进行对比，就可以得出机器设备评估具有以下特点：

1. 一般不具备独立的获利能力

在评估实践中，虽然存在以单件（台）机器设备为对象进行评估的行为，但更多的是把机器设备看作企业整体资产的有机组成部分进行的评估。机器设备通常与企业其他资产相结合，共同完成某项特定的生产目的，一般不具备独立的获利能力。因此，在对机器设备进行评估时，收益法的运用受到很大的限制，一般采用成本法和市场法。

2. 资产之间的有机联系对机器设备的价值产生较大影响

作为评估对象的机器设备，可能是以独立的形态存在的单台设备，也可能是机器设备组合形成的资产组合或者整体资产。在进行机器设备评估时，应注意资产之间的有机联系对机器设备价值的影响，整体价值并不必然是单台设备价值的简单相加。注册资产评估师在分析机器设备组合的价值时，除了需要分析构成资产组合的各机器设备的技术水平、新旧程度、使用方式和使用状态外，还需要分析资产组合内部机器设备之间、机器设备与其他资产之间的内在联系，以及该资产组合与其他资产组合之间的联系，从资产之间的相互联系分析机器设备的价值。

3. 机器设备的贬值因素复杂，存在多种贬值的可能性

影响机器设备价值的因素很多。一方面，机器设备的制造水平、使用方式、环境、强度等对机器设备的价值产生影响；另一方面，科学技术的进步、国家有关能源政策、环保等也可能对机器设备的价值产生影响。此外，机器设备的磨损、失效规律不易确定，个体差异较大。因此，确定机器设备可能存在的各种贬值，往往需要逐台地对机器设备的实体状态进行调查、鉴定，并对机器设备使用时的经济社会环境、法律环境，甚至自然环境进行深入的分析。

### 五、确定机器设备评估对象应注意的问题

1. 评估目的对机器设备与其他资产界限划分的影响

机器设备评估总是基于满足特定资产业务的需要而进行的,引起机器设备评估的资产业务对机器设备评估范围的确定具有决定性的影响。在某些特定目的条件下进行机器设备评估,其评估价值可能包括设备的安装、基础、附属设施的费用,以及软件、技术服务等以无形资产形式存在的资产;而在有些情况下,机器设备评估可能仅包括设备本体。例如,在以企业价值为目的的评估中,如果采用资产基础法作为技术手段对企业机器设备进行评估,很可能包括上述费用和资产;但是如果基于其他目的对机器设备进行评估,则上述费用和资产可能不包括或者仅有一部分包括在机器设备评估的范围内。因此,在划分机器设备与其他资产界限时,必须考虑评估目的产生的影响。

2. 评估假设对机器设备与其他资产界限划分的影响

机器设备的评估中,需要对机器设备未来的使用情况进行假设,常见的假设包括继续使用或者变现、原地使用或者移地使用、现行用途使用或者改变用途使用等。在不同的假设条件下,机器设备价值的具体构成内容会存在较大的差别。例如,在原地继续使用的条件下,设备评估价值可能应当包括安装、基础、附属设施;而在移地使用条件下,则很可能不包括这些价值要素。因为不同的假设前提决定了构成设备价值的要素在新的假设条件下是否有效以及有效程度的问题,所以在划分机器设备与其他资产界限时,必须考虑评估假设产生的影响。

3. 确定机器设备界限应当综合考虑机器设备与其他资产的联系

确定机器设备评估的具体范围,可能是注册资产评估师在特定条件下的评估技巧问题,是注册资产评估师在综合分析机器设备与其他资产关系以及其他相关因素后,根据具体情况确定的。划分机器设备与其他资产的界限,须考虑评估技术处理的难易程度和评估的效率、资产之间的联系方式等因素。例如,对于附属于不动产的机器设备,注册资产评估师在确定机器设备的评估范围时,往往将机器设备与其附属的不动产作为整体,以此为基础确定机器设备的具体评估范围,其主要目的是避免对相关资产评估的重复或者遗漏。

### 六、机器设备评估程序

#### (一)明确评估目的,确定机器设备评估的对象和范围

注册资产评估师执行机器设备的评估业务,必须明确评估目的,并根据评估目的对机器设备的预期用途进行合理的假设。评估目的的确定直接取决于资产具体的经济行为,要明确评估目的,就必须对资产具体经济行为的形式、本质和内容进行科学的分析;明确评估目的是确定机器设备评估的对象和范围的关键,也是选择评估价值类型的基本依据;评估目的对确定机器设备评估的具体对象具有质的规定性。在确定了机器设备评估的具体对象的基础上,结合机器设备评估的技术思路,可以直接划定机器设备的评估范围。另外,

机器设备评估的目的对机器设备预期使用的合理假设，以及以该假设为前提确定的价值类型具有制约作用。

（二）对被评估机器设备进行核查和鉴定

1. 对机器设备进行核查

对机器设备核查的目的主要是确定机器设备的客观存在性，根据中国《资产评估准则》的规定，机器设备的核查方式主要有逐项调查和抽样调查两种。

（1）逐项调查。逐项调查是对委托评估的全部机器设备进行逐台（件）的清点、核实，分别确定每台设备的实体状态、技术水平等，进而确定机器设备评估值的方法。逐项调查具有评估风险小、工作量大的特点。因此，一般对于单台设备价值大，且纳入评估对象的设备之间差异较大时宜采用该方法。

（2）抽样调查。抽样调查是在保证评估目的实现的前提下，根据随机抽样原理，仅对纳入评估对象的部分设备进行核查，在一定风险控制条件下推断全部评估对象的状态或者价值的方法。抽样调查的工作量相对较小，但评估风险较大。因此，当评估对象的单位价值较低，且纳入评估对象的设备之间差异较小时宜采用该方法。

2. 对机器设备进行鉴定

（1）收集有关资料。收集资料是对机器设备进行经济技术判断的基础。对机器设备进行鉴定需要收集的资料主要包括现场调查资料和市场调查资料。现场调查资料主要有两个组成部分：一是委托方提供的有关资料；二是评估人员对机器设备实体的观察资料。市场调查资料主要包括：与评估对象相同或者相似设备的市场交易资料；评估对象生产产品和提供劳务的市场状况资料；产品和劳务竞争状况的资料；未来市场的发展变化趋势等资料。

（2）对机器设备进行鉴定。因评估的技术路径不同，对机器设备进行鉴定的内容也不同，但一般包括两个层次的内容：一是对机器设备本身的鉴定，主要包括机器设备实体状态的鉴定和设备技术水平；二是机器设备经济技术的鉴定，主要包括对设备实体状态、设备技术水平、设备未来经济功能的发挥程度等的鉴定。对设备进行鉴定，可以由评估人员利用专业机构的研究成果，通过分析判断形成，也可以聘请专业机构对机器设备进行经济技术鉴定。

（三）确定评估方法，对机器设备进行评定估算

在对评估对象进行了必要的调查、分析、鉴定，掌握充分资料的基础上，评估人员应当选择恰当的方法对机器设备进行评定估算。选择评估方法，是将评估对象、价值类型、资料收集情况等相关条件与成本法、市场法和收益法三种资产评估的基本方法进行匹配性分析的过程。通过匹配性分析，选择与评估对象、价值类型、资料收集情况等相关条件最适应的作为最后选定的评估方法。选定评估方法以后，可以根据该方法要求的具体技术路径，确定相应的参数，进行评定估算。

### （四）形成评估结论

评估人员在履行了机器设备评估的必要评估程序后，应当以评估报告的形式形成最终的评估结论，并进行恰当披露。

## 第二节　市场法在机器设备评估中的应用

市场法是通过分析最近市场上与被评估机器设备类似的机器设备的成交价格，并对评估对象和参照物之间的差异进行调整，由此确定被评估机器设备价值的方法。市场法比较适用于有成熟的市场，且交易比较活跃的机器设备的评估。

### 一、运用市场法评估机器设备的基本步骤

1. 鉴定评估对象，获取基本资料

注册资产评估师通过鉴定被评估机器设备，了解机器设备的基本资料，具体包括机器设备的类别、名称、规格型号、生产厂家、生产日期、机器设备性能、现实技术状况及有效使用年限等。

2. 进行市场调查，选择参照物

在机器设备交易市场选择参照物，最重要的是参照物与评估对象具有可比性；同时，参照物的成交价格应具有代表性。机器设备的可比因素具体包括时间、地域、机器设备的规格型号等。从时间上来讲，参照物的交易时间应尽可能接近评估基准日；从地域来讲，参照物应尽可能与评估对象位于同一地区。注册资产评估师在进行市场调查时，要认真分析可比因素，确认其交易价格具有代表性和合理性，才能将其作为参照物。在条件允许的情况下，最好能有多个参照物。

3. 调整差异

尽管选择的参照物应尽可能与被评估机器设备相接近，但是两者之间在实体状态、交易时间、交易地点、交易背景等方面总会存在一定的差异。这就需要注册资产评估师在对比分析的基础上，确定调整系数或调整值。

4. 确定评估值

由于选择市场售价类比法评估机器设备的价值应选择多个交易案例，因而就会出现若干个评估价值。这就需要注册资产评估师结合每个评估价值及其参照物的情况进行分析，给出最终评估结论。

### 二、运用市场法评估机器设备的具体方法

运用市场法评估机器设备的具体方法有直接比较法、因素调整法和成本比率调整法。

## （一）直接比较法

直接比较法是根据与评估对象基本相同的市场参照物，通过与被评估机器设备的直接比较，确定评估对象的价值。例如，参照物与被评估机器设备在生产厂家、型号、附属装置等方面均相同，只是成新率方面因使用强度不同而存在差异。在这种情况下，注册资产评估师可以只对成新率进行价格调整来计算评估对象的评估值。直接比较法相对比较简单，但是它对市场的反映最为客观，能最精确地反映机器设备的市场价值。这种方法可用公式表示为：

$$V = V^1 \pm \triangle i$$

式中，$V$表示评估值；$V^1$表示参照物的市场价值；$\triangle i$表示差异调整。

**【例4-1】** 在评估一辆轿车时，注册资产评估师从市场上获得的市场参照物在型号、购置年月、行驶里程、发动机、底盘及各主要系统的状况方面均与被评估轿车基本相同，区别在于：（1）参照物的左前大灯破损需要更换，更换费用约450元；（2）被评估车辆后加装CD音响一套，价值1 500元；参照物的市场售价为73 000元。要求采用直接比较法估测该辆轿车的价值。

**解析：** $V = V^1 \pm \triangle i = 73\ 000 + 450 + 1\ 500 = 74\ 950$（元）

## （二）因素调整法

因素调整法是利用与被评估机器设备相似且已经在市场上成交的机器设备的交易数据和资料，通过评估对象与参照物之间可比因素的对比分析，计算调整系数或调整值，确定评估对象的价值。

**【例4-2】** 某项评估业务的评估对象为一台车床，对评估对象进行鉴定，并对二手设备市场进行调研，确定与评估对象较接近的三个市场参照物的基本情况如表4-1所示。运用市场法对该车床进行估价。

表4-1 评估对象和参照物的基本资料

| 项目 | 评估对象 | 参照物甲 | 参照物乙 | 参照物丙 |
| --- | --- | --- | --- | --- |
| 名称 | 普通车床 | 普通车床 | 普通车床 | 普通车床 |
| 规格型号 | CA 6140×1500 | CA 6140×1500 | CA 6140×1500 | CA 6140×1500 |
| 制造厂家 | 上海机床厂 | 上海机床厂 | 济南机床厂 | 沈阳机床厂 |
| 出厂日期 | 1996年 | 1996年 | 1996年 | 1996年 |
| 安装方式 | 未安装 | 未安装 | 未安装 | 未安装 |
| 附件 | 仿形车削装置、后刀架、快速换刀架 | 仿形车削装置、后刀架、快速换刀架 | 仿形车削装置、后刀架、快速换刀架 | 仿形车削装置、后刀架、快速换刀架 |
| 状况 | 良好 | 良好 | 良好 | 良好 |
| 实体状态描述 | 传动系统、导轨、进给箱、溜板箱、刀架、尾座等各部位工作正常，无过度磨损现象，状态综合分值为6.1分 | 传动系统、导轨、进给箱、溜板箱、刀架、尾座等各部位工作正常，无过度磨损现象，状态综合分值为5.7分 | 传动系统、导轨、进给箱、溜板箱、刀架、尾座等各部位工作正常，无过度磨损现象，状态综合分值为6.0分 | 传动系统、导轨、进给箱、溜板箱、刀架、尾座等各部位工作正常，无过度磨损现象，状态综合分值为6.6分 |

(续表)

| 项目 | 评估对象 | 参照物甲 | 参照物乙 | 参照物丙 |
|---|---|---|---|---|
| 交易市场 | | 评估对象所在地 | 评估对象所在地 | 评估对象所在地 |
| 市场状况 | | 二手设备市场 | 二手设备市场 | 二手设备市场 |
| 交易背景及动机 | 正常交易 | 正常交易 | 正常交易 | 正常交易 |
| 交易数量 | 单台交易 | 单台交易 | 单台交易 | 单台交易 |
| 交易日期 | 2014/3/31 | 2014/2/10 | 2014/1/25 | 2014/3/10 |
| 转让价格（元） | | 23 000 | 27 100 | 32 300 |

**解析**：确定调整因素，进行差异调整。

（1）制造厂家调整。所选择的3个参照物中，第一个与评估对象的生产厂家相同，另外两个分别为济南、沈阳的厂家生产。在新设备交易市场，济南、沈阳两个制造商生产相同设备的价格与上海机床厂生产的设备相比高25%左右，则参照物甲、乙、丙的调整系数分别为100/100、100/125、100/125，即1.00、0.80、0.80。

（2）出厂年限调整。评估对象出厂年限是8年，参照物甲、乙、丙的出厂年限均为8年，不需调整。

（3）实体状态调整。实体状态调整如表4-2所示。

表4-2 调整比率计算过程表

| 参照物 | 调整比率 |
|---|---|
| 甲 | 6.1/5.7×100% = 1.07 |
| 乙 | 6.1/6.0×100% = 1.02 |
| 丙 | 6.1/6.6×100% = 0.92 |

（4）计算评估值。评估值的计算如表4-3所示。

表4-3 评估值计算表

| 项目 | 参照物甲 | 参照物乙 | 参照物丙 |
|---|---|---|---|
| 交易价格（元） | 23 000 | 27 100 | 32 300 |
| 制造厂家因素调整 | 1.00 | 0.80 | 0.80 |
| 出厂因素调整 | 1.00 | 1.00 | 1.00 |
| 实体状态因素调整 | 1.07 | 1.02 | 0.92 |
| 调整后结果（元） | 24 610 | 22 113.6 | 23 772.8 |

$$评估对象评估值 = \frac{24\ 610 + 22\ 113.6 + 23\ 772.8}{3} = 23\ 498.8（元）$$

**（三）成本比率调整法**

成本比率调整法是通过对大量市场交易数据的统计分析，掌握相似的市场参照物交易价格与全新机器设备售价的比率关系，用此比率作为确定被评估机器设备价值的依据。例如，注册资产评估师评估甲公司生产的 8 米直径的双柱立式车床，但是市场上没有相同或相似的参照物，只有其他厂家生产的 6 米和 12 米直径的双柱立式车床。统计数据表明，与评估对象使用年限相同的设备的售价都是重置成本的 55%—60%。那么，我们可以认为，评估对象的售价也应该是其重置成本的 55%—60%。

# 第三节  收益法在机器设备评估中的应用

## 一、运用收益法评估机器设备的基本思路

运用收益法评估机器设备是通过预测机器设备的获利能力，对未来资产带来的净利润或净现金流按一定的折现率折算为现值，以此作为被评估机器设备的价值。收益法是依据资产未来预期收益经折现或资本化处理来估测资产价值的，它涉及以下三个基本要素：①被评估资产的预期收益；②折现率或资本化率；③被评估资产取得预期收益的持续时间。

应用这种方法的前提条件有两个：一是能够确定被评估机器设备的获利能力，如净利润或净现金流；二是能够确定资产合理的折现率。

收益法对于单台机器设备的评估通常是不适用的，因为要想分别确定各台机器设备的未来收益相当困难。如果把若干台机器设备组成生产线作为一个整体生产出产品，它们就能为企业创造收益，在这种情况下，就可以用收益法对这组能产生收益的资产进行评估。此外，对于能够产生租金收入的出租设备也可以采用收益法进行评估。

## 二、运用收益法评估机器设备的基本步骤

收益法评估机器设备的基本步骤为：（1）收集并验证与评估对象未来预期收益有关的数据资料，包括经营前景、财务状况、市场形势及经营风险等；（2）分析测算评估对象的未来收益；（3）确定折现率或资本化率；（4）用折现率或资本化率将评估对象的未来收益折算成现值；（5）分析确定评估结果。

运用收益法进行机器设备评估涉及许多经济参数，其中最主要的参数有收益额、折现率或资本化率、受益期限。

收益额是运用收益法评估机器设备价值的基本参数之一。在资产评估中，资产的收益额是指投资回报，即资产在正常情况下所能得到的归其产权主体的所得额。收益额有两个比较显著的特点：其一，收益额是资产未来的预期收益额，而不是资产的历史收益额或现实收益额；其二，收益额通常是资产的客观收益，而不一定是资产的实际收益。

折现率或资本化率，从本质上讲，是一种期望投资报酬率，是投资者在投资风险一定的情况下对投资所期望的回报率。习惯上，人们把将未来有限期的预期的收益折算成现值的比率称为折现率，而把将未来永续性的预期收益折算成现值的比率称为资本化率。至于

折现率与资本化率在量上是否相等，主要取决于同一资产在未来长短不同的时段所面临的风险是否相同。确定折现率，首先应该明确折现的内涵。折现作为一个时间优先的概念，认为将来的收益或利益低于现在的同样收益或利益；并且，随着收益时间向将来推迟的程度而有序地降低价值；同时，折现作为一个算术过程，是把一个特定比率应用于预期的收益，从而得到其当前的价值。

受益期限是指资产具有获利能力所持续的时间，通常以年为时间单位。它由评估人员根据被评估资产的自身效能及相关条件，以及有关法律、法规、契约、合同等加以测定。

**【例 4-3】** 三泰公司 A 租赁设备的有关资料如下：（1）A 租赁设备的年租金净收入为 90 000 元；（2）A 租赁设备的受益期为 9 年，9 年后残值为零；（3）注册资产评估师通过对类似设备交易市场和租赁市场的调查，得到的市场数据如表 4-4 所示。要求运用收益法评估 A 租赁设备的价值。

表 4-4　市场数据

| 市场参照物 | 设备的使用寿命（年） | 市场售价（元） | 年收入（元） | 投资回报率（％） | 资本化率（％） |
| --- | --- | --- | --- | --- | --- |
| 1 | 10 | 88 000 | 22 000 | 25.00 | 21.38 |
| 2 | 10 | 90 000 | 27 000 | 30.00 | 27.29 |
| 3 | 8 | 10 000 | 28 000 | 28.00 | 22.43 |

**解析：** 本例中的三个市场参照物的投资回报率分别为 21.38%、27.29% 和 22.43%。由于上述三个市场参照物的使用寿命与评估对象是不同的，因此不可以将三个市场参照物的投资回报率进行简单算术平均作为评估对象的投资回报率。查复利系数表可以得到：

10 年期：

| 资本化率 | 投资回报率 |
| --- | --- |
| 0.2000 | 0.2385 |
| 0.2500 | 0.2801 |
| 0.3000 | 0.3235 |

9 年期：

| 资本化率 | 投资回报率 |
| --- | --- |
| 0.2000 | 0.2481 |
| 0.2500 | 0.2888 |

8 年期：

| 资本化率 | 投资回报率 |
| --- | --- |
| 0.2000 | 0.2606 |
| 0.2500 | 0.3004 |

通过插值计算得到资本化率为 23.70%，对应的投资回收系数为 27.80%，则设备评估值为：

$$P = \frac{A}{r_A} = \frac{90\,000}{0.2780} = 323\,741（元）$$

## 第四节　成本法在机器设备评估中的应用

成本法是机器设备评估中最普遍使用的方法之一，是从成本的角度来衡量资产的价值。如果被评估机器设备已经使用过，则应该从重置成本中扣减其在使用过程中因自然磨损、技术进步或外部经济环境等因素导致的各种贬值。因此，成本法是指通过估算机器设备的重置成本，扣减其各种贬值来估测机器设备价值的方法。其基本计算公式为：

机器设备评估值 = 重置成本 - 实体性贬值 - 功能性贬值 - 经济性贬值

在采用成本法评估机器设备的过程中，要对机器设备的重置成本及其三项贬值进行测算，下面对此分别加以分析和说明。

### 一、机器设备重置成本的估测

（一）重置成本的构成

机器设备重置成本是指在取得与被评估机器设备相同或类似的全新机器设备时，按评估基准日的现时价格计算所要花费的全部支出，它又分为复原重置成本和更新重置成本两种。复原重置成本是指采用与评估对象相同的材料、建筑或制造标准、设计、规格及技术等，以现行价格水平重新购建与评估对象相同的全新资产所发生的费用。更新重置成本是指采用新型材料、现代建筑或制造标准、设计、规格及技术等，以现行价格水平重新购建与评估对象同等功能的全新资产所发生的费用。

机器设备重置成本包括购置或购建机器设备所发生的必要、合理的直接成本、间接成本，以及因资金占用所发生的资金成本、合理利润、相关税费等。

直接成本一般包括购买或建造机器设备所发生的费用、运杂费、安装调试费、基础费及其他合理成本；间接成本一般包括管理费用、设计费用、工程监理费和保险费等。直接成本与每一台机器设备直接对应；间接成本和资金成本有时不能对应到每一台机器设备上，它们是为整个项目而发生的，在计算每一台机器设备的重置成本时一般按比例摊入。

在机器设备的评估中，重置成本的构成及其数额，需要根据评估目的要求的状态下，机器设备的全部取得费用来确定。由于机器设备取得的方式和渠道不同，在评估时须根据具体被评估机器设备是外购的还是自制的，是国产的还是进口的，是单台（件）的还是成套的机器设备来确定其成本构成。

## （二）重置成本的估测

1. 机器设备本体的重置成本

机器设备本体的重置成本不包括运输、安装等费用。对于通用机器设备，一般按现行市场销售价格来确定，或者通过其他方法计算机器设备本体的重置成本；对于自制机器设备，一般是按当前的价格标准计算的建造成本，包括直接材料费、燃料动力费、直接人工费、制造费用、期间费用分摊、利润、税金以及非标准机器设备的设计费等来确定。具体的计算方法如下：

（1）直接法。直接法是根据市场交易数据直接确定机器设备本体的重置成本的方法。获得市场价格的渠道包括市场询价和使用价格资料。市场询价即注册资产评估师直接从市场了解相同产品的现行市场销售价格，从而确定被评估机器设备的重置成本。根据替代原则，在同等条件下，评估人员应该选择可能获得的最低售价。使用价格资料是指根据生产厂家提供的产品目录或价格表、经销商提供的价格目录、报纸杂志上的广告、出版的机电产品价格目录、机电产品价格数据库等获得材料价格，从而确定机器设备本体的重置成本。

（2）价格指数法。价格指数法是以机器设备的历史成本为基础，根据同类机器设备的价格上涨指数确定机器设备本体的重置成本的方法。价格指数法可采用定基价格指数或环比价格指数。

采用定基价格指数的计算公式为：

$$机器设备本体的重置成本 = 机器设备原始成本 \times \frac{机器设备评估基准日的定基价格指数}{机器设备购建时的定基价格指数}$$

采用环比价格指数的计算公式为：

$$机器设备本体的重置成本 = 机器设备原始成本 \times (P_1^0 \times P_2^1 \times \cdots \times P_n^{n-1})$$

式中，$P_n^{n-1}$ 表示 $n$ 年对 $n-1$ 年的环比价格指数。

**【例4-4】** 2010 年购置某机器设备，其原始成本为 38 000 元，2015 年的定基价格指数为 115%，2010 年的定基价格指数为 103%。要求计算 2015 年该机器设备本体的重置成本。

**解析：** 2015 年该机器设备本体的重置成本 = $38\,000 \times \frac{115\%}{103\%}$ = 42 427.18（元）

价格指数法是机器设备评估中经常采用的方法，特别是对于一些难以获得市场价格的机器设备。评估人员使用该方法时应注意以下几个问题：

第一，评估人员选取的价格指数应与评估对象相配比，一般采用某一类产品的分类价格指数，而非综合价格指数。

第二，机器设备的账面成本是计算机器设备重置成本的基础，评估人员应注意审查账面成本的真实性。因为在机器设备的使用过程中，账面成本可能进行了调整，即企业的账面价值已不能反映机器设备的真实历史成本。另外，企业账面成本中一般还包括运杂费、安装费、基础费及其他费用，上述费用的价格变动指数与机器设备本体的价格变动指数往往是不同的，应分别进行计算。

第三，价格指数法只能用于确定机器设备的复原重置成本，而不能用于确定机器设备的更新重置成本。在使用时应注意考虑机器设备的功能性贬值，特别是对于已经使用了很长时间的机器设备，由于技术进步，复原重置成本和更新重置成本的差异会较大。

第四，用价格指数法计算进口机器设备的重置成本，应使用机器设备出口国的分类价格指数进行测算。

（3）功能价值法。对于某些特定的机器设备，同一系列不同生产能力的机器设备的重置成本变化与生产能力变化呈某种指数关系或线性关系，可以利用这种方法估算机器设备的重置成本。其基本计算公式为：

$$被评估机器设备重置成本 = 参照物机器设备重置成本 \times \left(\frac{被评估机器设备生产能力}{参照物生产能力}\right)^x$$

式中，x 表示规模经济效益指数，通常是一个经验数据。根据国外的一些参考资料，这个经验数据一般为 0.4—1.2。当规模经济效益指数为 1 时，该方法就变成了生产能力比例法。评估人员使用该方法时，需要通过该类机器设备的价格指数分析测算 x。

【例 4-5】重置全新设备一台，其价值为 6 万元，年产量为 600 件；现知被评估机器设备年产量为 400 件，规模经济效益指数为 0.8，求其重置成本。

**解析**：被评估设备重置成本 $= 6 \times \left(\frac{400}{600}\right)^{0.8} = 4.34$（万元）

（4）重置核算法。重置核算法是指按现行市价标准，核算机器设备的直接成本和间接成本，从而确定机器设备的重置成本的一种方法。一般而言，非标准设备和自制设备多采用该方法。

如果机器设备购建成本的资料保存完整，可直接将其直接费用与间接费用调整为现时价格或费用标准来确定其重置成本。如果没有机器设备购建成本的资料，就要先行分解机器设备的成本项目，然后按现时价格计算所发生的材料及人工费用确定其重置成本。

（5）综合估价法。综合估价法是根据机器设备的主材费和主要外购件费与机器设备成本费用之间的比例关系，确定机器设备的主材费和主要外购件费，计算机器设备的完全制造成本，并考虑企业利润、税金和设计费用，确定机器设备的重置成本。其基本计算公式为：

$$R_C = \left(\frac{M_{rm}}{K_m} + M_{pm}\right) \times (1 + K_p) \times \left(1 + \frac{K_d}{n}\right) \times (1 + r_t)$$

式中，$R_C$ 表示机器设备本体的重置成本；$M_{rm}$ 表示主材费；$K_m$ 表示成本主材费率（不含外购件）；$M_{pm}$ 表示主要外购件费；$r$ 表示综合税率；$K_p$ 表示成本利润率；$n$ 表示非标准设备的生产数量；$K_d$ 表示非标准设备的设计费率。

（6）重量估价法。该方法用机器设备的重量乘以综合费率，同时考虑利润来确定机器设备本体的重置成本（不考虑税金），并根据机器设备的复杂程度进行适当调整。综合费率根据相似机器设备的统计资料确定。其基本计算公式为：

$$R_C = W \times R_w \times K + P$$

或者：

$$R_C = W \times R_w \times K \times (1 + r_p)$$

式中，$R_C$ 表示机器设备的重置成本；$W$ 表示机器设备的净重；$R_w$ 表示综合费率；$K$ 表示调整系数；$P$ 表示合理利润；$r_p$ 表示利润率。

该方法简单，估价速度快，适用于材料单一、制造简单、技术含量低的机器设备重置成本的估算，如结构件和比较简单的大型冲压磨具等。

2．机器设备的运杂费

（1）国产机器设备的运杂费。国产机器设备运杂费是指将机器设备从生产厂家运至安装地点所发生的装卸、运输、采购、保管、保险及其他有关费用。其计算方法有两种：一种是根据机器设备的生产地点及重量、体积、运输方式等，按照铁路、公路、船运、航空等部门的运输计费标准计算；另一种是以机器设备原价的一定比率作为机器设备的运杂费率，以此来计算机器设备的运杂费。其基本计算公式为：

国产机器设备运杂费 = 国产机器设备原价 × 国产机器设备运杂费率

（2）进口机器设备的国内运杂费。进口机器设备的国内运杂费是指进口机器设备从出口国运抵中国后，将机器设备从到达的港口、车站、机场等地运至适用的目的地现场所发生的港口费用、装卸费用、运输费用、保管费用、国内运输保险费用等各项运杂费，不包括运输超限机器设备所发生的特殊措施费。其中，港口费用是指进口机器设备从卸货至运离港口所发生的各项费用，包括港口建筑费、港务费、驳运费、倒垛费、堆放保管费、报关费、转单费等。其基本计算公式为：

进口机器设备的国内运杂费 = 进口机器设备到岸价 × 进口机器设备国内运杂费率

3．机器设备的安装费

机器设备的安装工程一般包括所有机器设备、电子设备、电气设备的装配、安装工程，锅炉及其他各种工业锅窑的砌筑工程，设备附属管线的铺设工程。机器设备的安装费包括上述工程所发生的所有人工费、材料费、机械费等。

国产机器设备安装费的计算公式为：

国产机器设备安装费 = 机器设备原价 × 机器设备安装费率

进口机器设备安装费的计算公式为：

进口机器设备安装费 = 相似国产机器设备原价 × 国产机器设备安装费率

或者：

进口机器设备安装费 = 进口机器设备到岸价 × 进口机器设备安装费率

由于进口机器设备原价较高，进口机器设备的安装费率一般低于国产机器设备的安装费率。《机械工业建设项目概算编制办法及各项概算指标》规定，进口设备的安装费率可按相同类型国产设备的 30%—70% 选取。

4. 机器设备的基础费

机器设备的基础是指为安装机器设备而建造的特殊构筑物。机器设备的基础费是指建造机器设备的基础所发生的人工费、材料费、机械费及其他费用。有些特殊机器设备的基础被列入构筑物范围，不按机器设备的基础计算。

国产机器设备基础费的计算公式为：

$$国产机器设备基础费 = 国产机器设备原价 \times 基础费率$$

进口机器设备基础费的计算公式为：

$$进口机器设备基础费 = 进口机器设备到岸价 \times 基础费率$$

或者：

$$进口机器设备基础费 = 相似国产机器设备原价 \times 国产机器设备基础费率$$

5. 进口机器设备的从属费用

进口机器设备从属费用包括国外运费、国外运输保险费、关税、消费税、增值税、银行手续费、公司代理费，对车辆还包括车辆购置附加费等。

国外运费：

$$海运费 = 离岸价（FOB） \times 海运费率$$

海运费率：远洋一般取 5%—8%，近洋一般取 3%—4%。

$$国外运输保险费 = （离岸价 + 海运费） \times 保险费率$$

保险费率可根据保险公司费率表确定，一般在 0.4% 左右。

$$关税 = 到岸价（CIF） \times 关税税率$$

$$消费税 = （关税完税价格 + 关税） \times 消费税税率$$

$$增值税 = （关税完税价格 + 关税 + 消费税） \times 增值税税率$$

$$银行财务费 = 离岸价 \times 费率$$

中国现行银行财务费率一般为 4%—5%。

$$外贸手续费 = 到岸价 \times 外贸手续费率$$

中国进出口公司的进口费率一般为 1%—1.5%。

$$车辆购置附加费 = （人民币到岸价 + 关税 + 消费税） \times 费率$$

【例 4-6】某进口设备离岸价为 12 000 000 美元，关税税率为 16%，国外海运费率为 5%，银行财务费率为 0.4%，进出口公司代理费率为 1%，国内运杂费率为 1%，安装费率为 0.6%，基础费率为 1.7%；设备从订货到安装完毕投入使用需要 2 年时间，第一年投入的资金比例为30%,第二年投入的资金比例为70%。假设每年的资金投入是均匀的,银行贷款利率为5%,美元对人民币的汇率为1∶6.8。假定不考虑增值税,试计算该设备的重置成本。

**解析:**

该设备的重置成本包括设备的货价、海外运输费、海运保险、关税、银行财务费、公司代理手续费、国内运杂费、安装费、基础费、资金成本。其计算过程如表4-5所示。

表4-5 设备重置成本的计算过程

| 序号 | 项目 | 计费基数 | 费率 | 计算公式 | 金额 |
|---|---|---|---|---|---|
| 1 | 设备FOB(USD) | | | | 12 000 000.00 |
| 2 | 国外海运费(USD) | 设备FOB | 5.0% | 计费基数×5.0% | 600 000.00 |
| 3 | 国外运输保险费(USD) | 设备FOB+海运费 | 0.4% | 计费基数×0.4% | 50 400.00 |
| | CIF美元合计 | | | | 12 650 400.00 |
| | CIF人民币合计 | 外币额 | 6.8 | 计费基数×汇率 | 86 022 720.00 |
| 4 | 关税(元) | CIF | 16.0% | CIF×16.0% | 13 763 635.20 |
| 5 | 银行手续费(元) | 设备FOB | 0.4% | CIF×0.4% | 326 400.00 |
| 6 | 公司代理手续费(元) | CIF | 1.0% | CIF×1.0% | 860 227.20 |
| 7 | 国内运杂费(元) | CIF | 1.0% | CIF×1.0% | 860 227.20 |
| 8 | 安装费(元) | CIF | 0.6% | CIF×0.6% | 516 136.32 |
| 9 | 基础费(元) | CIF | 1.7% | CIF×1.7% | 1 462 386.24 |
| | 资金合计(元) | | | | 103 811 732.16 |
| 10 | 资金成本(元)(单利计算) | | 5.0% | 资金合计×30%×5%×1.5+资金合计×70%×5%×0.5 | 4 152 469.29 |
| | 重置成本总计(元) | | | | 107 964 201.45 |

**相关链接**

离岸价(Free on Board, FOB)的意思是装运港船上交货,是指在装运港,当货物越过船舷时,卖方即完成交货。买方负责订立从启运地至目的地的运输契约,并支付运输费用,负责办理货物保险,支付相应保险费,货物灭失或损坏的一切风险由买方承担。

到岸价(Cost Insurance and Freight, CIF)的意思是成本、保险加运费,是指在装运港,当货物越过船舷时,卖方即完成交货。卖方要负责订立从启运地至目的地的运输契约,并支付运输费用,负责办理货物保险,支付相应保险费,但卖方不承担保证把货物送到约定目的港的义务,货物灭失或损坏的一切风险由买方承担。

## 二、机器设备实体性贬值的估测

机器设备实体性贬值是指由于使用和自然力的作用造成的机器设备贬值。评估时主要依据其工作环境、功能工作量、工作时间，以及维护修理状况来估算机器设备的实体性贬值。实体性贬值率则是实体性贬值与全新状态机器设备重置成本的比率。实体性贬值一般通过估测机器设备的实体性贬值率进行估算，其计算公式为：

$$实体性贬值 = 机器设备重置成本 \times 实体性贬值率$$

$$成新率 = 1 - 实体性贬值率$$

机器设备的实体性贬值常用的估测方法如下：

1. 观察法

观察法是注册资产评估师通过现场对机器设备进行观察和技术检测、查阅机器设备的历史资料，向操作人员询问机器设备的使用状况、磨损情况、维修保养情况、工作负荷等技术参数，对所获得的有关机器设备状况进行综合分析，依据经验判断机器设备的磨损程度及贬值率。估测机器设备贬值率时应重点观测分析以下主要指标：机器设备的现时技术状态；机器设备的实际已使用时间；机器设备的正常负荷率；机器设备的原始制造质量；机器设备的维修保养状况；机器设备重大故障（事故）经历；机器设备大修、技改情况；机器设备工作环境和条件；机器设备的外观和完整性。

机器设备实体性贬值率评估以表 4-6 所给的标准为经验数据，在实际评估工作中只能将其作为参考，不可作为唯一的标准生搬硬套。评估人员进行评估时，还应广泛听取各专家组及一线人员的介绍和评判，进行综合分析后判断机器设备的实体性贬值率。

表 4-6 机器设备实体性贬值率评估参考表

| 新旧情况 | 实体性贬值率（%） | 技术参数参考说明 |
| --- | --- | --- |
| 新机器设备及使用不久机器设备 | 0—10 | 使用状态良好，能按设计要求正常使用，无异常现象 |
| 较新机器设备 | 11—35 | 已使用一年以上或经过第一次大修恢复原设计性能使用不久，使用状态良好，能满足设计要求，未出现较大故障 |
| 半新机器设备 | 36—60 | 已使用两年以上或大修后已使用一段时间，使用状态较好，基本上能达到设计要求 |
| 旧机器设备 | 61—85 | 已使用较长时间或几经大修，目前仍能维持使用，使用状态一般，性能明显下降，使用中故障较多 |
| 报废处理机器设备 | 86—100 | 已超过规定使用年限或性能严重劣化，目前已不能正常使用或已停用，即将报废待更新 |

2. 使用年限法

使用年限法是从使用寿命角度来估算实体性贬值的一种方法，也称寿命比率法。它假设机器设备有一定的使用寿命，在使用过程中，机器设备的价值随其使用寿命的消耗而同比例损耗。因此，机器设备实体性贬值率也可以用机器设备的已使用年限与总使用年限之比来表示。

$$机器设备实体性贬值率 = \frac{机器设备已使用年限}{机器设备总使用年限}$$

（1）机器设备总使用年限。机器设备总使用年限就是机器设备的使用寿命。一般来说，机器设备的使用寿命可以分为物理寿命、技术寿命和经济寿命。物理寿命是指机器设备从全新状态开始使用到不能正常工作而予以报废所经历的时间。技术寿命是指机器设备从开始使用到技术过时而予以淘汰所经历的时间。经济寿命是指机器设备从开始使用到经济上不合算而停止使用所经历的时间。当采用机器设备总使用年限估算机器设备的成新率或有形损耗率时，通常首选机器设备的经济寿命作为其总使用年限，这是国际上资产评估业的惯常做法，但这并不排除把机器设备的物理寿命和技术寿命作为机器设备总使用年限的可能性。

（2）机器设备已使用年限。机器设备已使用年限是指机器设备从开始使用到评估基准日所经历的时间。考虑机器设备在使用中负荷程度的影响，可以分为名义已使用年限和实际已使用年限。

（3）机器设备尚可使用年限。机器设备尚可使用年限也称机器设备的剩余使用寿命，它应该通过技术检测和专业技术鉴定来加以确定；但在实际评估中难以对每一台机器设备进行技术检测和专业技术鉴定，往往采用一种替代的方法：尚可使用年限 = 总使用年限 − 实际已使用年限。这种替代方法特别适合于较新机器设备的评估，具有简便易行、前后易于统一的优点；但该替代方法有一定的局限性，对已使用较长时间的老设备不适用，因为有些老设备已达到甚至超过预计的机器设备总使用年限，此时评估人员须根据机器设备的实际状态和专业经验直接估算其尚可使用年限；有的机器设备在使用过程中，已经过大修理或更新改造，由此延长了其使用寿命，或使其实际已使用年限少于名义已使用年限，这时可以通过估算加权投资年限代替实际已使用年限。

$$加权投资年限 = \sum（已投资年限 \times 权重）$$
$$= \sum（已投资年限 \times \frac{原始投资的更新成本}{更新成本}）$$

【例 4-7】被评估设备购建于 2010 年，原始价值为 30 000 元，2012 年和 2013 年进行了两次更新改造，主要是添置一些自动化控制装置，投资分别为 3 000 元和 2 000 元。2015 年对该资产进行评估，假设 2010—2015 年该设备每年的价值上升率为 10%，该设备的尚可使用年限经检测和鉴定为 6 年。计算确定该设备的实体性贬值率。

**解析**：第一步，调整计算现时成本（见表 4-7）

表 4-7 被评估设备现时成本

| 投资时间 | 原始投资额（元） | 价格变动系数 | 原始投资的更新成本（元） |
| --- | --- | --- | --- |
| 2010 年 | 30 000 | 2.60 | 78 000 |
| 2012 年 | 3 000 | 1.61 | 4 830 |
| 2013 年 | 2 000 | 1.21 | 2 420 |
| 合计 | 35 000 | | 85 250 |

第二步，计算加权投资年限

$$加权投资年限 = 10 \times \frac{78\,000}{85\,250} + 5 \times \frac{4\,830}{85\,250} + 2 \times \frac{2\,420}{85\,250} = 9.49（年）$$

第三步，计算实体性贬值率

$$实体性贬值率 = \frac{9.49}{9.49 + 6} = 61.27\%$$

3．修复费用法

修复费用法是假设所发生的实体性贬值是可以修复的，则机器设备的实体性贬值就应该等于补偿实体性损耗所发生的费用。补偿所用的手段一般是通过修理或者更换损坏部分。例如，某机床的电机损坏，如果这台机床不存在其他损耗，则更换电机的费用即为机床的实体性贬值。使用修复费用法时，评估人员要注意区分机器设备的可修复性费用和不可修复性费用。可修复性费用是指可以用技术上、经济上可行的方法修复的损耗，即修复这些损耗在经济上是合理的，而不是仅指在技术上是可行的。有些损耗尽管在技术上可以修复，但在经济上是不划算的，这种损耗则为不可修复性费用。不可修复性费用不能采用修复费用法计算损耗。在估算机器设备成新率或实体性贬值率时，应区分这两种费用。对于大多数的情况，机器设备的可修复性费用和不可修复性费用是并存的，评估人员应该分别计算它们的损耗。对可修复的实体性贬值，以修复费用直接作为实体性贬值；对不可修复的实体性贬值，采用使用年限法或观测分析法确定。这两部分之和就是被评估机器设备的全部实体性贬值。

【例4-8】被评估设备为储油罐，已经建成并使用了10年，预计还能使用20年。评估人员了解到，该储油罐目前正在维修，其原因是原储油罐因受到腐蚀，底部已经出现裂纹，发生渗漏，必须更换才能使用。整个维修计划大约需要花费350 000元，包括油罐停止使用造成的经济损失，清理和布置安全工作环境的支出，拆卸并更换被腐蚀底部的全部费用。评估人员估算出该油罐的复原重置成本2 000 000元，现用修复费用法估测油罐的实体性贬值率。

**解析：**

可修复部分实体性贬值额 = 350 000（元）

$$不可修复部分实体性贬值率 = \frac{10}{10 + 20} \times 100\% = 33.3\%$$

不可修复部分复原重置成本 = 2 000 000 - 350 000 = 1 650 000（元）

不可修复部分实体性贬值额 = 1 650 000 × 33.3% = 549 450（元）

$$油罐全部实体性贬值率 = \frac{350\,000 + 549\,450}{2\,000\,000} = 45\%$$

修复费用法适用于那些特定结构部件经常被磨损，但能够以经济上可行的办法修复的情形；还适用于需定期更换易损件的纺织机械，需更换部分系统的机组、成套设备、生产线等的评估。因此，这种方法有着广泛的应用领域。在能够采用修复费用法的时候，应尽可能采用这种方法，因为它可以在一定程度上减少使用年限法与观察法在测算机器设备实体性贬值时可能出现的偏差。

### 三、机器设备功能性贬值的估测

机器设备的功能性贬值主要是由技术进步导致的。技术进步不仅使购建新的机器设备常常比复原重置成本更低,而且新的机器设备的效率更高。因此,机器设备的功能性贬值具体有以下两种表现形式:

1. 超额投资成本

由于技术进步,新技术、新材料、新工艺不断出现,使劳动生产率提高,制造与原功能相同的机器设备所需的社会必要劳动时间减少,从而使机器设备的制造成本下降,价值减少。从理论上讲,机器设备的超额投资成本是机器设备的复原重置成本与其更新重置成本的差额。其计算公式为:

机器设备的超额投资成本 = 机器设备的复原重置成本 - 机器设备的更新重置成本

在实际评估工作中,机器设备的复原重置成本往往难以直接获得,从以上公式可知,直接使用机器设备的更新重置成本,其实已经将被评估机器设备价值中所包含的超额投资成本部分剔除,因而不必考虑机器设备的超额投资成本。

如果使用的是复原重置成本,注册资产评估师应该考虑是否存在超额投资成本引起的功能性贬值。

2. 超额运营成本

由于技术进步,出现了新的性能更优的机器设备,致使原有机器设备的功能相对于新机器设备已经落后,从而导致价值损耗。具体表现为:完成相同任务,原有机器设备的消耗相对增加,形成超额运营成本。分析研究超额运营成本,应考虑下列因素:新的机器设备与老的机器设备相比,生产效率是否提高,维修保养费用是否降低,材料消耗是否降低,能源消耗是否降低,操作工人数量是否减少等。

测算超额运营成本引起的功能性贬值有以下四个步骤:

第一步,分析被评估机器设备的超额运营成本因素;

第二步,确定被评估机器设备的剩余使用寿命;

第三步,按企业适用的所得税税率,计算被评估机器设备因超额运营成本而抵减的所得税,从而得到被评估机器设备的年超额运营成本净额;

第四步,确定折现率,计算超额运营成本的现值。

【例 4-9】拟对某一控制装置进行评估,其正常运行需 7 名操作人员。目前同类新式控制装置所需的操作人员定额为 4 名,假设被评估控制装置与参照物在运营成本的其他支出项目方面大致相同,操作人员人均年工资为 12 000 元,被评估控制装置尚可使用 3 年,所得税税率为 25%,适用的折现率为 10%。试测算被评估控制装置的功能性贬值额。

**解析:**

第一步,计算被评估控制装置的年超额运营成本额。

年超额运营成本 = 3 × 12 000 = 36 000(元)

第二步,测算被评估控制装置的年超额运营成本净额。

年超额运营成本净额 = 36 000 × (1 − 25%) = 27 000(元)

第三步,被评估控制装置在剩余使用年限内的年超额运营成本净额折现累加,估算其功能性贬值额。

功能性贬值额 = 27 000 × (P/A, 10%, 3) = 27 000 × 2.4869 = 67 146.3(元)

### 四、机器设备经济性贬值的估测

机器设备的经济性贬值是因外部因素变化引起的机器设备贬值。这些因素包括:由于市场竞争加剧,产品需求减少,导致设备开工不足,生产能力相对过剩;原材料、能源等提价,造成成本提高,而生产的产品售价没有相应提高;国家有关能源、环境保护等方面的法律法规使产品生产成本提高或者使设备强制报废,缩短了机器设备的正常使用寿命等。这些情况可以归结为三个方面,即机器设备利用率下降、收益额减少和使用寿命缩短。因此,可以从这三个方面测算机器设备的经济性贬值。

1. 因机器设备利用率降低导致的经济性贬值的测算

当机器设备因外部因素(如经济衰退、产业结构调整、国家环保政策限制等)的影响出现开工不足,致使机器设备的实际生产能力显著低于其额定或设计能力时,会减少最终收益,由此导致经济性贬值。其计算公式为:

$$经济性贬值率 = \left[1 - \left(\frac{机器设备预计可被利用生产能力}{机器设备原设计生产能力}\right)^x\right] \times 100\%$$

式中,$x$ 为规模经济效益指数,实践中多为经验数据。对于机器设备,$x$ 一般取 0.6—0.7。经济性贬值额一般是以机器设备的重置成本减去实体性贬值额和功能性贬值额后的余额,再乘以经济性贬值率获得。

【例 4−10】某产品生产线,根据购建时的市场需求,设计生产能力为年产 1 000 万件;建成后,由于市场发生不可逆转的变化,每年的产量只有 400 万件,60% 的生产能力闲置。该生产线的重置成本为 160 万元,规模经济效益指数为 0.8。如不考虑实体性贬值和功能性贬值,试计算该生产线的经济性贬值。

**解析**:经济性贬值率 $= \left[1 - \left(\dfrac{400}{1\ 000}\right)^{0.8}\right] \times 100\% = 52\%$

该生产线的经济性贬值额 = 160 × 52% = 83.2(万元)

2. 因收益减少导致的经济性贬值的测算

由于企业外部因素的影响,虽然机器设备的生产负荷并未降低,但出现如原材料涨价、劳动力费用上升等情况导致生产成本提高,或迫使产品降价出售等,可能使机器设备创造的收益减少,使用价值降低,进而产生经济性贬值。如果由于外界因素变化造成机器

设备收益额减少,可直接按机器设备继续使用期间每年收益损失额折现累加,求得机器设备的经济性贬值额。其计算公式为:

$$经济性贬值额 = 机器设备年收益损失额 \times (1-所得税税率) \times (P/A, i, n)$$

【例4-11】被评估生产线年设计生产能力为10 000吨,评估时,由于受政策调整的影响,产品销售市场不景气,企业必须每吨降价150元,才能保持设备生产能力的正常发挥。政策调整预计持续3年,该企业正常投资报酬率为10%,适用的企业所得税税率为25%。试根据所给的条件,估算该生产线的经济性贬值额。

**解析:** 经济性贬值额 = $(150 \times 10\ 000) \times (1-25\%) \times (P/A, 10\%, 3)$
$= 1\ 125\ 000 \times 2.4869 = 2\ 797\ 762.5$(元)

3. 因使用寿命缩短导致的经济性贬值的测算

引起机器设备使用寿命缩短的外部因素,主要是国家有关能源、环境保护等方面的法律法规。近年来,由于环境污染问题日益严重,国家对机器设备的环保要求越来越高,对落后的、高能耗的机电产品施行强制淘汰制度,缩短了机器设备的正常使用寿命等。

【例4-12】某汽车已经使用10年,按目前的技术状态还可以正常使用10年;但出于环保、能源方面的考虑,国家新出台的汽车报废政策规定该类汽车的最长使用年限为15年,因此该汽车5年后必须报废。该汽车的重置成本为20万元,要求估算该汽车的经济性贬值。

**解析:** 年限法下该汽车的贬值率 = $\dfrac{10}{10+10} \times 100\% = 50\%$

新政策下该汽车的贬值率 = $\dfrac{10}{10+5} \times 100\% = 66.7\%$

由此引起的经济性贬值率为16.7%
经济性贬值额 = $20 \times 16.7\% = 3.34$(万元)

## 同步检测练习

### 一、名词解释

1. 机器设备
2. 重置成本
3. 实体性贬值
4. 功能性贬值
5. 经济性贬值

## 二、单项选择题

1. 进口设备到岸价不包括（　　）。
   A. 离岸价
   B. 国外运费
   C. 国外运输保险费
   D. 关税

2. 自制设备自身购置价格的估测方法通常采用（　　）。
   A. 重置价格法
   B. 市场询价法
   C. 功能价值法
   D. 价格指数法

3. 某设备的原购置价格为 30 000 元，当时的定基价格指数为 105%，评估时的定基价格指数为 115%，则评估时该设备自身的购置价格为（　　）元。
   A. 32 857
   B. 27 391
   C. 32 587
   D. 27 931

4. 对超额投资成本造成的设备功能性贬值的估测方法为（　　）。
   A. 更新重置成本减复原重置成本
   B. 复原重置成本减更新重置成本
   C. 重置成本减历史成本
   D. 历史成本减重置成本

5. 如果企业有已经退出使用的设备使用年限的记录，估测设备尚可使用年限时通常采用（　　）。
   A. 使用年限记录法
   B. 寿命年限平均法
   C. 预期年限法
   D. 折旧年限法

6. 成本法主要适用于评估（　　）。
   A. 可连续计量预期收益的设备
   B. 可正常变现的设备
   C. 可获得非正常变现价格的设备
   D. 续用，但无法预测未来收益的设备

7. 计算重置成本时，不应计入的费用是（　　）。
   A. 购建费用
   B. 维修费用
   C. 安装费用
   D. 调试费用

8. 用价格指数法估算的资产成本是资产的（　　）。
   A. 更新重置成本
   B. 复原重置成本
   C. 既可以是更新重置成本，也可以是复原重置成本
   D. 既不是更新重置成本，也不是复原重置成本

9. 设备的加权投资年限是（　　）。
   A. 设备已使用年限 × 更新成本
   B. 设备更新成本合计
   C. 设备加权更新成本合计 ÷ 更新成本合计
   D. 设备加权更新成本合计

10. 当设备出现（　　　）时，评估时需要考虑其经济性贬值。
    A. 利用率下降　　　　　　　　B. 竞争加剧
    C. 使用效益下降　　　　　　　D. 技术水平相对落后

11. 持续使用假设前提下的机器设备评估最适用（　　　）。
    A. 成本法　　　　　　　　　　B. 市场法
    C. 收益法　　　　　　　　　　D. 统计分析法

12. 决定设备成新率的关键因素是（　　　）。
    A. 设备的技术水平　　　　　　B. 设备的功能
    C. 设备的使用程度　　　　　　D. 设备的购置时间

13. 由于社会对产品的需要量降低使产品销售困难，从而导致生产该产品的设备开工不足，并引起设备贬值，这种贬值被称为（　　　）
    A. 功能性贬值　　　　　　　　B. 实体性贬值
    C. 经济性贬值　　　　　　　　D. 无形损耗贬值

14. 某一经技术改造后的设备已使用6年，设计总使用年限为12年，经计算到评估基准日，其加权投资年限为4年，该设备的成新率最接近（　　　）。
    A. 33%　　　　　　　　　　　 B. 40%
    C. 50%　　　　　　　　　　　 D. 66%

15. 某评估机构于2015年1月对某设备进行评估，该设备为2005年1月购建，账面原值为100万元。已知2005年1月定基价格指数为120%，2010年定基价格指数为140%，评估基准日定基价格指数为160%，该设备综合成新率为60%，则该设备的评估值最接近（　　　）。
    A. 96万元　　　　　　　　　　B. 68.57万元
    C. 80万元　　　　　　　　　　D. 161.28万元

## 三、多项选择题

1. 机器设备重置成本一般包括（　　　）。
    A. 设备自身购置价格　　　　　B. 运杂费
    C. 安装费　　　　　　　　　　D. 基础费
    E. 折旧费

2. 机器设备自身购置价格的估测方法包括（　　　）。
    A. 重置核算法　　　　　　　　B. 价格指数法
    C. 使用年限法　　　　　　　　D. 功能价值法
    E. 市场询价法

3. 计算进口设备增值税时，组成计税价格包括（　　　）。
    A. 关税完税价格　　　　　　　B. 关税
    C. 增值税　　　　　　　　　　D. 消费税
    E. 营业税

4. 运用市场途径评估机器设备价值的基本前提条件包括（　　）。
   A. 活跃的设备交易市场　　　　　　B. 类似设备的交易活动
   C. 设备预期收益可确定　　　　　　D. 设备投资风险可确定
   E. 设备使用年限可确定

5. 可以采用收益途径评估的机器设备主要有（　　）。
   A. 外购设备　　　　　　　　　　　B. 自制设备
   C. 进口设备　　　　　　　　　　　D. 租赁设备
   E. 生产线

6. 机器设备贬值的因素比较复杂，但一般应包括（　　）。
   A. 实体性贬值　　　　　　　　　　B. 功能性贬值
   C. 经济性贬值　　　　　　　　　　D. 货币性贬值
   E. 技术性贬值

7. 机器设备的重置成本应包括（　　）。
   A. 机器设备日常维修费用　　　　　B. 机器设备的购置费用
   C. 操作人员的培训费用　　　　　　D. 机器设备的大修理费用
   E. 机器设备的技术改造费用

8. 进口设备的重置成本包括（　　）。
   A. 设备购置价格　　　　　　　　　B. 设备运杂费
   C. 设备进口关税　　　　　　　　　D. 银行手续费
   E. 设备安装调试费

9. 运用使用年限法估测设备的成新率涉及的三个基本参数是（　　）。
   A. 设备的经济寿命　　　　　　　　B. 设备的技术水平
   C. 设备的已使用时间　　　　　　　D. 设备的负荷程度
   E. 设备的尚可使用年限

10. 设备的有形损耗率相当于（　　）。
    A. 设备实体损耗程度与全新状态的比率
    B. 设备实体损耗额与全新状态的比率
    C. 设备实体损耗程度与重置成本的比率
    D. 设备实体损耗额与重置成本的比率
    E. 设备实体性损耗占总损耗的比例

11. 价格指数法适用于（　　）设备重置成本的估测。
    A. 无账面原值的　　　　　　　　　B. 无现行购置价格的
    C. 无财务核算资料的　　　　　　　D. 无参照物的
    E. 无账面值的

12. 设备的功能性贬值通常表现为（　　）。
    A. 超额重置成本　　　　　　　　B. 超额投资成本
    C. 超额运营成本　　　　　　　　D. 超额更新成本
    E. 超额复原成本

13. 可以引起设备经济性贬值的有（　　）。
    A. 产品滞销　　　　　　　　　　B. 设备价格上升
    C. 竞争加剧　　　　　　　　　　D. 境外途中保险费
    E. 设备磨损

14. 运用市场法评估设备价值，选择参照物时应注意参照物的（　　）。
    A. 时间性　　　　　　　　　　　B. 地域性
    C. 同质性　　　　　　　　　　　D. 可比性
    E. 效益性

15. 在机器设备的评估中，重置成本法一般适用于（　　）的评估。
    A. 续用设备　　　　　　　　　　B. 非续用设备
    C. 非标准设备　　　　　　　　　D. 专用设备
    E. 自制设备

## 四、是非判断题

1. 与房地产不可分离的机器设备通常不能单独作为评估对象。（　　）
2. 价格指数法通常适用于技术进步速度较快的机器设备重置成本的估测。（　　）
3. 实际已使用年限是指会计记录记载的设备已提折旧的年限。（　　）
4. 设备利用率小于1，表明设备实际已使用年限小于名义已使用年限。（　　）
5. 可修复的实体性损耗不仅在技术上具有修复的可能性，而且在经济上合算。（　　）
6. 价值补偿和实物更新不同时进行是机器设备的主要特点，其价值补偿是通过折旧形式逐渐实现的，而实物更新一般是一次完成的。（　　）
7. 由于机器设备数量多、规格复杂、情况各异，因此设备评估以整套设备为对象。（　　）
8. 一般在技术进步快，技术进步因素对设备价格的影响较大的情况下，应选择计算复原重置成本。（　　）
9. 所有的机器设备都可以用重置成本法评估其价值。（　　）
10. 市场法的运用必须首先以市场为前提，它是借助参照物的市场成交价或变现价运作的。（　　）
11. 运用收益现值法评估机器设备的前提条件是，被评估机器设备具有独立的、能连续用货币计量的可预期收益。所以，单件设备比较适合使用这种方法。（　　）
12. 对于无法直接取得现行购置价或建造费用的设备，如果能够寻找到现有同类设备的市价、建造费用，或市价、建造费用加上运杂费和安装调试费，就可采用功能成本法计算设备的更新重置成本。（　　）

13. 实体性贬值与成新率是同一事物的两面，实体性贬值用相对数来表示，它的余数就是成新率。（　　）

14. 在运用使用年限法估算设备成新率时，机器设备的已使用年限可以用会计中的已提折旧年限直接代替。（　　）

15. 机器设备的经济性贬值是因外部因素变化引起的设备价值贬值，具体可表现为两种情况，即设备利用率下降和收益减少。（　　）

## 五、思考题

1. 简述机器设备的评估特点。
2. 简述机器设备的评估程序。
3. 简述机器设备重置成本的构成。
4. 运用市场法评估机器设备，在选择参照物时须考虑哪些可比性因素？
5. 试述机器设备重置成本的构成。
6. 进口设备的从属费用如何构成？
7. 简述运用差额法估算功能性贬值的步骤。
8. 简述机器设备鉴定的内容。
9. 简述运用市场法评估机器设备的步骤。
10. 机器设备评估时应注意哪些问题？

## 六、案例分析题

1. 某企业的进口设备于2012年购进，当时的购置价格（离岸价）为8.5万欧元。2015年进行评估，根据调查得知，2015年与2012年相比，该类设备国际市场价格上升了12%；现行的海运费率和保险费率分别为5%和0.3%，该类设备进口关税税率为15%，增值税税率为17%，银行财务费率为0.8%，外贸手续费率为1.2%，国内运杂费率为1%，安装费费率为0.5%，基础费费率为1.5%，评估基准日欧元与人民币的比价为1：8.11。根据上述条件，估测该进口设备的重置成本。

2. 某公司的一条生产线购建于2012年，购建成本为800万元。2015年对该生产线进行评估，有关资料如下：

（1）2012年和2015年该类设备定基价格指数分别为108%和115%；

（2）与同类生产线相比，该生产线的年运营成本超支额为3万元；

（3）被评估的生产线尚可使用12年；

（4）该公司的所得税税率为25%，评估时国债利率为5%，风险收益率为3%。

根据上述条件，估测该生产线的价值。

3. 对某企业一台通用机床进行评估，评估人员经过市场调查，选择本地区近几个月已经成交的3个交易实例作为参照物，评估对象及参照物的有关资料如下表：

**评估对象及参照物的有关资料**

|  |  | 参照物 A | 参照物 B | 参照物 C | 评估对象 |
|---|---|---|---|---|---|
| 交易价格（万元） | | 186 | 155 | 168 | |
| 因素修正 | 交易状况 | 105 | 98 | 103 | 100 |
|  | 品牌因素 | 102 | 100 | 102 | 100 |
|  | 功能因素 | 99 | 101 | 98 | 100 |
|  | 价格指数（%） | 110 | 112 | 108 | 125 |
|  | 成新率（%） | 80 | 70 | 75 | 70 |

根据上述条件，估测该机床的价值。

4. 机器设备 1 台，3 年前购置，据了解，该设备尚无替代产品。该设备的账面原值为 10 万元，其中买价为 8 万元，运输费为 0.4 万元，安装费用（包括材料）为 1 万元，调试费用为 0.6 万元。经调查，该设备的现行价格为 9.5 万元，运输费、安装费、调试费分别比 3 年前上涨了 40%、30%、20%。求该设备的重置成本。（保留两位小数）

5. 2015 年 1 月评估一台设备，该设备于 2011 年 12 月购建，账面原值为 20 万元；2013 年进行一次技术改造，改造费用（包括增加设备）为 2 万元。若定基价格指数 2011 年为 1.05，2013 年为 1.20，2015 年为 1.32，求该设备的重置成本。

6. 被评估资产为一台年产量为 8 万件甲产品的生产线。经调查，市场上现有的类似生产线成本为 24 万元，年产量为 12 万件。如果规模经济效益指数为 0.8，求该资产的重置全价。

7. 被评估机组购建于 2009 年 3 月，主要由主机、辅助装置和工艺管道组成，账面原值 60 万元，其中主机占 70%，辅助装置占 20%，工艺管道占 10%。至评估基准日，机组主机价格下降 2%，辅助装置价格上升 1%，工艺管道价格上升 5%。求该机组评估基准日的重置成本。

8. 某评估机构采用统计分析法对某企业的 100 台某类设备进行评估，其账面原值共计 1 000 万元；评估人员经抽样选择了 10 台具有代表性的设备进行评估，其账面原值共计 150 万元，经估算其重置成本之和为 180 万元。该企业被评估设备的重置成本是多少？

9. 现有一台与被评估资产设备 A 生产能力相同的新设备 B，采用设备 B 相比设备 A 每年可节约材料、能源消耗和劳动力等共计 40 万元。设备 A 尚可使用 5 年，假定年折现率为 8%，该企业的所得税税率为 33%，求设备 A 的超额运营成本。

10. 被评估设备为 2009 年从德国引进的设备，进口合同中的 FOB 价格为 20 万欧元。2014 年评估时德国生产厂家已不再生产这种设备了，其替代产品的 FOB 报价为 35 万欧元，而国内其他企业 2014 年从德国进口设备的 CIF 价格为 30 万欧元。按照通常情况，设备的实际成交价应为报价的 70%—90%，境外运杂费约占 FOB 价格的 5%，保险费约占 FOB 价格的 0.5%，被评估设备所在企业以及与之发生交易的企业均属于进口关税、增值税免税单位，银行手续费按 CIF 价格的 0.8% 计算，国内运杂费按 CIF 价格加银行手续费之和的 3% 计算，安装调试费含在设备价格中不再另行计算，被评估设备尚可使用 5 年；评估时，欧元对美元的汇率为 1.5∶1，人民币对美元的汇率为 8∶1。根据上述数据，估测该进口设备的续用价值。

第五章

# 房地产评估

## 引导案例

### 二手房屋抵押价值的评估

三泰资产评估事务所接受中国工商银行银陵市分行五一区支行的委托，根据国家有关资产评估的规定，本着客观、独立、公正、科学的原则，按照公认的资产评估方法，对快乐之城·丽都雅苑4栋5楼C户型毛坯房进行了资产评估。本所评估人员按照必要的评估程序对委托评估的资产实施了市场调查与询证，对委估资产在2014年1月7日所表现的市场价值作出了公允反映。现将资产评估情况及评估结果报告如下：

评估委估标的物在评估基准日2014年1月7日的房地产现值，为该房地产分期付款失败进行资产处置拍卖变现提供客观、公正、合理的拍卖底价依据。

评估范围根据现行市价法包括：房地产所处位置、面积、套型、建筑结构、交付标准、建成年月、成交价格和交易时间等因素。

评估对象是快乐之城·丽都雅苑4栋5楼C户型毛坯房，套型为3室2厅2卫，建筑面积116.78平方米，客厅、主卧、一间小卧室和阳台面朝南面，另有一间偏卧、厨房和卫生间朝北，布局合理。

该房为A先生占有，A先生通过抵押合同贷款已实际成为快乐之城·丽都雅苑4栋5楼C户型的户主，但尚未办理房屋所有权证。委托方是中国工商银行银陵市分行五一区支行，该行主要从事存取款、商业信用贷款等业务。

丽都雅苑是澳林地产开发的快乐之城项目的一期。快乐之城项目的建筑面积共38万平方米，其中丽都雅苑的占地面积5万平方米，建筑面积8万平方米；快乐之城·丽都雅苑临近未来浦口经济、文化中心，地段绝佳；周边分布着许多自然景观，如朱家山、五一公园、省级珍珠泉风景区、老山风景区等；小区生活配套完善，并有多条公交线路直达主城区。

快乐之城·丽都雅苑建筑风格极富现代个性，着重其南北通透、采光充足；户型方正、简洁大方，大开间、小进深，减少了无效空间造成的浪费，让每一平方米都能发挥应有的作用。小区由著名设计院规划、设计，以高得房率（90%左右）、高绿化率（40.4%）、大楼间距（大于22米）、低容积率、人车分流为设计思想。贯穿小区的三条绿化带，有下沉式中心广场、局部水景形成高低落差，创造出多层次的园林景观，愉悦每一个人的生活。丽都雅苑采用高品质、高标准的建材设备，达到甚至超过市区许多高档楼盘的品质。红外线周界报警系统、闭路电视监控系统、一卡通车辆准入系统、单元可视对讲、双层中空玻璃、宽带及有线电视预留接口，业主可以以江北较低的房价享受市区高档楼盘的生活。简洁优美的立面、舒适的环境、以人为本的规划，使得丽都雅苑得到了业主的肯定和社会各界的广泛赞誉。

评估对象的买主A先生于2013年2月28日向南京模范置业有限公司以银行抵押贷款方式一次性购买，总成交价为328 004.40元，首付款约30%（100 000元），贷款额度约占70%，贷款期限为10年。自2013年2月抵押贷款以来，A先生陆续支付本金6期（1期1个月），金额为12 180.22元，已付利息为609.00元；至2014年1月7日，尚未履行贷款合同中每月还本付息的责任。

本资产评估基准日是支行2014年1月7日。本次评估基准日由评估机构与委托方中国工商银行银陵市分行五一区支行协商确定。选定这一评估基准日，有利于保证评估结果有效地服务于评估目的，准确划定评估范围，合理选取作价依据，使评估基准日尽可能接近评估目的的实现。

评估对象位于银陵市五一区汉江中路，地属江北板块，是江北中心区域的外围住宅商品房；此地区同类楼盘有多处，交易案例众多，市场资料丰富，适宜以现行市价法进行评价。将评价对象与在评估基准日近期发生交易的类似房地产进行比较，并对这些类似房地产的已知价格作适当的修正，以此估算评估对象的客观合理的价格。现行市价法的原理可表示为：

$$房地产评估价值 = 交易实例价格 \times 各差异因素调整系数$$

**案例解析：**

本次资产评估工作于2014年1月7日开始，2014年1月12日出具正式评估报告。整个评估工作分五个阶段进行。

（一）接受委托阶段

经评估机构与委托方洽谈后，接受委托方的资产评估项目委托，在充分沟通的前提下确定评估目的、评估范围及对象，选定评估基准日，评估机构据以制订资产评估工作计划。

（二）资产清查阶段

评估人员根据资产评估的有关原则和规定，指导资产占有方清查资产、收集资料，然后对评估范围内的资产进行查勘和产权界定，对收集的资料进行验证。

（三）评定估算阶段

1. 待评估对象

位于银陵市五一区汉江中路快乐之城·丽都雅苑的4栋5楼C户型。

2. 选取比较对象

根据评估对象所在区位、用途、评估目的、评估基准日等因素,从所搜集的众多交易案例中选择了与评估对象更为相似或接近的三个比较对象。

  A:丽都雅苑9栋4楼B户型
  B:盛泉新城5栋5楼A户型
  C:万江共和新城7栋4楼B户型

评估对象与比较对象的基本情况如表5-1所示。

表5-1 评估对象与比较对象的基本情况

| 项目 | 评估对象 | A | B | C |
| --- | --- | --- | --- | --- |
| 名称 | 丽都雅苑4栋5楼C户型 | 丽都雅苑9栋4楼B户型 | 盛泉新城5栋5楼A户型 | 万江共和新城7栋4楼B户型 |
| 位置 | 汉江中路 | 汉江中路 | 浦口区顶山街道临泉村 | 浦东路与浦珠路交汇处 |
| 面积(平方米) | 116.78 | 86.24 | 91.17 | 114.00 |
| 套型 | 3室2厅1厨2卫 | 2室2厅1厨1卫 | 2室2厅1厨1卫 | 3室2厅1厨1卫 |
| 建筑结构 | 砖混结构 | 砖混结构 | 砖混结构 | 砖混结构 |
| 交付标准 | 毛坯房 | 毛坯房 | 毛坯房 | 简装 |
| 建成年月 | 2006年2月 | 2006年2月 | 2006年6月 | 2005年5月 |
| 交易类型 | 拍卖 | 买卖 | 买卖 | 买卖 |
| 成交价格(元/平方米) | | 2 967.5 | 2 782.9 | 3 012.2 |
| 交易时间 | 2013年1月7日 | 2012年11月 | 2012年12月 | 2012年9月 |

3. 因素修正

(1)区位修正。比较对象A与评估对象为同一小区,区位条件不作修正;比较对象B与比较对象C位于汉江中路不远,与评估对象区位相当,经估价师综合分析,判定B、C的区位条件指数分别为99、101(评估对象相应因素的条件指数为100,下同)。

(2)面积修正。与评估对象相比,比较对象的建筑面积都要小,经估价师综合分析,判定A、B、C的面积条件指数分别为97、98、100。

(3)套型修正。评估对象的室内套型为3室2厅1厨2卫,面朝南,比较对象A为2室2厅1厨1卫,比较对象B为2室2厅1厨1卫,比较对象C为3室2厅1厨1卫,经估价师调查、分析,综合判定A、B、C的套型条件指数分别为97、97、99。

（4）建筑结构修正。评估对象与比较对象均为砖混结构，故不作修正。

（5）交付标准。比较对象A、比较对象B与评估对象均为毛坯房，交付标准不作修正；比较对象C为简装房屋，经估价师调查、分析，综合判定C的交付条件指数为102。

（6）建成年月修正。比较对象A与评估对象为同一小区，建成年月不作修正；比较对象B与比较对象C建成时间与评估对象相比均在1年以内，由于良好的物业管理和日常维护，其成新率与评估对象所在建筑物的成新相当，故亦不作修正。

（7）交易类型修正。评估对象之评估目的是为抵押贷款失败而进行资产处置的拍卖底价评估，而比较对象均为正常市场情况下买卖双方通过协商谈判形成的市场价格。考虑到目前资产处置变现过程中采用公开拍卖的形式，而资产处置变现拍卖与具有良好开发前景的房地产开发项目招投标竞争拍卖具有不同的特点。前者具有一定的消极性，其目的是迅速变现；后者则具有积极性，其目的是未来收益能力的预期。经估价师综合分析，判定评估对象的资产处置变现拍卖评估目的情况下的条件指数为正常成交价格水平的95%。

（8）交易时间差异修正。比较对象的交易时间与评估对象评估基准日均较接近，仅比较对象C略早。根据对评估对象所在区域的同类住宅最近交易价格的变动情况的调查、了解和分析，判定比较对象A、B、C的交易时间条件指数分别为102、101、103。

综合上述分析，得到比较案例修正情况及修正价格如表5-2所示。

表5-2 修正情况及修正价格

| 修正项目 | A | B | C |
| --- | --- | --- | --- |
| 成交价格（元/平方米） | 2 967.5 | 2 782.9 | 3 012.2 |
| 位　置 | 100/100 | 100/99 | 100/101 |
| 面积（平方米） | 100/97 | 100/98 | 100/100 |
| 套　型 | 100/97 | 100/97 | 100/99 |
| 建筑结构 | 100/100 | 100/100 | 100/100 |
| 交付标准 | 100/100 | 100/100 | 100/102 |
| 建成年月 | 100/100 | 100/100 | 100/100 |
| 交易类型 | 95/100 | 95/100 | 95/100 |
| 交易时间 | 100/102 | 100/101 | 100/103 |
| 修正价格（元/平方米） | 2 937.45 | 2 781.42 | 2 724.04 |

4. 采用算术平均法求待估物的评估值

$$待估物的单价 = \frac{2\,937.45 + 2\,781.42 + 2\,724.04}{3} = 2\,814.30（元/平方米）$$

$$总价 = 2\,814.30 \times 116.78 = 328\,653.95（元）$$

### （四）评估汇总阶段

（1）根据评估人员对各类资产的初步评估结果，进行评估结果汇总、评估结论分析；

（2）确认评估工作中没有发生重复和漏评的情况，并根据汇总分析，对资产评估结果进行调整、修改和完善；

（3）根据评估工作情况，撰写全套资产评估报告。

### （五）提交报告阶段

向委托方提交快乐之城·丽都雅苑4栋5楼C户型资产评估报告。

评估人员根据委估标的物的评估目的，遵循房地产估价原则和程序，采用科学的评估方法，结合评估人员的估价经验，在认真分析现有资料的基础上，经过缜密、细致的测算，判定上述分析计算过程的客观合理性，最终确定评估对象在评估基准日2014年1月7日的市场价值单价为2 814.30元/平方米，总价为328 653.95元。

特别事项说明：

（1）本次评估结果，是反映评估对象在本次评估目的下，根据公开市场原则确定的现行公允市价；没有考虑将来可能承担的特殊交易方式可能追加付出的价格等对其评估价值的影响，也没有考虑国家宏观经济政策发生变化以及遇有自然力和其他不可抗力对资产价格的影响。

（2）本次评估结果，未考虑现在或将来委估资产发生或可能发生的抵押对评估值的影响，提请报告使用者关注。

（3）本报告所称"评估价值"是指所评估资产在现有转换用途继续使用，以及在评估基准日的状况和外部经济环境的前提下（即资产在市场上可以公开买卖的假设条件下），为本报告所列明的目的而提出的公允估价意见。

（4）本报告结果是对2014年1月7日这一评估基准日资产价值的客观公允反映，本事务所对评估基准日以后的该部分资产价值发生的重大变化不承担任何责任。

# 第一节 房地产评估概述

## 一、房地产的概念

要阐释房地产的概念，我们必须从最基本的土地、地产等概念谈起。

1. 土地

土地是地球表层的陆地部分和地表上下一定幅度空间范围内的全部环境要素，以及人类社会活动作用于空间的某些结果所形成的自然、经济、社会的综合体。从土地的自然性质来看，它具有资源属性，是自然本身的产物和不可再生的自然资源；从人类活动与土地之间的相互影响的角度来看，土地是人类社会生产、生活的空间和作用于空间所形成的结果共同组成的自然、经济、社会的综合体，具有资产的属性。土地的特性主要表现为自然特性和经济特性两个方面。

土地的自然特性是指土地自身具有的、归属于自然、不以人的意志为转移的属性。土地的自然特性包括：（1）土地面积的有限性。自然状态的土地总面积是由地球表面积决定的，土地是自然的产物，人类不能创造土地。（2）土地位置的固定性。土地最大的特性是自然地理位置的固定性，无法实现自然地理位置的空间位移。（3）土地质量的差异性。自然地理位置及社会经济条件的差异，决定了不同地域的土地自然形状、人类活动对土地的影响不同，从而使土地结构和功能存在较大的差异，最终导致土地质量的差异。（4）土地永续利用性。在合理使用和有效保护的条件下，土地是一种非耗竭性资源，可以被人类永续利用。土地利用的永续性具有两层含义：一是作为自然物和生产资料，具有永不消失性；二是土地永续利用性是相对的，只有在利用过程中维持了土地的功能，才能实现永续利用。

土地的经济特性是指人们利用土地的过程中，体现在生产力和生产关系方面的特性。土地的经济特性包括：（1）土地经济供给稀缺性。土地经济供给相对人类对各种用途土地的需求而言，总是处于供不应求的状态，属于稀缺资源。这是由土地自然供给的有限性、位置的固定性和质量的差异性决定的。（2）土地用途多样性。同一宗土地可以有多种用途，不同的土地给产权主体带来的社会经济利益存在较大的差异。（3）土地效益级差性。土地位置的固定性、质量的差异性决定了不同区域、不同用途的土地产出能力不同，经济效益具有级差性特征。（4）土地产权可垄断性。土地产权可垄断性是指土地权利主体可以借助土地所有权、使用权及其他权利获得垄断利益，同时表明土地所有者、使用者、管理者可以借助某种机制实现土地垄断。

土地按照自然形态可以分为山地、丘陵地、台地、平原等；按照用途可以分为商业及金融业用地、工业及仓储用地、市政用地、公共建筑用地、住宅用地、交通用地、农用地、水域用地、特殊（军事、宗教、监狱等）用地、未利用空闲地等；对房地产来讲，还可以分为生地、熟地、毛地等。所谓生地是指无改良物、建筑物、基础设施的土地，通常指用于房地产开发的农地；熟地是指对生地进行改造（如建设基础设施、修建道路等），从而增加了效用及价值后的土地；毛地是指要进行再开发改造的旧城区土地。

2. 地产

地产是土地财产或土地资产的简称。财产既指实物又指权利，因而地产是指土地及其相关的财产权利。由于许多人把土地上的建筑改良物等也归属于土地，因而相应的地产一词也常被用于泛指房地产。

3. 房地产

许多文献将房地产定义为房产与地产的合称或总称。这种说法是不够准确的，因为并非所有的地产都与房产有关（如耕地），从而不宜称之为房地产。确切地讲，房地产是指房屋及其附属物（与房屋相关的建筑物如小区设施、建筑附着物、相关林木等）和承载房屋及其附属物的土地，以及与它们相应的各种财产权利。

4. 不动产

《民法》将财产分为不动产和动产两大类。不动产是指不能移动或移动后会引起性质、形状改变，损失其经济价值的物及其财产权利，它包括土地、土地改良物（建筑物及建筑附着物、生长着的树木及农作物、已经播撒于土地中的种子等）、与土地及其改良物有关的财产权利。建筑附着物主要指已经附着于建筑物上的建筑装饰材料、电梯，以及各种给排水、采暖、电气照明等与建筑物的使用密切相关的物。建筑附着物在没有附着于建筑物前是动产，而一旦附着于建筑物上，就成为不动产的一部分。判断是否属于建筑附着物，取决于附着程度和是否适用于不动产的经营和使用。如果一件物品的拆除或移动会损坏建筑物或严重影响到建筑物的使用，则该物品属于建筑附着物。把建筑附着物归属不动产，也可以表述为动产的不动产化，其法律效果在于：抵押权可以扩大适用于建筑附着物；在不动产的买卖、赠予、借贷或共有物分割时，如果权利证书对具体范围未作明确规定，应包括建筑附着物。

通过以上阐述可以看出，土地、地产、房地产、不动产之间既有区别又有联系的。它们之间的关系如图5-1所示。

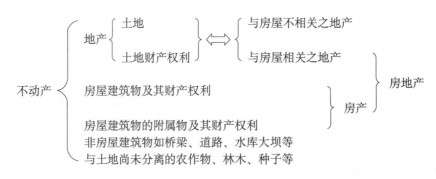

图 5-1　土地、地产、房地产、不动产之间的关系

## 二、房地产的特征

房地产与其他商品或财产相比,具有鲜明的个性特征,主要表现为以下几点:

(1)位置固定性。土地不可位移性决定了固着土地上的建筑物的自然地理位置具有不可移动性。房地产位置固定性导致房地产价格带有明显的区域性和个别性特征。当然,房地产位置固定性仅指其自然地理位置,其经济地理位置具有可变性。

(2)供求区域性。这主要是由于房地产位置固定性所决定的。房地产供求区域性的特征,一方面使得不同区域的房地产相反性质的供求失衡无法通过流通自动实现平衡;另一方面使得不同区域的房地产价格之间的可比程度较低。同时,房地产供求区域性的特征为投机商在不同地区进行房地产投机提供了机会。

(3)长期使用性。土地的永续利用性和建筑物的耐用性,决定了房地产具有长期使用的特征。房地产使用的长期性,一方面为其用途、功用随社会的进步不断地加以改善、调整,以达到最佳利用状态提供了空间;另一方面也使得房地产在未来的使用中,面临许多源自自然、社会等方面不确定因素的影响。这些均会对房地产价格产生影响。

(4)投资大量性。房地产的生产经营过程包括取得土地使用权、土地开发和再开发、建筑设计和施工、房地产销售等环节。在这一过程中,需要投入和占用大量资金,具有投资大量性的特征。这一特征,一方面要求房地产投资应事先做好可行性研究,有效地进行投资;另一方面表明房地产行业对金融资本的依赖性较强。这决定了房地产的价格走势与国家对房地产业的金融政策息息相关。

(5)保值增值性。土地资源尤其是城市土地面积的有限性,使得房地产供给一般会滞后于土地需求而出现房地产价格上升的趋势;另外,土地改良和城市基础设施的不断完善,也会改善土地原有的区位条件,助推房地产的增值。如果出现通货膨胀现象,房地产的保值性会更为明显。

(6)投资风险性。房地产在社会经济行业分类中属于高风险的行业。房地产业的投资风险,主要是由于房地产位置的固定性、投资大量性、生产经营周期和未来使用时间较长以及供求的区域性决定的。这些特征导致未来任何影响房地产发展的因素发生变化,会对房地产投资的回报产生影响。

(7)差异性。已经建成的任何两宗房地产都由于位置不同、建筑面积不等、建筑风格差异、新旧程度不同、产权性质不同等而有所差异。在房地产市场上,不可能存在两宗完全一样的房地产,即使两者可能在外观设计上一样,也会在朝向、楼层等方面存在差异。

(8)稀缺性。土地的有限性使房地产的供给是有限的。一宗土地可以有多种用途,但在该土地投入某项用途之后,变更土地用途往往会造成巨大经济损失。一宗建筑物变更使用用途也存在一定的困难,这与建筑物的设计与结构布局有关。正是房地产的稀缺性,决定了房地产商品具有保值增值性。

(9)多重效用性。房地产具有效用价值,能够满足人们居住、娱乐、学习、社交和生产的需要,是人们的生存资料、享受资料和发展资料。因此,房地产具有使用价值。

（10）外部性。房地产总是与一定的空间位置相结合，房地产的开发和利用必然影响其所在区域内的自然生态环境、经济环境和社会环境。例如，城市土地开发中增值收益的分配、相邻不动产利用时的干扰、居住区中的环境污染等，从而使当事人的私人收益与社会收益不一致，房地产的开发和利用导致其正负外部性发生变化。

（11）报酬递减性。报酬递减性是指在技术不变的条件下，对房地产的投入超过一定限度，就会产生报酬递减现象。这一特征在房地产的开发利用方面相当典型。这一特征要求在进行房地产开发投资方案决策时，必须在一定技术和经济条件下选择恰当的土地开发强度和房屋建设高度。

### 三、房地产的种类

按照不同的角度，可对房地产作如下分类：

1. 按房地产存在的形态划分

从房地产存在的自然形态上看，房地产主要分为两大类，即土地和建成后的房屋。

2. 按照房地产的用途划分

按照房地产的用途，房地产可以划分为以下几类：

（1）居住类房地产。居住类房地产是指专供人们生活居住的房地产，包括普通住宅、高级公寓、别墅等。

（2）商业类房地产。商业类房地产是指用于商业活动的房地产，包括写字楼、商店、旅馆及酒店等。写字楼可以按照规模大小、内部装修及服务设施档次等因素分为普通写字楼和高档写字楼；商店可以分为专卖店、商场、批发商店、超级市场、购物中心、地下商业街、展览中心等；旅馆及酒店可以分为宾馆、饭店、酒店、招待所、会务中心等。

（3）休闲类房地产。休闲类房地产是指用于娱乐、健身类活动的房地产，包括体育馆、娱乐中心等。

（4）工业类房地产。工业类房地产是指用于生产活动的房地产，包括生产用工业厂房、仓库等。

（5）农业类房地产。农业类房地产是指用于农业生产活动的房地产，包括农场、林场、茶场、果园等。

（6）特殊目的房地产。特殊目的房地产是指用于文教卫生、行政、社会福利、交通邮政等公共活动用途的房地产，包括校舍、教堂、医院、博物馆、公园及风景区管理用建筑物、政府办公楼、养老院、客货运站点及邮局用建筑物等。

相关链接

### 中国土地市场

土地市场是进行土地产权交易活动的场所,是各种土地交换关系的总和。中国土地市场包括以下两种:

1. 土地一级市场

土地一级市场是指国有土地使用权出让市场,即国家将城镇国有土地或将农村集体土地征用或征收为国有土地后,出让给土地使用者的市场。依法出让的土地,可以是生地,也可以是经过开发达到"七通一平"的熟地。土地一级市场是由国家垄断的市场。土地一级市场的价格形式主要有基准地价、标定地价等。

2. 土地二级市场

土地二级市场有狭义和广义之分。狭义的土地二级市场是在一级市场上依法取得土地使用权的土地使用者经过对土地开发建设,将新建成的房地产进行出售和出租的市场,即土地首次进入流通领域进行交易而形成的市场。广义的土地二级市场既包括土地使用者经过对土地开发建设,将新建成的房地产进行出售和出租的市场,也包括购买房地产的单位和个人再次进入流通领域进行交易而形成的市场。有时把后者称为土地三级市场。房地产二级市场包括房地产的出售、出租、再出租、交换、抵押、典当等交易形式。土地二级市场的价格形式主要有土地使用权转让价格、抵押价格、出租价格等。

## 四、房地产的个性化

对一宗房地产的个性化描述,通常可从以下十个方面进行:

(1)位置(坐落)、四至、形状。位置是指房地产所处的区域和具体地点,可以按国家、地区、城市、邻里、地点、楼房号、门牌号这样的顺序来表述;四至是指土地的东、西、南、北四至界限范围;形状通常以宗地图来表示。

(2)面积大小。面积大小为房地产产权产籍行政管理部门依法确认的面积,包括土地面积、建筑物的建筑面积和使用面积、居住面积或营业面积。

(3)建筑物层数和高度。建筑物层数和高度分为低层建筑、多层建筑、中高层建筑、高层建筑、超高层建筑。住宅1—3层为低层建筑,4—6层为多层建筑,7—9层为中高层建筑,10层以上为高层建筑,30层以上为超高层建筑;公共建筑大于24米为高层建筑;所有房屋建筑檐高超过100米的均为超高层建筑。

(4)建筑结构。建筑结构是指建筑物中由基础、墙、柱、梁、屋架、支撑、屋面板等承重构件组成的体系。按照建筑物的主要承重构件所用的建筑材料不同,可以将建筑结构划分为钢结构、钢筋混凝土结构、砖混结构、砖木结构及其他结构。

钢结构，是指建筑物的梁柱、房架等承重构件用钢材制作，楼板用钢筋混凝土制作，墙体用砖或其他材料制成。钢筋混凝土结构，是指建筑物的梁柱、屋面板、楼板均用钢筋混凝土制作，墙体用砖或其他材料制成。砖混结构，是指建筑物主要是砖墙承重，部分是钢筋混凝土屋面板和梁承重。砖木结构，是指建筑物的墙、柱用砖砌筑，楼层、屋架采用木材建造。其他结构主要包括竹结构、木结构、竹木混合结构、简易建筑物等。

（5）建筑装修、附属设备。建筑装修包括装修的标准、程度、所用材料、质量等；附属设备包括给排水、照明、卫生、通风、供暖、供气、空调、电梯、消防、通信等设备。

（6）建筑物的建成年月、建筑质量、维护保养状况、采光、通风、隔音、隔热等。

（7）建筑外观及平面格局。通常以外观图、平面图等形式来表述。

（8）利用现状及规划设计要求。包括用途、建筑容积率、建筑覆盖率等要素的现状和规划要求。

（9）房地产产权状况。房地产产权状况包括产权归属、土地使用权类型、房屋产权状况、是否设定有抵押权等限制。

（10）土地的地质基础状况、地上基础设施改良状况等。

## 五、房地产价格形成的基本原理

在市场经济条件下，任何商品的价格都是由市场形成的。所谓市场形成价格，就是由市场经济客观存在的规律（即价值规律、供求规律和竞争规律）调节价格。其中，商品的价值是价格的基础，价格则是价值的货币表现，而供求关系的变动和竞争的展开又影响价格围绕价值上下波动，商品的市场价格正是由这三大规律交互作用形成的。马克思主义经济学的这一基本原理对房地产价格是基本适用的。但同时，由于房地产的特点，房地产价格的形成又具有一定的特殊性。

房地产的内在价值，仍然是房地产价格形成的基础。具体到一个房地产企业在制定某一宗房地产商品的销售价格时，首先考虑的是生产成本，同时获取一定的利润。因此，商品房的价值构成（即生产成本加开发利润）就成为房地产价格形成的基础。作为消费者，在购房时，不仅要满足自己的使用需要，而且必然要考虑"物有所值"，能带来相应的物质利益，房地产的内在价值也成为购房决策的重要依据。

供求规律和竞争规律也是调节房地产价格的重要因素。商品的价格受供求关系影响而上下波动，波动的轴心是商品价值。当市场价格高于价值时，市场供大于求，供求机制会抑制商品价格，使之下降；当市场价格低于价值时，市场供不应求，供求机制会提升商品价格，使其上升；当市场供给和需求趋向平衡时，则形成均衡价格。这就是商品市场的供求原理。房地产市场上也同样存在供求原理，商品房价格随供求关系的变化而上下波动，所不同的是，由于房地产的个别性，房地产供给的弹性很小。因此，房地产的均衡价格主要是由需求曲线的位置和形状决定的。近年来，全国各大城市普遍出现商品房价格快速上涨的现象，究其原因主要是商品住房的竣工面积小于销售面积，出现供不应求的态势所造成的。因此，抑制房价涨幅过大的主要措施应是扩大商品住房的供给量，适度控制需求，通过调整供求关系来调节房价。

商品的市场价格还受到竞争规律的调节。一般情况下，供给方之间的激烈竞争会使商品价格下降，需求方之间的竞争会使商品价格上升；最终供给方与需求方之间的竞争，在供求平衡的情况下会趋向均衡价格。但由于土地所有权和经营权的垄断以及房地产的区域性和个别性，使房地产市场的竞争不能充分展开，带有某种垄断性竞争的特点。这种不充分的竞争，常常使某个区域、某个时段的商品房价格不能随供求关系的变化而得到及时调整，也使地区之间商品房的价格产生较大的差异。

此外，预期原理对房地产价格形成也有特殊作用。一宗房地产的价格，也取决于人们对该房地产在其耐用期内效用、供求关系的预期，这就是房地产价格形成的预期原理。在日常生活中，我们可以看到这种现象，当某一个城市的政府公布将在某地兴建大型基础设施或公共设施（譬如桥梁、地铁、开放式绿地等）时，其周围的房地产价格便会悄然上升，这就是预期原理的作用。因为人们对这些大型设施周边的房地产的预期效用看好，所以这些房地产的市场需求增加，从而引起房地产价格上升。

## 六、房地产价格的影响因素

房地产价格受各种因素的影响而发生变动，要掌握房地产价格的运动规律，必须弄清房地产价格的影响因素。

根据各种房地产价格影响因素自身的性质，可以将其分为经济因素、社会因素、行政和政治因素、房地产的内在因素和环境因素。

1. 经济因素

影响房地产价格的因素主要是国家、地区或城市的经济发展水平、经济增长状况、产业结构、就业情况、居民收入水平、投资水平、财政收支、金融状况。这些因素影响房地产市场的总体供求，特别是需求。通常来讲，一个地区的经济发展水平越高，经济增长越快，产业结构越合理，就业率、收入水平和投资水平越高，财政收入越多，金融形势越好，房地产市场的需求就越大，房地产价格的总体水平也越高。反之，房地产价格的总体水平越低。从中国的情况来看，改革开放三十多年后的今天与改革初期相比，房地产价格有了巨幅增长，就是源于全国的经济发展水平、居民收入水平等一系列经济方面的迅猛发展。而从目前来看，沿海地区与内地，北京、上海、广州、深圳等大城市与一般城市之间，房地产价格水平有较为显著的差异，这也主要是这些区域在以上经济因素方面存在的明显差异造成的。

2．社会因素

影响房地产价格的社会因素包括人口、家庭、城市形成历史、城市化状况、社会治安、文化与时尚等。其中，人口因素包括人口的数量、密度、结构（如文化结构、职业结构、收入水平结构等）；家庭因素指家庭数量、家庭构成状况等；文化与时尚因素主要指文化氛围、风俗习惯、大众心理趋势等。

社会因素对房地产价格的影响作用是相当复杂的，它的作用方式不如经济因素那样直截了当，作用过程也比较长，是一种渗透性的影响。例如，城市形成历史对一个地区房地产价格水平的影响，虽然不如经济因素的影响那样明显，但却常常是非常深远并具根本性的。在中国许多城市中，某一个特定的区域，由于其独特的发展历史而始终成为房地产价格水平的高值区，如上海的外滩、徐家汇，厦门的鼓浪屿，青岛的八大关等。有些社会因素对房地产价格的影响在不同的阶段，作用结果是不同的。例如，人口密度的提高一开始会造成房地产需求的增加，引起房地产价格上升，但发展到一定程度，则会造成生活环境恶化，有可能引起需求量减少，房地产价格下降。

3. 行政和政治因素

行政因素主要指国家或地方政府在财政、税收、金融、土地、住房、城市规划与建设、交通治安、社会保障等方面的一些制度、法规、政策和行政措施。政治因素主要指政局安定程度、国与国之间的政治、军事关系等。行政和政治因素都是由国家机器来体现的，因此它对房地产价格的影响作用也比较突出。如城市规划对一块土地用途的确定，决定了这一地块价格的基本水平。与经济和社会因素不同，行政和政治因素对房地产价格影响作用的速度相对较快。如果说经济和社会因素的作用是渐变式的，则行政和政治因素的作用可以说是突变式的。比如，加强宏观调控，紧缩固定资产投资规模，收紧银根政策，会使所在地区的房地产需求减少，房地产价格在较短的时间内迅速下跌。

4. 房地产内在因素和周边环境因素

这个因素主要是指房地产自身及其周边环境状态，如土地的位置、面积、形状、建筑物的外观、朝向、结构、内部格局、设备配置状况、施工质量，以及所处环境的地质、地貌、气象、水文、环境污染情况等。首先，房地产自身的内在因素对房地产的生产成本和效用起着重大的制约作用，从而影响房地产的价格。比如，地价上涨和建筑材料涨价，会带来成本推动型房价的上升；商品房内在品质提高、效用增大，也会造成内在品质提高型房价的上涨。再如，房屋的朝向也会影响房价。在中纬度地区，朝南的住宅就比朝北的住宅舒适，因而价格也高。由于房地产的个别性，房地产价格受自身因素（特别是一些与自然有关的因素）制约的现象是非常明显的。这是房地产与一般商品不同的一个重要表现。其次，房地产的使用离不开其周围的环境，因此房地产的周边环境也影响房地产的价格。比如，位于公园、绿地旁边的住宅，由于安静、空气清新、风景怡人的环境，其价格往往较高；而如果住宅紧临高速公路、机场等噪声源或垃圾处理场、臭河浜等视觉、空气污染源，则其价格就低。

## 七、房地产价格的构成

1. 土地价格和土地使用费

从商品价值构成的角度分析，房地产价格是由成本和利润两大部分构成的；但由于房地产的物质要素比较复杂，因而物质成本的构成也包含了多方面的内容。房地产是房和地的结合体，土地是房屋的物质载体，广义的房地产开发物质成本不仅包括建筑安装费用，还包括土地取得的费用。土地使用费表现为土地价格，所以这里的分析，首先从土地价格开始。

（1）土地价格的实质。土地价格，按照马克思主义经济学原理，是地租的资本化，在现实生活中通常表现为人们为取得土地的占有、使用、收益和处分的权利而支付的费用。马克思认为，土地价格的实质是资本化的地租。他指出，土地价格"不是土地的购买价格，而是土地所提供的地租的购买价格，它是按普通利息率计算的"。土地价格"即一定年数的地租，或者说，一定年数地租的总额"。这就是理论上土地价格的内涵。但是，由于现代生活所使用的土地通常都不是纯自然的土地，而是经过人类开发的土地，因此土地价格的构成比理论地价复杂得多。马克思在《资本论》第三卷中也指出，现实经济生活中"租地农场主为了获得经营土地的许可，以租金形式支付给土地所有者的一切，实际上都表现为地租。……这种贡赋和真正的地租有一个共同点，它决定土地价格"。城市土地也是如此，土地使用者为了获得占有、使用、收益和处分土地的权利，不仅要向土地所有者交纳地租，还要对土地所有者已投入土地的人类劳动（表现为资本）及其利润进行价值补偿。所以实际地价的价值构成包括一定年数的地租总额、土地开发成本和土地开发利润三部分。其中，地租包括绝对地租、级差地租Ⅰ全部、级差地租Ⅱ部分（主要是过去很长时期内在某块土地中积累的劳动投入所产生的级差地租）；土地开发成本主要指在土地交易近期投入土地中的资本，如动拆迁费用、"七通一平"成本、地块内基础设施配套成本；土地开发利润则指投入土地开发的成本应获得的利润。

（2）土地价格的形式。由于不同国家、地区的土地制度不同，土地价格具有不同的形式。比如，中国实行土地公有制和土地有偿使用制度，因此土地价格以土地使用权价格为主要形式，这与土地私有制国家和地区的土地价格有很大不同。由于存在不同的土地使用权取得方式，中国目前的土地所有权价格实质上有多种形式。例如，土地使用权协议出让方式产生的协议价格，由于这种价格形式缺乏规范性，现停止使用；土地使用权招投标方式产生的招标出让价格；土地使用权拍卖方式产生的土地拍卖价格；土地使用权租赁方式产生的土地租赁价格等。此外，土地使用权在二、三级市场再转让，也会形成相应的价格。

（3）土地价格的差异性。世界各国的情况都表明，土地价格是房地产价格中最重要的构成要素，而且越是发达的城市、越是繁华的地段，土地价格在房地产价格中的比例也越高。

由于土地的空间固定性和土地条件的不均衡性，土地价格在地域空间上具有显著的差异，且这一特点在城市土地上表现得尤为明显。如果以一条贯穿城市中心的经线或纬线作为剖面，观察城市在这一剖面上的地价情况，就会发现：地价通常在城市中心最高，随着距城市中心距离的增加而降低；但在距离城市中心一定距离的地方，又会出现一个地价的次高峰。

2. 房地产开发经营成本

房地产价格的另一个构成要素是房地产开发经营成本。广义的房地产开发经营成本包括土地价格和狭义的房地产开发成本。狭义的房地产开发经营成本指房地产开发商在取得土地以后，为开发所负担的一切经济代价，即除了土地取得成本以外的一切开发费用。

房地产开发经营成本根据支付情况的不同可分为建筑安装成本（由开发商支付给建筑总承包商的成本）和其他开发成本（由开发商分别支付给各有关单位的成本）。

房地产开发经营成本对商品房价格具有重大影响，如建筑材料涨价、建筑安装成本上升，会引起房地产价格总水平的上涨；而在一定的房价水平下，成本增加会导致开发利润减少。所以，房地产开发企业要努力降低成本，增加收益。

3. 房地产开发税费

房地产开发税费指与房地产开发有关的税和规费，它是房地产开发的成本之一。问题在于，税费要合理；不合理的税费会人为提高开发成本，从而抬高房价。

与房地产开发有关并可列入商品房成本，进入房地产销售价格的税种主要有营业税、城市维护建设税和其他相关税种。营业税是国家组织财政收入的重要方式，房地产业由于经营标的的价值量大，是国家重要的征税对象。城市维护建设税是政府聚集城市建设资金来源的方式之一，城市建设的不断发展，为房地产升值创造了条件，对房地产商品的销售征收城市维护建设税可谓取之于民，用之于民。

与房地产开发有关的规费，是各类政府部门和公共事业部门向房地产开发企业征收的管理费，如建设工程设计招标管理费、工程定额编制管理费、建筑工程执照收费、建筑物命名收费、房地产登记勘丈收费、人防建设费、绿化建设费等。这些费用从性质上来讲，是对行政和公共事业部门为房地产开发所付出劳动的一种补偿，当然也应列入房地产开发经营成本。

4. 房地产开发利润

利润也是房地产价格的重要组成部分。房地产开发利润是指按房地产开发行业平均利润率计算，为开发房地产而投入的全部资本（包括土地取得成本和狭义的房地产开发经营成本）应获得的正常利润。

房地产开发利润表现为房地产开发企业年销售收入扣除开发经营成本（包括土地取得成本）以后的余额。在一定的价格水平下，成本与利润互为消长，即成本高、利润低，成本低、利润高。如果一家企业的房地产开发成本高于社会平均成本，就可以获得平均利润；而如果房地产开发成本低于社会平均成本，则可以获得超额利润；由于房地产具有一定程度的垄断性，有时还可以获得垄断利润。

房地产是高投资、高风险、高回报并存的产业。在房地产经济周期波动的过程中，随着房价的上下波动，开发利润也呈现周期波动的特点，但总体上仍然是利润率较高的行业。国外房地产平均利润率一般为6%—8%。中国城市房地产正处于快速发展阶段，需求拉动等多种因素使房价快速上涨，利润率也就偏高，一般达20%—30%；但从长期看，将趋向全社会平均利润率。

5. 中国城市房地产价格的基本构成要素

目前，城市房地产价格（主要指买卖价格）主要是由九项因素构成的：土地取得费用、前期工程费、配套费、建筑安装工程费、管理费、销售费、税费、利息和利润。

（1）土地取得费用因房地产开发土地取得方式的不同，可以有多种形式。以土地使用权出让方式取得的城市熟地，土地取得费即为土地使用权出让金；以土地使用权转让方式取得的城市熟地，土地取得费即为土地转让费。由于国家对经济适用房的土地供应采用行政划拨的优惠政策，取得土地的费用很低，因而房价相对较低。

（2）前期工程费指房地产开发商委托设计、监理、审计等专业机构进行工作所需的费用，以及施工前期必须进行的各项手续性工作所需花费的费用。以上海为例，包括项目可行性研究费、勘察设计费、勘察设计招标管理费、勘察设计监理费、代理施工招投标费、建设监理费、建设工程执照费、工程预决算审计费、新型墙体材料专用基金、竣工档案保证金、人防费、"三通一平"费、移建拆除费、绿化费、临时用水用电费、临时占路费等。

（3）配套费是为房地产开发进行城市基础设施和公建设施配套而必须投入的费用。其中城市基础设施指道路、排污水系统、供电、供水、供气、电话、通讯等设施，当房地产为住宅项目时，会产生公建设施配套费。这些设施又可分为"大配套"和"街坊内配套"两种，大配套指开发项目地块以外的，街坊内配套指开发项目地块以内的。配套费在不同城市的具体名称各不相同。从规范的角度来讲，今后市政配套设施费等公共产品的费用，应逐步改为由城市财政承担。

（4）建筑安装工程费是为进行建筑安装工程而必须向建筑承包商支付的费用，它包括直接工程费、间接费、计划利润和税金。其中，直接工程费包括人工费、材料费、施工机械使用费、施工现场经费（如临时设施费、管理人员工资费、工程排污费等）；间接费主要有建筑施工企业的管理费、财务费用和其他费用。

（5）管理费指房地产开发公司的办公费和人员工资福利费等在某一个项目上的分摊。

（6）销售费指为了进行房地产销售而必须发生的广告宣传费、销售代理费、办公费等。

（7）利息通常是指房地产开发项目的贷款利息。

（8）税费主要有营业税、城市维护建设税、教育费附加和其他相关税等。

（9）利润是房地产开发投资应获得的回报，它是房地产开发企业的销售收入扣除开发经营成本（包括土地取得成本）以后的余额。以上九项因素反映了目前中国城市房地产价格构成的状况，每一项因素的变动都可能影响房价总水平。因此，房地产价格是在不断变动中的动态概念，所谓房价的基本稳定也是相对的。

## 八、房地产评估

### （一）房地产评估的含义

房地产评估，又称房地产估价，是指专业的房地产估价人员，根据特定的估价目的，遵循估价原则，按照规范的估价程序，采用科学的估价方法，并结合经验，通过对影响房地产价格的因素的分析，对特定房地产的真实、客观、合理的价格所作的估计、推测和判断。

房地产估价专业人员，是指经过专业的资质认定并注册登记的房地产估价执业人员。目前中国的房地产估价专业人员有两类。第一类是由国家和地方建设部门、房产行政主管部门进行资格认定和注册管理的房地产估价师与房地产估价员。其中，房地产估价师是由具备一定的学历和工作经历的人员，通过全国统一的房地产估价师资格考试，并经有关部门审核、予以注册登记的专业估价人员；房地产估价员是由各地方房地产主管部门组织考试、审核并登记的专业估价人员。按照中国目前有关房地产价格评估管理的有关规定，房地产估价师有权在估价报告上签字，因而承担相应的责任；每份估价报告必须有两名以上的注册估价师签字才能生效。第二类是由国家土地主管部门进行资格认定和注册管理的土地估价师。土地估价师可从事土地价格的评估业务。

可见，这里所讲的房地产估价是一种非常正规的专业化活动，它不是随便什么人都可以从事的工作。但是，在现实生活中也存在大量非正规的价格评估活动，如房地产交易中的买方和卖方，各自都会对作为交易对象的房地产进行一番价格估计，双方在讨价还价的过程中，都会根据这种估计来决定谈判的策略。当然，大宗的房地产交易，交易双方都会考虑委托专业的房地产估价机构进行估价，但这种潜藏于心的非正规估价仍会在双方的头脑中进行。此外，房地产经纪人从事经纪活动时，必不可少地也会运用各自的市场经验，对所代理、经纪的房地产进行一番价格估计。诸如此类的"房地产估价"与本节所阐述的房地产估价是不同的，可称其为非正规的估价。它与正规的房地产估价的区别主要有以下几方面：

第一，实施主体不同。正规的房地产估价是由具有房地产估价执业资格的专业人员实施的，而非正规的房地产估价对实施主体并没有特别的限制。

第二，实施方法不同。正规房地产估价的实施，在估价程序、依据、规则、技术方法等方面有一系列的限制和规定，估价人员必须严格按其执行；而且，在评估依据上，以市场客观数据资料为主，个人经验为辅。但非正规的估价就没有这些规章来约束，而且估价的依据主要是个人经验。

第三，估价结果的表现方式不同。正规的房地产估价必须以规范的书面估价报告来反映其结果和技术过程，而非正规的房地产估价常常以口头甚至心理活动来显示其结果。

第四，法律效力和责任不同。正规的房地产估价结果具有一定的法律效力，如可作为司法仲裁、征税、财务入账等的依据；相应的，正规的房地产估价是一种有偿的活动，估价机构有权按物价部门规定的标准向委托人收取估价费。同时，估价机构也对其估价活动承担法律责任，一旦因估价失误而给委托方造成损失，就必须承担赔偿责任。相反，非正规的房地产估价不具备法律效力，也无相应的法律责任，它通常是一种自我服务，也不存在收费问题。

房地产估价具有两个鲜明的特性：科学性和艺术性。房地产估价是揭示房地产价格形成、发展规律，以指导人们的经济和社会实践活动的专业工作。它具有科学工作严谨、客观的一般特点，具体表现在：对估价人员的资格、估价的原则、程序、方法等的严格规范，以及必须以客观的市场数据资料为主要估价依据等。这就是房地产估价的科学性特征。但是，房地产估价又不同于一般的科学，它还具有另一个重要特征，即艺术性。艺术也是人类对自然和社会的反映，但艺术与科学很不相同的是其具有独特性、不重复性、模糊性。房地产估价在这一点上与艺术有相似之处，那就是由于房地产本身的个别性，房地产估价也具有明显的个别性，不同的房地产估价项目之间，不能简单地相比。同时，由于房地产估价过程离不开估价人员经验的运用，而经验是非常个性化的东西，因此对同一个估价项目，虽然在科学性的体现下，不同的估价人员得到的估价结果相互接近，但数值完全一样却几乎是不可能的。而且，由于影响房地产价格的因素纷繁复杂，每一种因素又处在不断的变动之中，任何一个人都不可能对这些因素百分之百地把握，因此对一宗具体的房地产，估价人员对其真实、客观、合理的价格只能作估计，而不可能很精确地予以确定。

（二）房地产评估的意义和作用

由于房地产价格自身的一系列特殊性，房地产价格是市场价格体系中最复杂的价格类型之一，因此它很难被一般人识别、认识；而房地产估价正是通过具有丰富的知识和经验的估价人员的专业化劳动，使这一难以识别的价格得以合理地呈现，以满足人们正确认识房地产价格的需要，这是房地产估价对于社会的第一个重要意义。尽管人们可以采用非正规的房地产估价对一些房地产的价格进行推测和判断，但在各种经济活动中，不同的主体具有不同的经济利益，非正规的房地产估价受这些利益的驱使，往往缺乏公正性，也不容易被不同的利益主体共同接受；而房地产估价由专业的估价人员来评估房地产价格，其职业的专业性不仅使人们认可其专业水准，而且容易使人们认可其公正性。因此，房地产估价对于房地产价格问题还起到类似仲裁的作用。

正因为如此，房地产估价在社会经济活动中发挥着极其重要的作用；而且，随着经济的发展，这种作用所渗透的方面越来越广。具体而言，房地产估价的作用体现在以下六个方面：

（1）为房地产交易、投资、开发等房地产经济活动服务。目前，除新建商品房销售一般不需要估价以外，房地产买卖、租赁、抵押，以及土地使用权转让等各类房地产交易活动，都需要对交易标的进行价格评估。房地产投资和开发过程中，取得开发基地是重要的工作环节，这也离不开对土地价格的评估。

（2）为建立股份制企业、合资、合营、国有企业转制、企业兼并、破产等经济活动服务。在建立股份制企业时，投资方常常以房地产作为股本入股，这就需要将房地产作价，而作价的依据只能来自房地产估价。此外，在企业转制、兼并、破产时，都需要对企业的资产进行估价，而房地产通常是企业资产很重要的组成部分，因此也离不开房地产估价。

在市场经济条件下，各种经济活动的合作合营现象很多，如一方出土地另一方出资金的合作建房、一方出房地产（如酒店、餐馆）另一方出流动资金的合作经营等，这其中对作为合作条件的房地产进行价值评估，通常是合作合营的基础。

（3）为信贷、保险等金融活动服务。在信贷活动中，银行为了保证贷款的安全性，常会要求贷款人提供抵押物作为信用担保；而房地产由于具有空间固定性和价值高的特点，是非常好的抵押物，以房地产作为抵押物就必须对其价格进行评估。房地产财产保险是一项重要的财产保险项目，被保房地产的价格是确定保额乃至保费的根本依据，因此也离不开房地产估价。

（4）为市政建设、城市规划调整等城市建设和管理活动服务。城市道路、桥梁、地铁兴建、扩建，都不可避免地要征用土地和拆迁房屋，这就必须对被征用的土地或被拆迁的房屋进行补偿，补偿的依据就是房地产的价格，自然需要对这些土地和房屋进行估价。城市规划的调整涉及一些地块土地用途的改变，从经济效益来考虑，必须对这种变更的成本和收益进行权衡分析，这也离不开房地产估价。而城市规划调整的实施，也需要拆迁房屋，因此又要有房地产估价的服务。

（5）为政府征税服务。与房地产有关的税种中，土地增值税、房产税或物业税、契税、营业税等税种的税费计算都依据标的房地产的价格，因此需要房地产估价的服务。

（6）为处理房地产经济纠纷的司法仲裁活动服务。在市场经济环境中，房地产交易、开发，以及企业合资、合营、合作中不可避免地会发生一些涉及房地产的经济纠纷，这些纠纷的解决，经常需要对有关房地产的价格进行评估。因此，房地产估价也可以为司法活动服务。

（三）房地产评估的基本思路和方法

从房地产市场上供给方和需求方的行为规律来看，对于一宗具体的房地产商品，其价格可以从三个方面来考察：一是市场上同类房地产商品的成交价格；二是房地产商品开发建设的成本；三是房地产商品的经济效用。基于这种行为规律，便产生了房地产估价的三大基本思路：市场比较思路、成本积算思路和收益资本化思路。

1. 市场比较思路

市场比较思路源于房地产价格形成的替代原理。替代原理使存在替代关系的房地产之间出现价格的相互牵引，并趋于一致。因此，一宗房地产的市场价格可以由近期出售的相似房地产的价格来决定。也就是说，可利用与被评估房地产有替代关系的其他房地产的成交价格，推测房地产最可能实现的市场价格。当然，由于房地产的个别性，交易实例与被评估房地产之间总是存在一定的差异，这些差异便决定了两者之间的价格也会有差异。因此，在依据成交实例的价格推测被评估房地产价格的过程中，必须要对成交实例和被评估房地产进行认真比较，分析两者的特性差异，进而定量估测由这些差异影响所可能造成的价格差异。这就是房地产估价的市场比较思路。

2. 成本积算思路

成本积算思路就是根据房地产开发所需的成本评估房地产的价格，它是由市场上"经济人"的替代规律所导致的。对于需求方而言，如果市场上的房地产价格高于在当时的市场条件下开发同类房地产的成本，那么他将放弃从市场直接购买房地产的想法，而采取自行开发建造的方式。因此，房地产开发的社会成本是需求方愿意支付价格的上限。对于供给方而言，如果开发出来的房地产商品，其销售收入不能回收其开发成本并获得正常利润，他也不会接受这一价格。因此，开发成本是供给方愿意接受价格的下限。这样，开发成本是供需双方都能够接受的价格。成本积算思路在理论上的反映就是"生产费用价值论"。

按成本积算思路，房地产估价人员在对一宗"连房带地"的房地产进行估价时，遵循的是这样一种思路：先搞清楚在当前的市场上购买一块与该房地产土地类似的土地的价格，然后确定建筑物的重新开发成本，再扣除其累计折旧。

3. 收益资本化思路

收益资本化思路源于房地产价格形成的预期原理，即房地产的价格是由房地产将来给业主带来的全部经济收益的现值决定的。之所以如此，是因为房地产具有效用长久性的特点。对于房地产商品的购买人而言，购买房地产是为了获得房地产将产生的收益。比如，购买一个店铺用于出租，可获得租金收益；或者购买一套住房自用，可省去租房的费用。由于房地产效用的长久性，在房地产耐用年限内，这种收益将源源不断地产生。为了得到获取这种收益的权利，购买人该支付多少呢？对于购买方而言，一个极朴素的想法是，支付的价格不能超过房地产在他所购买的权利期限内将产生的所有收益的现值总和；否则就是不经济的。而对于出卖方而言，如果房地产某项权利出售的价格低于该项权利将来所产生的全部收益的现值总和，那么他还不如留着这项房地产权利，自己来收获那些可以预期的收益。因此，供需双方都能接受的价格便是房地产在权利期限内所产生的全部收益的现值总和。这样一种价格判定的过程，便是"资本化"，即将一宗能持续地产生收益的财产，转化为或者说认同为一笔具有同等效用的货币。根据这一思路对房地产价格评估，须先评估房地产在持有期内产生的总收益，并扣减为获得这些收益所必须支付的费用；再求取房地产的收益率；最后根据这一收益率将房地产的净收益折算为房地产的现时价格。

由以上三大基本思路，产生了房地产评估的三大基本方法——市场法、收益法、成本法，由这三种基本方法又派生和发展了一些其他的评估方法，如剩余法、收益倍数法、基准地价修正法等，从而构成了房地产评估方法体系。

# 第二节 市场法在房地产评估中的应用

## 一、市场法概述

（一）市场法的含义

市场法又称市价比较法、交易实例比较法、买卖实例比较法、市场资料比较法、交易案例比较法、现行市价法，是将评估对象与估价时点近期有过交易的类似房地产进行比较，对这些类似房地产的已知价格作适当的修正，以此估算评估对象价值的方法。采用市场法确定的房地产价格又称比准价格。

市场法的关键是选择类似房地产。类似房地产是指与评估对象处于同一供求圈内，并在用途、规模、档次、建筑结构等方面与评估对象相同或相近的房地产。

同一供求圈是指类似房地产与评估对象具有替代关系，价格互相影响的适当空间范围，包括邻近地区和类似地区。邻近地区是指待评估房地产所隶属的地区，具有某一特定的用地类型且该类型在该地区内的空间分布是连续的，如商业区、住宅区、工业区。类似地区是指与待评估房地产所隶属的地区具有相同或相似的土地利用类型和市场供需状况，但在空间上不连续的区域，如同为城市一级地的商业用地。市场法的理论依据是经济学中的替代原理。市场经济中，经济主体的行为普遍追求效用最大化，即以最小的费用（代价）取得最大的利润（或效用）。当同一市场上出现两种或两种以上效用相同，或效用可相互替代而价格不等的商品时，购买者将会选择价格较低的商品；而当价格相等而效用不等时，购买者将会选择效用较大的商品。这种选择行为的结果，是在效用均等的商品之间产生相同的价格。

（二）市场法的适用范围

市场法依赖于活跃的房地产市场所提供的市场资料和交易实例，是以发育健全的房地产市场为基本条件的；同时，还应掌握充足的交易实例资料，交易实例资料应完整、准确，各种因素对价格的影响易量化。因此，市场法对交易实例资料的数量和质量都有较高的要求。

市场法适用于处于房地产市场发达、活跃和完善的地区，而且有广泛市场交易的房地产，如普通住宅、商铺写字楼、厂房、空地等。这些房地产由于数量众多，交易频繁，可收集到充足的交易实例资料，使市场法具有使用基础，因而经常采用市场法。

下列情况一般不宜采用市场法：在房地产市场发育尚不够充分的地方；在没有或较少有房地产交易的地方。某些类型很少见的房地产以及交易实例很少的房地产（如古建筑），难以采用市场法评估。另外，对于教堂、寺庙及公用建筑等难以成为交易对象的房地产，市场法也不适用。总之，只有在同一地区或同一供求圈内的类似地区中，与被评估房地产相类似的房地产交易较多时，市场法才是有效的方法，否则不宜采用。

## 二、市场法的步骤

运用市场法进行房地产评估，一般按下列步骤进行：

1. 收集交易实例

运用市场法应尽可能多地收集房地产交易实例资料。当然对于评估人员来说，必须时刻留意积累交易实例资料，而不是等需要用时才去收集。在收集交易实例资料时，一般需要收集的内容有房地产的位置、用途、交易价格、交易时间、交易双方情况、房地产状况、环境状况、交通状况、配套设施状况等。收集的内容可制成统一的表格，收集后按表填写，这样可以保证收集资料的全面和充分。对于收集到的每一个交易实例，其每一项内容都要进行分析验证，做到准确无误，剔除虚假内容。

2. 选取可比实例

评估人员收集和积累的交易实例较多，但对评估房地产来说，其中有些交易实例并不适用，因此在对某一房地产进行评估时，还需选取其中符合一定条件的交易实例作为比较参照物。如果房地产市场较为稳定，评估基准日与案例交易日期可以相差较远，但通常不应该超过3年。如果市场变动剧烈、变化较快，则只宜选取较近时期的交易实例，最好是近2年以内的。

3. 建立价格可比基础

选取了可比的交易实例后，应先使每个可比交易实例及评估对象的价格具有可比的基础，然后进行修正。价格可比基础的建立包括统一付款方式、统一单价、统一货币种类和货币单位、统一面积内涵和面积单位等五个方面。

4. 交易情况修正

可比实例的成交价格可能是正常的，也可能是不正常的。由于要求评估对象的评估价格是客观合理的，因此如果可比实例的成交价格是不正常的，则应将其调整为正常的，如此才能作为评估对象的价格。这种对可比实例成交价格进行的调整，被称为交易情况修正。经过交易情况修正后，就将可比实例的实际但可能是不正常的价格变成了正常价格。造成成交价格偏差的原因主要有以下几方面：交易双方有利害关系；交易卖方或买方急于出售或急于购买；交易双方或某一方对市场行情缺乏了解；交易双方或某一方有特别动机或偏好；采用特殊交易方式；交易税费负担不正常；相邻房地产的合并交易；交易受债权债务关系的影响等。分析交易情况的特殊性后，就要测定特殊交易情况下的交易价格和正常价格发生偏差的程度（即可比实例情况指数），这需要分析后量化处理。

经过交易情况修正，即将可比价格修正为正常情况下的价格。其计算公式为：

$$交易情况修正后的正常价格 = 可比实例价格 \times \frac{正常情况指数}{可比实例情况指数}$$

5. 交易日期修正

交易实例的交易日期与待评估房地产的评估基准日往往有一段时间差。在这一期间，房地产市场可能不断发生变化，房地产价格可能升高或降低。因此，需要根据房地产价格的变动率，将交易实例中的房地产价格修正为评估基准日的房地产价格，这就是交易日期修正，也称期日修正。其计算公式为：

$$评估基准日的房地产价格 = 可比实例价格 \times \frac{评估基准日价格指数}{可比实例交易时价格指数}$$

【例5-1】现选取一可比房地产实例，成交价格为6 000元/平方米，成交日期为2013年7月。假设2013年7月至2014年7月，该类房地产价格每月比上月上涨1%；

2014年8月至2015年1月，该类房地产价格每月比上月下降0.2%；则对该可比实例进行交易日期修正后，要求计算2015年1月该房地产的价格。

**解析：** $P = 6\,000 \times (1+1\%)^{12} \times (1-0.2\%)^6 = 6\,000 \times 1.127 \times 0.988 = 6\,681$（元/平方米）

6. 房地产状况调整

房地产状况调整，是将可比实例在其房地产状况下的价格调整为在被评估房地产状况下的价格。

房地产状况调整的内容包括：（1）区位状况比较、调整，内容主要包括繁华程度、交通便捷程度、环境景观、公共服务设施完备程度、临路状况、朝向、楼层等影响房地产价格的因素；（2）权益状况比较、调整，内容主要包括土地使用年限、城市规划限制条件等影响房地产价格的因素；（3）实物状况比较、调整，内容主要包括土地面积大小、形状、基础设施完备程度、土地平整程度、地势、地质、水文状况等影响房地产价格的因素。

进行房地产状况调整的具体方法有直接比较调整和间接比较调整两种。直接比较调整一般是采用评分的方法，以被评估房地产状况为基准（通常定为100分），将可比实例房地产状况与它进行逐项比较、打分。如果可比实例房地产状况比被评估房地产状况差，则打的分数就低于100；相反，打的分数就高于100。再将所得的分数转化为调整价格的比率。间接比较调整与直接比较调整相似，所不同的是设想一个标准房地产状况，以此标准房地产状况为基准（通常定为100分），将被评估房地产及可比实例房地产状况与它进行逐项比较、打分。如果被评估房地产及可比实例房地产状况比标准房地产状况差，则打的分数就低于100；相反，打的分数就高于100。再将所得的分数转化为调整价格的比率。用修正比率乘以可比实例交易价格，即可得到可比实例在被评估房地产区域环境下的修正价格。

7. 容积率修正

容积率与地价并非呈线性关系，需要根据具体区域的情况具体分析。容积率修正可采用以下的计算公式进行：

$$修正容积率后的价格 = 可比实例价格 \times \frac{待评估宗地容积率修正系数}{可比实例容积率修正系数}$$

**【例5-2】** 三泰市某用途土地容积率修正系数见表5-3。

表5-3 土地容积率修正系数表

| 容积率 | 0.1 | 0.4 | 0.7 | 1.0 | 1.1 | 1.3 | 1.7 | 2.0 | 2.1 | 2.5 |
|---|---|---|---|---|---|---|---|---|---|---|
| 修正系数 | 0.5 | 0.6 | 0.8 | 1.0 | 1.1 | 1.2 | 1.6 | 1.8 | 1.9 | 2.1 |

如果确定比较案例宗地地价为800元/平方米，容积率为2.1，被评估宗地规划容积率为1.7，要求计算修正容积率后的可比实例价格。

**解析：** 修正容积率后的可比实例价格 $= 800 \times \dfrac{1.6}{1.9} = 673.68$（元/平方米）

8. 土地使用年限修正

中国实行有限年期的土地使用权有偿使用制度，土地使用年限的长短，直接影响土地收益。土地的年收益确定以后，土地的使用期限越长，土地的总收益就越多，土地利用效益也越高，土地的价格也会越高。通过土地使用年限修正，可以消除由于使用期限不同而对房地产价格造成的影响。土地使用年限修正系数按以下公式计算：

$$K = \frac{1-(1+r)^{-m}}{1-(1+r)^{-n}}$$

式中，$K$ 表示将可比实例年期修正到评估对象使用年限的年限修正系数；$r$ 表示资本化率；$m$ 表示评估对象的使用年限；$n$ 表示可比实例的使用年限。

【例 5-3】若选择的比较案例成交地对应的土地使用年限为 35 年，而待评估宗地出让年限为 30 年，土地资本化率为 8%，要求计算年限修正系数。

解析：年限修正系数 $= \dfrac{1-(1+8\%)^{-30}}{1-(1+8\%)^{-35}} = 0.9660$

9. 计算比准价格

通过上述的交易情况修正、房地产状况调整、容积率和使用年限修正，就把交易实例的价格转化成了被评估房地产的价格；但由于用来比较参照的交易实例有多个（一般应在三个以上），通过修正后每个交易实例都得出一个价格（比准价格），而且可能都不同，因此需要综合求出一个价格作为被评估房地产的评估价格。一般可采用统计分析的方法，如简单算术平均数法、加权算术平均数法、众数法、中位数法等；也可按照某一交易实例经修正后的价格为主，其他比准价格仅供参考。

## 三、应用举例

【例 5-4】有一待评估宗地甲，现收集到与待评估宗地甲条件类似的于 2013 年交易的五宗地 A、B、C、D、E，具体情况如表 5-4 所示。

表 5-4 各地块交易情况

| 宗地 | 成交价（元/平方米） | 交易时间 | 交易情况 | 容积率 | 土地状况 |
|---|---|---|---|---|---|
| A | 680 | 4月 | +1% | 1.3 | +1% |
| B | 610 | 4月 | 0 | 1.1 | −1% |
| C | 700 | 3月 | +5% | 1.4 | −2% |
| D | 750 | 6月 | −1% | 1.6 | +2% |
| E | 700 | 7月 | 0 | 1.3 | +1% |
| 甲 | | 7月 | 0 | 1.1 | 0 |

该城市 2013 年的地价指数如表 5-5 所示。

表 5-5 地价指数表

| 时间 | 1月 | 2月 | 3月 | 4月 | 5月 | 6月 | 7月 | 8月 | 9月 | 10月 | 11月 | 12月 |
|---|---|---|---|---|---|---|---|---|---|---|---|---|
| 地价指数 | 100 | 103 | 107 | 110 | 108 | 107 | 112 | 109 | 111 | 108 | 109 | 113 |

另据调查，该市此类用地容积率与地价的关系为：当容积率为 1—1.5 时，宗地单位地价比容积率为 1 时的地价增加 5%；超过 1.5 时，超出部分的容积率每增长 0.1，单位地价比容积率为 1 时的地价增加 3%。对交易情况、区域因素、个别因素的修正，都是案例宗地与被评估宗地的比较，表 5-4 中负号表示案例宗地条件劣于被评估宗地，正号表示案例宗地条件优于被评估宗地，数值大小代表对宗地地价的修正幅度。

试根据以上条件，评估该宗地 2013 年的价值。

容积率地价指数如表 5-6 所示。

表 5-6 容积率地价指数表

| 容积率 | 1.0 | 1.1 | 1.2 | 1.3 | 1.4 | 1.5 | 1.6 |
|---|---|---|---|---|---|---|---|
| 地价指数 | 100 | 105 | 110 | 115 | 120 | 125 | 128 |

**解析**：案例修正计算如下：

A：$680 \times \dfrac{112}{110} \times \dfrac{100}{101} \times \dfrac{105}{115} \times \dfrac{100}{101} = 620$（元/平方米）

B：$610 \times \dfrac{112}{110} \times \dfrac{100}{100} \times \dfrac{105}{105} \times \dfrac{100}{99} = 627$（元/平方米）

C：$700 \times \dfrac{112}{107} \times \dfrac{100}{105} \times \dfrac{105}{120} \times \dfrac{100}{98} = 623$（元/平方米）

D：$750 \times \dfrac{112}{107} \times \dfrac{100}{99} \times \dfrac{105}{128} \times \dfrac{100}{102} = 638$（元/平方米）

E：$700 \times \dfrac{112}{112} \times \dfrac{100}{100} \times \dfrac{105}{115} \times \dfrac{100}{101} = 633$（元/平方米）

平均地价 $= \dfrac{620+627+623+638+633}{5} = 628$（元/平方米）

## 第三节　收益法在房地产评估中的应用

### 一、收益法概述

（一）收益法的含义

收益法又称收益还原法、收益资本化法、投资法或收益现值法，在土地经济理论和土地估价时，又称地租资本化法，是预计评估对象未来的正常净收益，选用适当的资本化率将其折现到估价时点后累加，以此估算评估对象的价格或价值的方法。采用收益法估价确定的价格被称为收益价格。

收益法的理论依据是经济学中的预期原理。预期原理认为，决定房地产价值的是房地产未来所能获得的收益，而不是过去已获得的收益。具体地说，房地产的价格是基于市场参与者对其未来所能获取的预期收益或得到满足的程度，而不是基于其历史价格（即生产它所投入的成本或过去的市场状况）。

由于房地产效用的长久性，在房地产耐用年限内，将会源源不断地给权利人带来经济收益。因此，房地产的价格可由房地产未来能给权利人带来的全部经济收益的现值来体现。按照收益法评估的房地产价格，相当于这样一笔货币：如果把它存入银行就会源源不断地得到与某一房地产的净收益相当的利息收入。其计算公式为：

$$房地产价格 = \frac{净收益}{资本化率}$$

因而购买收益性房地产可以视为一种投资。投资者购买收益性房地产，实质是以现在的资金去换取可以期望在未来获得的一系列资金。这仅仅是假设房地产的净收益和资本化率每年均不变，获取收益的年限为无限年，并且获取房地产收益的风险和获取银行利息的风险相当的条件下确定房地产价格的一种方法。

（二）收益法的适用范围

房地产所产生的收益分为可以用货币度量的收益和无法用货币度量的收益两类。收益法适用于有收益或有潜在收益，并且收益和风险都能够量化的房地产，如商业楼、旅馆、餐饮、写字楼、公寓、游乐场、厂房、农地等价格的评估；而对于收益或潜在收益难以量化的房地产价格则不适用。例如，对于政府办公楼、学校、公园、图书馆、博物馆等公用、公益性房地产的估价，收益法大多不适用。

## 二、收益法的运用

（一）收益法的运用步骤

运用收益法评估房地产时，一般按下列七个步骤进行：

（1）收集有关房地产收入和费用的资料；

（2）估算潜在毛收入；

（3）估算有效毛收入；

（4）估算运营费用；

（5）估算净收益；

（6）选用适当的资本化率；

（7）选用适宜的计算公式求出收益价格。

（二）各参数的估算

1. 净收益

净收益是指归属于房地产的除去各种费用后的收益。在确定收益时，必须注意此处的

"净收益"是房地产的客观净收益,而不是实际净收益。房地产的客观净收益是房地产在正常的市场条件下,以法律允许的最佳利用方式产生的净收益。计算净收益的基本公式为:

$$净收益 = 潜在毛收入 - 空置等造成的收入损失 - 运营费用$$
$$= 有效毛收入 - 运营费用$$

(1)潜在毛收入。潜在毛收入是假设房地产在充分利用、无空置状态下可获得的收入。潜在毛收入的估算,可以用类似房地产的毛收入进行比较,以及对评估对象经营历史上的毛收入资料进行分析来确定。在运用市场资料进行比较时,要具体分析类似房地产的经营形式、经营管理水平、租金支付方式及租赁双方的权利义务等方面,通过比较分析确定市场毛收入。对历史毛收入资料的分析,要考虑其历史经营水平、未来市场前景等因素,并与类似房地产的经营进行比较,作出适当的调整。

(2)有效毛收入。有效毛收入是潜在毛收入扣除空置、拖欠租金(延迟支付或不付租金)以及其他原因造成的收入损失后所得到的收入,即评估对象在正常经营情况下预期产生的收入。它包括租赁保证金及押金的利息,一般不应当包括非房地产部分(如家具使用等)产生的收入,除非家具等也在评估的附属范围之内,这一点须视具体情况而定。

(3)运营费用。运营费用是维护房地产正常生产、经营或使用必须支付的费用,以及归属于其他资本或经营的收益,一般包括经营管理费、日常维修费、保险费、税费等。

(4)净收益。净收益等于有效毛收入减去运营费用。净收益应根据评估对象的具体情况计算确定。

【例5–5】有一建筑面积为1 000平方米的写字楼,其月毛租金水平为100元/平方米,空置率为13%,租金损失为毛租金收入的2%,合理运营费用为有效租金的30%。要求计算该写字楼的净收益。

**解析:**

潜在毛收入 = 1 000 × 100 × 12 / 10 000 = 120(万元)

有效毛收入 = 120 × (1-13%) × (1-2%) = 102.3(万元)

合理运营费用 = 102.3 × 30% = 30.7(万元)

净收益 = 102.3 - 30.7 = 71.6(万元)

2. 资本化率

资本化率是将房地产的净收益转换成现值的比率。资本化率的本质是投资的收益率,从市场投资和统计角度而论,资本投资收益率的大小与项目投资风险的大小直接相关,即某类项目投资的风险越大,其收益率也相应越高;风险越小,其收益率越低。因此,选用资本化率时,应选择与获取评估对象的净收益具有同等风险的投资收益率。由于房地产具有位置固定性等特点,其风险因地区而异,而且与房地产的类型或用途、投资者进入房地产市场的时机等因素相关。因此,不同地区、不同时期、不同用途的房地产,投资的风险不同,资本化率也不同。

(1)市场提取法。市场提取法又称实例法,是利用收益还原法公式,通过收集市场上类似房地产的净收益、价格等资料,求出资本化率的方法。如果房地产市场比较发达,容易获得可靠的房地产交易资料，则市场提取法是一种有效而实用的方法。表 5-7 列举了 5 个可比实例的相关资料。

表 5-7 选取的可比实例及相关资料

| 可比实例 | 净收益（万元/年） | 价格（万元） | 资本化率（%） |
|---|---|---|---|
| 1 | 12 | 102 | 11.8 |
| 2 | 23 | 190 | 12.1 |
| 3 | 10 | 88 | 11.4 |
| 4 | 65 | 542 | 12.0 |
| 5 | 90 | 720 | 12.5 |

表 5-7 中的 5 个可比实例的资本化率的简单算术平均数为 11.96%〔（11.8% + 12.1% + 11.4% + 12.0% + 12.5%）/ 5〕。

（2）安全利率加风险调整值法。安全利率加风险调整值法又称累加法，是以安全利率加上风险调整值作为资本化率的一种方法。该方法主要是从投资者获取期望目标收益的角度考虑，其关键是风险调整值的确定。该方法的具体操作如下：首先，找出安全利率，安全利率又称无风险投资的收益率，通常选择中长期银行利率作为安全利率；其次，确定风险调整值，根据评估对象所在地区的经济现状及未来预测，评估对象的用途及新旧程度等各种风险因素，确定提高或降低风险利率；最后，风险调整值与安全利率相加。这种方法简便易行，对市场要求不高，应用比较广泛，但是风险调整值的确定主观性较强，不容易掌握。

（3）复合投资收益率法。复合投资收益率法是将购买房地产的抵押贷款利率与自有资金收益率的加权平均数作为资本化率。其计算公式为：

$$资本化率 = \frac{抵押贷款额}{房地产价格} \times 抵押贷款利率 + \frac{自有资金额}{房地产价格} \times 自有资金收益率$$

（4）投资收益率排序插入法。投资收益率排序插入法是指找出相关投资类型及其收益率，按风险大小排序，将评估对象与这些投资的风险程度进行比较、判断，确定资本化率。具体步骤如下：

第一步，调查、收集评估对象所在地区的房地产投资、相关投资及其收益率和风险程度的资料，如各种类型的银行存款、贷款、政府债券、保险、企业债券、股票以及有关领域的投资收益率等。

第二步，将所收集的不同类型投资的收益率按由低到高的顺序排列，制成如图 5-2 所示。

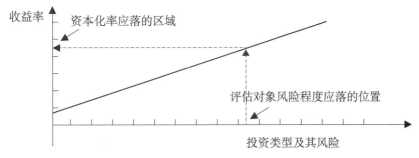

图 5-2 收益率与风险程度对应

第三步，将评估对象与这些类型投资的风险程度进行分析比较，考虑投资的流动性、管理的难易程度以及作为资产的安全性等，确定评估对象风险程度应落的位置。

第四步，根据评估对象风险程度应落的位置，在图表上找出对应的收益率，从而确定所要求的资本化率。

在房地产评估中应用最广泛的三种资本化率分别是综合资本化率、建筑物资本化率和土地资本化率，这是与房地产评估对象的三种实物存在形态相对应的。综合资本化率是将土地和附着于其上的建筑物看作一个整体来进行评估所采用的资本化率。采用综合资本化率估算房地产整体的价值时，所使用的净收益也是房地产的净收益，即土地和建筑物产生的年净收益之和。建筑物资本化率被用于评估建筑物自身的价值。这时使用的净收益是建筑物自身产生的净收益，即从房地产的年净收益中扣除土地净收益后的余额。土地资本化率是运用收益还原法评估土地时所采用的资本化率。采用土地资本化率估算土地的收益价格时，所使用的净收益是土地的年净收益，不应包括其他方面带来的收益。

综合资本化率、建筑物资本化率、土地资本化率三者虽然是严格区分的，但又是相互联系的，知道了其中的两种资本化率，便可求出另外一种资本化率。三种资本化率之间的关系式如下：

$$r = \frac{r_L V_L + r_B V_B}{V_B + V_L}$$

$$r_L = \frac{r(V_L + V_B) - r_B V_B}{V_L}$$

$$r_B = \frac{r(V_L + V_B) - r_L V_L}{V_B}$$

式中，$r$ 表示综合资本化率；$r_L$ 表示土地资本化率；$r_B$ 表示建筑物资本化率；$V_L$ 表示土地价值；$V_B$ 表示建筑物价值。

运用上述公式必须确切地知道土地价值和建筑物价值，这有时难以做到。但如果知道了土地价值占房地产价值的比率以及建筑物价值占房地产价值的比率，也可以确定综合资本化率、建筑物资本化率和土地资本化率三者的关系，其公式如下：

$$r = B \times r_B + L \times r_L$$
$$= (1-L) \times r_B + L \times r_L$$
$$= B \times r_B + (1-B) \times r_L$$

式中，$L$ 表示土地价值占房地产价值的比率；$B$ 表示建筑物价值占房地产价值的比率；$L + B = 100\%$。

【例5-6】某宗房地产，土地价值占总价值的40%，土地资本化率为6%，建筑物资本化率为8%。要求计算该宗房地产的综合资本化率。

**解析：** $r = L \times r_L + (1-L) \times r_B = 40\% \times 6\% + (1-40\%) \times 8\% = 7.2\%$

3. 收益年期

对于单独土地和建筑物的评估，应分别根据土地使用权年限和建筑物经济寿命确定未来可获得收益的年限。

对于土地与建筑物合成体的评估对象，如果建筑物的经济寿命晚于或与土地使用权年限一起结束，应根据土地使用权年限确定未来可获收益的年限。

对于土地与建筑物合成体的评估对象，如果建筑物的经济寿命早于土地使用权年限而结束，应根据建筑物经济寿命确定未来可获收益的年限。

### 三、应用举例

**【例5-7】** 某房地产开发公司于2009年3月以有偿出让方式取得一块土地50年的使用权，并于2011年3月在此地块上建成一座砖混结构的写字楼，当时造价为2 000元/平方米，经济耐用年限为55年，残值率为2%；目前，该类建筑重置价格为2 500元/平方米。该建筑物占地面积为500平方米，建筑面积为900平方米，现用于出租，每月平均实收租金为30 000元；另据调查，当地同类写字楼出租租金一般为每月每建筑平方米50元，空置率为10%，每年需要支付的管理费为年租金的3.5%，维修费为建筑重置价格的1.5%，土地使用税及房产税合计为每建筑平方米20元，保险费为建筑重置价格的0.2%，土地资本化率为7%，建筑物资本化率为8%。假设土地使用权出让年限届满，土地使用权及地上建筑物由国家无偿收回。试根据以上资料评估该宗地2015年3月的土地使用权价值。

**解析：**

（1）选定评估方法

该宗房地产有经济收益，适宜采用收益法。

（2）计算有效毛收入

有效毛收入应该为客观收入，而不是实际收入。

年总收入 = $50 \times 900 \times 12 \times (1-10\%)$ = 486 000（元）

（3）计算运营费用

①年管理费 = $486\,000 \times 3.5\%$ = 17 010（元）

②年维修费 = $2\,500 \times 900 \times 1.5\%$ = 33 750（元）

③年租金 = $20 \times 900$ = 18 000（元）

④年保险费 = $2\,500 \times 900 \times 0.2\%$ = 4 500（元）

（4）计算房地产净收益

房地产年净收益 = 年有效毛收入 − 年运营费用 = 486 000 − 73 260 = 412 740（元）

（5）计算房屋净收益

$$年贬值额 = \frac{建筑物重置价格}{使用年限} = \frac{2\,500 \times 900}{48} = 46\,875（元）$$

房屋现值 = 房屋重置价格 − 年贬值额 × 已使用年限
　　　　 = $2\,500 \times 900 - 46\,875 \times 4 = 2\,062\,500$（元）

$$房屋年净收益 = \frac{2\,062\,500 \times 8\%}{1-(1+8\%)^{-44}} = 170\,778（元）$$

（6）计算土地净收益

土地年净收益 = 房地产年净收益 − 房屋年净收益 = 412 740 − 170 778 = 241 962（元）

（7）计算土地使用权价值

土地使用权在 2015 年 3 月的剩余使用年限为 50 − 6 = 44（年）

$$V = \frac{241\,962}{7\%} \times \left(1-\frac{1}{(1+7\%)^{44}}\right) = 3\,280\,499（元）$$

$$单价 = \frac{3\,280\,499}{500} = 6\,561（元/平方米）$$

（8）评估结果

本宗地在 2015 年 3 月的土地使用权价值为 3 280 499 元，单价为 6 561 元 / 平方米。

## 第四节　成本法在房地产评估中的应用

### 一、成本法概述

（一）成本法的含义

成本法又称累积法或承包商法，其理论基础是房地产的价格为土地价格和建筑物价值之和。成本法要求对土地价格、贬值以及建筑物在估价时点的现时成本进行评估，从建筑物的重置成本中减去贬值得到建筑物的评估价值，然后将土地价格加上建筑物价值就得到房地产价值。成本法的理论依据，可以从卖方的角度或买方的角度来分别考虑。

从卖方的角度考虑，成本法的理论依据是生产费用价值论，是基于房地产的"生产费用"，重在过去的投入。卖方愿意接受的最低价格，不能低于他为开发或建造该房地产已花费的代价；如果低于该代价，他就要亏本。

从买方的角度考虑，成本法的理论依据是替代原理。买方愿意支付的最高价格，不能高于他预计的重新建造该房地产所需花费的代价；如果高于该代价，还不如自己开发建造或者委托其他方开发建造。

由此可见，一个是不低于开发建造已花费的代价，另一个是不高于预计重新建造所需花费的代价，买卖双方可接受的共同点必然是等于正常的代价（包含正常的费用、税金和利润）。因此，我们就可以根据开发或建造评估对象所需的正常费用、税金和利润之和来估算其价值。

（二）成本法的适用范围

一般而言，只要是可以估算出其成本的房地产，就可以采用成本法评估；但成本法一般用于既无收益又很少发生交易的房地产的评估，如住宅、学校、图书馆、医院、政府办公楼、油田等有独特设计或只针对个别用户的特殊服务体系而建的房地产等。另外，成本法还适用于市场不完善或狭小市场上无法运用市场法进行评估的房地产。

## 二、土地（重置）价格的估算

用成本法评估地价必须分析地价中的成本因素。土地作为一种稀缺的自然资源，即便未经开发，由于土地所有权的垄断，使用土地也必须支付地租；同时，由于开发土地投入的资本及其利息也构成地租的一部分；因此，成本法的基本公式为：

土地价值＝待开发土地取得费＋土地开发费＋利息＋税费＋利润＋土地增值收益

用成本法评估地价一般可为以下五个步骤：

1. 估算待开发土地取得费

土地取得费是为取得土地而向原土地使用者支付的费用。土地取得费的估算取决于土地是如何取得的，如果土地是向农村集体组织实行征用取得的，那么土地取得成本包括耕地或其他用地补偿费、土地附属物补偿费、青苗补偿费、新菜地开发建设基金（征用城市近郊菜地）、征地安置费等以及土地出让金；如果土地是通过国家城镇土地使用权出让取得的，则土地取得成本应包括土地出让金及动迁费用。这些费用的收费标准全国各地不尽相同，收费项目也有差异，估算时应因地而异，按当地政府及有关部门的规定及标准测算。

2. 估算土地开发费

一般来说，土地开发费用涉及基础设施配套费、公共事业建设配套费和小区开发配套费。

（1）基础设施配套费。基础设施配套费常被概括为"三通一平"和"七通一平"。"三通一平"是指通水、通路、通电、平整地面；"七通一平"是指通上水、通下水、通电、通讯、通气、通热、通路、平整地面。

（2）公共事业建设配套费。这主要是指非营业性的公共配套设施的建筑费用，包括邮电、学校、公园、绿地的市政基础设施等建设的费用。该项费用与项目大小、用地规模有关，各地情况不一，须视实际情况而定。

（3）小区开发配套费。与公共事业建设配套费类似，应根据各地用地情况确定合理的项目标准。

3. 估算投资利息

因为借贷资金要支付利息，自有资金要放弃可得的存款利息（属于投资的机会成本），所以无论开发资金是借贷资金还是自有资金，都应计算利息。一般应计算利息的开发资金包括土地取得费和土地开发费。由于这两部分资金的投入时间和占用时间不同，因此计息期也各不相同。土地取得费在土地开发动工前即应全部付清，而在开发完成销售后方能收回，因此计息期应为整个开发期和销售期。土地开发费在开发过程中逐步投入，销售后收回，若土地开发费是均匀投入的，则计息期为开发期的一半。

4. 估算税费和开发利润

税费可根据国家有关税收政策和法规来确定。开发利润的关键是确定利润率或投资回报率，利润率计算的基数可以是土地取得费与土地开发费之和，也可以是开发后土地的价格。不管采用哪种计算基数，在估算时都要注意利润率与用以计算利润率的基数的一致性。

5. 确定土地增值收益

土地增值收益主要是由于土地的用途改变或土地功能变化而引起的。由农地转变为建设用地，新用途的土地收益将远高于原用途土地，必然会带来土地增值收益。由于这种增值是土地所有者允许改变土地用途带来的，因此应归整个社会所有。根据计算公式，前四项之和为成本，成本乘以土地增值收益率即土地所有权收益。目前，土地增值收益率通常为10%—25%。

【例5-8】三泰市高港经济技术开发区内有一块面积为15 000平方米的土地。该地块的土地征地费用（含安置、拆迁、青苗补偿费和耕地占用税）为每亩10万元，土地开发费为每平方千米2亿元，土地开发周期为2年，第一年投入资金占总开发费用的35%，开发商要求的投资回报率为10%，当地土地出让增值收益率为15%，银行贷款年利率为6%。试评估该土地的价值。

**解析：**

（1）计算土地取得费

土地取得费 = 10（万元/亩） = 150（元/平方米）

（2）计算土地开发费

土地开发费 = 2（亿元/平方千米） = 200（元/平方米）

（3）计算投资利息

土地取得费的计息期为2年，土地开发费为分段均匀投入，则：

土地取得费利息 = $150 \times [(1+6\%)^2 - 1]$ = 18.54（元/平方米）

土地开发费利息 = $200 \times 35\% \times [(1+6\%)^{1.5} - 1] + 200 \times 65\% \times [(1+6\%)^{0.5} - 1]$

$\qquad$ = 6.39 + 3.84 = 10.23（元/平方米）

（4）计算开发利润

开发利润 = (150 + 200) × 10% = 35（元/平方米）

（5）计算土地出让增值收益

土地出让增值收益 = (150 + 200 + 18.54 + 10.23 + 35) × 15% = 62.07（元/平方米）

（6）计算土地价值

土地单价 = 150 + 200 + 18.54 + 10.23 + 35 + 62.07 = 475.84（元/平方米）

土地总价 = 475.84 × 15 000 = 7 137 600（元）

## 三、建筑物价值的估算

运用成本法评估建筑物的价值时，因为建筑物是在过去某一时点建造的，所以不能采用建筑物原来的建造成本，而应以评估时点的重新建造成本为基础，考虑评估对象的使用和磨损，扣除建筑物的贬值额。旧建筑物价值的现值可以通过以下公式计算得到：

$$建筑物价值 = 重置成本 - 年贬值额 \times 已使用年限$$

## （一）重置成本

重置成本是假设在评估基准日重新取得或重新开发、重新建造全新状态的评估对象所需的一切合理的、必要的费用、税金和应得的利润之和。

建筑物的重置成本可采用成本法、比较法来确定，或根据政府确定公布的基准房屋重置价格扣除其中包含的土地价格后进行比较修正来确定，也可以按照工程造价估算的方法来求取。具体又有下列四种方法：

1. 单位比较法

单位比较法是以建筑物为整体，选取与建筑物价格或成本密切相关的某种单位为比较单位，通过调查了解类似建筑物的这种单位价格或成本，并对其作适当的调整修正来估算建筑物重置成本的方法。单位比较法又可分为单位面积法和单位体积法两种。比较单位应根据具体建筑物来确定。例如，停车场的比较单位通常为每个车位，旅馆的比较单位通常为每个房间或床位，保龄球馆的比较单位通常为每个球道。

单位面积法是根据当地近期建成的类似建筑物的单位面积造价，对其作适当的调整修正（有关调整修正的内容和方法类似比较法），然后乘以被评估建筑物的面积来估算建筑物的重置成本。

在现实的房地产评估中，往往将建筑物划分为不同的建筑结构、用途或等级，制作不同时期的基准重置成本表，以供计算确定某个具体建筑物的重置成本时使用。此表的格式可参见表5-8。

表5-8　某独户式住宅重置成本的单位比较法评估

| 可比较单位重置成本 | 800元/建筑平方米 |
|---|---|
| 规模及形状修正系数 | 1.05 |
| 基本总成本 | 400×1.05×800/10 000 = 33.6万元 |
| 加：其他修正项目（空调、厨房设备） | 1.2万元 |
| 加：车库及院落开发成本 | 2万元 |
| 总重置成本 | 36.8万元 |

单位体积法与单位面积法相似，是根据当地近期建成的类似建筑物的单位体积造价，对其作适当的调整修正，然后乘以被评估建筑物的体积来估算建筑物的重置成本。这种方法适用于成本与体积关系较大的建筑物。

【例5-9】某建筑物的体积为500立方米，该类建筑结构和用途的建筑物的单位体积造价为600元/立方米，要求计算该建筑物的重置成本。

**解析：**

该建筑物的重置成本 = $500 \times \dfrac{600}{10\,000} = 30$（万元）

2. 分部分项法

分部分项法是以建筑物的各个独立构件或工程的单位价格（或成本）为基础，估算建筑物重置成本的方法。先估算各个独立构件或工程的数量，然后乘以相应的单位价格或成本，最后再相加。在运用分部分项法估算建筑物的重置成本时，须注意以下两点：应结合各构件或工程的特点使用计量单位；不要漏项或重复计算，以免造成估算不准。采用分部分项法估算建筑物的重置成本的一个简化格式如表 5-9 所示。

表 5-9 分部分项法估算建筑物的重置成本

| 项目 | 单位成本 | 数量 | 单项成本合计 |
| --- | --- | --- | --- |
| 基础工程 | | | |
| 墙体工程 | | | |
| 楼地面工程 | | | |
| 屋面工程 | | | |
| 供暖工程 | | | |
| 电气工程 | | | |
| 合计 | | | |
| 税费、利息和管理费 | | | |
| 重置成本 | | | |

3. 工料测量法

工料测量法是先估算建筑物所需各种材料、设备的数量和人工时数，然后逐一乘以估价时点相应的单价和人工费标准，最后将其相加来估算建筑物重置成本的方法。这种方法与编制建筑概算或预算的方法相似，即先估算工程量，再根据概（预）算定额的单价和取费标准来估算。工料测量法的优点是详细、准确，缺点是费时、费力并需有其他专家（如建筑师）的参与。它主要被用于具有历史价值的建筑物的评估。采用工料测量法估算建筑物的重置成本的一个简化格式如表 5-10 所示。

表 5-10 工料测量法估算建筑物的重置成本

| 项目 | 单价 | 数量 | 单项成本合计 |
| --- | --- | --- | --- |
| 现场准备 | | | |
| 水泥 | | | |
| 砂石 | | | |
| 砖块 | | | |
| 木材 | | | |
| 铁钉 | | | |
| 人工 | | | |
| 税费、利息、管理费和其他 | | | |
| 重置成本 | | | |

4．指数调整法

指数调整法是运用建筑成本（造价）指数或变动率，将被评估建筑物的原始成本调整到评估时点的现行成本，估算建筑物重置成本的方法。这种方法主要用于检验其他方法的估算结果。

（二）建筑物贬值额

贬值额是指建筑物的价值减损。建筑物的价值减损是由物质因素、功能因素和经济因素共同造成的。《资产评估准则——不动产》中规定："注册资产评估师应当全面考虑可能引起不动产贬值的主要因素，合理估算各种贬值。建筑物的贬值包括实体性贬值、功能性贬值和经济性贬值。确定建筑物的实体性贬值时，应当综合考虑建筑物已使用年限、经济寿命年限和土地使用权剩余年限的影响。确定住宅用途建筑物实体性贬值时，应当考虑土地使用权自动续期的影响。当土地使用权自动续期时，应当根据建筑物的经济寿命年限确定其贬值额。"因此，在实际估价中，要考虑建筑物的各种贬值、建筑物使用年限、经济寿命和其他影响因素。建筑物贬值额的计算方法很多，主要包括直线法、成新率法、双倍余额递减法等。

（1）直线法。直线法是最简单的和应用得最普遍的一种贬值计算方法。它以建筑物的经济寿命期间每年的贬值额相等为基础。直线法的年贬值额的计算公式为：

$$D = \frac{C - S}{N} = C \times \frac{1 - R}{N}$$

式中，$D$ 表示年贬值额；$C$ 表示建筑物的重置成本；$S$ 表示建筑物的净残值；$N$ 表示建筑物的耐用年限；$R$ 表示建筑物的残值率。

【例5-10】有一建筑物，建筑总面积为500平方米，已经使用10年，重置价格为600元/平方米，耐用年限为40年，残值率为5%，试用直线法计算其年贬值额、贬值总额，并估计其现值。

**解析**：重置成本 = 600 × 500 = 300 000（元）

年贬值额 = $\frac{300\,000 - 300\,000 \times 5\%}{40}$ = 7 125（元）

贬值总额 = 7 125 × 10 = 71 250（元）

建筑物价值 = 300 000 - 71 250 = 228 750（元）

（2）成新率法。成新率法是根据建筑物的建成年代、新旧程度、功能损耗等，确定建筑物的成新率，直接计算确定建筑物的价值。其计算公式为：

$$建筑物价值 = 重置成本 \times 成新率$$

（3）双倍余额递减法。双倍余额递减法是以不考虑净残值的平均年限法的双倍折旧率乘以建筑物重置成本计算各期贬值额的方法。其计算公式为：

$$建筑物贬值额 = 重置成本 - 重置成本 \times \frac{2}{预计使用年限} \times 100\%$$

# 第五节　假设开发法在房地产评估中的应用

## 一、假设开发法概述

### （一）假设开发法的基本原理

假设开发法又称剩余法、预期开发法、倒算法或余值法，是将待评估房地产的预期开发价格或价值，扣除预计的正常投入费用、正常税费及合理利润等，以此估算待评估房地产的价格或价值的方法。假设开发法在房地产评估中运用得较为普遍，特别是在评估待开发土地价值时应用得最为广泛。

假设开发法在形式上是评估新建房地产价格的成本法的倒算法。两者的主要区别在于：成本法下土地价格为已知条件，需要计算的是开发完成后的房地产价格；假设开发法下开发完成后的房地产价格已事先通过预测得到，需要计算的是土地价格。

假设开发法的理论依据与收益法相同，是预期原理。假设开发法的更深的理论依据类似于地租原理，只不过地租是每年的租金剩余，而假设开发法通常估算的是一次性的价格剩余。

### （二）假设开发法的适用范围

假设开发法适用于具有投资开发或再开发潜力的房地产的估价，主要包括：待开发土地（生地、毛地、熟地）的估价，将生地、毛地等开发成熟地的土地的估价，开发待拆迁的房地产的估价，具有装修改造潜力的旧房地产的估价，在建工程的估价等。

## 二、假设开发法的运用

### （一）假设开发法的基本公式

待开发房地产价值＝房地产完成后的价值－开发成本－投资利息－开发商合理利润－正常税费

在实际评估工作中，常用的具体计算公式有以下四类：

1. 开发成房屋的待开发土地的估价公式

生地价值＝预期开发完成后的房地产价值－由生地建造房屋的开发成本－管理费用－投资利息－销售费用－开发利润－购买生地的税费

毛地价值＝预期开发完成后的房地产价值－由毛地建造房屋的开发成本－管理费用－投资利息－销售费用－开发利润－购买毛地的税费

熟地价值＝预期开发完成后的房地产价值－由熟地建造房屋的开发成本－管理费用－投资利息－销售费用－开发利润－购买熟地的税费

2．开发成熟地的土地的估价公式

生地价值＝生地预期开发成熟地价值－由生地开发成熟地的开发成本－管理费用－
投资利息－销售费用－开发利润－购买生地的税费

毛地价值＝毛地预期开发成熟地价值－由毛地开发成熟地的开发成本－管理费用－
投资利息－销售费用－开发利润－购买毛地的税费

3．具有装修改造潜力的旧房地产的估价公式

旧房地产价值＝装修改造完成后的房地产价值－装修改造成本－管理费用－投资利息－
销售费用－装修改造开发利润－购买旧房地产的税费

4．在建工程的估价公式

在建工程价值＝续建完成后的房地产价值－续建成本－管理费用－投资利息－
销售费用－续建开发利润－购买在建工程的税费

（二）假设开发法估价的程序

假设开发法估价的程序如下：

（1）调查待评估房地产的基本情况，包括调查土地的位置、面积大小、形状、平整程度、基础设施通达程度、地质和水文状况等，调查政府的规划限制，调查房地产的各项权利，等等。

（2）确定待评估房地产的最佳开发利用方式。根据调查的土地状况和房地产市场条件等，在城市规划及法律法规等允许的范围内，确定地块的最佳开发利用方式，包括确定用途、建筑容积率、土地覆盖率、建筑高度、建筑装修档次等。

（3）估计开发建设期。开发建设期是指从取得土地使用权到房地产全部销售或出租的期间。开发建设期多为政府规定，有的由开发商自已确定；若不能按上述两种方式确定，则根据市场同类开发项目所需的时间来确定；另外，注册资产评估师还必须估计建设完成到租出或售出的时间。估计开发建设期的主要目的是把握建筑物的竣工时间，为预测建筑物竣工时的价格、建筑费用等投入、利息负担以及各项收入与支出的折现计算等服务。开发建设期应参照各地的工期定额指标进行估计，也可采用比较法进行估计，即根据其他相同类型、同等规模的建筑物已有正常建设期进行估计。

（4）预测开发完成后的房地产价值。根据所开发房地产的类型，开发完成后的房地产总价可通过以下两条途径获得：其一，对于居住用商品房、工业用房等，可采用市场法确定开发完成后的房地产总价，再预测其未来的价格；其二，对于出租的房地产（如写字楼和商业楼宇等），可采用市场法确定所开发房地产出租的净收益，再采用收益法将出租收益转化为房地产总价。

（5）估算各项成本费用。开发成本可采用比较法来估算，即通过同类建筑物当前开发成本的大致金额来估算，也可采用类似建筑工程概算的方法来估算。管理费用主要是指开办费和开发过程中管理人员的工资等，一般可根据开发成本的一定比率核算。销售税费包括销售费用（即销售广告宣传费、委托销售代理费等）、销售税金及附加（即营业税、城

市维护建设税、教育费附加)、其他销售税费(即应当由卖方负担的印花税、交易手续费、产权转移登记费等)。投资者购买待开发房地产应负担的税费,应根据本地政府的税费政策,估算从获得土地至出售建筑物期间可能发生的税费额度,也可以根据过去或其他类似开发经营项目所需支付的税费来估算。在现实中,成本费用往往根据预计未来楼价的一定比率估算,还包括一些其他所需发生的费用。

(6)确定开发商的合理利润。开发商的合理利润应以待评估的房地产价格、开发成本、管理费用之和的一定比率估算。这个比率通常为正常的类似项目所要求的平均利润率,它与投资年限呈正方向变化。

(7)估算待评估房地产价格。在上述计算中,考虑资金时间价值的计算被称为动态计算,而不考虑资金时间价值的计算被称为静态计算。

## 三、应用举例

【例5-11】待评估土地为一块已完成"七通一平"的待开发空地,土地面积为5 000平方米,土地形状规整,规划用途为商业居住混合,允许容积率为4,覆盖率大于等于50%,总建筑面积为20 000平方米,建筑层数为8层,住宅建筑面积为15 000平方米,土地使用权年限为50年,预计正常情况下该项目的建设期为2年;经分析预测,该开发项目完成后,其中全部商业用房和30%的住宅部分即可售出,住宅部分的50%在半年后售出,其余20%在1年后售出。预计商业用房的平均售价为8 500元/平方米,住宅的平均售价为6 500元/平方米,预计总建筑费为4 000万元,专业费为建筑费的6%,成本利润率为20%,贷款的年利率为6%,租售税费合计为售楼价的4%。在未来2年的建设期中,开发费用的投入情况预计如下:第1年需投入60%的建筑费及相应的专业费;第2年需投入40%的建筑费及相应的专业费。开发费用在各年是均匀投入的,根据行业风险程度确定折现率为8%,试计算该宗土地目前的价格。

**解析:**

(1)确定评估方法

已知楼价的预测值和各项开发成本及费用,可用假设开发法评估。

(2)计算楼价

$$楼价 = 8\,500 \times \frac{5\,000}{(1+8\%)^2} + 6\,500 \times 15\,000 \times \left[\frac{30\%}{(1+8\%)^2} + \frac{50\%}{(1+8\%)^{2.5}} + \frac{20\%}{(1+8\%)^3}\right]$$

$$= 117\,211\,304(元) = 11\,721.13(万元)$$

(3)计算建筑费和专业费

$$建筑费 = 4\,000 \times \frac{60\%}{(1+8\%)^{0.5}} + 4\,000 \times \frac{40\%}{(1+8\%)^{1.5}} = 3\,734.96(万元)$$

$$专业费 = 3\,734.96 \times 6\% = 224.10(万元)$$

（4）计算租售费用及税费

租售费用及税费 = 11 721.13 × 4% = 468.85（万元）

（5）计算利润

$$开发利润 = （总地价 + 总建筑费 + 专业费） \times 20\%$$
$$= 总地价 \times 20\% + (3\,734.96 + 224.10) \times 20\% = 总地价 \times 20\% + 791.81$$

（6）计算地价

$$总地价 = \frac{11\,721.13 - 3\,734.96 - 224.10 - 468.85 - 791.81}{1 + 20\%}$$

$$= \frac{6\,501.42}{1.2} = 5\,417.85（万元）$$

（7）评估结果

$$单位地价 = \frac{5\,417.85}{5\,000} = 1.08（万元/平方米）$$

$$楼面地价 = \frac{10\,800}{4} = 2\,700（元/平方米）$$

## 第六节　路线价法在房地产评估中的应用

### 一、路线价法概述

（一）路线价法的基本理论

路线价法是根据土地价值随街道距离增大而递减的原理，在特定街道上设定单价，依此单价配合深度百分率表及其他条件修正率表，用数学方法计算临接同一街道的其他宗地地价的一种评估方法。与市场法、收益法等评估方法对个别宗地地价的评估相比，这种方法能快速对大量土地估价，是评估大量土地的一种常用的方法。其中的单价即路线价，是指对面临特定街道而接近距离相等的市街土地设定标准深度，计算确定的该标准深度的若干宗地的平均单价。

路线价法认为，市区各宗土地价值与其临街深度的关系很大，土地价值随临街深度而递减，一宗地越接近道路部分的价值越高，离街道越远则价值越低。临接同一街道的宗地根据其地价的相似性，可划分为不同的地价区段。在同一路线价区段内的宗地，虽然地价基本接近，但由于宗地的深度、宽度、形状、面积、位置等仍有差异，地价也会产生差异，须制定各种修正率，对路线价进行调整。因此，路线价法的理论基础也是替代原理。

（二）路线价法的适用范围

路线价法适用于同时对大量土地进行估价，特别适用于土地课税、土地重划、征地拆迁等需要在大范围内对大量土地进行估价的场合。路线价法是否运用得当，还依赖于较为整齐的道路系统和宗地以及完善合理的深度百分率表和其他条件修正率。

## 二、路线价法的运用

### （一）路线价法的计算公式

常用的一种表达方式为：

$$宗地地价 = 路线价 \times 深度百分率 \times 临街宽度$$

如果宗地条件特殊，如宗地属街角地、两面临街地、三角形地、梯形地、不规则形状地、袋地等，则须按下列公式计算：

$$宗地地价 = 路线价 \times 深度百分率 \times 临街宽度 \times 其他条件修正率$$

或者：

$$宗地地价 = 路线价 \times 深度百分率 \times 临街宽度 + 其他条件修正额$$

### （二）路线价法的操作步骤

运用路线价法的操作步骤主要包括：划分路线价区段、确定标准宗地、评估路线价、制作深度百分率表和其他条件修正率表、计算临街各宗土地的价格等。

1. 划分路线价区段

路线价区段为带状地段，一个路线价区段是指具有同一个路线价的地段。两个路线价区段的分界线，原则上是地价有显著差异的地点，通常是从十字路或丁字路中心处划分，两路口之间的地段划分为两个以上的路线价区段，分别附设不同的路线价。而某些不很繁华的街道，同一路线价区段可被用于数个路口。另外，在同一条道路上，如果某一侧的繁华程度与对侧有显著差异，应以道路中心为分界线，将该道路的两侧各视为路线价区段，附设两种不同的路线价。路线价是路线的平均地价，路线价区段划分合理与否，直接影响路线价水平。路线价区段划分除了在室内进行外，还要进行实地调查。

路线价区段划分完毕，确定每一路线价区段内标准宗地的平均地价。

2. 确定标准宗地

标准宗地是指从城市一定区域沿主要街道的宗地中选定的深度、宽度和形状标准的宗地，标准宗地土地形状为矩形，临街深度为标准深度。临街深度是指宗地离街道的垂直距离。

路线价是标准宗地的单位价格。必须先确定标准宗地面积，才能设定路线价。标准宗地的面积在不同国家有所不同。美国为了便于计算城市土地的面积单位，把位于街区中间宽1英尺、深100英尺的细长形地块作为标准宗地。日本的标准宗地为宽3.63米、深16.36米的长方形土地。实际评估中的标准深度，通常是路线价区段内临街各宗土地临街深度的众数。

3. 评估路线价

路线价的确定主要采取以下两种方法：第一种是由熟练的评估人员依买卖实例，用市场法等基本评估方法确定；第二种是采用评分方式，将形成土地价格的各种因素分成几类，分别加以评分，然后合计，换算成各路线价的分数。

第一种方法是各国通用的方法。根据选定的标准宗地的形状、大小，评估标准宗地的价格，然后根据标准宗地的价格水平及街道状况、公共设施的接近情况、土地利用状况等划分地价区段，附设路线价。在应用市场法评估标准宗地价格时，应对调查的评价区域买卖实例中的宗地进行地价影响因素分析，实例宗地条件如果与标准宗地条件不同，应对不同条件进行因素修正，由此确定标准宗地的正常买卖价格。不同区段的标准宗地价格应能反映区位差异，互相均衡。

4. 制作深度百分率表和其他条件修正率表

深度百分率又称深度指数，是指距临街的深度不同而引起地价变化的相对程度。深度百分率表的制作是路线价法的难点和关键所在。路线价法在美国由来已久，评估师根据丰富的实际资料，制定了各种路线价法则，如四三二一法则等。

其他条件修正率表是指临街深度以外的因素引起的地价变化的相对程度。其他条件修正率主要包括宽度修正、容积率修正、年期修正、朝向修正等。

5. 计算宗地价格

依据路线价和深度百分率表及其他条件修正率表，运用路线价法计算公式，就可以计算得到宗地价值。

## （三）深度百分率表

将临街土地划分为许多与道路平行的细条，由于离道路越近的细条的利用价值越大，离道路越远的细条的利用价值越小，因此接近道路的细条的价值高于远离道路的细条的价值。

临接同一街道的土地，路线价虽然相同，但由于宗地的宽度、深度、形状不同，单位面积的价格也不同。在影响地价的因素中，深度对地价的影响较大。假设有一临街宽度为 $m$ 米、深度为 $n$ 米的长方形宗地，每平方米平均单价为 $A$ 元，则该宗地的总价格为 $mnA$，如图 5-3 所示。

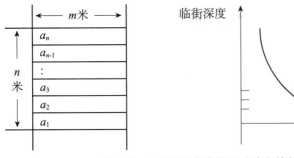

图 5-3　单位地价与临街深度变化的关系

在图 5-3 中，假设沿平行街道，深度以某值为单位（设为 1 米），将这块矩形宗地划分为许多细条，并从临街方向起按顺序设地价符号等，则越接近街道的细条的利用价值越大，即有 $a_1$, $a_2$, $a_3$。另外，虽然同为 1 米之差，但从利用价值上看，$a_1$ 和 $a_2$ 之差最大，$a_2$ 和 $a_3$ 之差次之，往后逐渐缩小，至 $a_{n-1}$ 和 $a_n$ 之差则可视为接近零。也就是说，当宗地距街道的深度超过标准深度时，宗地之间的单位地价接近零，街道对土地利用价值的影响甚小。由此得出土地总价值的计算公式为：

$$mnA = ma_1 + ma_2 + ma_3 + \cdots + ma_{n-1} + ma_n$$

从而：

$$A = \frac{a_1 + a_2 + a_3 + \cdots + a_{n-1} + a_n}{n}$$

土地单位面积价格等于各地块单位面积价格的加权平均值。如将各小地块单位面积价格以百分率表示，即单独深度百分率。

$a_1, \dfrac{a_1 + a_2}{2}, \cdots, \dfrac{a_1 + a_2 + a_3 + \cdots + a_{n-1} + a_n}{n}$ 可分别称为第 1，2，$\cdots$，$n$ 米的平均单价，并具有下列特性：

$$a_1 > \frac{a_1 + a_2}{2} > \cdots > \frac{a_1 + a_2 + a_3 + \cdots + a_{n-1} + a_n}{n}$$

以百分率表示上述数值，则称为平均深度百分率，呈递减变化。

$a_1, a_1 + a_2, a_1 + a_2 + a_3, \cdots, a_1 + a_2 + a_3 + \cdots + a_n$ 可分别称为第 1，2，3，$\cdots$，$n$ 米的累计价，并具有下列特性：

$$a_1 < (a_1 + a_2) < (a_1 + a_2 + a_3) < \cdots < (a_1 + a_2 + a_3 + \cdots + a_{n-1} + a_n)$$

以百分率表示上述数值，则称为累计深度百分率，呈递增变化。

最简单、最容易理解的深度价格递减率是四三二一法则。该法则是将临街深度 100 英尺的土地划分为与道路平行的四等份，则各等份由于离道路的远近不同，价值有所不同。从道路方向算起，第一个 25 英尺等份的价值占整块土地价值的 40%，第二个 25 英尺等份的价值占整块土地价值的 30%，第三个 25 英尺等份的价值占整块土地价值的 20%，第四个 25 英尺等份的价值占整块土地价值的 10%。如果超过 100 英尺，则以九八七六法则来补充，即超过 100 英尺的第一个 25 英尺等份的价值占临街深度 100 英尺的土地价值的 9%，第二个 25 英尺等份的价值占临街深度 100 英尺的土地价值的 8%，第三个 25 英尺等份的价值占临街深度 100 英尺的土地价值的 7%，第四个 25 英尺等份的价值占临街深度 100 英尺的土地价值的 6%。

以四三二一法则为例，单独深度百分率为：

$$40\% > 30\% > 20\% > 10\% > 9\% > 8\% > 7\% > 6\%$$

累计深度百分率为：

$$40\% < 70\% < 90\% < 100\% < 109\% < 117\% < 124\% < 130\%$$

平均深度百分率为：

$$40\% > 35\% > 30\% > 25\% > 21.8\% > 19.5\% > 17.7\% > 16.25\%$$

上述用表 5-11 来说明。表中的平均深度百分率，是将上述临街深度 100 英尺的平均深度百分率 25% 乘以 4 转换为 100%，同时为保持与其他数字的关系不变，其他数字也相应地乘以 4 转换所得。平均深度百分率与累计深度百分率的关系可以用下列公式表示：

$$平均深度百分率 = 累计深度百分率 \times \frac{标准深度}{临街深度}$$

表 5-11 深度百分率表

| 临街深度（英尺） | 25 | 50 | 75 | 100 | 125 | 150 | 175 | 200 |
|---|---|---|---|---|---|---|---|---|
| 四三二一法则（%） | 40 | 30 | 20 | 10 | 9 | 8 | 7 | 6 |
| 单独深度百分率（%） | 40 | 30 | 20 | 10 | 9 | 8 | 7 | 6 |
| 累计深度百分率（%） | 40 | 70 | 90 | 100 | 109 | 117 | 124 | 130 |
| 平均深度百分率（%） | 160 | 140 | 120 | 100 | 87.2 | 78.0 | 70.8 | 65.0 |

制作深度百分率表的步骤主要有：

第一步，确定标准深度。通常取临街深度的平均进深或临街宗地进深众数。
第二步，确定级距。分析比较实例调查中地价变化的规律性，确定地价级数及级距。
第三步，确定单独深度百分率。
第四步，采用累计或平均深度百分率计算并编制深度百分率表。

### 三、应用举例

路线价法的关键是正确地确定区段的路线价及地块的深度系数。在已知地块所处地段的街道的路线价和可供采用的深度百分率表的前提下，就可以方便地计算待评估地块的价格。

【例 5-12】一临街深度 15.24 米（即 50 英尺）、临街宽度 20 米的矩形土地，其所在区段的路线价（土地单价）为 1 800 元/平方米。该宗土地的单价和总价分别是多少？

**解析：**

根据表 5-11 得：

该宗土地的单价 = 路线价 × 深度价格修正率 = 1 800 × 140% = 2 520（元/平方米）

该宗土地的总价 = 土地单价 × 土地面积 = $\dfrac{2\,520 \times 20 \times 15.24}{10\,000}$ = 76.81（万元）

【例5-13】现有临街宗地A、B、C、D、E，如图5-4所示，深度分别为25英尺、50英尺、75英尺、100英尺、125英尺，宽度分别为10英尺、10英尺、20英尺、20英尺、30英尺。路线价为2 000元/英尺，设标准深度为100英尺，试运用四三二一法则，计算各宗土地的价值。

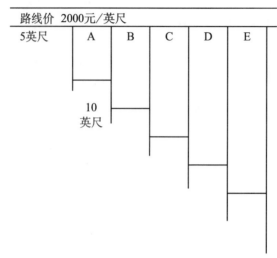

图 5-4　临街宗地状况

解析：

A宗地价值 = 2 000 × 0.4 × 10 = 8 000（元）

B宗地价值 = 2 000 × 0.7 × 10 = 14 000（元）

C宗地价值 = 2 000 × 0.9 × 20 = 36 000（元）

D宗地价值 = 2 000 × 1.0 × 20 = 40 000（元）

E宗地价值 = 2 000 × (1.0 + 0.09) × 30 = 65 400（元）

## 第七节　基准地价修正法在房地产评估中的应用

### 一、基准地价修正法概述

（一）基准地价修正法的基本理论

所谓基准地价修正法，是指利用当地政府制定的基准地价和基准地价修正系数表，按照替代原则，将被评估宗地的区域条件和个别条件、市场转让等因素与其所处区域的平均条件相比较，并对照修正系数表选取相应的修正系数进行修正，从而确定被评估宗地土地使用权价值的一种评估方法。

（二）基准地价修正法的适用范围

（1）基准地价修正法适用于完成基准地价评估城镇中的土地估价，即该城镇具有基准地价成果图和相应的修正体系成果。

（2）基准地价修正法可在短时间内对大批量的宗地地价进行评估，通常用于大面积的数量众多的土地的评估。

（3）基准地价修正法中基准地价及其各种因素的修正系数在确定的过程中很难达到非常精确的程度。因此，这种方法在土地使用权的评估中只作为一种辅助方法，而不作为主要方法。

## 二、基准地价修正法的操作步骤

1．确定基准地价评估的区域范围

这是以一个具体城市为对象，确定其基准地价评估的区域范围。例如，是该城市的整个行政区域，还是规划区、市区或建制区等。评估的区域范围大小，主要是根据实际需要和可投入评估的人力、财力、物力等情况来定。

2．确定修正系数表

根据被评估宗地的位置、用途、所处土地级别、对应的基准地价，确定相应的因素条件说明表和因素修正系数表，以确定地价修正的基础和需要调查的影响因素。

3．调查宗地地价影响因素的指标条件

按照与被评估宗地所处级别和用途相对应的基准地价修正系数表和基准地价影响因素指标说明表中要求的因素条件，确定宗地条件的调查项目，调查项目应与修正系数表中的因素一致。宗地因素指标的调查，应充分利用已收集的资料和土地登记资料及有关图表，不能满足需要的，应进行实地调查采样。在调查基础上，整理归纳宗地地价因素指标的数据。

4．制定被评估宗地的因素修正系数

根据每个因素的指标值，查对相对应用途土地的基准地价影响因素指标说明表，确定因素指标对应的优劣状况；按优劣状况再查对基准地价修正系数表，得到该因素的修正系数。对所有影响宗地地价的因素都同样处理，即可得到宗地的全部因素修正系数。

5．确定被评估宗地使用年限修正系数

基准地价对应的使用年限，是各用途土地使用权的最高出让年期，而具体宗地的使用年限可能各不相同。因此，必须进行年期修正。土地使用年限修正系数可参照市场法中的年期因素修正公式计算。

6．确定期日修正系数

基准地价修正法是以基准地价为基础评估宗地价值。政府公布的基准地价对应的是基准地价评估基准日某种规划用途和土地等级的平均地价水平，随着时间的推移，土地市场的地价水平会有所变化，因此必须进行期日修正，把基准地价对应的地价水平修正到待评估宗地评估基准日的水平。该因素修正的依据通常是地价指数的变化幅度。

7．确定容积率修正系数

基准地价对应的是该用途土地在该级别或均质地域内的平均容积率。容积率对地价的影响非常大，由于在同一级别区域的各宗地的容积率的差异可能会很大，因此一定要进行容积率因素的修正。也就是说，必须将区域的平均容积率下的地价水平修正到宗地实际容积率水平下的地价。

8．评估宗地价值

根据前面的分析和计算得到修正系数，按如下公式计算待评估宗地的价值：

待评估宗地的价值＝待评估宗地所处地段的基准地价 × 使用年限修正系数 × 期日修正系数 × 容积率修正系数

# 第八节　在建工程评估

## 一、在建工程的含义及其特点

### （一）在建工程的含义

在建工程是指在评估基准日尚未完工的建设项目形成的资产，或者虽然已经完工但尚未竣工验收、交付使用的建设项目。在建工程的评估具有自身的特点，与单独的土地、已经建成的房地产以及为工程准备的机器设备评估有一定的区别。

### （二）在建工程的特点

（1）在建工程种类多，情况复杂，既有建筑工程的在建工程，又有机械设备的在建工程。以建筑工程为例，既包括建筑中的各种在建的房屋和建筑物，又包括设备安装工程的内容，范围涉及广，情况较为复杂。

（2）在建工程的完工程度及资产功能差别很大。在建工程涵盖了从刚刚兴建的在建工程到已经基本完工但尚未交付使用的在建工程。这些完工程度差异巨大的在建工程，其资产功能差异也大。这就造成了在建工程之间可比性较差，评估时不易找到合适的参照物，难以直接采用市场法评估。

（3）在建工程的会计核算投资金额与在建工程实际完成投资金额不一致。在建工程项目在办理竣工结算前，一般是按权责发生制核算的，其账面价值往往与实际完成投资金额不一致，两者之间存在差异。即使对已完工部分按完工程度估计入账，估计金额与实际完成投资金额也不一致，存在差异。因此，会计核算的在建工程投资并不能完全体现在建工程的投资进度，两者之间总存在时差和量差。

（4）在建工程建设周期的长短差别大。不同规模、不同性质的在建工程的建设周期差别大。有些在建工程规模小、建设周期短，而有些在建工程（如高速公路、港口、码头等）的建设周期长。

（5）在建工程的价格受后续工程的影响。对于建设周期较长的在建工程，建造期间的材料、人工价格、资金利息等可能发生变化，使在建工程的成本以及建成后发挥的效益都具有很多不确定性。因此，在建工程的价格与后续工程的进度和质量有着非常密切的关系。

## 二、在建工程的评估方法

由于在建工程本身的特点，很难采用市场法评估，一般采用成本法、假设开发法等进行评估。在采用假设开发法评估时，也可运用市场法、收益法等来确定项目完工后的市场价值。

（一）成本法在在建工程评估中的应用

以成本法评估在建工程，是按在建工程客观投入的成本评估，即以开发或建造被评估在建工程已经耗费的各项必要费用之和，再加上正常的利润和应纳税金来确定被评估在建工程价值的方法。

$$在建工程价值 = 土地取得费用 + 专业费用 + 建筑费 + 正常利税$$

式中，土地取得费用是指为获得土地而发生的费用，包括相关手续费和税金；专业费用包括咨询、规划、设计费用；建筑费是指在评估基准日在建工程已经耗费的各项必要建造费用之和；正常利税包括建造商的正常利润和营业税等。

（二）形象进度法

形象进度法是选择足够的可比销售资料，根据在建工程建造完成后的房地产市场价格，结合工程形象进度评估在建工程价值的方法。应用形象进度法评估在建工程价值的计算公式为：

$$在建工程价值 = 建造完成后的房地产市场价格 \times 工程形象进度百分比 \times (1-折扣率)$$

$$工程形象进度百分比 = \frac{实际完成建筑工程量 + 实际完成安装工程量}{总工程量} \times 100\%$$

式中，建造完成后的房地产市场价格，一般可采用市场法或收益法评估；折扣率应考虑营销支出、广告费用和风险收益等因素来确定。

（三）假设开发法

用假设开发法评估在建工程，是将被评估在建工程预期开发完成后的价值，扣除后续的正常的开发费用、销售费用、销售税金及开发利润，确定被评估在建工程价值的一种评估方法。应用假设开发法评估在建工程价值的公式为：

$$在建工程价值 = 房地产预期售价 - (后续工程成本 + 后续工程费用 + 正常利税)$$

式中，房地产预期售价可以采用市场法或收益法评估。

## 同步检测练习

一、名词解释
1. 房地产
2. 容积率
3. 楼面地价
4. 基准地价
5. 路线价法

二、单项选择题

1. 某厂房建成8年后被改为超级市场,并补办了土地使用权出让手续,土地使用权出让年限为40年,建筑物的经济寿命为50年,则该建筑物贬值的总使用年限应为(    )年。
   A. 50                              B. 42
   C. 48                              D. 40

2. 选择最佳的开发利用方式,最重要的是选择房地产最佳的(    )。
   A. 建设期                          B. 建设成本
   C. 开发经营期                      D. 用途及设计方案

3. 楼面地价是指(    )。
   A. 土地总价与总建筑面积之比        B. 土地总价与底层建筑面积之比
   C. 建筑面积与土地面积之比          D. 土地面积与底层建筑面积之比

4. 土地面积为800平方米,容积率为3,建筑密度为50%,总建筑面积为(    )平方米。
   A. 400                             B. 2 400
   C. 267                             D. 1 200

5. 路线价是在特定街道上,若干标准临街宗地的(    )价格。
   A. 平均                            B. 最低
   C. 最高                            D. 比准

6. 某可比交易实例成交地价为3 000元/平方米,对应使用年期为30年;若待估宗地出让年期为40年,土地资本化率为7%;则通过年限修正该宗土地的价格最接近(    )。
   A. 2 900元/平方米                  B. 3 223元/平方米
   C. 3 322元/平方米                  D. 4 000元/平方米

7. 如果某房地产的售价为5 000万元,其中建筑物价格为3 000万元,地价为2 000万元;该房地产的年客观收益为450万元,建筑物的资本化率为10%,那么土地的资本化率最接近（　　）。

　　A．9%　　　　B．12.5%　　　　C．7.5%　　　　D．5%

8．某评估机构采用市场法对一房地产进行评估，评估中选择了 A、B、C 三个参照物，并分别得到 127 万元、142 万元、151 万元三个评估结果。根据 A、B、C 三个参照物与评估对象的差异因素分析，判定其结果的权重依次为 25%、40%、35%，则被评估房产的评估值最接近（　　）。

　　A．140 万元　　　　　　　　　　B．157.5 万元
　　C．141.4 万元　　　　　　　　　D．148.5 万元

9．某评估机构采用统计分析法对一企业的固定资产进行评估。其中，砖混结构建筑物 10 栋，账面原值为 500 万元；设备 100 台，账面原值为 1 000 万元。评估中对 3 栋具有代表性的建筑物进行估算，其重置成本为 180 万元，而该 3 栋建筑物的账面原值为 165 万元；同时选择 10 台具有代表性的设备进行了评估，其重置成本为 150 万元，而该 10 台设备的账面原值为 120 万元。则该企业被评估建筑物及设备的重置成本最接近（　　）。

　　A．1 736.85 万元　　　　　　　　B．1 795.45 万元
　　C．1 818.36 万元　　　　　　　　D．2 100 万元

10．被评估建筑物的账面价值 80 万元，2011 年建成，要求评估 2014 年该建筑物的重置成本。根据调查得知，被评估建筑物所在地区的建筑行业价格环比指数从 2011 年到 2014 年每年比上年分别提高 3%、3%、2%，该建筑物的重置成本最接近（　　）。

　　A．86 万元　　　　　　　　　　B．87 万元
　　C．90 万元　　　　　　　　　　D．85 万元

11．某在建项目计划建混合结构仓库 2 000 平方米，总预算为 3 000 000 元；评估时，建筑工程中的基础工程已完成，结构工程完成 50%，设备安装工程尚未进行。根据工程造价构成表得知，在混合结构的建筑项目中，基础工程、结构工程和安装工程占整个建筑工程的比重分别为 15%、60% 和 25%。该在建工程在评估时点的完工程度是（　　）。

　　A．75%　　　　B．30%　　　　C．45%　　　　D．65%

12．某砖混结构单层住宅宅基地 200 平方米，建筑面积 120 平方米，月租金 3 000 元，土地还原利率 8%，取得租金收入的年总成本 8 000 元，评估人员另用市场比较法求得土地使用权价格 1 200 元/平方米，则建筑物的年纯收益（　　）。

　　A．8 600 元　　　B．8 800 元　　　C．9 000 元　　　D．12 000 元

13．有一宗地，占地面积为 500 平方米，地上建有一幢三层的楼房，建筑密度为 0.7，容积率为 2.0，土地单价为 3 000 元/平方米，则楼面地价为（　　）。

　　A．1 000 元/平方米　　　　　　　B．1 500 元/平方米
　　C．2 100 元/平方米　　　　　　　D．2 800 元/平方米

14．有一宗地，出让年期为 50 年，已使用 30 年，资本化率为 10%，预计未来每年的收益为 15 万元，则该宗地的评估价值最接近（　　）。

　　A．128 万元　　　B．141 万元　　　C．149 万元　　　D．150 万元

15. 有一宗房地产，评估基准日后第一年的纯收益预计为 70 万元，资本化率为 8%，以后未来各年的纯收益将在上一年的基础上增长 1%，则该宗房地产在永续使用前提下的评估价值最接近（　　）。

　　A. 700 万元　　　　B. 800 万元　　　　C. 1 000 万元　　　　D. 1 100 万元

### 三、多项选择题

1. 下列（　　）属于使用市场途径评估的房地产。
   A. 商品住宅　　　　　　　　　B. 写字楼
   C. 标准厂房　　　　　　　　　D. 学校教学楼
   E. 高档公寓

2. 下列选项中（　　）是影响房地产的区域因素。
   A. 商业繁华程度　　　　　　　B. 环境状况
   C. 基础设施状况　　　　　　　D. 交通状况
   E. 公共设施状况

3. 在成本途径评估中，房地产重置成本包括（　　）。
   A. 开发成本　　　　　　　　　B. 房产税
   C. 投资利息　　　　　　　　　D. 管理费用
   E. 开发利润

4. 出租型房地产纯收益通常为租赁收入扣除（　　）等项目后的余额。
   A. 维修费用　　　　　　　　　B. 管理费用
   C. 保险费　　　　　　　　　　D. 利息收入
   E. 房地产税

5. 适用于假设开发法评估的待开发房地产有（　　）。
   A. 生地　　　　　　　　　　　B. 熟地
   C. 毛地　　　　　　　　　　　D. 在建工程
   E. 商品住宅

6. 中国的城市地产市场分为一级市场和二级市场，与一级市场相对应的价格包括（　　）。
   A. 基准地价　　　　　　　　　B. 标定地价
   C. 土地使用权出让底价　　　　D. 土地使用权的转让价格
   E. 抵押价格

7. 引起建筑物功能性贬值的因素主要有（　　）。
   A. 政策变化　　　　　　　　　B. 建筑物使用强度不够
   C. 建筑物用途不合理　　　　　D. 建筑物设计不合理
   E. 周围环境发生变化

8. 地产作为一类资产，它可能出现的贬值损失主要有（　　）。
   A. 功效损失　　　　　　　　　B. 有形损耗
   C. 超额运营损失　　　　　　　D. 经济性贬值
   E. 超额投资损失

9. 应用基准地价修正系数法评估宗地地价必须具备的条件包括（　　　）。
   A. 城镇基准地价　　　　　　　　　　B. 基准地价修正系数
   C. 宗地容积率　　　　　　　　　　　D. 宗地的开发成本
   E. 宗地的开发程度
10. 对于楼面地价与土地单价之间的关系，下列说法中正确的是（　　　）。
    A. 楼面地价一定大于土地单价　　　　B. 楼面地价一定小于土地单价
    C. 楼面地价可以等于土地单价　　　　D. 楼面地价可以小于土地单价
    E. 楼面地价可以大于土地单价
11. 影响房地产价格的一般因素包括（　　　）。
    A. 房地产价格政策　　　　　　　　　B. 城市发展战略
    C. 国民经济发展状况　　　　　　　　D. 社会发展状况
    E. 物价水平
12. 土地的价格（　　　）。
    A. 是地租的资本化　　　　　　　　　B. 是由土地的生产成本决定的
    C. 具有个别性　　　　　　　　　　　D. 是土地权益价格
    E. 是由土地的效用决定的
13. 假设开发法中的投资利润是以（　　　）为计算基础的。
    A. 专业费用　　　　　　　　　　　　B. 投资利息
    C. 地价　　　　　　　　　　　　　　D. 建筑费用
    E. 税费
14. 房地产评估主要是针对（　　　）进行的。
    A. 地用性质不合理的房地产　　　　　B. 新开发的房地产
    C. 占地面积不合理的房地产　　　　　D. 工业用房地产
    E. 特殊用途房地产
15. 评估停建的在建工程，要查明停建的原因，并考虑在建工程的（　　　）。
    A. 重置成本　　　　　　　　　　　　B. 功能性贬值
    C. 经济性贬值　　　　　　　　　　　D. 清算价格
    E. 实体性贬值

## 四、是非判断题

1. 凡是交易性的房地产都可以运用市场途径进行评估。（　　　）
2. 房地产评估中所选择的参照物必须是正常交易或可修正为正常的交易实例。（　　　）
3. 房地产的已使用年限一般采用的是实际已使用年限。（　　　）
4. 收益途径只适用于直接经营型房地产的评估。（　　　）
5. 标准临街深度通常是路线价区段内各宗临街土地临街深度的众数。（　　　）
6. 建筑物可以获得超常收益是使用剩余法评估建筑物的前提条件。（　　　）
7. 由于生产工艺改进引起的建筑物设备陈旧，或者由于自然灾害引起的建筑物功能

减弱属于建筑物的有形损耗。(　　)

8. 用成本法评估在建工程，是在求取被估在建工程的价格时，将被估在建工程按其开发完成后的价值，扣除后续的开发费用、销售费用、销售税金及开发利润，估算被估在建工程价格的一种评估方法。(　　)

9. 在中国，土地价格一般指的是土地使用权转让费的价格。(　　)

10. 标定地价是指具体地块在一定使用年期内的宗地地价，它一般是由省政府公告的。(　　)

11. 运用剩余法评估待拆迁改造的待开发房地产时，其开发建筑成本费用包括建筑承包商的利润、建筑设计费、拆迁费用和劳动安置费用。(　　)

12. 构成取得房产收入所必须支付的必要费用包括土地出让金、房产税、折旧费、租金损失准备费。(　　)

13. 运用市场比较法评估地产时，在选择参照物时应注意在交易类型、用地性质和供需圈等方面与评估对象保持一致。(　　)

14. 在评估操作实务中，评定房屋建筑物的成新率最常用的方法是年限法和打分法。(　　)

15. 正确的房地产评估程序应该是，选用评估方法估算，拟定评估方案，明确基本事项，实地勘察收集资料，确定评估结果，撰写评估报告。(　　)

## 五、简答题

1. 房地产评估中搜集交易案例时应搜集哪些内容？
2. 房地产评估中要选择的参照物应符合哪些要求？
3. 房地产重置成本由哪些因素构成？
4. 如何确定房地产收入的年限？
5. 假设开发法适用于哪些房地产的评估？
6. 路线价法的评估步骤有哪些？

## 六、案例分析题

1. 待估对象为一新开发土地，因无收益记录和市场参照物，只得采用成本法进行评估，有关数据如下：拆迁补偿、安置费为5万元/亩，其他费用（含税费）为3万元/亩，开发费用为1.5亿元/平方公里；当地银行1年期贷款利率为9%，2年期贷款利率为10%；土地开发周期为2年，第1年投资占总投资的3/4，利润率为10%，土地所有权收益为土地成本的10%。试估算该地产的市场价值。

2. 某商业用房地产，按国家规定其土地使用权最高年限为40年；现该房地产拟出租，出租期为10年。按租赁双方的租赁合同规定，前5年租金是以第1年租金8万元为基础，每年按等比级数递增，每年递增比率为2%；后5年租金按每年15万元固定不变。假定资本化率为10%，如以上述租赁合同条件为依据，该房地产10年租期内的收益现值是多少？

要求：
（1）按分段法计算并写出公式，其中后 5 年预期收益的现值必须使用年金法计算；
（2）写出计算过程；
（3）写出正确结论。

3. 待估地块为一商业用途的空地，面积为 600 平方米，要求评估其 2013 年 5 月的市场价值。评估人员通过搜集有关数据资料（过程略），选出 3 个交易实例作为比较参照物，交易实例有关情况见下表：

| 项目 | A | B | C | 待估对象 |
| --- | --- | --- | --- | --- |
| 坐落 | 略 | 略 | 略 | 略 |
| 所处地区 | 繁华区 | 非繁华区 | 非繁华区 | 非繁华区 |
| 用地性质 | 商业 | 商业 | 商业 | 商业 |
| 土地类型 | 空地 | 空地 | 空地 | 空地 |
| 总价 | 25.2 万元 | 49 万元 | 43.5 万元 | |
| 单价 | 1 500 元/平方米 | 1 400 元/平方米 | 1 450 元/平方米 | |
| 交易日期 | 2012.10 | 2012.12 | 2013.1 | 2013.5 |
| 面积 | 168 平方米 | 350 平方米 | 300 平方米 | 600 平方米 |
| 形状 | 长方形 | 长方形 | 长方形 | 长方形 |
| 地势 | 平坦 | 平坦 | 平坦 | 平坦 |
| 地质 | 普通 | 普通 | 普通 | 普通 |
| 基础设施 | 完备 | 较好 | 较好 | 较好 |
| 交通通讯状况 | 很好 | 很好 | 很好 | 很好 |
| 剩余使用年限 | 35 年 | 30 年 | 35 年 | 30 年 |

已知以下条件：
（1）交易情况正常；
（2）2012 年以来，土地价格每月上涨 1%；
（3）交易实例 A 与待估对象处于同一地区，交易实例 B、C 的区域因素修正系数可参照下表进行判断：

| 项目 | B | 分值 | C | 分值 |
| --- | --- | --- | --- | --- |
| 自然条件 | 相同 | 10 | 相同 | 10 |
| 社会环境 | 相同 | 10 | 相同 | 10 |
| 街道条件 | 稍差 | 8 | 相同 | 10 |
| 繁华程度 | 稍差 | 7 | 稍差 | 7 |
| 交通便捷程度 | 稍差 | 8 | 稍差 | 8 |
| 规划限制 | 相同 | 10 | 相同 | 10 |
| 交通管制 | 相同 | 10 | 相同 | 10 |
| 离公交车站 | 稍远 | 7 | 相同 | 10 |
| 交通流量 | 稍少 | 8 | 稍少 | 8 |
| 周围环境 | 较差 | 8 | 相同 | 10 |

注：比较标准根据待估地块的各区域因素标准，即待估地块的区域因素分值为 100。

（4）待估地块面积因素对价格的影响较各交易实例高 3%；

（5）折现率为 8%。

4. 有一宗"七通一平"的待开发建筑用地，土地面积为 2 000 平方米，建筑容积率为 2.5，拟开发建设写字楼，建设期为 2 年，建筑费为 3 000 元 / 平方米，专业费为建筑费的 10%，建筑费和专业费在建设期内均匀投入。该写字楼建成后即出售，预计售价为 9 000 元 / 平方米，销售费用为楼价的 2.5%，销售税费为楼价的 6.5%，当地银行年贷款利率为 6%，开发商要求的投资利润率为 10%。试估算该宗土地目前的单位地价和楼面地价。

5. 某路线价区段，标准深度为 16—18 米，路线价为 1 200 元 / 平方米，待估宗地为一临街矩形地块，临街宽度为 15 米，临街最深为 20 米，具体情况和该路线价区临街深度指数见下表：

| 临街深度（米） | h<4 | 4≤h<8 | 8≤h<12 | 12≤h<16 | 16≤h<18 | h≥18 |
|---|---|---|---|---|---|---|
| 深度指数（%） | 130 | 125 | 120 | 110 | 100 | 40 |

试写出评估该宗地所运用的计算公式，并计算出评估结果。

6. 某建筑项目需建筑混合结构仓库 1 000 平方米，建筑工程总预算造价为 400 000 元，设备安装工程预算为 90 000 元。评估时该仓库正在建设中，其中建筑工程的基础工程已完工，主体结构工程完成了 30%，设备安装工程尚未进行。评估人员依据一般在建工程各部位占单位预算的比重，即工程造价构成（见下表）对在建工程进行评估。试评估该在建工程的价格。

| 部位名称 | 建筑结构类型 | | |
|---|---|---|---|
| | 混合结构 | 现浇框架结构 | 预制装配结构 |
| 基础工程 | 13 | 15 | 25 |
| 结构工程 | 60 | 60 | 55 |
| 装饰工程 | 27 | 25 | 20 |

# 第六章
# 资源资产评估

> **引导案例**
>
> **全球变暖与森林资源**
>
> 全球变暖是目前全球环境研究的一个主要问题。根据对一百多份全球变化资料的系统分析，发现全球平均温度已升高 0.30℃—0.60℃，其中 11 个最暖的年份发生在 20 世纪 80 年代中期以后，因而全球变暖是一个毋庸置疑的事实。分析表明，虽然地球演化史上曾经多次发生变暖—变冷的气候波动，但人类活动引起的大气温室效应的增长可能是主要因素。应如何理解森林资源在防止气候变化中的价值？应如何评估森林资源价值？

# 第一节 资源资产概述

资源可按广义和狭义两个层次来界定。广义资源包括自然资源、经济资源和人文社会资源；狭义资源指自然资源。本章所述的资源资产是指狭义资源。

## 一、自然资源的含义及其分类

### （一）自然资源的含义

自然资源是指自然界中人类可以直接获取的，用于生产和生活的物质要素。未被发现或发现了但不知其用途的物质不是资源，因而也没有价值。自然资源是一个动态的概念，信息、技术和相对稀缺性的变化都能把过去没有价值的物质变成宝贵的资源。

### （二）自然资源的分类

1. 按自然资源是否再生分为耗竭性资源和非耗竭性资源

耗竭性资源是指经过漫长的地质过程形成的，随着人类的开发利用，其绝对数量有明显减少的现象，是不可再生资源，如矿产资源。

非耗竭性资源基本上是由环境要素构成的，在合理开发利用的限度内，人类可以永续利用。非耗竭性资源可分为以下三种：①恒定的非耗竭性资源；②可再生的非耗竭性资源；③不可再生的非耗竭性资源。

2. 按资源的性质可划分为环境资源、生物资源（含森林）、土地资源、矿产资源、景观资源等

（1）环境资源，包括太阳光、地热、空气和天然水等。这类资源比较稳定，一般不会因为人类的开发利用而明显减少，为非耗竭性资源。

(2) 生物资源，包括森林资源、牧草资源、动物资源和海洋资源等。生物资源吸收了流动的太阳能和水资源，消耗土壤的养分。在太阳能量一定以及人类合理利用和保护的条件下，生物资源是可以再生的。

(3) 土地资源，是由地形、土壤、植被、岩石、水文等因素组成的一个独立的自然综合体。土地一般是指陆地的表面部分，包括滩涂和内陆水域。土地可以划分为农用地、建设用地和未利用地。农用地主要包括耕地、林地、草地、农田水利用地、养殖水面等。

(4) 矿产资源，是指经过一定的地质过程形成的，附存于地壳或地壳上的固态、液态或气态物质，包括各种能源和各种矿物等。矿产资源包括陆地矿产资源和海洋矿产资源。陆地矿产资源包括金属矿产资源、能源矿产资源和非金属矿产资源；海洋矿产资源包括滨海砂矿、陆架油气、深海沉积矿床等。

(5) 景观资源，主要是指自然景观、风景名胜等，能为人们提供游览、观光、知识、乐趣、度假探险、考察研究等用途，一般以附着在其他资源之上的形式存在。

**相关链接**

《中华人民共和国宪法》明确规定，矿产资源等自然资源属国家所有，禁止任何组织或个人用任何手段侵占或者破坏自然资源。宪法第3条明确规定，矿产资源等自然资源属国家所有，由国务院行使国家对矿产资源的所有权。任何单位和个人要进行矿产资源的勘查、开采，必须取得矿业权。矿业权是由国家所有权派生出的他物权，是矿业权人依法取得的对矿产资源的使用和部分收益的权利。矿业权具有独占性和排他性，可以依法获得收益和进行转让，并且矿业权的取得和转让都应是有偿的。资源产权的明确是资源具有价值的基础，稀缺性和垄断性构成了资源具有价值的充分条件。

## 二、资源资产的特性

资源资产是一部分自然资源资产化的表现形式。与自然资源相比，物质内涵是一致的，但是除了具有自然资源的基本特性外，根据资产的含义，资源资产还具有经济属性和法律属性。

### （一）自然属性

1. 天然性

自然资源是天然形成的，由自然物质组成，最初完全是由自然因素形成的，处于自然形态。随着人类对自然的干预能力的加强，部分资源资产表现为人工投入与天然生长的共生性。

### 2. 有限性和稀缺性

资源资产的有限性和稀缺性主要表现在三个方面：一是资源资产的数量是有限的；二是自然资源和自然条件的贫化、退化和质变；三是自然资源的生态结构、生态平衡被破坏。如矿产资源随着被开发利用，逐渐被耗尽。

### 3. 生态性

各种自然资源不是孤立存在的，不同的资源之间互相依存，具有一定的生态平衡规律。如果毫无顾忌地开采和获取资源，使消耗超过再生的速度，就会导致这些资源的毁灭。为了人类的可持续发展，必须对资源进行资产化管理和资产评估。

### 4. 区域性

资源资产在地域上分布不均衡，存在显著的数量或质量上的地域差异。例如在中国，金属矿产资源基本分布在从西部高原到东部山地丘陵的过渡地带。

## （二）经济属性

资源资产具有使用价值，是经济发展的基础。自然资源是人类生活资料和生产资料的基础，要获得经济增长和经济发展必然要耗费一定的资源，其相对丰富程度影响经济发展速度。

### 1. 资源资产能够用货币计量

这是资源资产可以进行评估的基础。资源资产除了能够用实物单位计量外，还可以用价值量表示。对于无法用货币计量的自然资源（如空气、阳光等），不能成为资产。

### 2. 资源资产具有获益性

只有具有经济价值的自然资源才能成为资产；没有经济价值或在当今知识与技术条件下尚不能确定其经济利用价值的资源，不能成为资产。

## （三）法律属性

### 1. 资源资产能够为特定的产权主体所拥有或控制

资源资产产权在法律上具有独立性。如空气、阳光等自然资源，一般不能被排他性地占有，所以不能成为资产。

### 2. 资源资产的使用权可以依法交易

这是市场经济条件下对资源资产进行评估的基本条件。中国实行资源资产的所有权和使用权相分离的制度，绝大多数资源归国家或集体所有。因此，法律不允许资源资产的所有权转让，但是使用权可以依法交易。

## 三、资源资产评估及其特点

资源资产评估是对资源资产价值的估算。资源资产评估，不仅为国民经济资源价值的核算服务，还可以在资源资产的有关经济活动中，为有关权益各方（包括国家和企业等）提供专业服务。具体来说，资源资产评估的目的主要有两个：一是国家出让资源资产的使用权；二是拥有使用权的单位或个人转让使用权，或以使用权为资本投资入股、抵押、出租等。这样，大致有一级出让市场和二级转让市场，而且主要是二级转让市场，有必要通过资产评估防止二级转让市场的盲目炒作等不规范的行为。资源资产评估的基本方法有三种：收益法、成本法和市场法。但在具体运用及参数确定上，不同类型的资源资产具有派生的、适合各类资源资产评估的特定方法。资源资产由于具有独特的自然、经济和法律属性，因而与其他资产相比，资源资产的评估具有一定的特点：

1. 资源资产价格是使用权价格

由于中国自然资源大部分属于国家所有，只有部分属于集体所有，法律不允许资源资产的所有权转让，因此资源资产评估的对象主要是资源资产的使用权，是对资源资产权益的价值评估。

2. 资源资产价格受区位影响较大

由于自然资源的有限性、稀缺性和区域性，因此资源资产价格受自然资源所在区位的影响很大。

3. 资源资产评估须遵循自然资源形成和变化的客观规律

资源资产的类别多种多样，不同资产的资源条件、经营方式、市场供求等也各不相同。例如，矿产资源是经过一定的地质过程形成的，森林资源是一种生物资源等，都有自身的客观规律。因此，在资源资产评估中，要充分了解资源资产实体和资产使用权的专业特点，合理评估资源资产的价值。

## 第二节 森林资源资产评估

### 一、森林资源资产概述

森林资源是一种可再生的自然资源，包括森林、林木、林地以及依托森林、林木、林地生存的野生动物、植物和微生物。森林资源资产是以森林资源为物质财富内涵的资产，是在现有认识和科学技术水平条件下进行经营利用，能够为产权主体带来一定经济利益的自然资源。森林资源资产是一种特殊资产，除了具有一般资产的属性外，还具有可再生性、生长周期长、受自然因素影响大等特性，兼具生态、社会和经济效益于一体。森林资源资产的培育过程风险大、管护难度大、投资回收期长。现阶段，由于野生动植物及微生物资源、森林生态资源等的价值暂时难以计量，森林资源资产主要包括由投资及投资收益形成的人工林以及依法认定的天然林、林地、森林景观资产等。因此，森林资源资产评估主要是指林木资产、林地资产和森林景观资产的评估。

（1）林木资产。林木资产是指林地内所有的林木所形成的资产。按林木的用途可分为用材林、经济林、薪炭林、防护林、竹林、特种用途林和未成林造林地上的幼树。用材林可分为幼龄林、中龄林、近熟林、成熟林、过熟林等。

（2）林地资产。林地资产是森林生长的承载体，是指依法确认的林业用地。林地包括乔木林地、疏林地、未成林造林地、灌木林地、采伐迹地、火烧迹地、苗圃地和国家规划的宜林地。

（3）森林景观资产。森林景观资产包括风景林、部分名胜古迹和纪念林等。

## 二、森林资源资产价格的主要构成要素

森林资源作为一种可再生的自然资源，包括天然林和人工林。天然林与人工林相比，除了更新方式不同外，还要进行管理，国家每年都要投入千百万元的资金进行森林资源的保护。森林资源资产价格的影响因素，包括市场供求因素以及所投入的必要的劳动量因素等。森林资源资产价格主要由下列因素构成：

(1) 营林生产成本。营林生产成本是确定森林价格的基础。营林生产成本应以能够提供商品材的劣等宜林地的营林成本为依据。

(2) 资金的时间价值。由于培育森林资源的长期性，森林资源的生产周期长，从栽植到采伐往往需要相当长的时间。在营林生产的过程中，还需不断投入资金，森林资源资产价格的评估应充分考虑资金的时间价值对林木价值的影响，充分考虑资金占有的利息，营林的生产成本应以复利计算。同时，林木在不同的时间有不同的价值，同一树种在不同年龄时的林木价值也不同，形成森林的时序成本和时序价格。

(3) 利润。森林资源资产价格中应该包括营林利润。在森林资源资产的评估中，营林利润率的确定，可以以社会平均资本利润率为基础；同时，考虑到营林的生产周期长、风险大，还应加上风险收益。

(4) 税金。森林资源资产的经营过程中应交纳各种税费。

(5) 林木生产中的损失。在漫长的森林培育过程中，树木可能遭受各种各样的自然灾害，如火、风、病虫害等；也有可能受到各种非自然因素的影响，如社会动荡、战争等，造成一定的经济损失。因此，在评估中必须以森林保险的形式，考虑林木生产中的意外损失。

(6) 地租。在中国，林地所有权和使用权相分离，森林资源资产的价格还应包括绝对地租和级差地租，地租量应根据不同林地、不同树种、不同经营水平等因素确定，如气候条件、地理位置、土地肥沃程度等。

(7) 地区差价和树种差价。林木是在一定的自然地理条件下，经过人类劳动而生产出来的。因此，林木的成本与价格既受自然条件的制约，又受林木本身生态特性的影响，形成了林木的地区差价和树种差价。

## 三、森林资源资产评估资料收集与资产核查

（一）森林资源资产评估资料收集

森林资源资产评估必须收集、掌握当地有关技术经济指标资料，主要有营林生产技术

标准、定额及有关费用资料；木材生产、销售等定额及有关成本费用资料；评估基准日各种规格的木材、林副产品市场价格及其销售过程中的税、费征收标准；当地及附近地区的林地使用权出让、转让和出租的价格资料；当地及附近地区的林业生产投资收益率；各种树种的生长过程表、生长模型、收获预测等资料；使用的立木材积表、材种出材率表、立地指数表等资料；其他与评估有关的资料。

（二）森林资源资产核查

森林资源资产的实物量是价值量评估的基础，评估机构在对森林资源资产价值量进行评定估算前，应由林业技术人员对被评估的森林资源资产进行实地核查。根据评估目的、评估对象特点和委托方要求，可选择抽样控制法、小班抽查法和全面核查法进行核查。

森林资源资产核查项目，主要包括林地和林木的权属、数量、质量和空间位置等内容，具体项目如下：林地的所有权、使用权、地类、面积、立地质量等级、地利等级等；林木的树种权属、树种组成、林龄、平均胸径、平均树高，幼龄林的单位面积株数，中龄林的单位面积活立木蓄积，近、成、过熟林的立木蓄积，材种出材率等级，经济林的单位面积产量，薪炭林的单位面积立木蓄积量，未成林造林地上的幼树的造林成活率，造林保存率，竹林的立竹度、均匀度、整齐度、产笋量等；其他与评估有关的内容。

## 四、森林资源资产评估主要方法

森林资源资产评估的对象是林木资产、林地资产和森林景观资产。森林资源资产评估的基本方法主要是市场法、收益法和成本法。由于森林资源资产的特殊性，根据具体的评估对象和资料情况，针对林木资产、林地资产和森林景观资产，又有相对应的评估方法。其中，林地资产评估主要是林地使用权评估，其评估方法与土地使用权的评估方法原理相同，本节重点阐述林木资产评估的主要方法。

在进行林木资产评估时，要根据不同的林种，选择适用的评估方法和林分质量调整系数进行评定估算。目前主要的评估方法有市场法、剩余法、收益法和成本法等。在林木资产评估中，林分质量调整系数须综合考虑林分的生长状况和经济质量等来确定。

（一）市场法

该方法是以相同或类似林木资产的现行市价作为比较基础，评估待估林木资产的价值。其计算公式为：

$$P = K \times K_b \times G \times Q$$

式中，$P$ 表示林木资产评估值；$K$ 表示林分质量调整系数；$K_b$ 表示物价指数调整系数；$G$ 表示参照物单位蓄积量的交易价格；$Q$ 表示被估林木资产的蓄积量。

所谓林分，是指内部特征大体一致而与邻近地段又有区别的一片林子。一个林区的森林，可以根据树种组成、森林起源、林相、林龄、疏密度地位级、林型以及其他因素的不同，划分成不同的林分。不同的林分，常要求采取不同的森林经营措施。

市场法主要适用于各种有交易的森林资源资产的评估，但防护林不适用。

（二）剩余法

剩余法又称市场价倒算法，是用被评估林木采伐后所得的木材的市场销售总收入，扣除木材经营所消耗的成本（含有关税费）及合理利润后，将剩余部分作为林木资产的评估价值。其计算公式为：

$$P = W - G - F + S$$

式中，$P$ 表示林木资产评估值；$W$ 表示销售总收入；$G$ 表示木材经营成本；$F$ 表示木材经营合理利润；$S$ 表示林木资源的再生价值。

林木资源的再生价值是指林木被砍伐后重新生长所产生的价值。

剩余法主要适用于成熟林的评估，因为这时的财务资料的取得较容易且很可靠。

（三）收益法

收益法又称收益净现值法，是将被评估林木资产在未来经营期内各年的净收益按一定的资本化率折现为现值，然后累计求和得出林木资产评估价值的方法。其计算公式为：

$$P = \sum_{t=1}^{N} \frac{A_t - C_t}{(1+r)^t}$$

式中，$P$ 表示林木资产评估价值；$A_t$ 表示第 $t$ 年的年收入；$C_t$ 表示第 $t$ 年的营林生产成本；$N$ 表示经营期；$r$ 表示资本化率。

收益法主要适用于有经常性收益的林木资产的评估，如经济林、竹林、实验林等。

（四）成本法

成本法是按现时工价及生产水平，重新营造一片与被评估林木资产相类似的林分所需的成本费用，以此作为被评估林木资产的评估值的方法。其计算公式为：

$$P = K \times \sum_{t=1}^{n} C_t (1+r)^t$$

式中，$P$ 表示林木资产评估值；$K$ 表示林分质量调整系数；$C_t$ 表示过去第 $t$ 年现时工价及生产水平为标准计算的生产成本，主要包括各年投入的工资、物质消耗、地租等；$r$ 表示折现率；$n$ 表示林分年龄。

成本法主要适用于以资产重置和补偿为目的的林木资产的评估，如幼龄林的评估等。

**相关链接**

2007年1月实施的财政部和国家林业局发布的《森林资源资产评估管理暂行规定》，明确了国有森林资源资产占有单位有下列情形之一的，应当进行资产评估：森林资源资产转让、置换；森林资源资产出资进行中外合资或者合作；森林资源资产出资进行股份经营或者联营；森林资源资产从事租赁经营；森林资源资产抵押贷款、担保或偿还债务；收购非国有森林资源资产；涉及森林资源资产诉讼；法律、法规规定需要进行评估的其他情形。非国有森林资源资产是否进行资产评估，由当事人自行决定，法律、法规另有规定的除外。

## 第三节　矿产资源资产评估

### 一、矿产资源资产评估概述

1. 含义

矿产资源资产是指已发现的具有开采价值的矿藏。根据人类对矿产储量的了解程度或者勘探投入量的不同，矿产资源资产可以分为两类：一类是凝结较少量的人类劳动的矿产资源资产；另一类是已经勘探开发、经营者投入大量劳动而证实了的矿产储量资源资产。

2. 评估对象

矿产资源资产的评估对象分为两类：一类是国家向勘探开发经营者转让矿权时，对矿权转让费的评估；另一类是对拥有矿权的勘探开发经营者的矿产储量资源资产的评估。在评估工作中，大多数是评估矿业权资产，具体分为探矿权和采矿权。

### 二、矿产资源资产价值影响因素

影响矿产资源资产价值的因素主要包括矿产资源本身的稀缺程度和可替代程度，矿产品供求状况，矿床自然丰度和地理位置，科技进步，资本化率和社会平均利润率等。

（1）矿产资源本身的稀缺程度和可替代程度。不同的矿产品，稀缺程度差别很大。一般而言，资源的稀缺程度越高，其可替代程度往往越低，凡是可替代程度低的矿产资源，其资产价值就较高。

（2）矿产品供求状况。矿产资源产品供求状况决定矿产品价值的实现程度，决定何种等级的矿产资源将被投入生产过程，从而决定矿产资源资产的价格水平。当矿产品供不应求时，价格就高；当供过于求时，价格就低。

（3）矿产资源的自然丰度和地理位置。矿产资源的自然丰度通过矿体规模、品位、埋深、厚薄等一系列指标反映。在一定的技术经济条件下，自然丰度越高，开采所需投入的成本越低，企业超额利润就会越高，矿产资源资产价值相应增加。矿产资源的地理位置也影响矿产资源资产的价值，有时甚至会超过矿产资源的自然丰度的影响。因为，矿产资源距离加工消费地的远近和运输条件的优劣影响生产成本，进而影响资产价值。

（4）科技进步。科技进步对矿产资源资产价值的影响主要表现在：第一，科技进步使一些未利用的或被认为无法利用的伴生元素或矿物得到开发和利用，从而增加市场供给；第二，科技进步可以发现已被使用的矿产资源新的或更有效的利用价值；第三，科技进步可以发现和创造更加有效或更先进的寻矿、采矿方法。

（5）资本化率和社会平均利润率。资本化率和社会平均利润率的对比可以影响资金流向和矿山企业的经营利润，进而影响矿产资源资产的价值和矿业权价值。

## 三、矿产资源资产主要评估方法

矿产资源资产的评估对象主要不是矿产资源实物资产的价值，而是矿业权的价值。矿业权价值的评估，根据不同的评估对象和评估目的，有多种评估方法。

### （一）采矿权评估

采矿权评估主要采用贴现现金流量法和可比销售法。

1. 贴现现金流量法

根据矿山企业现有的或设计的矿山设备、生产条件和方案等，预测矿山企业在预测收益期内各年开发矿产资源所取得的现金流量，采取适当的折现率折算成现值，即为采矿权价值。其计算公式为：

$$P = \sum_{t=1}^{n} \frac{C_I - C_O}{(1+r)^t}$$

式中，$P$ 表示采矿权价值；$C_I$ 表示年剩余利润额；$C_O$ 表示社会平均收益额；$r$ 表示折现率。

2. 可比销售法

可比销售法是利用已知采矿权转让中的市场价，通过差异因素调整来估算待估的采矿权价格的方法。其计算公式如下：

$$P = P_X \times \theta \times \Psi \times \Theta \times \beta$$

式中，$P$ 表示采矿权价值；$P_X$ 表示参照采矿权成交价；$\theta$ 表示规模调整系数；$\Psi$ 表示品位调整系数；$\Theta$ 表示价格调整系数；$\beta$ 表示差异调整系数。

【例6-1】假设评估某矿产资源的采矿权，只有一个参照物的价格为9 000万元；被估采矿权储量为1 200万吨，参照物的储量为800万吨；被估采矿权矿石的品位为3.8%，而参照物的矿石的品位为4%；价格调整系数为95%，差异调整系数为150%，要求采用可比销售法估算被估采矿权的价值。

**解析：**

被估采矿权的价值 $= 9\,000 \times \dfrac{1\,200}{800} \times \dfrac{3.8\%}{4\%} \times 0.95 \times 150\%$

$= 18\,275.625$（万元）

## （二）探矿权评估

探矿权可在不同精度的勘查阶段转让，评估师应针对不同精度勘查阶段合理地选择评估方法。探矿权评估分为高精度勘查和低精度勘查两个阶段。

1. 高精度勘查阶段

高精度勘查阶段，是指勘查阶段达到了详查和勘探的阶段。在该阶段，探明或控制了一定的矿产储量，做过一定数量的实验室选矿实验。高精度勘查阶段的探矿权评估方法主要包括约当投资—贴现现金流量法、重置成本法和地勘加和法。

（1）约当投资—贴现现金流量法。约当投资—贴现现金流量法是通过对新探矿权人开采投入的全部资产的预期收益现值进行估算，按原探矿权人和新探矿权人投资的比例对预期收益现值进行分割后，以原探矿权人分割所得的预期收益现值来确定探矿权的评估价值。该方法的应用前提是，具有一定勘查程度，并具有较详细的地勘投资财务资料。具体步骤如下：

第一步，计算新探矿权人资产收益现值

$$W = \sum_{t=1}^{n} \dfrac{W_t}{(1+r)^t}$$

式中，$W$ 表示资产收益现值；$W_t$ 表示第 $t$ 年的收益额，$W_t$ = 年销售收入 - 年经营成本 - 资源税 - 年资源补偿费 - 其他税金；$r$ 表示折现率。

第二步，原探矿权人投资现值可以采用重置成本法计算，新探矿权人投资现值可以采用折现法计算。新探矿权人投资现值计算公式为：

$$T_x = \sum_{t=1}^{n} \dfrac{T_t}{(1+r)^t}$$

式中，$T_x$ 表示新探矿权人投资现值；$T_t$ 表示第 $t$ 年的投资额；$r$ 表示折现率；$n$ 表示投资年限。

第三步，计算探矿权评估价值

$$P = \dfrac{T_y}{T_y + T_x} \times W$$

式中，$P$ 表示探矿权评估价值；$T_x$ 表示新探矿权人投资现值；$T_y$ 表示原探矿权人投资现值。

（2）重置成本法。探矿权评估的重置成本法是在现行技术条件下，采用新的价格费用标准，获得与被评估的探矿权具有相同勘探效果的探矿权的重置价值，扣除技术性贬值来评估探矿权净值的方法。其计算公式为：

$$P = P_b \times (1+f) \times (1-\varepsilon)$$

式中，$P$ 表示探矿权评估价值；$P_b$ 表示探矿权资产重置成本，探矿权资产重置成本 = $\sum$（各类地勘实物工作量 × 现行市价）×（1+ 四项费用分摊系数）；$f$ 表示地勘风险系数；$\varepsilon$ 表示技术性贬值系数。

四项费用分摊系数，是根据行业（部门）多年的资料初步统计出来的。在地勘工作中，这四项费用一般难以算出单个项目的具体数额，通常采用分摊处理的办法。而地勘风险系数是经过测算得出的。技术性贬值是指由于地质勘查技术，导致探矿权所依托的地勘成果质量出现问题，或者其他技术原因引起的已探明矿产储量的损失，从而影响探矿权的持续使用，降低其获利能力。因此，评估时须要作技术性贬值处理。

（3）地勘加和法。地勘加和法是一种利用地勘投入的重置成本，加上以地勘投入所分配的超额利润来确定探矿权价值的方法，也是将重置成本法和贴现现金流量法相结合的评估方法。该方法既考虑了探矿权投入的成本，也考虑了探矿权未来的获利能力。其计算公式为：

$$P = P_x + L_n$$

$$L_n = M \times \frac{T}{T+G}$$

式中，$P$ 表示探矿权评估价值；$P_x$ 表示不含勘查风险的探矿权净价；$L_n$ 表示超额利润分配额；$M$ 表示超额利润总额；$T$ 表示地勘总投资；$G$ 表示矿山建设总投资。

2. 低精度勘查阶段

低精度勘查阶段是指处于普查及普查以前的地质勘查阶段。低精度勘查阶段的探矿权评估方法主要包括地质要素评序法、联合风险勘查协议法和粗估法。

（1）地质要素评序法。地质要素评序法是以基础购置成本为基数，通过对地勘成果进行综合评价，将定性的地勘要素转化为定量的价值调整系数，对基础购置成本进行调整来确定探矿权价值的方法。其计算公式为：

探矿权评估值 = 基础购置成本 × 地质要素调整系数

（2）联合风险勘查协议法。联合风险勘查协议法是根据该勘查区已经签订的联合经营协议的条款，或类似的勘查区所签订的协议条款，按照合作公司承诺的勘查投资及其获得的相应股权，评估探矿权价值的方法。

（3）粗估法。粗估法是在低精度勘查阶段采用的一种近似方法。它主要是根据上市公司公开的地质信息报告或定期披露的地质材料，以及矿业股票市场和资本市场走势的长期分析资料（如价格与收益比、价格与现金流量比等指标），估算探矿权价值的方法。国外常用资源品级价值粗估法和以单位国土面积资源价值为基础的粗估法。

## 同步检测练习

**一、名词解释**

1. 生物资源
2. 景观资源
3. 矿产资源
4. 森林资源资产
5. 剩余法

**二、单项选择题**

1. 资源性资产是指（　　　）。
   A. 自然界存在的、能被用来产生使用价值或影响劳动生产率的天然物质财富
   B. 土地、矿产、草原、森林、水体、海洋等
   C. 包括自然资源、社会经济资源和人文历史资源等
   D. 在当前技术经济条件下，开发和利用某类自然资源，能给投资者带来一定的经济价值的自然界的物质和能量

2. 资源性资产的资产属性不包括（　　　）。
   A. 是一种在一定条件下的经济资源
   B. 可以用货币计量
   C. 进入生产过程，被经济主体占有和控制
   D. 有限性和稀缺性

3. 可再生资源性资产和不可再生资源性资产的划分是根据（　　　）。
   A. 自然资源的稀缺性
   B. 自然资源再生产的特点
   C. 自然资源的自然属性
   D. 自然资源的资产属性

4. 资源性资产由于其稀缺性和可排他性地占有而具有的价值是（　　　）。
   A. 使用价值　　　　　　　　　　B. 租金价值
   C. 交换价值　　　　　　　　　　D. 补偿价值

5. 自然资源变为资产往往需要追加一定的人类劳动，从而形成各种劳动投入产生的价值，具体表现为（　　　）。
   A. 市场价格
   B. 价值
   C. 勘探、开发和保护费用，再生性资源的再生费用，替代资源的开发费用等
   D. 成本

6. 矿产资源资产属于（　　）。

　　A. 固定资产　　　　　　　　　　B. 无形资产

　　C. 不可再生性资源资产　　　　　D. 可再生性资源资产

7. 矿产资源使用权的价值即矿业权价值是一种（　　）。

　　A. 无形资产　　　　　　　　　　B. 流动资产

　　C. 资源性资产　　　　　　　　　D. 不可再生性资源资产

8. 矿产资源实物资产价值的评估和权益资产价值的评估区别在于（　　）。

　　A. 前者是一种有形资产价值的评估，后者是一种无形资产价值的评估

　　B. 前者是固定资产评估，后者是流动资产评估

　　C. 前者是自然资源评估，后者是社会资源评估

　　D. 前者是长期资产评估，后者是无形资产评估

9. 作为一项特殊的资产，森林资源资产评估的对象主要是指（　　）。

　　A. 所有的森林资源

　　B. 所有的自然资源

　　C. 产权变动或经营主体变动的森林资源资产

　　D. 消失的森林资源

## 三、多项选择题

1. 资源性资产的个别属性有（　　）。

　　A. 天然性

　　B. 有限性和稀缺性

　　C. 地区差异性

　　D. 生态性以及与其他资源的高度相关性

2. 资源性资产的资产属性有（　　）。

　　A. 它是一种在一定条件下的经济资源

　　B. 可以用货币计量

　　C. 进入生产过程，被经济主体占有和控制

　　D. 可以实现产权或使用权的让渡和流转

3. 资源性资产按照自然资源再生产的特点可划分为（　　）。

　　A. 常见资源　　　　　　　　　　B. 可再生资源性资产

　　C. 不可再生资源性资产　　　　　D. 稀有资源

4. 从理论上分析资源性资产的价值构成，应包括（　　）。

　　A. 租金价值　　　　　　　　　　B. 劳动投入产生的价值

　　C. 剩余价值　　　　　　　　　　D. 劳动价值

5. 中国资源性资产评估的目的主要有（　　）。

　　A. 国家出让资源性资产的使用权

B. 拥有使用权的单位或个人转让使用权，或者以使用权为资本投资入股及抵押、出租等
C. 了解掌握资源的现状
D. 对资源性资产征税

6. 影响矿产资源资产和矿业权资产价值的因素主要包括（　　　）。
   A. 矿产资源的稀缺程度和可替代程度
   B. 矿产资源产品的供求状况和科技进步的水平
   C. 矿产资源的自然丰度及附存条件等自然因素
   D. 社会的平均资金利润率和矿业的资本利润率

7. 矿业权资产的评估方法有（　　　）。
   A. 贴现现金流量法　　　　　　B. 市场比较法
   C. 重置成本法　　　　　　　　D. 地理排序法
   E. 联合风险勘查协议法

8. 森林资源资产的价值主要表现在（　　　）。
   A. 经济效益　　　　　　　　　B. 生态效益
   C. 社会效益　　　　　　　　　D. 盈利效应

9. 森林资源资产的评估方法有（　　　）。
   A. 现行市价法　　　　　　　　B. 剩余价值法
   C. 收获现值法　　　　　　　　D. 重置成本法

## 四、是非判断题

1. 资源性资产评估时所指的资源一般是自然资源、社会经济资源和人文历史资源等。（　　）
2. 资源性资产具有资源性资产的个别属性，同时具有普遍意义的资产属性。（　　）
3. 资源性资源因为具有使用价值，所以它就是一种资产。（　　）
4. 资源性资产具有租金价值是因为其稀缺性和可排他性地占有。（　　）
5. 资源性资产因为具有租金价值，所以就成为了资产。（　　）
6. 资源性资产评估的评估对象就是专指资源性资产实物形态的价值。（　　）
7. 矿业权资产评估的评估对象主要是评估矿产资源实物资产的价值。（　　）
8. 矿产资源实物资产价值的评估和权益资产价值的评估是有区别的。（　　）
9. 林木资源资产评估要根据不同的林种条件，选择不同的评估方法。（　　）
10. 森林资源评估的剩余价值法是指参照类似的森林资源资产的现行市场成交价格，以此为基础进行调整，从而对森林资源资产价值进行评估的一种方法。（　　）

## 五、简答题

1. 资源性资产的含义和特征是什么？
2. 资源性资产的属性有哪些？

3. 分析资源性资产的理论价值构成。
4. 简述资源性资产的评估内涵和评估思路。
5. 资源性资产评估的目的是什么?
6. 简述矿产资源实物资产评估和权益资产评估的不同。
7. 需要评估的林业资产有哪几个层面的价值形态?
8. 比较矿业权评估各种方法的具体适用对象和条件。
9. 简述森林资源资产的价值内涵和评估对象。
10. 林木资产评估有哪些方法?

# 第七章 无形资产评估

> **引导案例**
>
> **它们能否形成企业的无形资产?**
>
> 甲、乙公司是规模相似的两家纺织企业。甲公司在成立之初就建立了自己的营销团队,对产品进行了广泛的推销,并对产品进行了完善的售后服务;同时大力宣传企业文化,因而迅速占领了国内市场,产品的售价也比同类产品稍高。乙公司在管理上也非常重视产品质量,但没有注重对产品和企业文化的宣传,因而其盈利能力远在甲公司之下。请问,使甲公司盈利能力提高的因素有哪些?这些因素可以形成企业的无形资产吗?

## 第一节　无形资产评估概述

### 一、无形资产及其特征

(一)无形资产的含义

无形资产一词在西方虽已有近百年的历史,然而对于什么是无形资产,迄今尚未有一个确定和一致的定义。中国会计界和评估界一直在探索无形资产的定义,并分别在《企业会计准则——无形资产》和《资产评估准则——无形资产》中对无形资产作出了定义。2009年7月1日起施行的《资产评估准则——无形资产》定义,无形资产是指特定主体所拥有或者控制的,不具有实物形态,能持续发挥作用且能带来经济利益的资源。对于无形资产的含义,应从以下三个方面来理解:

(1)非实体性。相对于有形资产而言,无形资产没有物质实体形态,是隐形存在的;但是无形资产也有一定的有形表现形式,如专利文件、商标标记、技术图纸、工艺文件、软盘等。由于无形资产的非实体性,因而无形资产只存在无形损耗,不存在有形损耗。

(2)排他性。无形资产应当为特定主体排他地拥有或控制,凡不能排他或者不需要任何代价即能获得的,都不是无形资产。无形资产的这种排他性,有的是通过企业自身保护取得,有的则是以适当公开其内容作为代价来取得广泛而普遍的法律保护,有的则是借助法律保护并以长期生产经营服务的信誉获得社会的公认。

(3)效益性。无形资产必须能为其控制主体持续地产生效益。这就把无形资产同一些偶然对生产经营发挥作用,但不具有持续性的经济资源,以及虽能持续发挥作用,却没有效益的经济资源相区别,如普通技术、政府发布的经济信息就不是无形资产。

## （二）无形资产的特征

**1. 共益性**

无形资产与有形资产的重要区别是，无形资产可以作为共同财产同时为不同的使用者带来利益。例如，一项技术专利在一个企业使用的同时，并不影响转让给其他企业使用。但是，无形资产的共益性也受到市场有限性和竞争性的制约。例如，由于追求自身利益的需要，各主体对无形资产的使用还必须受相关合约的限制。因此，评估无形资产，必须考虑无形资产的保密程度和作用环境。在转让方继续使用该项无形资产的情形下，也要考虑由于无形资产的转让形成竞争对手，从而增加竞争压力的机会成本。

**2. 积累性**

无形资产的积累性体现在以下两个方面：第一，无形资产的形成基于其他无形资产的发展；第二，无形资产自身的发展也是一个不断积累和演进的过程。因此，一方面，无形资产总是在一定的范围内发挥特定的作用；另一方面，无形资产的成熟程度、影响范围和获利能力也处于变化之中。

**3. 替代性**

一种技术取代另一种技术，一种工艺替代另一种工艺是科技发展的必然。因此，必须在无形资产的评估中考虑它的作用期间，尤其是尚可使用年限。无形资产尚可使用年限主要取决于该领域内技术进步的速度，取决于无形资产创新的竞争力。

## 二、无形资产的分类

**1. 按企业取得无形资产的方式划分**

无形资产可分为企业自创（或自身拥有）的无形资产和外购的无形资产。企业自创的无形资产是指由企业自己研制创造获得，或者由客观原因形成的无形资产，如自创专利、非专利技术、商标权、商誉等。企业外购的无形资产是指企业以一定的代价从其他单位购入的无形资产，如外购专利权、商标权等。通常企业自创无形资产的账面价值具有成本不完整性的特点，因而不能代表无形资产的价值。

**2. 按无形资产能否独立存在划分**

无形资产可分为可确指的无形资产和不可确指的无形资产。凡是那些具有专门名称，可单独地取得、转让或出售的无形资产，称为可确指的无形资产，如专利权、商标权、著作权、客户关系、租赁权等；那些不可特别辨认，不可单独取得，离开企业就不复存在的无形资产，称为不可确指的无形资产，如商誉。

**3. 按有无法律保护划分**

无形资产可分为有法律保护的无形资产和无法律保护的无形资产。前者如专利权、商标权、著作权；后者如专有技术。

**4. 按无形资产的构成内容划分**

无形资产可分为权利型资产（如租赁权）、关系型资产（如顾客关系、客户名单）、组合型资产（如商誉）、知识产权（包括专利权、商标权、著作权等）。

5. 按有无期限划分

无形资产可分为有期限无形资产和无期限无形资产。有期限无形资产是指资产的有效期为法律或合同所规定了的无形资产，如专利权；无期限无形资产是指资产的有效期限没有以法律或合同等形式加以规定的无形资产，如商誉。

## 三、无形资产评估价值影响因素

一般来说，影响无形资产评估价值的因素主要包括以下九项：

1. 获利能力因素

获利能力因素主要是指无形资产的预期收益能力，这是影响无形资产评估价值最重要的因素之一。一项无形资产在环境、制度允许的条件下，获利能力越强，其价值越高；获利能力越弱，其价值越低。

2. 技术因素

技术因素主要影响技术型无形资产的评估价值。一般而言，如果技术更新换代的速度越快，则该种无形资产被替代的速度也可能越快，其发挥效用的期限就可能越短。另外，无形资产的技术成熟度对无形资产的价值影响也很大。通常，越不成熟的技术被其他成熟技术超越或替代的速度越快，因而其评估价值越低。

3. 风险因素

无形资产从开发到受益会遇到多种类型的风险，包括开发风险、转化风险、实施风险、市场风险等。这些风险因素使无形资产价值的实现存在一定的不确定性，从而对无形资产的价值评估产生影响。在采用收益法评估无形资产时，风险因素可以在折现率中得到体现。

4. 无形资产的取得成本

对企业取得的无形资产来说，外购无形资产较易确定成本，自创无形资产的成本计量更困难些。自创无形资产的成本项目包括开发成本、转化成本、获权及维权成本、交易成本等。一般来说，一项无形资产的成本越高，其价值越高，这是运用成本法计算无形资产价值的理论基础；但是，这个规律并不是绝对的。在很多情况下，无形资产的取得成本高，尤其是开发成本高，但并不能够为持有者带来更高的收益，因而无形资产的取得成本并不是影响无形资产价值的重要因素。

5. 机会成本

机会成本是指该项无形资产转让、投资、出售后失去市场而损失收益的大小。失去的市场越大，企业在转让无形资产时必然要求越高的价格。

6. 市场因素

市场因素一般反映在以下两个方面：一是无形资产市场的需求情况；二是无形资产的适用程度。对于可出售、转让的无形资产，其评估值随市场需求的变化而变动。市场需求越大,则评估值越高;市场需求越小,则评估值越低。同样,无形资产的适用范围越广,适用程度越高,需求量越大,价值就越高。

7. 无形资产所处行业因素

一般而言,某行业获利能力越高,则相应地该行业的无形资产的价值也越高。

8. 使用期限

使用期限的长短,一方面取决于该项无形资产的先进程度,另一方面取决于其损耗的大小。考虑无形资产的期限,除了应考虑法律保护期限外,更主要的是应考虑其具有实际超额收益的期限。比如,某项专利的法律保护期为 20 年,但由于其无形损耗较大,拥有该项专利实际能获得超额收益的时间为 10 年,则这 10 年即为评估该项专利时应考虑的期限。

9. 其他因素

宏观经济政策、转让内容等也会影响待估无形资产的价值,在转让过程中有关条款的规定会直接影响其评估值。

## 四、无形资产评估的程序

无形资产评估一般按下列程序进行。

(一)明确评估目的

无形资产因其评估目的不同,评估的价值类型和选择的方法也不一样,评估结果也会不同。根据《资产评估准则——无形资产》第二十条,无形资产的评估目的一般包括转让、许可使用、出资、拍卖、质押、诉讼、损失赔偿、财务报告纳税等。另外,在明确目的的同时,还须了解被评估无形资产的转让内容及转让过程中的有关条款,这样评估人员才能正确确定无形资产的评估范围、基础数据及参数的选取。

(二)鉴定无形资产

鉴定无形资产是进行无形资产评估的基础工作,直接影响评估范围和评估价值的科学性。通过无形资产的鉴定,可以解决以下三个问题:

1. 确认无形资产存在

(1)查询被评估无形资产的内容、国家有关规定、专业人员评价情况、法律文书,核实有关资料的真实性、可靠性和权威性。

(2)分析无形资产使用所要求的与之相适应的特定技术条件和经济条件,鉴定其应用能力。

(3)分析其归属是否属于委托者拥有,要考虑其存在的条件和要求,对于剽窃、仿造的无形资产要加以鉴别,对于部分特殊的无形资产要分析其历史渊源,看其是否符合国家的有关规定。

2. 鉴别无形资产种类

主要是确定无形资产的种类、具体名称、存在形式。有些无形资产是由若干项无形资产综合构成,应加以确认和分离,避免重复评估和漏评估。

3. 确定无形资产的有效期

无形资产的有效期限是鉴定无形资产存在的前提。某项专利权,如超过法律保护期限,就不能作为专利权评估。有效期限对无形资产的评估值具有很大影响,如有的商标,历史越悠久,价值越高;有的商标历史并不悠久,也可能具有较高的价值。

(三)搜集相关资料

搜集相关资料就是搜集影响无形资产评估值的资料。与有形资产相比,影响无形资产评估值的因素更为复杂,在交易过程中信息不对称的问题也更严重。因此,要想更准确地评估无形资产的价值,就须尽可能地搜集到完整、真实的信息资料。

根据《资产评估准则——无形资产》第二十一条,注册资产评估师执行无形资产评估业务,一般应当关注以下事项:

(1)有关无形资产权利的法律文件或其他证明资料;

(2)无形资产的性质、目前和历史状况;

(3)无形资产的剩余经济寿命和法定寿命;

(4)无形资产的使用范围和获利能力;

(5)无形资产以往的评估及交易情况;

(6)无形资产转让的可行性;

(7)类似的无形资产的市场价格信息;

(8)卖方承诺的保证、赔偿及其他附加条件;

(9)可能影响无形资产价值的宏观经济前景;

(10)可能影响无形资产价值的行业状况及前景;

(11)可能影响无形资产价值的企业状况及前景;

(12)对不可比信息的调整;

(13)其他相关信息。

注册资产评估师执行无形资产评估业务,应当关注宏观经济政策、行业政策、经营条件、生产能力、市场状况、产品生命周期等各项因素对无形资产效能发挥的制约,关注其对无形资产价值产生的影响。

(四)确定评估方法

注册资产评估师执行无形资产评估的业务,应当根据评估目的、评估对象、价值类型、资料收集情况等相关条件,分析成本法、收益法和市场法的适用性,恰当选择一种或者多种资产评估方法。《资产评估准则——无形资产》有如下规定:

1. 注册资产评估师使用成本法时

(1)无形资产的重置成本应当包括开发者或持有者的合理收益;

(2)合理确定无形资产的功能性贬值和经济性贬值。

2. 注册资产评估师使用收益法时

（1）合理确定无形资产带来的预期收益，分析与之有关的预期变动、受益期限、成本费用、配套资产、现金流量、风险因素及货币的时间价值；

（2）确定分配到包括无形资产在内的单项资产的收益之和不超过企业资产总和带来的收益；

（3）预期收益的口径与折现率的口径保持一致；

（4）折现期限一般选择经济寿命和法定寿命的较短者；

（5）当预测趋势与现实情况明显不符时，分析产生差异的原因。

3. 注册资产评估师使用市场法时

（1）确定具有合理比较基础的类似的无形资产；

（2）收集类似的无形资产交易的市场信息和被评估无形资产以往的交易信息；

（3）依据的价格信息具有代表性，且在评估基准日是有效的；

（4）根据宏观经济、行业和无形资产情况的变化，考虑时间因素，对被评估无形资产以往交易信息进行必要的调整。

（五）整理并撰写评估报告，作出评估结论

注册资产评估师执行无形资产的评估业务，应当在履行必要的评估程序后，根据《资产评估准则——评估报告》编制评估报告，并恰当地披露必要信息，使评估报告使用者能够合理地理解评估结论。

根据《资产评估准则——无形资产》第三十一条，注册资产评估师应当在评估报告中明确说明有关评估项目的下列内容：

（1）无形资产的性质、权利状况及限制条件；

（2）无形资产实施的地域限制、领域限制及法律限制条件；

（3）宏观经济和行业的前景；

（4）无形资产的历史、现实状况与发展前景；

（5）无形资产的获利期限；

（6）评估依据的信息来源；

（7）其他必要信息。

根据《资产评估准则——无形资产》第三十二条，注册资产评估师应当在评估报告中明确说明有关评估方法的下列内容：

（1）使用的评估方法及其理由；

（2）评估方法中的运算和逻辑推理方式；

（3）折现率等重要参数的来源；

（4）各种价值结论调整为最终评估价值的逻辑推理方式。

## 第二节　市场法在无形资产评估中的应用

### 一、市场法的基本思路

无形资产评估中的市场法是指通过市场调查，选择与被评估无形资产相同或类似的近期交易实例作为参照物，并通过对交易情况、交易时间、交易价格类型，以及无形资产的先进性、适用性、可靠性、使用范围、经济寿命等各方面因素的比较、量化和修正，将参照物无形资产的市场交易价格调整为评估对象的评估思路和技术方法。

无形资产的个别性、垄断性、保密性等特点，决定了无形资产的市场透明度较低；加上中国无形资产市场不发达，交易不频繁，使得运用市场法评估无形资产有诸多的困难。因此，中国目前的条件下运用市场法的情况并不普遍。

### 二、参照物的选择

与有形资产一样，无形资产采用市场法评估，首先也要收集资料及合理地选择参照物。根据无形资产评估准则的规定，收集资料时应确定具有合理比较基础的无形资产；收集类似无形资产交易的市场信息和被评估无形资产以往的交易信息；价格信息具有代表性，且在评估基准日是有效的；根据宏观经济、行业和无形资产情况的变化，考虑时间因素，对被评估无形资产以往信息进行必要的调整。在对所收集资料进行分析、整理和筛选的基础上，合理选择参照物。参照物的选择要注意下列四点：

（1）所选择的参照物应与评估对象在功能、性质、适用范围等方面相同或基本相同；

（2）参照物的成交时间应尽可能接近评估基准日，或其价格可调整为评估基准日价格；

（3）参照物的价格类型要与评估对象要求的价格类型相同或接近；

（4）至少有三个以上的参照物可供比较。

### 三、可比因素的确定

可比因素就是影响评估对象和参照物之间价格差异的因素。从大的方面来看，这些影响因素包括交易情况、交易时间、无形资产状况等。其中，交易情况因素包括交易类型、市场供求状况、交易双方状况、交易内容、交易条件、付款方式等；交易时间因素主要分析参照物交易时同类无形资产的价格水平与评估时点是否发生变化，变化的幅度以及对无形资产价格的影响程度；无形资产的类型不同，无形资产状况因素也不完全相同，技术型无形资产状况因素主要包括无形资产的产权状况，无形资产的适用性、先进性、安全可靠性和配套性，无形资产的剩余经济寿命，无形资产受法律保护和自我保护的程度，无形资产的保密性和扩散性，无形资产的研发和宣传成本等。评估时，应对上述因素进行全面分析，合理确定可供比较的各种因素，并通过对可比因素的量化和调整，最终估测出评估对象的价值。

## 第三节 收益法在无形资产评估中的应用

### 一、收益法的应用形式

无形资产收益的具体分析方法有超额收益分析法和利润（或销售收入）分成法两种。超额收益分析法是将使用和不使用无形资产两种情况下的预期收入与其成本进行比较分析，将前者相对于后者的收入增加额或成本节约额归功于无形资产所创造的经济价值；分成法是从销售利润、销售收入或超额收益中分割一定的比例，作为对无形资产所创造的经济价值的衡量。超额收益分析法在收益额的确定中进行介绍，此处着重介绍分成法。

根据无形资产转让计价方式的不同，收益法在应用时可以用下列两种形式来表示：

1. 收益模式

$$P = \sum_{t=1}^{n} \frac{K \times R_t \times (1-T)}{(1+r)^t}$$

2. 成本—收益模式

$$P = Y + \sum_{t=1}^{n} \frac{K \times R_t \times (1-T)}{(1+r)^t}$$

式中，$P$ 表示无形资产评估值；$K$ 表示无形资产分成率；$R_t$ 表示第 $t$ 年的分成基数；$t$ 表示收益期；$r$ 表示折现率；$Y$ 表示最低收费额；$T$ 表示所得税税率。

上述两个公式不同之处在于，第二个公式比第一个公式多一项最低收费额。由于采用第二个公式计算无形资产分成率时，是按扣除最低收费额后测算的，因此本质上与第一个公式是一致的。最低收费额是指在无形资产转让中，视购买方实际生产和销售情况收取转让费的场合所确定的"旱涝保收"收入，并在确定比例收费时预先扣除，有时称"入门费"。在某些无形资产的转让中，转让方按固定额收费时把最低收费规定为转让最低价，也可作为无形资产竞卖的底价。

### 二、最低收费额的确定

由于无形资产具有垄断性，当该项无形资产是购买方必不可少的生产经营条件，或者购买方运用无形资产所增加的效益具有足够的支付能力时，无形资产转让的最低收费额由以下因素决定：

1. 重置成本净值

购买方使用无形资产,就应由购买方补偿成本费用。当购买方与转让方共同使用该项无形资产时,则由双方按运用规模、受益范围等来分摊。无形资产重置成本净值的确定见成本法的相关内容。

2. 机会成本

由于无形资产的转让可能会因为停业而使由该无形资产支撑的营业收益减少,也可能会因为产生了竞争对手而使自己的利润减少或开发支出增加。这些构成无形资产转让的机会成本,应由无形资产购买方来补偿。

综合考虑以上两大因素,无形资产最低收费额的计算公式为:

无形资产最低收费额 = 重置成本净值 × 转让成本分摊率 + 无形资产转让的机会成本

式中,转让成本分摊率 = 购买方运用无形资产的设计能力 ÷ 运用无形资产的总设计能力;无形资产转让的机会成本 = 无形资产转让的净减收益 + 无形资产再开发的净增费用

公式中"购买方运用无形资产的设计能力"可根据设计产量或按设计产量计算的销售收入确定,"运用无形资产的总设计能力"指运用无形资产的各方汇总的设计能力。由于是分摊无形资产的重置成本净值,因而不是按照实际运用无形资产的规模,而是按照设计规模来确定权重。当购买方独家使用该无形资产时,转让成本分摊率为1。式中"无形资产转让的净减收益"和"无形资产再开发的净增费用"是运用边际分析的方法测算的。"无形资产转让的净减收益"一般是指在无形资产上能发挥作用的期间减少的净现金流量;"无形资产再开发的净增费用"包括保护和维持该无形资产追加的科研费用、员工再培训费用和其他费用等。这些项目经过认真细致的分析测算是可以确定的。

【例7-1】三泰公司转让浮法玻璃生产全套技术,经收集和初步测算已知如下资料:

(1)该公司与购买企业共同享用浮法玻璃生产技术,双方设计能力分别为600万标箱和400万标箱;

(2)浮法玻璃生产全套技术是从国外引进的,账面价格为200万元,已经使用2年,尚可使用8年,2年通货膨胀率累计为10%;

(3)该项技术转出对该公司的生产经营有较大影响。由于市场竞争加剧,产品价格下降,在以后8年减少销售收入按现值计算为80万元;增加开发费用以提高质量、保住市场的追加成本按现值计算为20万元。试评估该项无形资产转让的最低收费额。

**解析:**

(1)两年通货膨胀率累计为10%,外购无形资产的重置成本可按物价指数法调整,并根据成新率确定净值,可得浮法玻璃生产全套技术的重置成本净值。

$$重置成本净值 = 200 \times (1+10\%) \times \frac{8}{2+8} = 176 (万元)$$

(2)因转让双方共同使用该无形资产,设计能力分别为600万标箱和400万标箱,评估重置成本净值分摊率。

$$重置成本净值分摊率 = \frac{400}{600 + 400} \times 100\% = 40\%$$

（3）由于无形资产转让后加剧了市场竞争，因而在该无形资产的寿命期间，销售收入减少和费用增加的折现值是转让无形资产的机会成本。

机会成本 = 80 + 20 = 100（万元）

（4）计算该无形资产转让的最低收费额。

最低收费额 = 176 × 40% + 100 = 170.4（万元）

## 三、收益法应用中各项技术经济指标的确定

### （一）无形资产评估中收益额的确定

收益额的测算是采用收益法评估无形资产的关键环节。无形资产是附着于有形资产而发挥作用并产生共同收益的，因此收益法的关键是如何从这些收益中分离出无形资产带来的收益额。常见的方法有三种。

1. 直接估算法

直接估算法是直接对比分析未使用无形资产与使用无形资产的前后收益情况，确定无形资产带来的收益额。根据无形资产带来的经济利益，可将无形资产分为收入增长型和费用节约型。

（1）收入增长型无形资产形成的超额收益

销售收入增长的原因主要有：一是生产的产品能够以高出同类产品的价格销售；二是生产的产品采用与同类产品相同价格的情况下，销售数量大幅度增加，市场占有率扩大，从而获得超额收益。

第一种原因形成的超额收益可以用下面的公式计算：

$$R = (P_2 - P_1) \times Q \times (1 - T)$$

式中，$R$ 表示超额收益；$P_2$ 表示使用后单位产品价格；$P_1$ 表示使用前单位产品价格；$Q$ 表示产品销售数量（假定不变）；$T$ 表示所得税税率。

第二种原因形成的超额收益可以用下面的公式计算：

$$R = (Q_2 - Q_1) \times (P - C) \times (1 - T)$$

式中，$R$ 表示超额收益；$Q_2$ 表示使用后产品销售数量；$Q_1$ 表示使用前产品销售数量；$P$ 表示单位产品价格（假定不变）；$C$ 表示产品单位成本；$T$ 表示所得税税率。

（2）费用节约型无形资产形成的超额收益

费用节约型无形资产是指无形资产的应用，使得生产产品的成本费用降低，从而形成超额收益。其超额收益可以用下面的公式计算：

$$R = (C_1 - C_2) \times Q \times (1 - T)$$

式中，$R$ 表示超额收益；$C_2$ 表示使用后产品单位成本；$C_1$ 表示使用前产品单位成本；$Q$ 表示产品销售数量（假定不变）；$T$ 表示所得税税率。

收入增长型无形资产和费用节约型无形资产的划分是人为地假定其他资产因素不变；而现实中，无形资产的超额收益是各个因素共同作用的结果，评估时应根据情况具体地测算。

2. 差额法

差额法是当无法将使用无形资产和未使用无形资产的收益情况进行对比时，采用无形资产和其他类型资产在经济活动中的综合收益与行业平均水平进行比较，得到无形资产的获利能力。采用这种方法时通常要经历以下四个步骤：第一，收集有关使用无形资产的产品生产经营活动的财务资料进行盈利分析，得到经营利润和销售利润率等基本数据；第二，对上述生产经营活动中的资金占用情况进行统计；第三，收集行业平均资金利润率等指标；第四，计算无形资产带来的超额收益。其计算公式为：

$$超额收益 = 净利润 - 净资产总额 \times 行业平均收益率$$

或者：

$$超额收益 = 销售收入 \times 销售收入利润率 - 销售收入 \times 单位销售收入平均占用资金 \times 行业平均收益率$$

在使用这种方法时，应注意计算出来的超额收益有时并不完全是由被评估无形资产带来的（除非能够认定只有这一种无形资产存在），往往是一种组合无形资产的超额收益，还须进行分解处理。

3. 分成率法

分成率是指无形资产收益是通过分成率来获得的，它是目前国际和国内技术交易中最为常用也最为实用的一种方法。其计算公式为：

$$无形资产收益额 = 销售收入（或利润）\times 销售收入（或利润）分成率 \times (1-所得税税率)$$

两个分成率可以相互推算，因而确定利润分成率就可确定收入分成率。因为，收益额＝销售收入 × 销售收入分成率 ×（1-所得税税率）＝销售利润 × 销售利润分成率 ×（1-所得税税率），可得到以下公式：

$$销售收入分成率 = 销售利润分成率 \times 销售利润率$$

$$销售利润分成率 = \frac{销售收入分成率}{销售利润率}$$

分成的基础一般分为三种：销售额、利润和产品数量。在无形资产转让的实务中，一般是确定一定的销售收入分成率，俗称"抽头"，因为销售额的客观性较强，也易于转让方查询、掌握。例如，在国际市场上一般技术转让费不超过销售收入的3%—5%。以新增利润为基础分成，从理论上讲比较合理，但在实际施行中比较困难。因为利润是一种计算结果，具有一定的主观性，并且企业很少公开有关利润方面的财务数据，转让方很难准确掌握受让方的利润额,所以实践中一般较少用利润作为分成基础。以产品数量为基础的分成,在国内外技术转让中也具有普遍性。尽管三种分成的基础不同,但是三者之间根据上述计算公式是可以转换的。如果按社会平均销售利润率10%推算,则技术转让费为销售收入的3%,利润分成率为30%。下面主要介绍利润分成率的确定。

利润分成率是以无形资产带来的追加利润在利润总额中的比重为基础的。但是,在某些情况下,无形资产带来的追加利润无法直接计算,就须采用间接方法获得。因此,确定无形资产转让的利润分成率的主要方法有以下几种:

(1)边际分析法。边际分析法是选择两种不同的生产经营方式进行比较:一种是运用普通生产技术或企业原有技术进行经营;一种是运用转让的无形资产进行经营。后者的利润大于前者的差额,即投资于无形资产带来的追加利润;然后测算各年度追加利润占总利润的比重,并按各年度利润现值的权重求出无形资产经济寿命期间追加利润占总利润的比重,即评估的利润分成率。这种方法的关键是科学分析无形资产投入可以带来的净追加利润,这也是购买无形资产所必须进行决策分析的内容。边际分析法有三个步骤:

第一步,对无形资产边际贡献因素进行分析:①新市场的开辟,垄断加价的因素;②消耗量的降低,成本费用降低;③产品结构优化,质量改进,功能费用降低,成本收入率提高。

第二步,测算无形资产寿命期间的利润总额及追加利润总额,并进行折现处理。

第三步,按利润总额现值和追加利润总额现值计算利润分成率。其计算公式为:

$$利润分成率 = \frac{追加利润现值}{利润总额现值}$$

【例7-2】三泰公司转让彩电显像管新技术,购买方用于改造年产10万只彩电显像管的生产线。通过对无形资产边际贡献因素的分析,测算在其寿命期间各年度分别可带来追加利润100万元、120万元、90万元和70万元,分别占当年利润总额的40%、30%、20%和15%。试评估无形资产的利润分成率(折现率为10%)。

**解析:**

$$各年度利润总额现值之和 = \frac{100}{40\% \times (1+10\%)} + \frac{120}{30\% \times (1+10\%)^2} + \frac{90}{20\% \times (1+10)^3} + \frac{70}{15\% \times (1+10\%)^4}$$

$$= 250 \times 0.9091 + 400 \times 0.8264 + 450 \times 0.7513 + 467 \times 0.6830$$

$$= 227.275 + 330.560 + 338.085 + 318.961 = 1\,214.881(万元)$$

$$追加利润现值之和 = \frac{100}{(1+10\%)} + \frac{120}{(1+10\%)^2} + \frac{90}{(1+10)^3} + \frac{70}{(1+10\%)^4}$$

$$= 100 \times 0.9091 + 120 \times 0.8264 + 90 \times 0.7513 + 70 \times 0.6830$$

$$= 90.91 + 99.168 + 67.617 + 47.81 = 305.505(万元)$$

$$无形资产利润分成率 = \frac{305.505}{1\,214.881} \times 100\% = 25\%$$

（2）约当投资分成法。边际分析法是根据各种生产要素对提高生产率的贡献来计算，过程明了，易于被人接受。但是由于无形资产与有形资产的作用往往互为条件，在许多场合下较难确定购置的无形资产的贡献率，因此还需寻求其他途径。由于利润往往是无形资产与其他资产共同作用的结果，而无形资产通常具有较高的成本利润率，因而可以考虑采取在成本的基础上附加相应的成本利润率，折合成约当投资的办法，按无形资产的折合约当投资与购买方投入的资产约当投资的比例确定利润分成率。其计算公式为：

$$无形资产利润分成率 = \frac{无形资产约当投资量}{购买方约当投资量 + 无形资产约当投资量}$$

无形资产约当投资量 = 无形资产重置成本 × （1 + 适用成本利润率）

购买方约当投资量 = 购买方投入的总资产的重置成本 × （1 + 适用成本利润率）

确定无形资产约当投资量时，适用成本利润率按转让方无形资产带来的利润与其成本之比计算。没有企业的实际数据时，按社会平均水平确定。确定购买方的约当投资量时，适用的成本利润率按购买方的现有水平测算。

【例7-3】A公司以制造四轮驱动汽车的技术向B公司投资，该技术的重置成本为100万元，B公司拟投入合营的资产的重置成本为8 000万元；A公司无形资产成本利润率为500%，B公司拟合营的资产原利润率为12.5%。试评估无形资产投资的利润分成率。

解析：

无形资产的约当投资量 = 100 × (1 + 500%) = 600（万元）

企业约当投资量 = 8 000 × (1 + 12.5%) = 9 000（万元）

$$A公司无形资产成本利润率 = \frac{600}{9\ 000 + 600} \times 100\% = 6.25\%$$

如果评估的不是全新的无形资产，还需要考虑无形资产重置成本的净值。

【例7-4】A公司将一项专利使用权让给B公司，拟采用利润分成的方法。该专利是3年前从外部购入的，账面成本为80万元，3年间物价累计上涨了25%。该专利的法律保护期为10年，已过4年，尚可保护6年。经专业人员测算，该专利成本利润率为400%，B公司资产的重置成本为4 000万元，成本利润率为12.5%。试评估无形资产投资的利润分成率。

解析：

无形资产的约当投资量 = 80 × (1+25%) × $\frac{6}{10}$ × (1 + 400%) = 300（万元）

企业约当投资量 = 4 000 × (1+12.5%) = 4 500（万元）

$$A公司无形资产成本利润率 = \frac{300}{4\ 500 + 300} \times 100\% = 6.25\%$$

值得注意的是，分成率不是一个固定的值，它会随着受让与使用无形资产生产的产品产量的增加而递减。评估人员在利用分成率确定无形资产收益额时，要根据实际情况具体分析，合理确定分成收益。详见表7-1。

表7-1 中国某项技术转让规定的提成递减率

| 年产量（万套） | 占规定提成率（%） |
|---|---|
| 1—10 | 100 |
| 10—20 | 75 |
| 20—50 | 25 |

（3）要素贡献法。中国资产评估界采取"三分法"，即考虑生产经营活动的三要素（资金、技术、管理），但三要素在不同行业的贡献是不一样的。一般来说，资本密集型行业三要素的比例分别是50%、30%、20%；技术密集型行业三要素的比例分别是40%、40%、20%；一般行业三要素的比例分别是30%、40%、30%；高科技行业三要素的比例分别是30%、50%、20%。当然，确定无形资产收益额时这些数据仅供参考。

## （二）无形资产评估中折现率的确定

与有形资产相同，无形资产的风险报酬率也是由无风险报酬率与风险报酬率两部分组成的。一般而言，投资于无形资产的收益较高，风险也较高。因此，适用于无形资产的风险报酬率往往高于有形资产。评估的时候，需要根据影响无形资产获利能力的各种因素，分析判断被评估无形资产获得某种程度收入的概率，科学地测算其风险报酬率，进而确定恰当的折现率。此外，需要注意折现率的口径应与收益额的口径保持一致。

## （三）无形资产评估中收益期限的确定

无形资产收益期限（或称有效期限），是指无形资产发挥作用并具有超额获利能力的时间。无形资产在发挥作用的过程中，其损耗是客观存在的。无形资产价值降低是由于损耗形成的，即科学技术进步引起价值减少。具体来说，主要有下列三种情况：

（1）新的、更为先进、更经济的无形资产出现，这种新的无形资产可以替代旧的无形资产，使采用原有无形资产无利可图时，原有无形资产的价值就丧失了。

（2）因为无形资产的传播范围扩大，其他企业普遍掌握这项无形资产，获得这项无形资产已不需要任何成本，使拥有这项无形资产的企业不再具有获取超额收益的能力时，它的价值也就大幅度贬低或丧失。

（3）企业拥有的某项无形资产所决定的产品销售量骤减，需求大幅度下降时，这项无形资产的价值就会减少，甚至完全丧失。

以上说明的是确定无形资产的有效期限的理论依据。在评估实践中，确定收益期限的方法主要有以下三种：

1. 法定年限法

法律、合同分别规定有效期限和受益年限的，按孰低原则确定；法律未规定有效期限，但企业合同规定受益年限的，按受益年限确定。

## 2. 更新周期法

根据无形资产的更新周期评估其剩余经济年限,对于部分专利权、版权和专有技术是比较适用的方法。无形资产的更新周期有两大参照系:一是产品更新周期;二是技术更新周期。采用更新周期法,通常是根据同类无形资产的历史经验数据,运用统计模型分析,而不是对无形资产逐一进行更新周期的分析。

## 3. 剩余寿命预测法

剩余寿命预测法是直接评估无形资产的尚可使用经济年限的方法。这种方法是根据产品的市场竞争状况、可替代技术进步及更新的趋势作出的综合性预测。

# 第四节 成本法在无形资产评估中的应用

## 一、成本法的基本思路

运用成本法评估无形资产,是在确信无形资产具有现实或潜在的获利能力,但不易量化的情况下,根据替代原则,以无形资产的现行重置成本为基础判断其价值。

运用成本法评估无形资产,需要把握两大基本要素:一是无形资产的重置成本;二是无形资产的贬值,主要是无形资产的功能性贬值和经济性贬值。

由于无形资产的成本具有不完整性、弱对应性和虚拟性等特点,因此运用成本法评估无形资产的价值会受到一定的限制。

## 二、无形资产重置成本的估测

无形资产的重置成本是指在现行的条件下,重新取得该无形资产需支出的全部费用。根据无形资产形成的渠道,在估测无形资产的重置成本时,要区分自创无形资产和外购无形资产两大类分别考虑。

(一)自创无形资产重置成本的估测

自创无形资产的成本包括研制、开发、持有期间发生的全部物化劳动和活劳动的费用支出。现实中,大多数企业或个人对自创无形资产的基础成本数据积累不够,使得自创无形资产的成本记录不完整、不真实,甚至没有。这样运用成本法评估无形资产有一定的困难。在无形资产研制、开发费用资料较完备的情况下,可按下列思路估测无形资产的重置成本。

## 1. 核算法

核算法是将以现行价格水平和费用标准计算的无形资产研发过程中的全部成本费用(包括直接成本和间接成本)加上合理的利润、税费确定无形资产的重置成本。其计算公式为:

无形资产重置成本 = 直接成本 + 间接成本 + 合理的利润 + 税费

其中，直接成本是指无形资产研发过程中实际发生的材料、工时耗费支出，一般包括材料费用、科研人员工资、专用设备费、咨询鉴定费、协作费、培训费、差旅费和其他有关费用；间接成本是指与无形资产研发有关，应摊入无形资产成本的费用，包括管理费用、非专用设备折旧费用、应分摊的公共费用和能源费用等；合理的利润是指以无形资产直接成本和间接成本为基础，按同类无形资产平均成本利润率计算的利润；税费是指无形资产转让过程中应缴纳的营业税、城市维护建设税和教育费附加，以及无形资产转让过程中发生的其他费用，如宣传广告费、技术服务费、交易手续费等。

2. 倍加系数法

对于投入智力比较多的技术型无形资产，考虑到科研劳动的复杂性和风险性，可以用以下公式估测无形资产的重置成本：

$$C_r = \left(C + \frac{\beta_1 V}{1 - \beta_2}\right) \times (1 + P) \times \frac{1}{1 - T}$$

式中，$C_r$ 表示无形资产重置成本；$C$ 表示研制开发无形资产消耗的物化劳动；$V$ 表示研制开发无形资产消耗的活劳动；$\beta_1$ 表示科研人员创造性劳动的倍加系数；$\beta_2$ 表示科研的平均风险系数；$P$ 表示无形资产投资报酬率；$T$ 表示流转税（营业税及附加）税费率。

当被评估无形资产为非技术型无形资产时，科研人员创造性劳动的倍加系数和科研的平均风险系数可以不予考虑。当然，上述公式并没有反映间接成本和转让成本的因素，在实际评估操作中应该考虑在内。

没有较完备的费用支出数据资料的无形资产重置成本的估算，应尽可能利用类似无形资产的重置成本作为参照，通过调整求得评估对象的重置成本。

（二）外购无形资产重置成本的估测

外购无形资产由于其原始购入成本在企业的账簿上有记录，相对于自创无形资产重置成本的估测似乎容易一些。外购无形资产重置成本包括购买价和购置费用两部分，一般可采用下列两种方法估测。

1. 类比法

类比法是以与评估对象类似的无形资产近期交易实例作为参照物，再根据功能和技术先进性、适用性等对参照物的交易价格进行调整和修正，从而确定评估对象现行购买价格；然后根据现行标准和实际情况核定无形资产的购置费用，以此确定无形资产的重置成本。该方法的难点是能否找到合适的参照物以及调整因素的确定与量化。

2. 价格指数法

价格指数法是以被评估无形资产的历史成本为基础，采用同类无形资产的价格指数将无形资产的历史成本调整为重置成本的方法。可根据所得价格指数的情况，具体采用定基价格指数和环比价格指数进行调整。采用定基价格指数进行调整的公式为：

$$重置成本 = 历史成本 \times \frac{评估时定基价格指数}{购置时定基价格指数}$$

采用环比价格指数进行调整的公式为：

$$重置成本 = 历史成本 \times \frac{评估时环比价格指数}{购置时环比价格指数}$$

价格指数应综合考虑生产资料价格指数的变化和消费资料价格指数的变化。根据评估对象的种类以及可能投入的活劳动情况，选择生产资料价格指数和消费资料价格指数的权重。

**【例7-5】** 2014年5月A公司对某项无形资产进行评估，该项无形资产2005年购买时的账面价值为300万元，已知2005年和2014年的价格指数分别为100%和200%，要求确定该项无形资产的重置成本。

**解析：** 该项无形资产的重置成本 = $300 \times \frac{200\%}{100\%} = 600$（万元）

### 三、无形资产贬值的估测

无形资产本身没有有形损耗，它的贬值主要体现在功能性贬值和经济性贬值方面；而无形资产功能性贬值和经济性贬值又会通过其经济寿命的减少与缩短体现出来。评估时，可以把无形资产的贬值以其剩余经济寿命的减少来表示。这样，利用使用年限法就能较为客观地反映无形资产的贬值。其计算公式为：

$$贬值率 = \frac{已使用年限}{已使用年限 + 尚可使用年限}$$

运用使用年限法确定无形资产贬值率，关键问题是如何确定无形资产的尚可使用年限。无形资产的尚可使用年限可以根据无形资产法律保护期限或合同期限减去已使用年限确定，或者通过有关专家对无形资产的先进性、适用性，以及同类无形资产的状况和国家有关政策等方面的综合分析，判定其剩余经济寿命。此外，还应注意分析无形资产的使用效用与无形资产的使用年限是否呈线性关系，以此确定上述公式的适用性。

### 四、无形资产价值的估测

无形资产评估实质上是对其权利和获利能力的评估。在无形资产转让的过程中，无形资产的权利可分为所有权和许可使用权。由于无形资产的权利不同，其获利能力也不同，无形资产的价值也不相同。因此，对无形资产价值的评估可分为下列两种情况。

1. 无形资产所有权价值的估测

无形资产所有权是无形资产最根本的权利。无形资产所有权的转让标志着无形资产的权利（控制权、使用权、收益权、处置权等）的全部转移。在这种情况下，无形资产的评估价值应该是无形资产的重置成本扣除无形资产贬值后的全部余额。其评估公式为：

无形资产评估值 = 重置成本 × （1 - 贬值率）

2. 无形资产许可使用权价值的估测

无形资产许可使用权通常分为独占使用权、排他使用权和普通使用权等。上述使用权转让的形式和内容尽管有所不同，但具有共同的特点，即无形资产的所有权仍被原产权主体拥有，无形资产的使用权和收益权在一定的时间和地域范围内被多家产权主体拥有。因此，在这种情况下，无形资产使用权价值就不是全部无形资产的重置成本的净值，而是全部无形资产重置成本的净值的分摊额与无形资产转让的机会成本之和。其评估公式为：

无形资产评估值 = 重置成本 × （1 - 贬值率） × 转让成本分摊率 + 转让的机会成本

$$转让成本分摊率 = \frac{购买方运用无形资产的设计能力}{运用无形资产总的设计能力} \times 100\%$$

无形资产转让的机会成本 = 无形资产转让的净减收益 + 无形资产再开发的净增费用

上述公式中，购买方运用无形资产的设计能力和运用无形资产总的设计能力可根据设计产量或按设计产量计算的销售收入确定；无形资产转让的净减收益包括保护和维持无形资产而追加的科研费用和其他费用；无形资产转让的净减收益和无形资产再开发的净增费用通常运用边际分析法进行分析测算。

## 同步检测练习

**一、名词解释**

1. 无形资产
2. 超额收益
3. 分成率法
4. 边际分析法
5. 约当投资分成法

**二、单项选择题**

1. 无形资产评估的前提一般为（　　）。
   A. 产权变动　　　　　　　　B. 资产重组无形资产
   C. 股份经营　　　　　　　　D. 资产抵押
2. 下列属于不可确指无形资产的是（　　）。
   A. 商标权　　　　　　　　　B. 专利权
   C. 土地使用权　　　　　　　D. 商誉

3. 无形资产有效期限是无形资产获得（　　）。
   A. 正常收益的时间　　　　　　　　B. 超额收益的时间
   C. 客观收益的时间　　　　　　　　D. 实际收益的时间

4. 行业平均销售利润率为10%，企业销售利润率为15%，当技术转让费为销售收入的5%时，无形资产转让的销售利润分成率为（　　）。
   A. 50%　　　　B. 33%　　　　C. 5%　　　　D. 67%

5. 确定无形资产收益期限通常按照剩余经济寿命与法律保护年限以及合同年限（　　）。
   A. 孰长原则　　　　　　　　　　B. 孰短原则
   C. 平均原则　　　　　　　　　　D. 任选原则

6. 下列选项中，不属于无形资产的是（　　）。
   A. 债权性质的应收及预付账款　　　B. 土地使用权
   C. 计算机软件　　　　　　　　　　D. 非专利技术

7. 下列选项中，不影响无形资产评估价值的因素是（　　）。
   A. 寿命期限　　　　　　　　　　B. 机会成本
   C. 市场供求状况　　　　　　　　D. 评估方法

8. 在下列无形资产中，属于不可确指资产的是（　　）。
   A. 特许经营权　　　　　　　　　B. 商誉
   C. 著作权　　　　　　　　　　　D. 商业秘密

9. 中国理论界所说的"三分法"，即经营活动中的三大要素不包括（　　）。
   A. 资金　　　　　　　　　　　　B. 经济环境
   C. 技术　　　　　　　　　　　　D. 管理

10. 租赁权评估的对象是（　　）。
    A. 租赁合同规定的租金的现值
    B. 租赁资产的价值
    C. 租赁合同带来的高于租金现值的额外经济利益
    D. 租赁资产的重置成本

11. 甲企业以一项先进的技术向乙企业投资，该技术的重置成本为200万元，乙企业拟投入的资产的重置成本为4 000万元；甲企业无形资产成本利润率为500%，乙企业拟合作的资产利润率为25%。则无形资产投资的利润分成率约为（　　）。
    A. 12.5%　　　B. 19.35%　　　C. 15%　　　D. 18.75%

12. 甲企业研制出一种含锌矿泉材料，在研制过程中共消耗物料及其他费用为50万元，人员开支为20万元。评估人员经测算，确定科研人员创造性劳动倍加系数为1.5，科研平均风险系数为0.2，该无形资产的投资报酬率为30%。采用倍加系数法估算其重置成本为（　　）。
    A. 70万元　　　B. 91万元　　　C. 120万元　　　D. 130万元

13. 某企业 5 年前获得一项专利，法定寿命为 10 年，现对其价值进行评估。经专家估算，至评估基准日，其重置成本为 120 万元，尚可使用 3 年。则该项专利的评估价值为（　　）。

  A. 45 万元　　　　B. 50 万元　　　　C. 36 万元　　　　D. 72 万元

14. A 公司将其拥有的某产品的商标许可 B 公司使用，许可使用期为 5 年。按许可协议，B 公司每年将使用该商标新增利润的 30% 支付给 A 公司。B 公司拟年产该商标产品为 10 万台，每台市场售价为 100 元，公司预期各年销售利润率为 15%。若折现率为 10%，则该商标使用权的评估值约为（　　）。

  A. 170.6 万元　　　　　　　　B. 568.6 万元
  C. 1 137.2 万元　　　　　　　D. 225.0 万元

15. 甲机械制造厂允许另一地区的乙设备厂利用其专营商标，生产其专营的特种防火器材，时间为 6 年，双方约定由乙设备厂每年按其销售利润的 30% 一次性向甲机械制造厂缴纳专营使用费。经预测，在使用专营商标期间，乙设备厂在第一年可获取销售利润 150 万元，第 2 至第 6 年平均每年获取销售利润 200 万元。若折现率为 10%，则该专营商标使用权的评估价值约为（　　）。

  A. 272.45 万元　　　　　　　B. 825.60 万元
  C. 268.36 万元　　　　　　　D. 247.68 万元

## 三、多项选择题

1. 按无形资产的性质划分，无形资产可分为（　　）。
  A. 知识型无形资产　　　　　B. 权利型无形资产
  C. 关系型无形资产　　　　　D. 促销型无形资产
  E. 金融型无形资产

2. 无形资产鉴定的内容包括（　　）。
  A. 确认无形资产的存在　　　B. 确认无形资产的权利状况
  C. 鉴定无形资产的效用　　　D. 确认无形资产的收益
  E. 确认无形资产的有效期限

3. 无形资产超额收益的估测方法有（　　）。
  A. 直接估算法　　　　　　　B. 功能比较法
  C. 分成率法　　　　　　　　D. 价格指数法
  E. 差额法

4. 无形资产分成率的估测方法有（　　）。
  A. 分成率换算法　　　　　　B. 边际分析法
  C. 分成率法　　　　　　　　D. 市场比较法
  E. 功能比较法

5. 无形资产转让的机会成本包括（　　）。
   A. 转让的重置成本　　　　　　　　B. 转让的重置成本净值
   C. 转让的净减收益　　　　　　　　D. 转让的净增费用
   E. 转让的税费

6. 无形资产可以作为独立的转让对象进行评估，其前提是（　　）。
   A. 能带来正常利润　　　　　　　　B. 能带来超额利润
   C. 能带来垄断利润　　　　　　　　D. 能带来非经济性利益

7. 下面对无形资产概念理解正确的有（　　）。
   A. 由一定的主体排他性地加以控制
   B. 对生产经营长期持续发挥作用并能带来经济效益的经济资源
   C. 不具有实物形态，但又依托一定的实体
   D. 对生产经营长期持续发挥作用并能带来经济效益的非经济资源

8. 工业产权包括（　　）。
   A. 专利权　　　　　　　　　　　　B. 专有技术
   C. 商标权　　　　　　　　　　　　D. 著作权

9. 按无形资产的产生来源划分，可以将无形资产分为（　　）。
   A. 自创的无形资产　　　　　　　　B. 知识产权
   C. 外购的无形资产　　　　　　　　D. 关系类无形资产

10. 商誉属于（　　）。
    A. 不可确指的无形资产　　　　　　B. 自创的无形资产
    C. 非技术型的无形资产　　　　　　D. 组合类无形资产

11. 通过无形资产的鉴定，可以解决的问题是（　　）。
    A. 确认无形资产的存在　　　　　　B. 鉴别无形资产的种类
    C. 确定无形资产的有效期限　　　　D. 确定无形资产的收益

12. 无形资产评估中，运用收益法时，无形资产收益额的确定方法有（　　）。
    A. 直接估算法　　　　　　　　　　B. 分成率法
    C. 约当投资分析法　　　　　　　　D. 要素贡献法

13. 运用市场法评估无形资产时，评估人员应注意（　　）。
    A. 收集类似的无形资产交易的市场信息是为纵向比较提供依据，而收集被评估无形资产以往的交易信息则是为横向比较提供依据
    B. 参照物与被评估无形资产之间会因为时间、空间和条件的变化而产生差异，评估人员应对此作出合理调整
    C. 依据的价格信息具有代表性，即参照物的成交价应当是能够反映正常市场交易的价格，并且能反映被评估无形资产的载体结构和市场结构特征
    D. 参照物的成交价应当是接近评估基准日的实际成交价

14. 无形资产发挥作用的方式明显区别于有形资产，因而在评估时要牢牢把握其固有的特性，包括（　　　）。

    A．附着性　　　　B．累积性　　　　C．替代性　　　　D．虚拟性

15. 下列说法正确的是（　　　）。

    A．无形资产创造效益的能力越强，其评估价值越高

    B．无形资产的创造成本越高，其评估价值越高

    C．无形资产的市场需求越大，其评估价值越高

    D．科技成果开发程度越高、技术越成熟，运用该技术成果的风险性越小，其评估价值就越低

## 四、是非判断题

1. 无形资产评估一般应以产权变动为前提。（　　　）
2. 受市场条件的制约，无形资产评估的价值类型只能是市场价值以外的价值。（　　　）
3. 无形资产有效期限是无形资产能够获得超额收益的时间。（　　　）
4. 无形资产的超常获利能力通常表现为企业的超额利润或垄断利润。（　　　）
5. 无形资产贬值主要体现在实体性贬值、功能性贬值和经济性贬值等方面。（　　　）
6. 由于无形资产具有替代性的功能特性，因此在评估时必须考虑无形资产的经济寿命，尤其是尚可使用年限。（　　　）
7. 按使用权限的大小，转让专利使用权可以分为独家使用权、排他使用权、普通使用权。其中，独家使用权是指卖方在合同规定的时间和地域范围内只把技术授予买方使用，同时卖方自己保留使用权和产品销售权，但不再将该技术转让给第三方。（　　　）
8. 无形资产的成本往往是相对的，特别是一些无形资产的内涵已远远超出其外在形式。比如，名牌商品的内涵是商品的质量信誉、获利能力等，其内在价值已远远超过商标成本中包括的设计费、注册费、广告费等所体现的价值。因此，无形资产的成本费用具有弱对应性的特点。（　　　）
9. 运用市场法评估无形资产时，要选择具有合理比较基础的类似无形资产，即参照物与被评估无形资产至少形式相似、功能相似、载体相似、交易条件相似。其中，形式相似是指参照物与被评估无形资产所依附的产品或服务应满足同质性要求，所依附的企业应满足同行业与同规模的要求。（　　　）
10. 租赁权评估的对象是租赁合同带来的额外经济利益，它的评估期限是租赁合同期，估价标准是收益现值，评估目的是服务于产权交易。（　　　）
11. 工业产权是指无形资产的一种专门类型，通常包括专利权、专有技术、商标权和版权。（　　　）
12. 考虑无形资产的共益性，就要求在资产评估时考虑机会成本的补偿问题。（　　　）
13. 若无形资产形成的时间较短，并且存在另一种类似无形资产可以替代，则成本法较为适用。（　　　）

14. 评估时，需要注意无形资产收益额的计算口径与折现率口径的一致性。若收益额采用净利润，则折现率应选择投资回收率。（　　　）

15. 企业整体租赁权评估的思路是，先用收益法评出该企业整体转让时的价格，然后以此价格减去企业整体租赁合同约定的租金。（　　　）

### 五、简答题

1. 影响无形资产评估价值的因素有哪些？
2. 简述无形资产的价值特点与功能特性。
3. 鉴定无形资产的目的是什么？
4. 如果采用市场法评估无形资产，评估人员应当注意哪些问题？

### 六、案例分析题

1. 某项技术为一项新产品设计及工艺技术，已使用 3 年，证明技术可靠，产品比同类产品性能优越。经了解，同类产品平均价格为 250 元/件，该产品价格为 280 元/件，目前该产品年销量为 2 万件。经分析，产品寿命还可以维持 8 年，但竞争者将介入。由于该企业已经较稳固地占领了市场，竞争者估计将采取扩大市场范围的市场策略，预计该企业将维持目前的市场占有，但价格呈下降趋势。产品价格预计今后 1—3 年维持现价，4—5 年降为 270 元/件，6—8 年降为 260 元/件；估计成本变动不大，故不考虑其变动。若折现率为 10%，所得税税率为 25%，试用超额收益法评估该项新产品设计及工艺技术的价值。（计算结果保留两位小数）

2. 某企业转让制药生产技术，经搜集和初步测算已知下列资料：

（1）该企业与购买企业共同享有该制药生产技术，双方的设计能力分别为 600 万箱和 400 万箱；

（2）该制药生产技术系国外引进，账面价格为 500 万元，已使用 3 年，尚可使用 9 年，3 年通货膨胀率累计为 10%；

（3）该项技术转让对该企业的生产经营有较大影响，由于市场竞争，产品价格将下降，在以后 9 年中减少的销售收入按现值计算为 100 万元，增加开发费以保住市场的追加成本按现值计算为 30 万元。

根据上述资料，计算确定该制药生产全套技术的重置成本净值；该无形资产转让的最低收费额评估值。

3. 甲企业将一项专利使用权转让给乙企业，拟采用利润分成的方法。该专利系 3 年前从外部购入，账面成本为 100 万元，3 年间物价累计上升 50%，该专利的法律保护期为 10 年，已过 3 年，尚可保护 7 年。经专业人士测算，该专利成本利润率为 400%，乙企业资产的重置成本为 5 000 万元，成本利润率为 10%。通过对该专利的分析，技术人员认为该专利的剩余使用寿命为 5 年；另外，通过对市场供求状况及有关会计资料分析得知，乙企业实际生产能力为年产某型号产品 20 万台，成本费用每年约为 400 万元，未来 5 年间产量与成本费用变动不大。该产品由于采用了专利技术，性能有较大幅度的提高，未来第 1 年、第 2 年每台售价达 500 元，在竞争的作用下，为维护市场占有率，第 3 年、第 4 年售价将下降到每台 450 元，第 5 年下降到每台 420 元，折现率确定为 10%。根据上述资料确定该专利的评估值。（不考虑流转税因素，计算结果保留两位小数）

4. A 企业被 B 企业兼并，需要对 A 企业自创的一项技术进行评估。据资料可知：该技术研发时发生原材料费 10 000 元，辅助材料费 4 000 元，燃料动力费 1 100 元，有关人员工资和津贴 5 000 元，专用设备费 1 000 元，差旅费 500 元，管理费 1 200 元，占用固定资产的折旧费 3 500 元，人员培训费和资料费等 1 300 元，专利申请费 800 元。该技术的创造性劳动倍加系数为 3，科研平均风险率为 6%，无形资产贬值率为 20%。据预测，该技术使用后，B 企业每年可新增利润 90 000 元。该专利技术的剩余有效期限为 5 年。若提成率为 20%，贴现率为 10%，求该专利技术的重置价值。（计算结果保留两位小数）

5. A 企业转让显像管新技术，购买方用于改造年产 30 万只显像管的生产线。经对无形资产边际贡献因素的分析，测算在其寿命期间各年度分别可带来的追加利润为 100 万元、110 万元、90 万元、80 万元，分别占当年利润总额的 35%、30%、25%、20%。假设折现率为 10%，试评估该无形资产的利润分成率。

6. 甲企业拥有一项专利，该专利保护期限还有 8 年，评估人员经调查分析，认为该专利的剩余经济寿命为 6 年。乙企业拟购买该项专利，预计乙企业运用该项专利后每年可新增的税前利润为 120 万元，该专利对新增利润的贡献度为 60%，所得税税率为 25%，折现率为 12%。根据上述资料，估测该项专利的转让价值。

7. 甲企业将其商标权通过许可使用合同许可给乙企业使用，合同期限为 5 年。双方约定乙企业将使用商标后每年销售收入的 4% 支付给甲企业，预计乙企业未来 5 年的销售收入分别为 1 100 万元、1 150 万元、1 180 万元、1 200 万元、1 220 万元，所得税税率为 25%，折现率为 12%。根据上述资料估测该商标许可使用权的价值。

8. 甲企业拟将可视电话专利技术使用权转让给乙企业，有关资料如下：

（1）该专利技术是甲企业 2 年前获得的，历史成本为 260 万元；

（2）与 2 年前相比，该类技术的价格上涨了 8%；

（3）该专利技术的剩余经济寿命为 6 年；

（4）该专利为甲、乙企业共享使用，甲、乙企业的设计生产能力分别为 500 万部、220 万部；

（5）专利转让后，甲企业未来净减收益的现值为 60 万元，增加研发费用的现值为 18 万元。

根据上述资料，估测该项专利使用权的转让价值。

# 第八章
## 长期投资性资产评估

# 第八章 长期投资性资产评估

> **引导案例**
>
> **转让价值应如何确定？**
>
> 2012 年 3 月，A 投资者对甲有限公司投资 60 万元并取得其 30% 的股权。投资 3 年后，A 投资者转让该项投资。3 年间，甲公司每年取得利润 50 万元，A 投资者将利润所得全部用于公司的追加投资。假定其他投资者没有进行追加投资，请问 2015 年 3 月 A 投资者长期股权投资的转让价值应是多少？

## 第一节 长期投资评估概述

### 一、长期投资的含义及其分类

投资是指企业为通过分配来增加财富，或为谋求其他利益，而将资产让渡给其他单位以获得另一项资产的行为。

投资按其目的和持有时间不同可分为短期投资和长期投资。短期投资是指能够随时变现并且持有时间不超过 1 年的投资。长期投资是指企业不准备随时变现，持有时间超过 1 年以上的投资。

投资按其性质不同可分为债权投资、股权投资和混合性投资三类。债权投资是指为了取得债权而进行的投资，如购买国库券、公司债券等。股权投资是指为了获取其他企业的权益或净资产而进行的投资，如对其他企业的股票投资、联营投资等。混合性投资通常兼具债权投资和股权投资的性质，表现为混合性证券投资，如企业购买的优先股股票、可转换公司债券等。

### 二、长期投资评估的特点

1. 长期投资评估是对资本的评估

长期股权投资是投资者在被投资企业享有的权益。虽然投资者的出资形式有货币资金、实物资产和无形资产等，但是投放到被投资企业后，就会与被投资企业的其他资产融为一体，成为该企业资产的一部分；而对于投资者而言，它们只能被作为投资资本看待，发挥着资本的功能。因此，对长期投资评估实质上是对资本的评估。

2. 长期投资评估是对被投资企业获利能力的评估

长期股权投资是投资者不准备随时变现，持有时间超过 1 年的对外投资。其根本目的是获取投资收益和实现投资增值。因此，被投资企业的获利能力就成为长期投资价值的决定性因素。

**3. 长期投资评估是对被投资企业偿债能力的评估**

一项长期投资价格的高低取决于该项投资所能带来的权益，但这不取决于投资方，而是取决于被投资方的经营状况、财务状况。对长期债权投资的评估，主要考虑债务人是否有足够的偿债能力，是否能按期支付利息和到期归还本金。对长期股权投资的评估，主要考虑被投资企业是否有较强的获利能力，能否使投资者获得较高的股息收入与资本利得。因此，被投资企业的偿债能力就成为长期债权投资价值的决定性因素。

总之，进行长期投资评估，需要对被投资企业进行审计和评估。这样，长期投资评估就会受到某些限制，需要充分利用资产评估的"替代原则"，寻找其他的途径或方法。

### 三、长期投资评估程序

**1. 明确有关长期投资的详细内容**

在进行长期投资的评估时，应明确长期投资的种类、原始投资额、评估基准日余额、投资收益计算方法、历史收益额、长期股权投资占被投资企业实收资本的比例以及相关的会计核算方法等。

**2. 进行必要的职业判断**

在进行长期投资的评估时，应审核鉴定长期投资的合法性和合规性，判断长期投资预计可收回金额计算的正确性和合理性，以及长期投资余额在资产负债表上列示的准确性。

**3. 根据长期投资的特点和具体种类选择合适的评估方法**

对于可上市交易的股票和债券，一般采用现行市价法进行评估，即按照评估基准日的收盘价确定评估值；非上市交易的以及不能采用现行市价法进行评估的股票和债券，一般采用收益法，评估人员应根据综合因素选择适宜的折现率确定其评估值。

**4. 评定估算，得出评估结论**

根据影响长期投资的各种因素，选择相应的评估方法，测算长期投资的价值，并得出相应的评估结论。

## 第二节  长期债权投资评估

### 一、长期债权投资及其特点

长期债权投资包括债券投资和其他债权投资，其中债券投资是最典型的一种，本节主要以债券为例进行讨论。

债券是指政府、企业、银行等债务人为了筹集资金，按照法定程序发行的并向债权人承诺于指定日期还本付息的有价证券。证券基本要素包括债券面值、票面利率和到期日。

根据发行主体的不同，债券可以分为政府债券、公司债券和金融债券；根据期限长短，可以分为短期债券、中期债券和长期债券；根据债券能否上市流通，可以分为上市债券和非上市债券。

从投资的角度来看，债券投资和股权投资相比，具有以下两个特点：

1. 投资风险小

和股权投资相比，债券投资的风险较小，安全性较高，因为无论是政府、企业、银行等发行债券，国家都对其进行了严格的规定。比如，政府发行的债券由国家财政担保；银行发行债券要以其信誉及实力作保证；企业发行债券，国家有严格的限制条件，要求企业的实力及发展前景较好。即使债券发行者出现财务困难或者出现企业破产，在破产清算时，债券持有者也拥有优先受偿权，比股权投资的安全性高。

2. 收益稳定

债券的收益主要是由债券的面值和债券的票面利率决定。两者在发行时就确定了不随市场的变化而变动。一般情况下，为了吸引投资，债券的票面利率比同期的银行存款利率高。所以，只要债券发行主体不发生较大的变故，银行储蓄利率没有大幅度的提升，债券的收益就是比较稳定的。

## 二、债券评估

### （一）上市交易债券的评估

上市交易的债券是指经政府管理部门批准，可以在证券交易所内买卖的证券，它可以在市场上自由交易、买卖。对此类债券一般采用市场法进行评估，根据评估基准日的收盘价确定它的评估值。如果在某些特殊情况下市场价格被严重扭曲，已不能反映债券的内在价值，就不能再用市场法进行评估，而应参照非上市交易债券的评估方法。同时，不论按什么方法评估，上市交易债券的评估值一般不应高于证券交易所公布的同种债券的卖出价。

采用市场法进行评估，应在评估报告中说明所采用的评估方法和评估结论与评估基准日的关系，并说明该评估结果应随市场价格的变化而予以调整。

债券评估值等于债券数量乘以其评估基准日收盘价，其计算公式为：

$$债券评估值 = 债券数量 \times 评估基准日收盘价$$

【例 8-1】振华资产评估事务所受托对甲企业的长期债券进行评估，债券账面价值为 15 万元（债券共 1 500 张，面值 1 000 元），年利率为 12%，期限为 5 年，已经上市交易。据市场调查，该债券评估基准日收盘价为 1 800 元/张。试计算甲企业的长期债券的评估值。

**解析：**

长期债券的评估值 = 1 500 × 1 800 = 2 700 000（元）

## （二）非上市交易债券的评估

非上市交易债券是指不能进入市场自由买卖的债券。因无法通过市场取得债券的现行市价，非上市交易债券不能采用市场法进行评估，一般采用收益法。

根据还本付息方式的不同，债券可分为到期一次还本付息和定期支付利息到期还本两种。不同种类的债券应该采取不同的评估方法。

1. 到期一次还本付息债券的评估

$$P = \frac{F}{(1+r)^n}$$

式中，$P$ 表示债券评估值；$F$ 表示债券到期时的本利和；$r$ 表示折现率；$n$ 表示评估基准日到债券到期日的间隔（以年或月为单位）。

注意，本利和 $F$ 的计算还要区分单利和复利两种计算方式。

采用单利计算的公式为：

$$F = A(1+mi)$$

采用复利计算的公式为：

$$F = A(1+i)^m$$

式中，$A$ 表示债券面值；$m$ 表示计息期次数；$i$ 表示债券利息率。

2. 每年支付利息，到期还本债券的评估

$$P = \sum_{t=1}^{n} \frac{r_t}{(1+i)^t} + \frac{A}{(1+i)^n}$$

式中，$r_t$ 表示债券在 $t$ 年的利息收益，其他符号含义同上。

**【例 8–2】** 振华资产评估事务所受托对乙企业的长期债权投资进行评估，乙企业的"长期债权投资——债券投资"账面价值为 10 万元，是甲企业发行的 3 年期一次还本付息债券，年利率为 5%。经评估人员调查分析，发行企业经营业绩良好，财务状况稳健，2 年后具有还本付息的能力，投资风险较低。取 2% 的风险报酬率，以国库券利率作为无风险报酬率，故折现率取 6%，试计算该债券的评估值。

**解析：**

$F = 10 \times (1 + 3 \times 5\%) = 11.5$（万元）

$P = 11.5 \times (1 + 6\%)^{-2} = 11.5 \times 0.89 = 10.235$（万元）

**【例 8–3】** 承例 8–2 的基本资料，假定该债券的面值为 5 万元，每年付息一次，债券到期一次还本，其他资料不变。试确定其评估值。

**解析：**

$P = 50\,000 \times 5\% \times (1+6\%)^{-1} + 50\,000 \times 5\% \times (1+6\%)^{-2} + 50\,000 \times (1+6\%)^{-2}$

　$= 2\,500 \times 0.9434 + 2\,500 \times 0.8900 + 50\,000 \times 0.8900$

　$= 49\,083.5$（元）

## 第三节　长期股权投资评估

长期股权的投资方式有两种：一种是间接投资，即投资主体在证券市场上购买股票发行企业的股票，实现股权投资的目的；另一种是直接投资，即投资主体以现金、实物资产及无形资产等直接投资被投资企业，并取得被投资企业的出资证明书，确认股权。

### 一、股票投资的评估

（一）股票投资概述

股票投资是指企业通过购买等方式取得被投资企业的股票而实现投资的行为。股票是股份公司发行的，用以证明投资者的股东身份及权益，并据以获得股息和红利的有价证券。股票是用以证明股东与公司的约定关系，其实质是一种特殊的信用工具，所以股票投资虽然收益较高，但风险也很大。股票的种类很多，按股票有无票面金额，分为有面值股票和无面值股票；按票面是否记名，分为记名股票和非记名股票；按股票持有者所享权益的不同，分为普通股和优先股；按股票是否上市，分为上市股票和非上市股票。股票的价格也有很多种表现形式，既包括票面价格、发行价格和账面价格，还包括清算价格、内在价格和市场价格。股票的评估与票面价格、发行价格和账面价格没有很大的关系，但与清算价格、内在价格和市场价格有着密切的关系。

（1）清算价格。清算价格是指公司清算时，每股股票所代表的真实价格，它是公司净资产与公司股票总数的比值。

（2）内在价格。内在价格是一种理论价格或是模拟市场价格。它是根据评估人员对股票未来收益的预测，经过折现后得到的股票价格。股票的内在价格取决于公司的经营状况和发展前景等因素。

（3）市场价格。市场价格是股票在证券市场上买卖股票的价格。在市场比较完善的情况下，股票的市场价格基本上能反映其内在价格；但在市场发育不健全的情况下，股票的市场价格与其内在价格就会脱节。

由于股票有上市和非上市之分，股票评估也分为上市交易股票的评估和非上市交易股票的评估。

（二）上市交易股票的评估

上市交易股票是指企业公开发行的，可以在股票市场上自由交易的股票。在证券市场发育完善的条件下，股票的市场价格基本上可以作为股票评估的依据，即可采用市场法进行评估；但对于发育不完善的证券市场，股票的市场价格就不能作为股票评估的依据，而应采取与非上市交易股票相同的评估方法。

上市交易股票评估值的计算公式为：

上市交易股票评估值 = 上市交易股票股数 × 评估基准日该股票市场收盘价

**【例8-4】** 张三持有宏海公司上市股票 12 000 股，评估基准日该股票的市场收盘价每股 18 元。试确定该公司上市交易股票的评估值。

**解析：**
评估值 = 12 000 × 18 = 216 000（元）

### （三）非上市交易股票的评估

非上市交易股票一般采用收益法，即通过综合分析股票发行企业的经营状况和风险、历史利润和分红情况、行业收益等因素，合理预测股票投资的未来收益，并选择合理的折现率确定股票的评估值。

非上市交易股票可分为普通股和优先股，不同类型股票的评估值的计算方法各不相同。

**1. 普通股评估**

普通股的股息和红利是企业剩余权益的分配，普通股未来收益的预测即为股票发行企业剩余权益的预测。在此假设已经完成预测，只研究分析评估方法，根据普通股收益的趋势分为三种模型。

（1）固定红利模型。固定红利模型是针对经营比较稳定，红利分配相当稳定的普通股的评估而设计的。其计算公式为：

① 无限期持股

$$P = \frac{A}{R}$$

式中，$P$ 表示股票评估值；$A$ 表示固定红利；$R$ 表示折现率或资本化率。

② 有限期持股

$$P = \sum_{t=1}^{n} \frac{A}{(1+r)^t} + \frac{P_{n+1}}{(1+r)^{n+1}}$$

**【例8-5】** 假设被评估企业拥有丙公司的非上市普通股 10 万股，每股面值 1 元，在持有期间，每年的收益率一直保持在 20% 左右。经评估人员了解分析，股票发行企业的经营比较稳定，管理人员素质高，管理能力强。在预测该公司以后的收益能力时，按其经营状况的稳健性估计，今后几年其最低的收益率为 16% 左右。评估人员根据该企业的行业特点及宏观经济运行情况，确定无风险报酬率为 4%（国库券利率），风险报酬率为 4%，则折现率为 8%。根据上述资料，试确定该企业的股票评估值。

**解析：**

$$P = 10 \times \frac{16\%}{8\%} = 20（万元）$$

（2）红利增长模型。红利增长模型适用于成长型企业的股票评估。此类企业发展前景好、潜力大，追加投资能带来高收益。其计算公式为：

$$P = \frac{D_1}{r-g} \quad (r > g)$$

式中，$P$ 表示股票评估值；$D_1$ 表示未来第 1 年股票的股利；$r$ 表示折现率；$g$ 表示股利增长率。

股利增长率是红利增长模型中的重要指标，对股票评估值的影响很大，估测时要十分谨慎。有关股利增长率的估算，通常有两种方法：一是历史数据分析法，即根据企业历年红利分配的数据，利用算术平均或几何平均等方法，计算历年红利的平均增长速度，作为股利增长率的数值；二是发展趋势分析法，即用企业剩余收益中用于再投资的比例乘以企业的净资产利润率，作为股利增长率的数值。

【例 8-6】振华资产评估事务所受托对丁企业进行资产评估。丁企业拥有某非上市公司的普通股股票 200 万股，每股面值 1 元；在持有股票期间，每年股票收益率在 12% 左右，股票发行企业每年以净利润的 60% 用于发放股利，其余 40% 用于追加投资。根据评估人员对企业经营状况的调查分析，认为该行业具有发展前途，该企业具有较大的发展潜力。经过分析后认为，股票发行至少可保持 3% 的发展速度，净资产利润率将保持在 16% 的水平，无风险报酬率为 4%（国库券利率），风险报酬率为 4%，则折现率为 8%。试确定该股票的评估值。

**解析：**

$$P = \frac{2\,000\,000 \times 12\%}{4\% + 4\% - 40\% \times 16\%} = \frac{240\,000}{8\% - 6.4\%} = 15\,000\,000 \text{（元）}$$

（3）分段式模型。固定红利模型中，股利是固定的；红利增长模型中，股利是以固定的增长率增长的；这两种模型都过于模式化、理想化，很难适用于所有的股票评估。为此，针对实际情况，可采用比较灵活、客观的分段式模型。分段式模型分段的依据：第一段为能够客观预测股票收益的期间或股票发行企业的某一经营周期；第二段是以不易预测股票收益的时间为起点，且企业持续经营。将两段收益的现值相加，即得出评估值。在实际计算时，第一段按预测收益直接折现；第二段可以采用固定红利模型或红利增长模型，收益额采用趋势分析法或客观假定。

【例 8-7】振华资产评估事务所受托对寅企业进行资产评估。寅企业拥有某一公司非上市交易的普通股股票 20 万股，每股面值 1 元；在持有期间，每年股票收益率均在 15% 左右。评估人员对发行股票公司进行调查后认为，其前 3 年可保持 15% 的收益率；从第 4 年起，一套大型先进生产线交付使用后，可使收益率提高 5 个百分点，并将持续下去。评估时的国库券利率为 4%，假定该公司是公用事业企业，其风险报酬率确定为 2%，则折现率为 6%。试确定该股票的评估值。

**解析：**

股票的评估值 = 前3年收益的折现值 + 第4年后收益的折现值

$$= 200\,000 \times 15\% \times (P/A, 6\%, 3) + \left(200\,000 \times \frac{20\%}{6\%}\right) \times (1+6\%)^{-3}$$

$$= 30\,000 \times 2.6730 + \frac{40\,000}{6\%} \times 0.8396 = 639\,923\,(元)$$

**2. 优先股评估**

优先股评估主要考虑优先股的风险和预期收益。按照所包含的权利不同，优先股可以分为累积优先股、参与优先股和可转换优先股。

（1）累积优先股。本年未支付的股息可以累积到下一年或有盈利的年份支付，且优先股股息未付清之前，普通股无权分发股利。

① 不打算转让：

$$P = \frac{A}{R}$$

式中，$P$ 表示优先股评估值；$R$ 表示折现率；$A$ 表示优先股的年等额股息收益。

② 持有若干年后转让：

$$P = \sum_{t=1}^{n} \frac{R_t'}{(1+r')^t} + \frac{P_n}{(1+r)^n}$$

式中，$R_t'$ 表示优先股在第 $T$ 年的额外红利；$n$ 表示优先股的持有年限；$P_n$ 表示预期优先股的价格。

（2）参与优先股。不仅能按照规定分得既定股息，还有权参与公司剩余利润的分配。所以，参与优先股的收益包括额定股息、额外股息、额外红利和预期售价。其计算公式为：

$$P = \frac{R_t}{(1+r)^t} + \frac{R}{1+r} + \frac{P_n}{(1+r)^{-n}}$$

（3）可转换优先股。股票持有者可以在规定的条件下把持有的股票转换为普通股股票。其计算公式为：

$$P = \sum_{t=1}^{n} \frac{R_t}{(1+r)^t} + \frac{P_n}{(1+r)^n}$$

式中，$P_n$ 表示转换时的市价。

**【例8-8】** 兴龙公司拥有苏中公司1 000股累积股和非参与分配优先股，每股面值100元，股息率为年息17%。评估时，苏中公司的资本结构不尽合理，负债率较高，可能会对优先股股息的分配产生消极影响。因此，评估人员将兴龙公司拥有苏中公司的优先股股票的风险报酬率定为5%，加上无风险报酬率4%，则该优先股的折现率为9%。试确定苏中公司的优先股股票的评估值。

**解析：**

$$P = \frac{A}{R} = 1\,000 \times 100 \times \frac{17\%}{4\%+5\%} = \frac{17\,000}{9\%} = 188\,889\,(元)$$

## 二、直接投资的评估

直接投资形式的股权投资，一般都是通过投资协议或合同规定投资双方的权利、责任、义务，以及投资期限、投资收益的分配形式、投资期满对投入资本金的处理方式等。常见的投资形式有联营、合资、合作和独资等。

对直接投资的评估，首先必须根据投资双方的投资合同，具体了解投资期限、投资形式、收益获取方式、投资额占被投资企业资本的比重以及收回方式；然后根据不同情况进行评估。比较常见的收益分配形式有：按投资比例参与被投资企业的净收益的分配；按被投资企业销售收入或利润的一定比例提成；按投资方出资额的一定比例支付资金使用报酬等。

1. 非控股型直接投资的评估

非控股型直接投资是指投资方的直接投资份额在被投资企业的资本总额中占比较小，不形成实质上的控制权，投资目的主要是获取投资收益。对非控股型直接投资的评估，通常采用收益法，即根据历史收益情况和被投资企业的未来经营情况及风险，预测未来收益和投入资本的回收方式及风险，估算收益额，再选用适当的折现率将其折算为现值，从而得出评估值。

具体来说，对于合同、协议明确约定了投资报酬的，可将按规定获得的收益折为现值，作为评估值；对于到期回收资产的实物投资情况，可按约定或预测的收益折为现值，再加上到期回收资产的价值，计算评估值；对于不是直接获取资金收入，而是取得某种权利或其他间接经济利益的，可尝试测算相应的经济利益，折现计算评估值；对于明显没有经济利益，也不能形成任何经济权利的，按零计算；对于未来收益难以确定的，可以采用重置价值法进行评估。

总之，无论采用什么方法评估非控股型直接投资，都应该考虑少数股权因素对评估值的影响。一般情况下，少数股权可能有价值贴水，而控股股权可能有价值升水。

【例 8-9】振华资产评估事务所受托对甲公司拥有的乙公司的股权投资进行评估。甲公司 2 年前与乙公司签订了联营协议，协议双方联营 10 年，按各自投资比例分配乙公司的利润。甲公司投入资本 3 000 000 元，其中现金资产 1 000 000 元，厂房作价 2 000 000 元，占联营企业总资本的 30%；联营协议约定，联营期满，以厂房折余价值返还投资，该厂房年折旧率为 5%，净残值率为 5%。评估前 2 年的利润分配方案：第 1 年实现净利润 1 500 000 元，甲公司分得 450 000 元；第 2 年实现净利润 2 000 000 元，甲公司分得 600 000 元。经对乙公司的经营情况、市场前景和获利能力的分析，目前，联营企业生产已经稳定，市场前景看好，今后每年 18% 的收益率是能保证的，期满后厂房折余价值 1 050 000 元。经调查分析，折现率定为 15%，试确定乙公司股票的评估值。

解析：

$P = 3\,000\,000 \times 18\% \times (P/A, 15\%, 8) + 1\,050\,000 \times (1+15\%)^{-8}$

$= 540\,000 \times 4.4873 + 1\,050\,000 \times 0.3269 = 2\,766\,387$（元）

### 2. 控股型直接投资的评估

对于控股型直接投资的评估，应在对被投资企业进行整体评估的基础上测算直接股权投资的价值。对被投资企业进行整体评估一般采用收益法，并且被投资企业整体的评估基准日应与投资方的评估基准日相同。

评估控股型直接投资和非控股型直接投资，都要单独计算评估值，并记录在长期投资项目下，不能将被投资企业的资产和负债与投资方合并处理。

## 第四节 其他长期性资产的评估

### 一、其他长期性资产的构成

其他长期性资产是指不能包括在固定资产、无形资产、长期股权投资、持有至到期投资、流动资产等以外的资产，主要包括具有长期性质的待摊费用和其他长期资产。具有长期性质的待摊费用是指企业已经支出、但摊销期在1年以上（不含1年）的各项费用，包括股票发行费用、筹建期间费用（开办费）等。其他长期资产主要包括特准储备物资、银行冻结物资以及涉及诉讼的财产等。具有长期性质的待摊费用本质上是一种费用，而不是资产，只是这种费用的影响不仅体现在本年度，而且延续到以后若干会计年度。

### 二、其他长期性资产的评估

由于其他长期性资产除特准储备物资、银行冻结物资以及涉及诉讼的财产外，主要是已经发生的费用的摊余价值，这些未摊销的费用不能单独对外交易或转让。只有当企业发生整体产权变更时，才可能涉及对其价值的评估。所以，其他长期性资产能否作为评估对象，取决于它能否在评估基准日后带来经济利益。

在评估其他长期性资产时，不仅要了解其他长期性资产的合法性、合理性、真实性及准确性，还要了解费用支出和摊余情况，了解形成新资产和权利的尚存情况。其他长期性资产的评估值要根据评估目的实现后资产的占有情况和尚存情况，且与其他评估对象没有重复计算的现象存在。按照该项原则的要求，应根据其他长期性资产的不同构成内容，采取不同的评估和处理方法。

#### （一）开办费

开办费是企业在筹建期间发生的、不能计入固定资产或无形资产价值的费用，主要包括筹建期间人员的工资、员工培训费、差旅费、办公费、注册登记费，以及不能计入固定资产或无形资产购建成本的汇兑损益、利息支出等。根据现行会计法规的规定，企业筹建期间发生的费用，应于开始生产经营起一次计入开始生产经营当期的损益。因此，如果企业不是在筹建期间进行评估，则不存在开办费的评估问题。如果企业在筹建期间进行评估，因为开办费的尚存资产或权利的价值难以准确计算，所以可按其账面价值计算其评估值。

（二）其他长期待摊费用

其他长期待摊费用（比如股票发行费用）的影响可能延续到以后若干年。理论上，对这类项目的评估，应依据企业的收益状况、收益时间及货币的时间价值，以及现行会计法规的规定等因素确定其评估值。货币的时间价值按受益时间长短而定。1年内的一般不予考虑，超过1年的要根据具体内容、市场行情的变化趋势处理。实践上，由于并不能准确界定这些费用在未来产生收益的能力和状况，如果物价总水平波动不大，就可以将其账面价值作为其评估价值，或者按其发生额的平均数计算。

## 同步检测练习

一、名词解释

1. 股权投资
2. 股票
3. 债券
4. 普通股
5. 优先股

二、单项选择题

1. 股票未来收益的现值是（　　　）。

   A. 账面价值　　　　　　　　B. 内在价值
   C. 票面价值　　　　　　　　D. 清算价值

2. 在股市发育不全、交易不规范的情况下，作为长期投资中的股票投资的评估值应以（　　　）为基本依据。

   A. 市场价格　　　　　　　　B. 发行价格
   C. 内在价值　　　　　　　　D. 票面价格

3. 作为评估对象的递延资产的确认标准是（　　　）。

   A. 是否已摊销　　　　　　　B. 摊销方式
   C. 能否带来预期收益　　　　D. 能否变现

4. 被评估债券为2012年发行，面值100元，年利率10%，3年期。2014年评估时，债券市场上同种同期、面值100元的债券交易价为110元，该债券的评估值应为（　　　）。

   A. 120元　　　B. 118元　　　C. 98元　　　D. 110元

5. 被评估债券为非上市企业债券，3年期，年利率为17%，按年付息到期还本，面值 100 元，共 1 000 张。评估时债券购入已满 1 年，第 1 年利息已经收账；当时 1 年期国库券利率为 10%，1 年期银行储蓄利率为 9.6%。该被评估企业债券的评估值最接近（    ）。

    A．112 159 元    B．117 000 元    C．134 000 元    D．115 470 元

6．被评估债券为 4 年期一次性还本付息债券，面值为 10 000 元，年利率为 18%，不计复利。评估时债券的购入时间已满 3 年，当时的国库券利率为 10%；评估人员通过了解债券发行企业，认为应该考虑 2% 的风险报酬率。该被评估债券的评估值最有可能是（    ）。

    A．15 400 元    B．17 200 元    C．11 800 元    D．15 358 元

7．被评估企业以机器设备向 B 企业直接投资，投资额占 B 企业资本总额的 20%。双方协议联营 10 年，联营期满，B 企业将按机器设备折余价值 20 万元返还投资方。评估时双方联营已有 5 年，前 5 年 B 企业的税后利润保持在 50 万元的水平，被评估企业按其在 B 企业的投资份额分享利润；评估人员认定 B 企业未来 5 年的收益水平不会有较大的变化，折现率设定为 12%。被评估企业的直接投资的评估值最有可能是（    ）。

    A．500 000 元    B．473 960 元    C．700 000 元    D．483 960 元

8．被评估企业拥有 M 公司面值共 90 万元的非上市普通股股票，从持股期间来看，每年的股利分派相当于票面值的 10%。评估人员通过调查了解到 M 公司每年只把税后利润的 80% 用于股利分配，另 20% 用于公司扩大再生产；公司有很强的发展后劲，股本利润率保持在 15% 的水平上，折现率设定为 12%。如运用红利增长模型评估被评估企业拥有的 M 公司股票，其评估值最有可能是（    ）。

    A．900 000 元    B．1 000 000 元    C．750 000 元    D．600 000 元

9．递延资产的评估通常发生在（    ）。

    A．递延资产转让时    B．企业财务检查时
    C．企业整体产权变动时    D．企业纳税时

10．以下资产中风险由小到大依次是：

    A．政府长期债券—政府短期债券—公司债券—股票
    B．政府长期债券—政府短期债券—股票—公司债券
    C．政府短期债券—政府长期债券—公司债券—股票
    D．政府短期债券—政府长期债券—股票—公司债券

### 三、多项选择题

1．债券作为一种投资工具具有的特点是（    ）。

    A．可流通    B．收益相对稳定
    C．收益递增    D．可随时变现
    E．投资风险小

2．按债券的发行主体可以分为（    ）。

    A．政府债券    B．公司债券
    C．金融债券    D．上市债券

3. 股票评估仅仅考虑股票的（　　　）。
   A．内在价格　　　　　　　　B．清算价格
   C．市场价格　　　　　　　　D．账面价格
4. 递延资产是指不能计入当期损益，应在以后若干会计年度内分期摊销的各项费用支出，主要包括（　　　）。
   A．开办费　　　　　　　　　B．租入固定资产改良支出
   C．公司新股发行费　　　　　D．产品开发费用
5. 非上市债券的评估类型可分为（　　　）。
   A．固定红利模型　　　　　　B．红利增长模型
   C．每年支付利息，到期还本型　　D．分段式模型
   E．到期一次性还本付息型
6. 直接投资的收益分配形式主要有（　　　）。
   A．以股息的形式参与分配
   B．按投资比例参与净收益的分配
   C．按一定比例从销售收入中提成
   D．按出资额的一定比例收取使用费
   E．以利息的形式参与分配
7. 债券评估的风险报酬率高低与（　　　）有关。
   A．投资者的竞争能力　　　　B．发行者的竞争能力
   C．投资者的财务状况　　　　D．发行者的竞争状况
8. 红利增长型股票增长率 $g$ 的计算方法主要有（　　　）。
   A．重置核算法　　　　　　　B．市场比较法
   C．历史数据分析法　　　　　D．发展趋势法
9. 投资者要求的报酬率是进行股票评价的重要标准，可以作为投资者要求的报酬率的有（　　　）。
   A．股票的长期平均收益率
   B．债券收益率加上一定的风险报酬率
   C．市场利率
   D．债券利率
10. 下列哪些因素会影响债券的评估价值（　　　）。
    A．票面价值　　　　　　　　B．票面利率
    C．折现率　　　　　　　　　D．付息方式

## 四、是非判断题

1. 公司在可转换债券中设置赎回条款，可以保护债券投资人的利益，因而更有利于投资者。（　　）

2. 国债由政府作信用担保，所以不存在任何风险。（    ）

3. 在市场利率大于票面利率时，债券的发行价格大于其面值。（    ）

4. 某财务公司 2015 年 1 月 1 日欲购入面值为 20 万元的债券，该债券的票面利率为 8%，2016 年 1 月 1 日到期一次还本付息；现该债券的价格为 18 万元，折现率为 10%，则该财务公司应该购入该债券。（    ）

5. 长期债券与短期债券相比，其投资风险比较大。（    ）

6. 因为优先股在分配公司盈利、剩余财产权等方面有优先权，所以一般来说，其收益要高于普通股。（    ）

7. 累积优先股不仅能按规定分得额定股息，还有权与普通股一并参与公司剩余利润的分配。（    ）

8. 如果不考虑影响股价的其他因素，零成长股票的价值与市场利率成反比，与预期股利成正比。（    ）

9. 某股票的未来股利不变，当股票市价低于股票价值时，则预期报酬率高于投资人要求的最低报酬率。（    ）

10. 投资者要求的报酬率是进行股票评价的重要标准，而市场利率由于其无风险性，可作为投资者要求的报酬率。（    ）

## 五、简答题

1. 简述长期投资的风险。
2. 长期投资评估具有哪些特点？
3. 普通股评估时，需要了解企业哪些情况？
4. 优先股和普通股的区别有哪些？
5. 市场法评估债券与股票价格的前提条件是什么？
6. 运用收益现值法评估债券时，影响债券评估值的因素有哪些？
7. 股票具有内在价格和市场价格，在评估时该如何选择？
8. 递延资产作为评估对象的界定依据是什么？
9. 直接投资收益分配的形式主要有哪些？
10. 如何评估企业的长期待摊费用？

## 六、案例分析题

1. 被评估债券为 2012 年发行，面值为 100 元，年利率为 10%，3 年期。2014 年评估时，债券市场上同种同期、面值为 100 元的债券交易价为 110 元。试问该债券的评估值应为多少？

2. 被评估债券为非上市债券，3 年期，年利率为 17%，按年付息到期还本，面值为 100 元，共 1 000 张。评估时债券购入已满 1 年，第 1 年利息已经入账，当时 1 年期国库券利率为 10%，1 年期银行储蓄利率为 9.6%。该被评估债券的评估值应为多少？

3. 被评估债券为 4 年期一次性还本付息，债券面值合计为 10 000 元，年利率为

18%，不计复利。评估时债券的购入时间已满 3 年，当年的国库券利率为 10%，评估人员通过了解债券发行企业，认为应该考虑 2% 的风险报酬率。试评估该债券的评估值。

4. 被评估企业以机器设备向 B 企业直接投资，投资额占 B 企业资本总额的 20%，双方协议联营 10 年，联营期满 B 企业将机器设备折余价值 20 万元返还投资方。评估时双方联营已有 5 年，前 5 年 B 企业的税后利润保持在 50 万元的水平，被评估企业按其在 B 企业的投资额分享收益；评估人员认定 B 企业未来 5 年的收益水平不会有较大变化，折现率设定为 12%，试评估被评估企业直接投资的价值。

5. 被评估企业以无形资产向 A 企业进行长期投资，协议规定投资期 10 年；A 企业每年以使用无形资产生产的产品的销售收入的 5% 作为投资方的回报，10 年后投资方放弃无形资产产权。评估时此项投资已满 5 年，评估人员根据前 5 年 A 企业的产品销售情况和未来 5 年的市场预测，认为今后 5 年 A 企业的产品销售收入保持在 200 万元的水平，折现率为 12%。试评估该项长期投资的价值。

6. 被评估企业拥有 M 公司面值共 90 万元的非上市股票，从持股期间来看，每年股利分派相当于票面值的 10%。评估人员通过调查了解到 M 公司只把税后利润的 80% 用于股利分配，另 20% 用于公司扩大再生产；公司有很强的发展后劲，股本利润率保持在 15% 的水平上，折现率设定为 12%。试运用红利增长模型评估被评估企业拥有的 M 公司股票的价值。

7. 甲企业持有乙企业的普通股股票 10 000 股，每股面值 1 元，乙企业正处在收益成长阶段，过去几年的红利分配情况见下表。假定市场利率为 11%，乙企业风险报酬率为 2%，试计算这批股票的评估值。

|  | 第 1 年 | 第 2 年 | 第 3 年 | 第 4 年 | 评估年 | 评估后 1 年 |
| --- | --- | --- | --- | --- | --- | --- |
| 每股红利（元） | 0.15 | 0.17 | 0.19 | 0.20 | 0.23 | 0.24 |
| 环比增长（%） | 100 | 113 | 118 | 105 | 115 | 104 |

8. 甲企业拥有乙企业 1 万股累积性、非参与优先股，每股面值 1 元，股息率为年息 9%，评估时国库券利率 6%。评估人员了解到乙企业的资本结构欠合理，可能影响优先股的股息分配，由此确定了 4% 的风险报酬率。甲企业 3 年前与丙企业进行联营，协议约定联营期 10 年，按投资比例分配利润；甲企业投入现金 20 万元，厂房建筑物作价 30 万元，总计 50 万元，占联营企业总资本的 25%。期满时返还厂房投资，房屋的年折旧率为 5%，残值率为 5%，评估前 3 年甲企业分别获得利润 5.5 万元、6 万元、7 万元。目前联营企业生产稳定，今后每年收益率能保持在 13%，期满厂房折余价值为 15.3 万元，折现率取 10%。试对甲企业的长期投资进行评估。

9. 甲企业购买了 A 企业发行的 3 年期一次还本付息债券，面值 10 000 元，票面利率 7%，单利计息，评估日距到期日 1 年，当时国库券利率为 6%。据评估人员分析调查，发行企业经营业绩较好，2 年后有还本付息的能力，风险不大，取 2% 的风险报酬率。甲企业同时还投资了 B 企业的非上市普通股 20 000 股，每股面值 1 元。在持股期间，

B企业每年红利一直很稳定，收益率保持在16%左右；经评估人员调查分析，B企业经营比较稳定，预测今后收益率保持在12%是有把握的，折现率取10%。试评估甲企业这两项长期投资的价值。

10. 某企业因产权变动需对长期待摊费用进行评估，该企业长期待摊费用余额100万元。其中，办公楼装修摊余费用35万元；租入固定资产改良支出总额28万元，摊余15万元，租赁协议中固定资产租入期4年，已租入2年；设备大修理费用50万元。根据调查，办公楼装修费用已在房屋评估中体现，设备大修理费用体现在设备评估中。试对该企业的长期待摊费用进行评估。

# 第九章
# 流动资产评估

### 引导案例

## 振华公司流动资产评估

振华公司委托中介机构对其拥有的全部流动资产进行评估,为振华公司整体改制为股份有限公司提供价值依据。评估范围包括货币资金、应收账款、预付账款、其他应收款、存货、待摊费用等。

在了解被委托评估的资产现状的基础上,评估人员和振华公司的有关部门进行了充分的交流与分析,并据此开展流动资产评估的具体工作。

1. 核对账目:对振华公司提供的价值评估申报清单进行逐项核对、归纳,与资产负债表、总账及明细账的相关科目 2014 年 3 月 31 日期末金额进行核对,验证评估申报表的正确性;同时通过抽查部分凭证和查阅有关资料进行验证。

2. 现场勘查及实物核对:与振华公司有关人员共同到存货现场进行盘点,对重要的、价值量较大的存货进行了抽检,并与库存账进行清对核实;对往来账项、债权、债务进行函证核实。

3. 根据振华公司流动资产的具体情况,主要采用成本法和市场法进行评估。

(1) 货币资金的账面金额为 8 880 972.48 元,其中现金 1 676.87 元,银行存款 8 879 295.61 元。在验证振华公司提供的申报表、银行对账单等资料的基础上,以核对无误后的账面价值确认评估值,评估值为 8 880 972.48 元。

(2) 应收账款、其他应收款的账面金额分别为 3 206 873 元、8 214 180 元。在对各种应收款项核实无误的基础上,根据每笔款项可能收回的数额确定其评估值。在操作中应注意借助历史资料和函证调查了解的情况,具体分析应收数额、欠款时间和原因、款项回收情况,以及欠款方的资金、信用、经营、管理现状等,对款项回收的可能性进行综合判定。由于振华公司的应收账项全部为近两年经常性业务往来发生额,不存在无法收回的确定因素,因此确认应收账款评估值为 3 206 873 元,其他应收款评估值为 8 214 180 元。

(3) 预付账款的账面余额为 13 902 280 元。在对预付账款账面值核实无误的基础上,以账面值确认评估值为 13 902 280 元。

(4) 待摊费用的账面余额为 390 217 元。经核实,全部为在用工具器具,将其转入低值易耗品评估,因此此项待摊费用评估值为零。

(5) 存货包括原材料、在产品、半成品、产成品、委托加工材料及低值易耗品。原材料大都为近期购入,历史成本与市场价格差别不大,故按账面值评估。在产品、自制半成品、产成品等都按账面值评估。低值易耗品分为在库和在用两种情况。在库

> 低值易耗品为近期购入，保存良好，按账面值确定其评估值。在用低值易耗品由于单位价值量低、数量大，难以逐项操作，按产品规格、用途、使用部门、使用年限等分项归类，采用重置成本法进行评估。按历史成本增加5%—10%的模具设计、购置、保管费用，再按机械工业产品出厂价格指数求取重置成本，成新率采用年限法。另有从待摊费用项内转入在用工具器具账面价值390 217元，也采用上述方法进行评估。

## 第一节 流动资产评估概述

### 一、流动资产的含义及其特点

流动资产是指企业可以在1年内（含1年）或超过1年的一个营业周期内变现或者运用的资产。流动资产是企业资产的重要组成部分，它通常包括库存现金、银行存款及其他货币资金、短期投资、应收及预付款项、存货及其他流动资产等。

流动资产不同于固定资产、无形资产等长期资产，其特点主要表现在以下三个方面：

1. 周转速度快

流动资产在使用中经过一个生产经营周期就会改变其实物形态，并将其全部价值转移到所形成的商品中，构成成本费用的组成部分，然后从营业收入中得到补偿。由此可见，判断一项资产是否为流动资产，不是看资产的表面形态，而是视其周转状况而定。

2. 形态多样化

流动资产在周转过程中不断改变其形态，从货币资金开始，最终又变回货币资金。各种形态的流动资产在企业生产经营的过程中同时并存，分布于企业的各个部门。这些流动资产按其存在形态的不同，大体上可归纳为以下四种类型：

（1）货币类流动资产，包括库存现金、银行存款及其他货币资金；

（2）实物类流动资产，包括各种材料、在产品、产成品等；

（3）债权类流动资产，包括应收账款、预付账款等；

（4）其他流动资产，包括除上述三种类型的流动资产以外的其他流动资产。

3. 变现能力强

各种形态的流动资产都可以在较短的时间内出售或变现，变现能力强是流动资产区别于其他资产的又一重要标志。不过，不同种类的流动资产的变现速度是有差别的。如果按变现速度的快慢排序，通常来说，首先是企业可以随时使用的货币资金；其次是可在近期变现的债权类流动资产和短期内可出售的存货；最后是生产过程中的在制品及准备耗用的物资。

## 二、流动资产评估的特点及其程序

### (一) 流动资产评估的特点

流动资产的流动性较强,容易变现,其账面价值与市场价值较为接近。这些特性,使得流动资产的价值评估与其他资产的价值评估相比,具有以下特点:

(1) 流动资产评估主要是单项资产评估。流动资产不具有综合获利能力,对流动资产一般不需要以其综合获利能力进行综合性的价值评估,而是以单件、单项流动资产为评估对象进行价值评估。因此,流动资产评估是单项资产评估。

(2) 合理确定流动资产评估的评估基准日对流动资产评估具有非常重要的意义。由于流动资产与其他资产的显著区别在于其流动性和价值波动性,资产的形态随时都在变化,而评估则是确定其在某一时点上的价值,不可能人为地停止流动资产的周转。因此,流动资产评估基准日应尽可能选择在会计期末,必须在规定的时点进行资产清查、登记并确定流动资产的数量和账面价值,避免重登和漏登现象的发生。

(3) 既要认真进行资产清查,又要分清主次,掌握重点。由于流动资产一般具有数量大、种类多的特点,清查的工作量大,因此流动资产的清查应考虑评估的时间要求和评估成本。对流动资产评估往往需要根据不同企业的生产经营特点和流动资产的分布情况,对流动资产分清主次、重点和一般,选择不同的方法进行清查和评估,做到突出重点,兼顾一般。

(4) 在特定情况下,可以采用历史成本作为其评估值。由于流动资产周转快、变现能力强,在物价水平相对稳定的情况下,正常流动资产的账面价值基本上可以反映流动资产的现值。因此,在特定情况下,可以采用历史成本作为其评估值。同时,评估流动资产价值时,一般不考虑资产的功能性损耗因素,其有形损耗的计算也只适用于诸如低值易耗品、呆滞、积压等存货类流动资产的评估。

### (二) 流动资产评估的程序

1. 明确评估对象和评估范围

明确评估对象和评估范围是资产评估程序的第一个环节,是保证评估质量的重要条件之一。在评估流动资产价值时,评估对象和评估范围应依据特定的经济活动所涉及的资产范围而定,同时应做好以下工作:

(1) 正确划分流动资产与其他资产的界限。进行流动资产评估时,首先必须确定被评估流动资产的范围,不得将不属于流动资产的机器设备等纳入流动资产的评估范围,也不得将属于流动资产范围的低值易耗品等列入其他资产,避免重复或遗漏评估。

(2) 查核被评估流动资产的产权。企业在进行流动资产评估之前,应进行清查核实,确保待评估流动资产的产权清晰。

(3) 验证被评估流动资产的基础资料。对被评估流动资产进行抽查核实,做到账实相符。一份准确的被评估资产清单是正确评估资产价值的基础资料,被评估资产清单应以实存数量为依据,而不能以账面记录为准。

（4）对具有实物形态的流动资产进行质量和技术状况鉴定。对需要评估的材料、半成品、产成品、库存商品等流动资产进行质量检测和技术鉴定，以便了解其质量状况，确定其是否具有使用价值，并核对其技术情况和等级与被评估资产清单上的记录是否相符。

（5）对企业债权情况进行分析。在评估债权类流动资产时，应对被评估企业与债务人经济往来活动中的资信情况进行调查了解，对每一项债权资产的经济内容、发生时间的长短及未清理的原因进行核查；在此基础上，综合分析确定各项债权回收的可能性、回收的时间、回收时将要发生的费用等。

2．合理选择评估方法

选择流动资产的评估方法时，一是要根据评估目的；二是要根据不同种类流动资产的特点。流动资产的类型将影响评估方法的选择：

（1）对于实物类流动资产，可以采用市场法或成本法。其中，对于外购的流动资产，如果评估时其价格变动较大，则应以市场价格为基础。对于购入价格较低的存货，按现行市价进行调整；而对购入价格较高的存货，除了考虑现行市场价格外，还要分析最终产品价格是否能够相应地提高，或其本身是否具有按现行市价出售的可能性。

（2）对于货币类流动资产，以清查核实后的账面价值作为评估值，而不必选择具体的评估方法，但对外币存款应按评估基准日的汇率进行折算。

（3）对于债权类流动资产，宜采用可变现净值进行评估。

（4）对于其他流动资产应分别不同情况进行评估。其中，有物质实体的流动资产，应视其价值情形，采用与机器设备等相同或相似的方法进行评估。

## 第二节　实物类流动资产评估

流动资产的周转速度快，变现能力强。运用成本法评估流动资产时，一般可以不考虑资产的功能性贬值因素，其有形损耗（实体性损耗）的计算只适用于诸如低值易耗品、呆滞、积压存货类流动资产的评估。

### 一、材料资产价值的评估

（一）成本法在库存材料评估中的应用

（1）对于近期购进的库存材料，由于库存时间较短，在市场价格变化不大的情况下，其账面值与现行市价基本接近，因此在评估时可采用成本法，以清查核实后的账面价值作为评估值。

【例9-1】某评估机构受托对三泰工厂库存的一批A材料进行评估，评估基准日为2014年3月31日。据查，该批材料系该厂于2014年2月20日购进的，购进时的单价为3 650元/吨，数量为1 000吨，支付的运杂费共计50 000元。评估时清查盘点的实存数量为 350 吨。经市场询价，该种材料的市场价格没有明显变化。据此，要求计算该批 A 材料的评估价值。

**解析：**

A 材料的评估价值 $= 350 \times (3\,650 + \dfrac{50\,000}{1\,000}) = 1\,295\,000$（元）

（2）对于呆滞、积压的材料，由于积压时间较长，自然力作用或保管不善等可能造成其使用价值下降，因此在评估时，首先应对其数量和质量进行核实和鉴定，然后区别不同情况进行评估。对其中失效、变质、残损、报废、无用的，应通过分析计算，扣除相应的贬值数额后，确定其评估值。

（二）市场法在库存材料评估中的应用

评估人员在对库存材料进行评估时，可以根据材料购进情况的不同，选择相适应的方法。在下列情形时可以选择采用市场法：

（1）近期购进的库存材料。对于购进时间距评估基准日较近的库存材料，如果材料的市场价格变动不大，则其账面价值与现行市价基本接近。评估时，除成本法外，还可以直接按市场价格确定其评估值。

（2）购进批次间隔时间长、价格变化较大的库存材料。对这类材料进行评估时，可以采用最接近市场价格或直接以市场价格作为其评估值。

【例 9-2】在对三泰工厂库存的一批 A 材料进行评估时，经核查，评估人员掌握的 A 材料的信息如下：

（1）2014 年 12 月购进第一批，数量为 950 吨，单价为 2 650 元 / 吨；

（2）2015 年 1 月领用 A 材料 800 吨；

（3）2015 年 7 月购进第二批，数量为 260 吨，单价为 2 200 元 / 吨。

若评估基准日为 2015 年 8 月 31 日。要求计算 A 材料的评估值。

**解析：** 根据上述资料，库存 A 材料的数量为 410 吨，采用市场法进行评估，直接按 2015 年 7 月的市场价格 2 200 元 / 吨计算。

评估值 $= 410 \times 2\,200 = 902\,000$（元）

（3）缺乏准确现行市价的库存材料。企业库存的某些材料可能由于购进的时间早，市场已经脱销，目前无明确的市价可供参考或使用。对这类材料的评估，可以通过寻找替代品的价格变动资料来修正材料价格；还可以在分析市场供需的基础上，确定该种材料的供需关系，并以此修正材料价格；还可以通过同类商品的平均价格指数进行评估。

## 二、在产品价值的评估

### (一)成本法在在产品评估中的应用

1. 基本思路

在产品包括生产过程中尚未加工完毕的在制品、已加工完毕但不能单独对外销售的半成品。采用成本法评估在产品的思路如下:

(1) 对于生产周期较长的在产品,根据技术鉴定和质量检测的结果,按评估时的相关市场价格及费用水平,重置同等级在制品和半成品所需的合理的料工费计算其评估值。

(2) 对于生产周期较短的在产品,根据实际发生的成本作为价值评估依据。在没有变现风险的情况下,可根据其账面值进行调整。

2. 具体方法

(1) 价格指数法。对于生产经营及会计核算水平较高的企业,可根据评估基准日的市场价格变动情况,将在产品实际发生的原始成本按价格变动指数调整为重置成本。其计算公式如下:

在产品评估值 = 原始合理材料成本 × (1+ 价格变动指数) + 原始合理人工及其他费用 × (1+ 人工及其他费用价格变动指数)

(2) 定额成本法。当被评估在产品的完工程度、生产工艺的工艺定额、耗用物料的近期市场价格,以及在正常生产情况下的合理工时和小时费率等资料均能取得时,即可根据上述资料,按社会平均消耗定额和现行市价计算同类资产的社会平均成本,以此确定被评估在产品的价值。其计算公式如下:

在产品评估值 = 在产品的实有数量 × (该工序单件材料工艺定额 × 单位材料现行市价 + 该工序单件工时定额 × 正常工资费用)

其中,在选取工艺定额时,如果有行业的平均物料消耗标准的,可按行业标准计算;没有行业统一标准的,按企业现行的工艺定额计算。

(3) 约当产量法。在产品的最终形式为产成品,可以在计算产成品重置成本的基础上,按在产品完工程度计算确定在产品的评估值。其计算公式如下:

在产品评估值 = 产成品重置成本 × 在产品约当产量

在产品约当产量 = 在产品数量 × 在产品完工率

### (二)市场法在在产品评估中的应用

应用市场法评估在产品,是按同类在制品和半成品的市价,扣除销售过程中预计发生的费用后计算其评估值。一般来说,如果被评估资产的通用性好,能够作为产成品的部件,或用于维修等,则其评估价值就较高;对不能继续生产,又无法通过市场调剂出去的专用配件等,则只能按废料回收价格进行评估。其计算公式为:

在产品评估值＝在产品实有数量 × 市场可接受的不含税单价 − 预计销售过程中发生的费用

如果在调剂过程中有一定的变现风险，则还要考虑设立一个风险调整系数，计算可变现评估值。

### 三、产成品及库存商品价值的评估

（一）成本法在产成品及库存商品评估中的应用

采用成本法评估产成品及库存商品，主要是根据生产、制造该种产成品全过程中所发生的成本费用来确定其评估值。根据完工入库时间的长短，分为以下两种情况进行：

（1）对于新近完工入库的。由于评估基准日与产成品的完工时间较接近，产品成本变化不大，因此可以直接按产成品的账面成本确定其评估值。其计算公式为：

产成品评估值＝产成品数量 × 产成品单位成本

（2）对于完工入库时间较长的。由于评估基准日与产成品的完工时间较远，产成品成本费用的变化可能会较大。此时，应按评估基准日市场状况下产成品的社会平均成本确定其评估值，具体又有两种评估途径。

按定额成本计算的数学公式：

产成品评估值＝产成品实有数量 × （现行材料单价 + 合理工时定额 × 单位小时合理工时工资和费用）

按价格变动系数计算的数学公式：

产成品评估值＝产成品实际成本 × （材料成本比重 × 材料综合调整系数 + 工资和费用成本比重 × 工资和费用综合调整系数）

【例9–3】三泰工厂拟对某类产成品进行评估。经核查，该类产成品实有数量为552件，合理材料工艺定额为260千克/件，合理工时定额为16小时，用于生产该产成品的材料价格由原来的32元/千克涨至38元/千克，单位小时合理工时工资、费用不变，仍为20元/小时。要求根据上述资料计算该类产成品的评估值。

**解析：**

产成品的评估值 = 552 × (260 × 38 + 16 × 20) = 5 630 400（元）

【例9–4】三泰工厂拟对某类产成品进行评估。该类产成品实有数量为1 250件，单位实际成本为36元，经查，生产该类产品的材料费用与工资、其他费用的比例为70∶30。评估时，根据目前价格变动情况和其他相关资料，评估人员将材料综合调整系数确定为1.06，将工资、费用综合调整系数确定为1.12。要求根据上述资料，计算该类产成品的评估值。

**解析：**

产成品的评估值 = 1 250 × 36 × (1.06 × 70% + 1.12 × 30%) = 48 510（元）

## （二）市场法在产成品及库存商品评估中的应用

应用市场法评估产成品，在选择市场价格时应注意考虑以下几项因素：
（1）产成品的使用价值。
（2）分析市场供求关系和被评估产成品的前景。
（3）所选择的价格应是在公开市场上形成的近期交易价格，非正常交易价格不能作为评估的依据。
（4）对于产品技术水平先进，但外表存有不同程度残缺的产成品，可根据其损坏程度，通过调整系数予以调整。
（5）采用市场法评估产成品时，现行市价中包含了成本、税金和利润等因素，如何处理待实现的利润和税金，是一个不可忽视的问题。对该问题应作具体分析，视产成品评估的特定目的和评估性质而定。

## 四、低值易耗品价值的评估

低值易耗品是指单位价值较低、不构成固定资产的劳动工具，但在生产过程中的作用与固定资产相似。例如，可以多次使用而不改变原有的实物形态，不构成产品实体，在使用过程中需要进行维护、修理，报废时也有一定的残值等。

低值易耗品的种类较多，在资产评估中，一般是按照其用途和使用情况进行分类。低值易耗品按其用途可以分为一般工具、专用工具、替换设备、管理用具、劳动保护用品、其他低值易耗品等类别。低值易耗品按其使用情况可分为在库低值易耗品和在用低值易耗品。

第一种分类，在于可以按大类进行评估，简化评估工作；第二种分类，则是考虑了低值易耗品适用的具体情况，直接影响评估方法的选用。在库低值易耗品的评估，可以根据具体情况，比照材料的评估方法进行；而对于在用低值易耗品，可以采用成本法进行评估。其计算公式为：

在用低值易耗品评估值 = 低值易耗品的重置成本 × （1 - 低值易耗品贬值率）

其中，低值易耗品的重置成本可根据其现行购置或制造价格加上其他合理的相关费用来计算；贬值率则按以下的公式计算：

$$贬值率 = \frac{低值易耗品实际使用月数}{低值易耗品总使用月数}$$

应该注意的是，由于对低值易耗品采用摊销的方式将其价值转入成本、费用，而摊销的目的在于计算成本、费用；但是，低值易耗品的摊销在会计上采用较为简化的方法，并不完全反映低值易耗品的实际损耗程度。因此，评估人员在确定低值易耗品贬值率时，应根据其实际损耗程度确定，而不能完全按照其摊销方法确定。同时，由于低值易耗品使用期限短于固定资产，评估时，一般不考虑其功能性损耗和经济性损耗。

【例9-5】三泰工厂某项低值易耗品需评估。已知其原价为1 100元，预计使用10个月，现已使用4个月，评估时该低值易耗品的现行市价为1 500元。要求根据上述资料，计算该低值易耗品的评估值。

**解析：** 在用低值易耗品评估值 = $1\,500 \times (1 - \frac{4}{10}) = 900$（元）

## 第三节 其他流动资产评估

### 一、应收账款和预付账款的评估

债权类流动资产包括应收账款、预付账款、应收票据、短期投资等。

1. 应收账款的评估思路

企业的应收账款和预付账款主要是指企业在经营过程中，由于赊销而形成的尚未收回的款项，以及企业根据合同规定预付给供货单位的货款等。应收账款和预付账款都属于债权类流动资产，都存在无法收回的风险。因此，对其进行评估时，一方面应清查核实账面余额，另一方面要估计可能发生的坏账损失。应收账款评估价值的计算公式如下：

应收账款评估价值 = 应收账款账面余额 - 已确定的坏账损失 - 预计可能发生的坏账损失与费用

应收账款的评估主要涉及账面价值和坏账损失的确定。评估时的具体操作步骤如下：

（1）确定应收账款的账面价值。评估时应进行账证核对、账表核对，还应要求按客户名单发函核对，查明每项应收账款发生的时间、金额以及债务人单位的基本情况，并进行详细记录以核实应收账款的账面价值，将其作为预计坏账损失的重要依据。

（2）确认已发生的坏账损失。已发生的坏账损失是指评估时债务人已经死亡或破产，以及有明显证据证明确实无法收回的应收账款。

（3）确定可能发生的坏账损失。对企业的应收账款进行评估时，应对其回收的可能性进行判断。一般可以根据企业与债务人的业务往来和债务人的信用情况，将应收账款分为不同类别，并按类别分别估计坏账损失发生的可能性和数额。

第一类，业务往来较多且债务人结算信用好的，应收账款到期一般都能全部收回。

第二类，业务往来较少且债务人结算信用一般的，应收账款收回的可能性很大，但收回的时间不能完全确定。

第三类，偶然发生业务往来且债务人信用状况未能调查清楚的，应收账款可能只能收回一部分。

第四类，有业务往来但债务人结算信用较差，有长期拖欠货款记录的，应收账款可能无法收回。

2. 确定预计坏账损失的方法

确定预计坏账损失的方法主要有以下两种：

（1）坏账比例法。按被评估企业在评估前若干年实际发生的坏账损失额占全部应收账款的比例，判断无法回收的应收账款，从而确定预计坏账损失的数额。其计算公式如下：

$$坏账比例 = \frac{评估前若干年实际发生的坏账损失合计}{评估前若干年企业应收账款余额合计}$$

$$预计坏账损失额 = 评估基准日被评估企业应收账款账面余额 \times 坏账比例$$

（2）账龄分析法。按应收账款拖欠时间的长短，分析判断可收回的应收账款金额和坏账损失。一般来说，应收账款账龄越长，发生坏账损失的可能性越大。因此，评估时可将应收账款按账龄长短分成若干组，按组估计坏账损失的可能性，并据此计算坏账损失的数额。

## 二、应收票据的评估

应收票据是由付款人或收款人签发，由付款人承兑，到期无条件付款的一种书面凭证。应收票据按承兑人不同可分为商业承兑汇票和银行承兑汇票；按票据是否带息分为带息商业汇票和不带息商业汇票。商业汇票可依法背书转让，也可以向银行申请贴现。在评估应收票据的价值时，对于不带息商业汇票，其评估值为票据票面金额；对于带息商业汇票，其评估值除票据面值外，还应包括票据利息。具体评估方法如下：

1. 按应收票据本利和计算

应收票据的评估价值即票据的面值与持有期的利息两者之和。其计算公式如下：

$$应收票据评估价值 = 本金 \times (1 + 利息率 \times 时间)$$

【例9-6】某企业持有一张期限为6个月的票据，票面值为100万元，月利率为5‰，截至评估基准日距付款期还有2个月。要求计算其评估值。

**解析：** 应收票据评估价值 $= 100 \times (1 + 5‰ \times 2) = 110$（万元）

2. 按应收票据贴现值计算

应收票据的评估价值即在评估基准日到银行申请贴现的贴现票值。其计算公式如下：

$$应收票据评估价值 = 票据到期价值 - 贴现息$$

$$贴现息 = 票据到期价值 \times 贴现率 \times 贴现期$$

【例9-7】某企业持有一张期限为6个月的商业承兑汇票一张，票面金额为500万元，2014年6月10日对该汇票进行评估。该汇票于2014年4月10日签发并承兑，到期日为2014年10月10日。已知贴现率为月利率6‰，要求计算其评估值。

**解析：**

贴现期 = 122（天）

贴现息 $= 500 \times 6‰ \times \dfrac{122}{30} = 12.2$（万元）

应收票据评估价值 $= 500 - 12.2 = 487.8$（万元）

如果被评估应收票据是在规定的期限内尚未收回的票据，由于在会计核算中已将到期未能收回的票据转入应收账款账户，此时应注意不要重复评估该应收票据，其评估价值按应收账款的评估方法计算。

### 三、现金与银行存款的评估

由于货币性资产不会因时间的变化而发生变化，因此对于现金与银行存款的评估，实际上就是现金的盘点，并与现金日记账和现金总账核对，实现账实相符；对各项银行存款进行清查确认，核实各项银行存款的实有数额，以核实后各项银行存款的实有数额作为评估值。如有外币存款，则应按评估基准日的汇率折算成等值人民币金额。

### 四、待摊费用和预付费用的评估

（一）待摊费用的评估

待摊费用是指企业已经支付或发生，但应由本月和以后月份负担的费用。待摊费用本身不是资产，是已耗用资产的反映，它的发生或支付可以形成一定形态的资产。因此，评估确定待摊费用的价值，实际上就是确定其实体资产或某种权利的价值。

对于待摊费用的评估，原则上，应按其形成的具体资产价值确定。例如，某企业待摊费用中，有待摊机器设备修理费用1.6万元，但是在评估机器设备的价值时，已经考虑了设备修理费用对设备评估价值的影响，即该笔1.6万元待摊费用已经在机器设备的评估价值中得到体现。因而，这部分反映在待摊费用中的价值不再需要重复记入资产价值。

（二）预付费用的评估

预付费用之所以作为资产，是因为这类费用在评估基准日之前已经由企业支付，但在评估基准日之后才能产生效益，如预付的报纸杂志费用、预付的保险费、预付的租金等。因而，可将这类预付费用看作取得未来服务的权利。

预付费用的评估主要依据其未来可产生效益的时间。如果预付费用的效益已在评估基准日之前全部体现，只因发生的数额过大而采用分期摊销的方法，那么这种预付费用就不应在评估中作价。只有那些在评估基准日之后仍能发挥作用的预付费用，才是评估的对象，才具有相应的评估价值。

【例9-8】评估基准日为2014年9月30日，有关资料如下：

（1）企业于2014年年初，预付全年保险金96 000元，已摊销70 000元，账面余额26 000元；

（2）企业于2014年4月30日租用仓库一间，租约规定租期3年，租约生效之日预付租金144 000元。该笔租金企业已摊销120 000元，账面余额24 000元。

要求根据上述资料，计算预付保险金和预付租金的评估价值。

**解析:**

每月应分摊的保险金数额 $= \dfrac{96\,000}{12} = 8\,000$(元)

预付保险金评估值 $= 8\,000 \times 3 = 24\,000$(元)

每月应分摊的租金 $= \dfrac{144\,000}{3 \times 12} = 4\,000$(元)

预付租金评估值 $= 4\,000 \times 7 = 28\,000$(元)

## 同步检测练习

### 一、名词解释

1. 流动资产
2. 库存材料
3. 低值易耗品
4. 在产品
5. 产成品

### 二、单项选择题

1. 流动资产根据形态的不同,可分为货币形态的流动资产、可在短期内出售的存货和近期可变现的债权性资产、生产加工过程中的在制品及准备耗用的物资。根据其变现快慢的排序是(　　)。

   A. 可在短期内出售的存货和近期可变现的债权性资产、货币形态的流动资产、生产加工过程中的在制品及准备耗用的物资
   
   B. 货币形态的流动资产、生产加工过程中的在制品及准备耗用的物资、可在短期内出售的存货和近期可变现的债权性资产
   
   C. 货币形态的流动资产、可在短期内出售的存货和近期可变现的债权性资产、生产加工过程中的在制品及准备耗用的物资
   
   D. 生产加工过程中的在制品及准备耗用的物资、货币形态的流动资产、可在短期内出售的存货和近期可变现的债权性资产

2. 企业的应收账款评估值的一般计算公式为(　　)。

   A. 应收账款账面值－已确定坏账损失－预计坏账损失
   
   B. 应收账款账面值
   
   C. 应收账款账面值－已确定坏账损失
   
   D. 应收账款账面值－预计坏账损失

3. 在采用市场法评估产成品及库存商品时,其中工业企业的产成品评估一般以(　　)为依据。

   A. 卖出价　　　　　　　　　　B. 买入价
   C. 中间价　　　　　　　　　　D. 成本价

4. 企业持有一张期限为 1 年的票据，本金为 40 万元，月息率为 1%，评估基准日距到期日还有 2.5 个月，则该应收票据的评估值为（    ）。

    A. 43.8 万元                        B. 40 万元

    C. 48 万元                          D. 以上答案都不对

5. 与其他长期资产不同的是，评估流动资产时无须考虑资产的（    ）因素。

    A. 功能性贬值                     B. 经济性贬值

    C. 实体性贬值                     D. 功能性贬值和实体性贬值

6. 对某企业的应收账款进行评估，评估基准日应收账款余额为 36 万元。根据前 5 年的有关数据可知，前 5 年应收账款总额为 50 万元，坏账发生总额为 2.5 万元，并预计企业应收账款的催讨成本为 0.3 万元，则该企业应收账款评估值为（    ）。

    A. 180 000 元                    B. 352 800 元

    C. 342 000 元                    D. 339 000 元

7. 某企业有一期限为 10 个月的票据，本金为 50 万元，月息率为 10‰，评估基准日距付款期尚有 3.5 个月，则该票据的评估值为（    ）。

    A. 532 500 元                    B. 500 000 元

    C. 517 500 元                    D. 以上答案都不对

8. 某被评估企业截止到评估基准日，经核实后的应收账款余额为 146 万元，该企业前 5 年的有关资料如下表：

| 年份 | 处理坏账额（元） | 应收项目余额（元） | 备注 |
| --- | --- | --- | --- |
| 第 1 年 | 180 000 | 1 200 000 |  |
| 第 2 年 | 50 000 | 1 480 000 |  |
| 第 3 年 | 100 000 | 1 400 000 | 处理坏账额中不包括体制变动形成的坏账额 |
| 第 4 年 | 80 000 | 1 600 000 |  |
| 第 5 年 | 200 000 | 1 520 000 |  |
| 合计 | 610 000 | 7 200 000 |  |

    根据上述资料，确定该企业应收账款的评估值为（    ）。

    A. 1 336 620 元                  B. 7 200 000 元

    C. 36 000 元                      D. 以上答案都不对

9. 某企业向甲企业售出材料，价款 500 万元，商定 6 个月后收款，采取商业承兑汇票结算。该企业于 4 月 10 日开出汇票，并向甲企业承兑，汇票到期日为 10 月 10 日。现对该企业进行评估，评估基准日定为 6 月 10 日，由此确定贴现日期为 120 天，贴现率按月息率 6‰ 计算。该应收票据的评估值为（    ）。

    A. 12 万元                        B. 500 万元

    C. 488 万元                      D. 以上答案都不对

10. 某项在用低值易耗品，原价 750 元，预计使用 1 年，现已使用 9 个月。该低值易耗品全新状态的现行市价 1 200 元，由此确定在用低值易耗品的评估值为（　　）。

　　A．300 元　　　　　　　　　　B．900 元
　　C．750 元　　　　　　　　　　D．1 200 元

### 三、多项选择题

1. 下列资产中属于流动资产的是（　　）。
　　A．现金和各项存款　　　　　　B．应收账款
　　C．存货　　　　　　　　　　　D．短期投资
　　E．预付款

2. 产成品及库存商品适用的评估方法有（　　）。
　　A．现值法　　　　　　　　　　B．成本法
　　C．市场法　　　　　　　　　　D．分类评估法
　　E．收益法

3. 流动资产评估的特点有（　　）。
　　A．是以单项资产为对象进行资产评估
　　B．必须选准流动资产评估的基准时间
　　C．既要认真进行资产清查，又要分清主次、掌握重点
　　D．流动资产周转速度快、变现能力强，在价格变化不大的情况下，资产的账面价值基本上可以反映流动资产的现值

4. 流动资产评估的程序包括（　　）。
　　A．确定评估对象和评估范围
　　B．对有实物形态的流动资产进行质量检测和技术鉴定
　　C．对企业的债权、票据、分期收款发出商品等基本情况进行分析
　　D．合理选择评估方法
　　E．评定估算流动资产，得出评估结论

5. 采用下列哪种会计计价方法，对材料的评估值没有影响（　　）。
　　A．先进先出法　　　　　　　　B．后进先出法
　　C．加权平均法　　　　　　　　D．移动平均法

6. 评估应收账款时，其坏账的确认方法有（　　）。
　　A．坏账估计法（坏账百分比法）　B．账龄分析法
　　C．财务制度规定的 3‰—5‰　　　D．毛估法

7. 对库存材料采用市场法评估时，需考虑的因素有（　　）。
　　A．市场价格的选择　　　　　　B．被估材料变现成本
　　C．被估材料变现风险　　　　　D．产品的生产成本

8. 对流动资产评估无须考虑功能性贬值是因为（　　）。
　　A．周转速度快　　　　　　　　B．变现能力强

  C．形态多样化       D．库存数量少

  E．获利能力强

9．流动资产的实体性贬值可能体现在（　　）。

  A．在产品        B．应收账款

  C．在用低值易耗品     D．呆滞、积压物资

  E．货币资金

10．采用市场法对产成品进行评估，应考虑的主要因素是（　　）。

  A．市场价格        B．实体损耗

  C．管理费用        D．变现费用

## 四、是非判断题

1．流动性资产由于周转速度快、变现能力强、形态多样化等，一般不考虑其功能性贬值。（　　）

2．由于流动资产的形态多样性，因此在资产评估时，应对其获利能力进行综合性的价值评估。（　　）

3．在流动资产的评估中，当抽查核实中发现原始资料或清查盘点工作的可靠性较差时，应对已评估的流动资产进行重新评估。（　　）

4．对于商业企业的库存商品，一般以可变现净值作为其评估值。（　　）

5．资产的实体性贬值的计算只适用于低值易耗品及呆滞、积压流动资产的评估，而在其他流动性资产的评估中一般不予计算。（　　）

6．债权类流动资产如应收账款、应收票据等资产的评估，只适用于按市场价格进行评估。（　　）

7．对流动资产评估所选的评估基准日应尽可能在会计期初。（　　）

8．对于购进时间早、市场已脱销、没有准确市场现价的库存材料，可以根据材料的账面价值进行评估。（　　）

9．外币存款折算为人民币时，一般应按评估基准日当日的外汇牌价折算。（　　）

10．对于已无对应的资产或权益存在的待摊费用，按零值评估。（　　）

## 五、简答题

1．什么是流动资产？流动资产的特点主要表现在哪些方面？

2．流动资产评估的特点表现在哪些方面？

3．如何根据流动资产的评估目的，确定评估结果的价值类型？

4．简述流动资产的评估程序。

5．材料如何评估？

6．在产品如何评估？

7．应用市场法评估产成品的价值时，选择市场价格时应注意什么？

8．预计坏账损失的评估方法有哪几种？

9. 应收账款评估时，是否应该考虑折现问题？
10. 待摊费用评估应注意什么？

## 六、案例分析题

1. 对企业库存的一种燃料进行评估，库存量为 50 吨。经现场技术鉴定，没有发生质量变化，仍能满足正常需要，只是保管中自然损耗 1%；根据市场调查，得知该燃料近期市场价格为每吨 4 000 元，每吨运费 100 元，整理入库费为每吨 40 元，则该库存燃料的评估值是多少？

2. 企业在联营过程中，需对其某一工序上的在制品进行评估。该工序上的在制品数量为 5 000 件，根据行业平均定额标准得知，其在该工序上的材料消耗定额为 10 千克/件，工时定额为 5 小时/件。经过市场调查得知，该在制品耗用材料近期的市场价格为 10 元/千克，相同工种正常小时工资为 6 元/小时，该企业产品销路一向很好。假设不存在变现风险，求该在制品的评估值。

3. 评估龙城企业化工类库存材料，经核实，材料库存量为 100 吨，原始购入成本为 200 万元，根据进货情况，材料的平均库存期为 3 个月。经技术鉴定，其中一种材料已全部报废，数量为 2.5 吨，购进单价为每吨 2 万元，无回收价值；此外，根据企业生产用该类材料的实际月耗量计算，库存的该材料有 25% 为超额储存，这部分超储的原材料将多支付利息费用、占地租金费用及保管费用等平均每吨 400 元。根据有关权威部门公布的信息，该类材料每月价格上涨系数为 2%，试确定该类化工原材料的评估值。

4. 苏宁企业某项低值易耗品，原价 700 元，预计使用 1 年，现已使用 6 个月，会计账面上已摊销 300 元。经调查了解，该种低值易耗品全新状态的现行市价为 1 100 元，试估算该低值易耗品的评估值。

5. 三泰企业准备继续生产已入库的 A 系列在产品。经调查了解，关于该系列在产品的资料如下：

（1）截至评估基准日，该系列产品账面累计总成本为 200 万元，其中有一种在产品报废 150 件，账面单位成本为 100 元/件，估计可回收的废料价值为 3 500 元。

（2）该系列在产品的材料成本占总成本的 70%，所有材料为某种贵重金属。其生产准备到评估基准日有半年的时间，据了解，同类生产材料在半年内价格上涨了 10%。

（3）该系列在产品的费用分析表明，本期在产品的单位产品费用偏高，主要系前期漏转费用 5 万元计入本期成本，其他费用在半年内未变化。

按照价格变动系数调整该在产品的原始成本，确定该系列在产品的评估值。

6. 海阳企业被其他企业兼并，生产全面停止，现对其库存的在产品 A、B、C 进行评估。有关的评估资料如下：

（1）在产品 A 已从仓库中领出，但尚未进行加工处理。这批在产品 A 共有 1 000 件，账面价值为 25 000 元，经调查，该在产品如完好无损地出售，单位市价为 20 元/件。

（2）在产品 B 已加工成部件，共有 500 件，账面价值为 5 500 元，可通过市场调剂且流动性较好。据调查了解，该在产品的市场可接受价格为 10 元/件，调剂费用为 100 元；

但调剂存在风险,预计能够有90%的在产品通过市场调剂。

(3)在产品C已加工成部件,账面价值为3 000元;但是对于兼并后的企业来说,在产品C已经没有继续加工的价值,而且也无法调剂出去。经分析,该在产品只能作为报废的在制品处理,可回收的价格为500元。

根据以上资料,试用市场法估算该企业在产品的评估值。

7. 阳光保健品厂生产的口服液十分畅销,由于其营销网络十分强大,因此被某集团看中,欲收购该保健品厂。在评估过程中,涉及对该厂库存口服液的评估。经查实,该厂库存口服液账面价值为208 950元,查实数量为2 000瓶,账面记载的单价为105元/瓶,出厂价格为140.4元/瓶(含增值税)。经调查,该产品的销售费用占销售收入的3%,销售税金及附加占销售收入的2%,销售利润率为20%,所得税税率为25%。试估算该产品的评估值。

8. 海凤企业评估基准日2014年12月31日账面预付费用余额558 200元。其中,当年1月31日预付未来1年的保险金120 000元,已摊销70 000元;尚待摊销的低值易耗品243 000元,该企业已经对全部低值易耗品进行了评估;2014年7月1日预付未来1年房租300 000元,已摊销150 000元;前几年因成本高而未结转的费用为115 000元。根据以上资料评估该企业预付费用的价值。

9. 评估基准日为2014年9月30日,某持续经营企业预付费用账面余额35万元。其中,预付2014年保险金8万元,已摊销5万元;待摊销的低值易耗品余额18万元,现市值20万元;预付房租6万元,租期为2013年1月30日至2016年1月30日,已摊销租金2万元;应在以前年度结转因成本高而未结转的费用10万元。根据以上资料评估该企业预付费用的价值。

10. 现有三公企业的产成品材料、库存商品和低值易耗品的资料如下:

(1)评估基准日前一个月从外地购进产成品材料50公斤,单价200元,当时支付运杂费500元;根据原始记录和清查盘点,评估时库存材料尚存15公斤。

(2)截至评估基准日,企业库存商品实有数30件,每件实际成本200元,该库存商品的材料费与工资、其他费用的比例分别为80%、20%。据目前有关资料,材料费用综合调整系数为1.36,工资、其他费用的综合调整系数为1.05。

(3)截至评估基准日,在用低值易耗品原价1 300元,预计使用1年,现已使用4个月,该低值易耗品现行市价900元。

根据以上资料,评估该企业的产成品材料、库存商品和低值易耗品的价值。

# 第十章

# 企业价值评估

### 引导案例

#### "小鱼"吃"大鱼"

北京时间2010年3月28日,中国浙江吉利控股集团有限公司(简称"吉利集团")在瑞典哥德堡与福特汽车签署最终股权收购协议,获得沃尔沃轿车公司100%的股权及相关资产(包括知识产权)和全部的销售渠道,本次收购涉及金额18亿美元。国内很多人对吉利集团李书福的决策表示肯定,媒体称赞其为一个非常有智慧的人。路透社于3月28日撰文称,李书福可算为中国版的"亨利·福特"。在该媒体的眼中,李书福成功收购福特汽车旗下著名的沃尔沃轿车的交易有望改写汽车行业的历史。但有人为吉利集团的未来感到担忧,认为这只是一个"穷小子"为了一个心仪的明星买了一颗巨大无比的"鸽子蛋"戒指,如果"穷小子"不能继续努力,就必会从此败阵。甚至有人估算,如果吉利集团想真正"消化"沃尔沃轿车,至少还需要再投入14亿美元资金。这对于目前已负债累累的民营企业吉利集团来说,是一个巨大的考验。如何从企业价值的角度看待吉利集团的这次收购行为?

## 第一节　企业价值评估及其特点

### 一、企业价值的含义

企业是以盈利为目的,按照法律程序建立的经济实体,形式上体现为由各种要素资产组成并具有持续经营能力的自负盈亏的经济实体。进一步说,企业是由各个要素资产围绕着一个系统目标,发挥各自的特定功能,构成一个有机的生产经营能力和获利能力的载体及其相关权益的集合或总称。企业作为一类特殊的资产,具有如下特点:

(1)盈利性。企业作为一类特殊的资产,其经营目的就是盈利。评价企业的价值时,主要应以其盈利能力的高低作为判断的标准。

(2)持续经营性。企业要获取盈利,必须进行经营,而且要在经营过程中努力降低成本和费用。为此,企业要对各种生产经营要素进行有效组合,保持其最佳利用状态。影响生产经营要素得到最佳利用的因素有很多,持续经营是保证企业正常盈利的一个重要方面。

(3)整体性。构成企业的各个要素资产虽然各具不同性能,但只要它们在服从特定系统目标的前提下构成企业整体,各个要素资产的功能就可能产生互补。因此,它们可以被整合为具有良好整体功能的资产综合体。当然,即使构成企业的各个要素资产的个体功能良好,如果它们不能服从特定系统目标而拼凑成企业,它们之间的功能可能就会不匹配,由此组合而成的企业整体功能也未必良好。因此，整体性是企业区别于其他资产的一个重要特征。

（4）权益可分性。作为生产经营能力载体的企业具有整体性的特征，而与载体相对应的企业权益却具有可分性的特点，企业的权益可分为股东全部权益和股东部分权益。

传统意义上的企业价值是指构成企业的各项资产的现值之和，反映企业的整体实力和竞争能力。目前，企业价值一般被认为是能够反映企业未来盈利能力的企业未来现金流量的现值。通常，企业价值可以用来表示公司的某种总价值，也可以用来表示少数股东权益的总价值、普通股权益或拥有控制权权益的价值、投入资本的价值、部分或全部资产的价值，等等。

## 二、企业价值评估概述

### （一）企业价值评估的基本前提

企业价值评估最基本的前提是持续经营，即企业继续经营，所生产的产品或提供的服务能满足、适应社会的需要，并产生一定的收益。

### （二）企业价值评估的内涵

中国资产评估协会 2004 年 12 月 30 日颁布的《企业价值评估指导意见（试行）》第三条明确指出，"企业价值评估，是指注册资产评估师对评估基准日特定目的下企业整体价值、股东全部权益价值或部分权益价值进行分析、估算并发表专业意见的行为和过程"。

不论企业价值评估的是哪一种价值，它们都是企业在特定时期、地点和条件约束下具有的持续获利能力的市场表现。

（1）企业整体价值。企业总资产价值减去企业负债中的非付息债务价值后的余值，或用企业所有者权益价值加上企业的全部付息债务价值表示。其公式如下：

$$企业整体价值 = 总资产价值 - 企业负债中的非付息债务价值$$
$$企业整体价值 = 企业所有者权益价值 + 企业的全部付息债务价值$$

（2）企业股东全部权益价值，即企业的所有者权益价值或净资产价值。其公式如下：

$$企业股东全部权益价值 = 所有者权益价值$$

（3）股东部分权益价值。其实就是企业一部分股权的价值，或股东全部权益价值的一部分。由于存在控股权溢价和少数股权折价的因素，股东部分权益价值并不必然等于股东全部权益价值与股权比例的乘积。

在资产评估实务中，股东部分权益价值的评估通常是在取得股东全部权益价值后再评定。应当在评估报告中披露是否考虑了控股权溢价或少数股权折价。

### （三）企业价值评估的特点

企业价值评估具有以下特点：

（1）评估对象是由多个或多种单项资产组成的资产综合体。

（2）决定企业价值高低的因素，是企业的整体获利能力。

（3）企业价值评估是一种整体性评估。

### （四）企业价值评估的范围

1. 企业价值评估的一般范围

企业价值评估的一般范围即企业的资产范围。从产权的角度界定，企业价值评估的范围应该是企业的全部资产，包括企业产权主体自身拥有并投入经营的部分；企业产权主体自身拥有未投入经营的部分，虽不被企业产权主体自身占用及经营、但可以由企业产权主体控制的部分，如全资子公司、控股子公司，企业拥有的非法人资格的派出机构、分部及第三产业，企业实际拥有但尚未办理产权的资产等。在具体界定企业价值评估的一般范围时，应根据以下有关数据资料进行：

（1）企业价值评估申请报告及上级主管批复文件规定的评估范围；

（2）企业有关产权转让或产权变动的协议、合同、章程中规定的企业资产变动的范围；

（3）企业有关资产产权证明、账簿、投资协议、财务报表；

（4）其他相关资料等。

2. 企业价值评估的具体范围

在界定企业价值评估的一般范围之后，并不能将其直接作为企业价值评估中的具体资产评估范围。企业是由各类单项资产组合而成的资产综合体，这些单项资产对企业盈利能力的形成具有不同的贡献。其中，对企业盈利能力的形成作出贡献、发挥作用的就是企业的有效资产，而对企业盈利能力的形成没有作出贡献甚至削弱了企业盈利能力的就是企业的无效资产。企业的盈利能力是有效资产共同作用的结果，要正确揭示企业价值，就要将企业资产范围内的有效资产和无效资产进行正确的界定与区分，将企业的有效资产作为企业价值评估的具体资产范围。这种区分是进行企业价值评估的一个重要前提。

3. 界定企业价值评估范围时应注意的事项

对于在评估时点产权不清的资产，应划为"待定产权资产"，可以列入企业价值评估的一般范围；但在具体操作时，应作特殊处理和说明，并需要在评估报告中加以披露。

在产权清晰的基础上，对企业的有效资产和无效资产进行区分。在进行区分时应注意把握以下几点：

（1）对企业有效资产的判断，应以该资产对企业盈利能力形成的贡献为基础，不能背离这一原则。

（2）在有效资产的贡献下形成的企业盈利能力，应是企业的正常盈利能力，由于偶然因素而形成的短期盈利能力及相关资产，不能作为判断企业盈利能力和划分有效资产的依据。

（3）评估人员应对企业价值进行客观揭示，如果企业的出售方拟进行企业资产重组，则应以不影响企业盈利能力为前提。

在企业价值评估中，对无效资产有两种处理方式。

其一，进行资产剥离，在运用多种评估途径及其方法评估有效资产与企业价值前，将企业的无效资产单独剥离出去，无效资产的价值不作为企业价值的组成部分，作为独立的部分进行单独处理，并在评估报告中予以披露。

其二，在运用多种评估途径及其方法进行有效资产及其企业价值评估前，将企业的无效资产单独剥离出去，用适合无效资产的评估方法将其进行单独评估；然后将评估值加总到企业价值评估的最终结果中，并在评估报告中予以披露。

（4）企业出售方拟通过"填平补齐"的方法对影响企业盈利能力的薄弱环节进行改进时，评估人员应着重判断该改进对正确揭示企业盈利能力的影响。就中国目前的具体情况而言，该改进应主要针对由工艺"瓶颈"和资金"瓶颈"等因素导致的企业盈利能力的薄弱环节。

## 三、企业价值评估程序

### （一）明确基本事项

评估人员执行企业价值评估业务，应当明确下列事项：

（1）委托方的基本情况；
（2）委托方以外的其他评估报告使用者；
（3）被评估企业的基本情况；
（4）评估目的；
（5）评估对象及其相关权益状况；
（6）价值类型及其定义；
（7）评估基准日；
（8）评估假设及限定条件；
（9）评估人员需要明确的其他事项。

### （二）收集信息资料

评估人员执行企业价值评估业务，应当收集并分析被评估企业的信息资料，以及与被评估企业相关的其他信息资料，通常包括以下各项：

（1）被评估企业类型、评估对象相关权益状况及有关法律文件；
（2）被评估企业的历史沿革、现状和前景；
（3）被评估企业内部管理制度、核心技术、研发状况、销售网络、特许经营权、管理层构成等经营管理状况；
（4）被评估企业历史财务资料和财务预测信息资料；
（5）被评估企业资产、负债、权益、盈利、利润分配、现金流量等财务状况；
（6）评估对象以往的评估及交易情况；
（7）可能影响被评估企业生产经营状况的宏观、区域经济因素；

（8）被评估企业所在行业的发展状况及前景；

（9）参照企业的财务信息、股票价格或股权交易价格等市场信息，以及以往的评估情况等；

（10）资本市场、产权交易市场的有关信息；

（11）评估人员认为需要收集分析的其他相关信息资料。

### （三）选择评估方法、估算企业价值

评估人员执行企业价值评估业务，应当根据评估对象、价值类型、资料收集情况等相关条件，分析收益法、市场法和成本法三种资产评估基本方法的适用性，恰当选择一种或多种资产评估方法。对同一评估对象采用多种评估方法时，应当对各种初步价值结论进行分析，在综合考虑不同评估方法与初步价值结论的合理性以及所用数据的质量和数量的基础上，形成合理评估结论。

### （四）撰写评估报告

评估人员执行必要的资产评估程序后，根据相关评估准则和《企业价值评估指导意见（试行）》编制并由所在评估机构出具评估报告。

## 第二节 市场法在企业价值评估中的应用

### 一、企业价值评估中市场法的含义与种类

在市场法中，待评估的企业价值是通过参照可比企业的市场价值与收益、账面价值、销售额、息税前收益等影响企业价值的某一财务变量的比率求得。财务变量的取值要考虑周期波动性，选用能够代表正常年份的数值。用公式表示为：

$$P = B \times \frac{P'}{B'}$$

式中，$P$ 表示待评估企业的股权价值；$B$ 表示待评估企业影响企业价值的某一财务变量；$P'/B'$ 表示可比企业的股权价值或企业价值与可比企业某一相对应财务变量的比率，这一比率也称作乘数。

企业价值评估中的市场法常用以下两种具体方法：

（1）上市公司比较法。上市公司比较法是指获取并分析可比上市公司的经营和财务数据，计算适当的价值比率，在与被评估企业比较分析的基础上，确定评估对象价值的具体方法。上市公司比较法中的可比企业，应当是公开市场上正常交易的上市公司，评估结论应当考虑流动性对评估对象价值的影响。

（2）交易案例比较法。交易案例比较法是指获取并分析可比企业的买卖、收购及合并案例资料，计算适当的价值比率，在与被评估企业比较分析的基础上，确定评估对象价值

的具体方法。运用交易案例比较法时，应当考虑评估对象与交易案例的差异因素对企业价值的影响。

## 二、可比企业的选择

可比企业是指具有与待评估企业相似的现金流量、增长潜力及风险特征的企业，一般应在同一行业内选择。可比性特征还包括企业产品的性质、资本结构、管理及人事制度、竞争性、盈利性、账面价值等方面。在选择可比企业时，应当关注业务结构、经营模式、企业规模、资产配置和使用情况、企业所处经营阶段、成长性、经营风险、财务风险等因素。在识别可比企业时，注册资产评估师可以参考证券分析师对待评估企业的分析报告、投资咨询公司的有关研究报告，寻求行业专家的协助，咨询待评估企业的经理层管理人员，以及分析待评估企业的财务比率等多种方式进行选择。

由于可比企业的选择带有一定的主观性，因而有时可能被有偏见的评估分析人员加以利用。可比企业的企业价值如果被错误地高估或低估，就会使得乘数偏大或偏小，从而导致错误的评估结果。

## 三、乘数的选择

1. 市盈率

市盈率（PE）等于股价除以每股收益。影响市盈率的因素可以通过股利折现模型进行分析。用市盈率作为乘数求得的是企业的股权价值。

由：
$$P_0 = \frac{DPS_1}{r_e - g} = EPS_0 \times 股利支付率 \times \frac{1+g}{r_e - g}$$

推导出：
$$PE = \frac{P_0}{EPS_0} = 股利支付率 \times \frac{1+g}{r_e - g}$$

2. 价格/账面价值比率

价格/账面价值比率（PBV）是指股权的市场价格与股权的账面价值的比率，或每股股价与每股账面价值的比率。用该比率求得的是企业的股权价值。

由：
$$P_0 = \frac{DPS_1}{r_e - g} = EPS_0 \times 股利支付率 \times \frac{1+g}{r_e - g}$$

推导出：
$$PBV = \frac{P_0}{BV_0} = ROE \times 股利支付率 \times \frac{1+g}{r_e - g}$$

3. 价格/销售收入比率

价格/销售收入比率（PS）是指股权价格与销售收入的比率。用该比率求得的是股权价值。

由：
$$P_0 = \frac{DPS_1}{r_e - g} = EPS_0 \times 股利支付率 \times \frac{1+g}{r_e - g}$$

推导出：
$$PS = \frac{P_0}{销售收入} = 销售净利率(MGN) \times 股利支付率 \times \frac{1+g}{r_e - g}$$

4. 价值/息税折旧前收益比率

价值/息税折旧前收益比率是指企业价值与息税折旧前收益（EBIDT）的比率。用该比率求得的是企业（投资）价值。

由企业价值：
$$P = \frac{CFF_1}{WACC - g} = \frac{EBIDT \times (1-税率) + 折旧 \times 税率 - 资本性支出 - 追加营运资本}{WACC - g}$$

推导出：
$$\frac{P}{EBIDT} = \frac{(1-税率) + 折旧 \times \frac{税率}{EBIDT} - \frac{资本性支出}{EBIDT} - \frac{追加营运资本}{EBIDT}}{WACC - g}$$

5. 价值/重置成本比率

价值/重置成本比率是指企业价值与企业资产的重置成本的比率，用该比率求得的是企业（投资）价值，而非企业的股权价值。该乘数是PBV的变形，又称托宾（Tobin）的Q值。Q值大于1，可能表明该企业拥有某种无形资产（如未来的增长机会），这时的企业价值等于资产重置成本加增长机会价值；Q值小于1，表明企业价值被低估，是进行收购的时机。

在评估企业价值时，如果待评估企业与可比企业之间的资本结构有较大差异，则应选择价值/息税折旧前收益比率或价值/重置成本比率指标。息税折旧前收益比率或价值和重置成本这两个变量对资本结构的差异不敏感，从而不会因企业资本结构的差异影响企业价值的评估结果。

**【例10-1】** 有甲、乙两个除资本结构不同外其他特征完全相同的企业，甲企业无负债，权益价值为1 000万元，乙企业目前还有400万元债务未偿还。假定EBIDT均为100万元，折旧为10万元，所得税税率为25%，利率为5%，试求乙企业的价值。

**解析：**

（1）应用价值/息税折旧前收益比率

甲企业企业价值/EBDIT = 10

乙企业企业价值 = 100 × 10 = 1 000（万元）

（2）应用市盈率

甲企业股权收益 = (100 − 10) × (1 − 25%) = 67.5（万元）

$$\text{PE} = \frac{1\,000}{67.5} = 14.81$$

乙企业股权收益 = (100 − 10 − 400 × 5%) × (1 − 25%) = 52.5（万元）

乙企业股权价值 = 14.81 × 52.5 = 777.5（万元）

（3）将该价值加到债务价值上，得到乙企业的企业价值

乙企业企业价值 = 777.5 + 400 = 1 177.5（万元）

应用市盈率法显然高估了乙企业的企业价值，其错误的根本原因在于，没有考虑有负债的乙企业股票的风险和收益相对更高，市盈率应该更低。一些研究表明，对某一类型企业的评估使用某一特定的乘数，评估结果可能会更加精确。比如，对于工业企业使用市盈率；对于银行、保险等金融服务机构使用价格/账面价值比率；对酒店服务业使用价格/销售收入比率等。

在待评估企业所在行业内的企业数目相对较少，或待评估企业跨行业经营等状况下，在同一行业范围内选择可比企业就会受到限制。解决问题的方法是将市盈率、价格/账面价值比率、价格/销售收入比率等乘数与它们各自的影响变量进行回归分析。其中，企业风险用 $\beta$ 系数表示，增长潜力用预期增长率 $g$ 表示，现金流量用股利支付率 $R_p$ 表示，股权收益率、销售净利率等变量作为调整。回归方程式表示为：

$$\text{PE} = a + b \times g + c \times R_p + d \times \beta$$
$$\text{PBV} = a + b \times g + c \times R_p + d \times \beta + e \times \text{ROE}$$
$$\text{PS} = a + b \times g + c \times R_p + d \times \beta + e \times \text{MGN}$$

阿斯瓦斯于 1997 年对美国大约 400 家上市公司的 PE、PBV、PS 乘数进行了回归分析，回归结果为：

$$\text{PE} = 11.07 + 27.82 \times g + 0.7328 \times R_p + 2.9465 \times \beta$$
$$\text{PBV} = 1.50 + 6.51 \times g + 0.61 \times R_p + 0.3292 \times \beta + 16.54 \times \text{ROE}$$
$$\text{PS} = 1.44 + 7.52 \times g - 0.22 \times R_p - 0.2166 \times \beta + 30.86 \times \text{MGN}$$

如果某企业的 $\beta$ 系数根据可比企业确定为 1.10，股权收益率 ROE 为 21.09%，预期增长率 $g$ 为 8.18%，股利支付率 $R_p$ 为 61.21%，则可以计算出该企业的 PE 等于 17.04，PBV 等于 6.26。然后根据该企业的股权账面价值和预期每股收益，就可以估计出该企业的股权价值。

【例 10-2】某企业收购价值的估算见表 10-1 和表 10-2。

表 10-1 某企业价值的价值/息税折旧前收益比率法评估　　　　　　　　　单位：万元

| 时间及项目 | 待评估企业 | 可比企业1 | 可比企业2 | 可比企业3 | 可比企业4 |
|---|---|---|---|---|---|
| 2010 年 EBIDT | 232.80 | 252.80 | 257.30 | 3 198.40 | 689.80 |
| 2011 年 EBIDT | 120.10 | 237.00 | 213.40 | 3 099.70 | 738.40 |
| 2012 年 EBIDT | 128.10 | 221.90 | 236.40 | 2 998.50 | 836.70 |
| 2013 年 EBIDT | 130.90 | | | | |

(续表)

| 时间及项目 | 待评估企业 | 可比企业1 | 可比企业2 | 可比企业3 | 可比企业4 |
|---|---|---|---|---|---|
| 2014年EBIDT | 127.90 | | | | |
| 5年平均EBIDT | 148.00 | | | | |
| 企业市场价值MV | | | | | |
| MV/5年平均EBIDT | | | | | |
| MV/2014年EBIDT | | | | | |
| 按平均数估算 | 1 183.60 | \multicolumn{4}{c}{$148.00 \times \dfrac{6.84+8.47+10.16+6.52}{4}$} |
| 按2014年数据估算 | 1 037.60 | \multicolumn{4}{c}{$127.90 \times \dfrac{6.76+8.13+11.47+6.09}{4}$} |

企业价值确定为1 100万元。

表10-2 目标企业收购价值的估算　　　　　　　　　　　单位：万元

| 按照市场法评估确定的企业价值 | | 1 100 |
|---|---|---|
| 收购方将在基本保持当前水平EBIDT的前提下 | 剥离附属企业 | 300（+） |
| | 出售企业行政办公楼 | 240（+） |
| | 增加固定资产投资 | 250（-） |
| | 增加流动资金 | 80（-） |
| 收购价值不超过1 310万元 | | |

### 四、运用市场法评估企业价值时需要注意的问题

运用市场法评估企业价值时需要注意以下两个问题：

（1）在运用上市公司比较法评估非上市企业价值时，在可能的情况下需要考虑上市公司与非上市公司之间的流动性差异。

（2）在运用上市公司比较法评估股东部分权益价值时，在可能的情况下需要考虑控股权溢价与少数股权折价因素。

## 第三节　收益法在企业价值评估中的应用

收益法适用于持续经营假设前提下的企业价值评估。持续经营假设是指在企业评估时，假定企业将按照原来的经营目的、经营方式持续地经营下去。持续经营尽管是一种假设，但这种假设也不是可以随便运用的，它应建立在对企业能够持续经营的专业判断之上，须考虑三个方面。第一，评估目的。引起此次企业评估的经济活动或资产业务要求企业持续经营，或评估结果的具体用途要求以企业持续经营为前提。第二，企业提供的产品

或劳务是否为市场所需。若企业提供的产品或劳务不能被市场接受，企业无预期收益，则不能滥用持续经营假设。第三，企业要素资产的功能和状态。若企业各个要素资产破损严重、工艺落后或各种功能严重失调，则不能满足企业持续经营的需要，也不宜采用持续经营假设。

## 一、企业收益的含义

### （一）企业收益的界定

收益额是运用收益现值法评估企业整体价值的基本参数之一。在企业整体评估中，收益额是指企业在正常条件下获得的、归企业的收益所得额。

企业收益通常可以从权责发生的角度和收付实现的角度进行认识。从权责发生的角度认识收益，收益通常表现为利润，包括税前利润、税后利润、息税前利润等指标。但是，由于利润是通过复杂的会计处理程序计算得到的，被管理层操纵的可能性较大。因此，利润的可靠性往往较差。从收付实现的角度认识收益，收益常被定义为现金流量。它通常表现为净现金流量、息前净现金流量等指标。

### （二）企业价值评估中收益的选择

在选择收益额时，首先应当考虑收益额与折现率一致的问题，在保证两者一致的前提下，用不同的收益折现得到不同的企业价值内涵。

选择何种层次和口径的企业受益作为企业评估的依据，首先应服从于企业评估的目的，即评估的是净资产价值、投资资本价值，还是总资产价值，其次，还应服从于哪种层次或者口径的企业收益额更能客观地反映企业的正常获利能力。在不影响实现企业评估目的的前提下，选择最能客观地反映企业正常获利能力的企业收益额作为收益折现的基础是比较适宜的。

## 二、收益法在企业价值评估中的应用

### （一）持续经营前提下的收益法

1. 年金法

年金法的基本公式如下：

$$P = \frac{A}{r}$$

式中，$P$ 表示企业重估价值；$A$ 表示企业每年的年金收益；$r$ 表示资本化率。

用于企业整体评估的年金法，是指把企业未来可预测的各年预期收益进行年金化处理，再把已年金化了的企业预期收益进行收益还原，估测企业整体的重估价值。因此，可以换算成如下的计算公式：

$$P = \frac{1}{r}\sum_{t=1}^{n}\frac{R_t}{(1+r)^t} \times (A/P, r, n)$$

式中，$\sum_{t=1}^{n}\frac{R_t}{(1+r)^t}$ 表示企业前 $n$ 年预期收益折现值之和；$(A/P, r, n)$ 表示投资回收系数；$r$ 表示资本化率。

【例 10-3】待评估企业预计未来 5 年的预期收益额为 100 万元、120 万元、150 万元、160 万元、200 万元。假定资本化率为 10%，试用年金法估测待评估企业的整体价值。

解析：

$$P = \frac{100 \times 0.9091 + 120 \times 0.8264 + 150 \times 0.7513 + 160 \times 0.6830 + 200 \times 0.6209}{(0.9091 + 0.8264 + 0.7513 + 0.6830 + 0.6209) \times 10\%}$$

$$= \frac{91+99+113+109+124}{3.7908 \times 10\%} = \frac{536}{0.3791} = 1\,414 \text{（万元）}$$

2. 分段法

分段法是指将持续经营的企业的收益预测分为前后两段。对于前段的企业预期收益，采取逐年折现累加的方法；而对于后段的企业预期收益，则针对企业具体情况假设它按某一规律变化，并按企业收益的变化规律，对企业后段的预期收益进行还原及折现处理。企业前后两段的收益现值加在一起便构成了整体企业的收益现值。

假设以前段最后一年的收益作为后段各年的年金收益，分段法的公式如下：

$$P = \sum_{t=1}^{n}\frac{R_t}{(1+r)^t} + \frac{R_{n/r}}{(1+r)^n}$$

假设从 $n+1$ 年起的后段，企业预期年收益将按一固定比率 $s$ 增长，则分段法的公式如下：

$$P = \sum_{t=1}^{n}\frac{R_t}{(1+r)^t} + \frac{R_{(n+1)/(r-s)}}{(1+r)^n}$$

【例 10-4】待评估企业预计未来 5 年的收益额为 100 万元、120 万元、150 万元、160 万元、200 万元；并根据企业的实际情况推断，从第 6 年开始，企业的年预期收益额将维持在 200 万元水平上。假定资本化率为 10%，试用分段法估测待评估企业的整体价值。

解析：

$$P = 100 \times 0.9091 + 120 \times 0.8264 + 150 \times 0.7513 + 160 \times 0.6830 + 200 \times 0.6209 + \frac{200}{10\%} \times 0.6209$$

$$= 536 + 2\,000 \times 0.6209 = 1\,778 \text{（万元）}$$

【例 10-5】承例 10-4，假如注册资产评估师根据企业的实际情况推断，企业从第 6 年起，收益额将在第 5 年的水平上以 2% 的增长率保持增长，其他条件不变，试估测待评估企业的整体价值。

**解析:**

$$P = 100 \times 0.9091 + 120 \times 0.8264 + 150 \times 0.7513 + 160 \times 0.6830 + 200 \times 0.6209 + \\ 200 \times \frac{1+2\%}{10\%-2\%} \times 0.6209$$

$$= 2\,119\,(万元)$$

### (二)非持续经营前提下的收益法

通常企业是持续经营的,企业价值就是持续经营假设下的价值评估。如果企业章程中规定了企业的有限经营期限,则可按照章程中规定的时间进行价值评估。但使用该假设时,注册资产评估师必须具体分析这个前提适用的合理性,如果经营者有意延长经营期限,且这种延长符合法律规定,则注册资产评估师应当按照持续经营假设评估企业价值。

企业非持续经营假设是从最有利于回收企业投资的角度,争取在不追回资本性投资的前提下,充分利用企业现有的资源,最大限度地获取投资收益,直至企业无法持续经营为止。

在企业非持续经营假设的前提下,整体企业评估适宜采用分段法进行,其计算公式如下:

$$P = \sum_{t=1}^{n} \frac{R_t}{(1+r)^t} + \frac{P_n}{(1+r)^n}$$

式中,$P_n$ 表示第 $n$ 年企业资产的变现值;其他符号的含义与前述一致。

## 第四节 资产基础法在企业价值评估中的应用

### 一、资产基础法概述

#### (一)资产基础法的含义及其评估思路

《资产评估准则——企业价值》指出,资产基础法,是指以被评估企业评估基准日的资产负债表为基础,合理评估企业表内及表外各项资产、负债的价值,确定评估对象价值的评估方法。

运用资产基础法评估企业价值,实际上是以构成企业的各种要素资产的评估值之和扣除负债之后的各项资产价值为基础,通过对企业账面价值的调整得到企业价值。其理论基础是替代原则,即任何一个精明的潜在投资者,购置一项资产时所愿意支付的价格不会超过购建一项与所购资产具有相同用途的替代品所需的成本。

资产基础法以企业单项资产的重置成本为出发点,即按重新取得一家企业所需要的必要成本或代价来确定企业的价值。但从确定企业持续经营价值的角度来看,企业重建并不是对被评估企业的简单复制，而主要是对企业生产能力和盈利能力的重建或重置。因此，资产基础法是紧紧围绕企业的盈利能力进行评估的，所得出的企业价值是企业有形资产和无形资产的总和，即企业整体价值；还可以用企业整体价值减去企业付息债务得到企业股东全部权益价值。

资产基础法以资产负债表为基础，相对于收益法和市场法，资产基础法的评估结果的客观依据较强。一般情况下，在企业的初创期，经营和收益状况不稳定，不宜采用资产基础法进行价值评估。当涉及一个仅进行投资或仅拥有不动产的控股企业，以及所评估的企业的评估前提为非持续经营时，适宜用资产基础法进行评估。但由于运用资产基础法无法把握一个持续经营企业价值的整体性，也难以衡量企业各个单项资产间的工艺匹配及有机组合因素可能产生的整合效应。因此，在持续经营前提下，不宜单独运用资产基础法进行价值评估。

在具体运用资产基础法评估企业价值时，主要有以下两种常用的方法：

（1）资产加和法。资产加和法是指将构成企业的各种要素资产的评估值加总求得企业价值的方法。

（2）有形资产评估价值加整体无形资产评估价值法。有形资产评估价值加整体无形资产评估价值法是将企业价值分为两部分：第一部分是企业的全部有形资产价值；第二部分是企业的全部无形资产价值。企业的全部有形资产价值的评估可以采用单项资产评估值加总的方式；企业的全部无形资产价值的评估，通过将被评估企业投资回报率和行业平均投资回报率的差乘以被评估企业的资产额得到被评估企业的超额收益，再用行业平均投资回报率作为折现率或资本化率将被评估企业的超额收益资本化，从而得到被评估企业的整体无形资产价值。

### （二）资产基础法在企业价值评估中的适用条件

运用资产基础法进行企业价值评估应具备以下三个条件：

（1）进行价值评估时，目标企业的表外项目价值（如管理效率、自创商誉、销售网络等）对企业整体价值的影响可以忽略不计。

（2）资产负债表中单项资产的市场价值能够公允、客观地反映所评估资产的价值。

（3）投资者购置一项资产时所愿意支付的价格不会超过购建一项与所购资产具有相同用途的替代品所需的成本。

### （三）运用资产基础法评估企业价值的假设前提

运用资产基础法评估企业价值时，应当考虑被评估企业拥有的所有有形资产、无形资产及应当承担的负债。在评估之前，应对企业盈利能力的载体边界以及相匹配的单项资产进行界定，在委托方委托的评估范围的基础上，进一步界定纳入企业综合盈利能力范围内的有效资产和无效资产的界限，明确评估对象的作用空间和评估前提。

评估人员在对构成企业的各个单项资产进行评估时，应该首先明确各项资产的评估前提，即持续经营假设前提或非持续经营假设前提。

在不同的假设前提下，运用资产基础法评估得出的企业价值是有区别的。对于持续经营假设前提下的各个单项资产的评估，应按贡献原则评估企业的持续经营价值，再说明企业产权所涵盖的闲置资产或无效资产及其价值；而对于非持续经营假设前提下的各个单项资产的评估，则应按变现原则对企业产权所涵盖的所有要素资产进行评估，确定企业价值。

在持续经营假设前提下，一般不宜单独运用资产基础法对企业价值进行评估。运用资产基础法评估企业价值，是通过分别估测构成企业的所有可确指资产价值后加和而成。此种方法无法把握持续经营企业价值的整体性，亦难以把握各个单项资产对企业的贡献，对企业各单项资产间的工艺匹配和有机组合因素产生的整合效应（即不可确指的无形资产），很难进行有效衡量。因此，在一般情况下，不宜单独运用资产基础法评估在持续经营假设前提下的企业价值。在特殊情况下，评估人员采用资产基础法对持续经营假设前提下的企业价值进行评估，应予以充分的说明。运用资产基础法评估持续经营的企业，应同时运用其他评估方法进行验证。

（四）运用资产基础法评估单项资产价值时应注意的问题

运用资产基础法评估企业价值，各项资产的价值应当根据其具体情况而选用适当的具体评估方法。在对持续经营前提下的企业价值进行评估时，各单项资产或者资产组合作为企业资产的组成部分，应考虑它们之间的匹配情况，各单项资产或者资产组合的价值通常受其对企业贡献程度的影响。

（1）现金的评估。除了对现金进行点钞核数外，还要对现金及企业运营进行分析，判断企业的资金流动能力和短期偿债能力。

（2）应收账款及预付款的评估。从企业财务的角度，应收账款及预付款都构成企业的资产；而从企业资金周转的角度，企业的应收账款必须保持一个合理的比例。企业应收账款占销售收入的比例，以及账龄的长短大致可以反映一个企业的销售情况、企业产品的市场需求及企业的经营能力等，并为预期收益的预测提供参考。

（3）存货的评估。存货本身的评估并不复杂，但通过对存货进行评估，可以了解企业的经营状况，至少可以了解企业产品在市场上的竞争地位。畅销产品、正常销售产品、滞销产品和积压产品的比重，将直接反映企业在市场上的竞争地位，并为企业预期收益的预测提供基础。

（4）机器设备与建筑物的评估。机器设备与建筑物是企业进行生产经营和保持盈利能力的基本物质基础。设备的新旧程度、技术含量、维修保养状况、利用率等，不仅决定机器设备本身的价值，还对企业未来的盈利能力产生重大影响。按照机器设备与建筑物对企业盈利能力的贡献评估其现时价值，是持续经营假设前提下运用加和法评估企业单项资产的主要特点。

（5）长期投资的评估。资产评估人员运用资产基础法评估企业价值，应当对长期股权投资项目进行分析，根据相关项目的具体资产、盈利状况及其对评估对象价值的影响程度等因素,合理确定是否将其单独评估。对专门从长期股权投资获取收益的控股型企业进行评估时,应当考虑控股型企业总部的成本和效益对企业价值的影响。

(6) 无形资产的评估。企业拥有无形资产的多寡,以及研制开发无形资产的能力,是企业市场竞争能力及盈利能力的决定性因素。在评估过程中,要了解每一种无形资产的盈利潜力,以便为企业收益预测打下坚实的基础。

(五) 运用资产基础法评估企业价值的优缺点

1. 优点

(1) 资产基础法的评估结果是以资产负债表的形式表示的,因而容易把握。

(2) 便于进行账务处理。

(3) 各项资产价值清晰。

2. 缺点

运用资产基础法评估企业价值,难以体现企业整体获利能力,而且在评估中难以完整、准确地考虑那些未在财务报表上出现的项目,如企业的管理效率、自创商誉、销售网络等。

## 二、运用资产基础法评估企业价值的案例

【例10-6】甲会计师事务所接受保康公司的委托,根据国家有关资产评估的规定,本着客观、公正、科学的原则,按照公认的资产评估方法,对保康公司股东拟进行股权转让所涉及的全部资产和负债进行评估。

保康公司主要从事 A 系列产品的生产和销售,其 2012—2014 年的资产、负债和销售收入情况如表 10-3 所示。

表10-3 保康公司 2012—2014 年的财务数据  单位:元

| 项目 | 2012 年 | 2013 年 | 2014 年 |
| --- | --- | --- | --- |
| 总资产 | 90 051 708.99 | 99 957 805.53 | 93 507 647.48 |
| 负债 | 85 799 406.85 | 97 349 462.03 | 103 240 132.07 |
| 净资产 | 4 252 302.14 | 2 608 343.00 | -9 732 484.59 |
| 主营业务收入 | 6 344 432.71 | 14 947 469.26 | 17 814 889.89 |
| 净利润 | -5 808 449.90 | -1 707 247.78 | -8 969 533.75 |

保康公司执行《企业会计准则》,公司主要税项如下:企业所得税税率为25%;增值税按增值额的17%缴纳;城建税按应纳增值税、营业税的7%缴纳。

本项估值的目的是确定保康公司的整体资产价值,从而为上述股权变更提供价值参考依据。

**解析：**

1. 评估范围和对象

本次资产评估范围系截至 2014 年 12 月 31 日保康公司拥有的全部资产、负债和所有者权益。

2. 评估基准日

本项目的评估基准日为 2014 年 12 月 31 日。

3. 评估原则

资产评估中的原则是调节资产评估委托者、评估业务承担者以及资产业务有关权益各方在资产评估中的相互关系，规范评估行为和业务的准则。根据国家国有资产管理及评估的有关法规，本次评估遵循的工作原则如下：(1) 独立性原则。在评估过程中，不受资产业务当事人利益的影响，始终坚持独立的第三者立场。(2) 客观性原则。各项评估参数的选择、预测、推理等，均以充分的事实为依据，建立在资产、市场和科学技术发展的现实基础上。(3) 科学性原则。在评估过程中，根据被评估资产的特点和评估目的，选择适用的价值类型和方法，使资产评估结果科学合理。(4) 专业性原则。评估工作由注册资产评估师完成，各类资产由具有丰富经验的工程技术人员、房地产估价、财务会计等专业人员分别估值，以保证评估结果最大限度地接近公允市价。

4. 评估方法

本次评估目的为股权转让，评估范围为全部资产和负债，根据中国国情和评估对象的具体情况，事务所认为以单项资产加和法对委托评估企业的整体资产价值进行评估是适宜的。

5. 评估过程

甲会计师事务所根据国有资产评估的有关原则和规定，对评估范围内的资产进行了产权鉴定和评估，具体步骤如下：

(1) 2015 年 3 月接受保康公司的委托，对其全部资产和负债进行评估，双方签署了资产评估委托协议书。

(2) 听取资产占有单位有关人员对企业情况以及委托资产历史和现状的介绍。根据评估目的和评估对象及范围，选定评估基准日，拟订评估方案。

(3) 对企业填报的资产清查估值明细表进行分析、鉴别，并与企业有关财务记录数据进行核对、整理。

(4) 在企业有关人员的陪同下，按整理后的资产清查估值明细表对实物性资产进行现场核对，存货按一定比例抽查。

(5) 根据资产清查估值明细表的内容，对实物资产的状况进行查看、记录，并与资产管理人员进行交谈，了解资产的经营、管理状况。

(6) 查阅委托评估资产的产权证明文件，查阅有关设备的购置发票。

(7) 根据被评估资产的情况，开展逐项市场调研、询价工作。按规定的方法，对各类资产（包括负债）的现行价值进行评定估算。

（8）对各类资产的初步评估结果进行汇总分析，确认评估工作中没有发生重评和漏评的事项；然后根据汇总分析情况，对资产评估结果进行调整、修改和完善。

（9）在听取委托方对评估结果的反馈意见后，起草资产评估报告，经有关审核人员三级复核后完成评估报告。

6. 评估结论

在实施了相关的资产评估程序和方法后，委托评估资产截至 2014 年 12 月 31 日的评估结果见表 10-4。

表 10-4 资产评估结果汇总表

|  | 账面净值（元） | 调整后账面净值（元） | 评估值（元） | 增减额（元） | 增减率（%） |
| --- | --- | --- | --- | --- | --- |
| 流动资产 | 26 185 501.39 | 26 185 501.39 | 23 143 037.44 | -3 042 463.95 | -11.62 |
| 固定资产 | 61 961 642.09 | 61 961 642.09 | 56 357 483.59 | -5 604 158.50 | -9.04 |
| 无形资产 | 5 360 504.00 | 5 360 504.00 | 5 345 993.00 | -14 511.00 | -0.27 |
| 资产合计 | 93 507 647.48 | 93 507 647.48 | 84 846 514.03 | -8 661 133.45 | -9.26 |
| 流动负债 | 49 036 020.25 | 49 036 020.25 | 49 036 020.25 | 0.00 | 0.00 |
| 长期负债 | 54 204 111.82 | 54 204 111.82 | 54 204 111.82 | 0.00 | 0.00 |
| 负债合计 | 103 240 132.07 | 103 240 132.07 | 103 240 132.07 | 0.00 | 0.00 |
| 净资产 | -9 732 484.59 | -9 732 484.59 | -18 393 618.04 | -8 661 133.45 | -88.99 |

7. 特别事项说明（略）

## 同步检测练习

### 一、名词解释

1. 企业价值评估
2. 企业整体价值
3. 溢余资产
4. 有效资产
5. 持续经营价值

### 二、单项选择题

1. 当企业的整体价值低于企业单项资产评估价值之和时，通常的情况是（　　）。

    A. 企业的资产收益率低于社会平均资金收益率

    B. 企业的资产收益率高于社会平均资金收益率

    C. 企业的资产收益率等于社会平均资金收益率

    D. 企业的资产收益率趋于社会平均资金收益率

2. 在企业价值评估中，投资资本是指（　　）。
   A．所有者权益＋负债　　　　　　　B．所有者权益＋流动负债
   C．所有者权益＋长期负债　　　　　D．长期投资

3. 企业价值评估的一般范围即企业的资产范围，是从企业（　　）的角度界定。
   A．资金　　　　　　　　　　　　　B．规模
   C．技术　　　　　　　　　　　　　D．产权

4. 运用收益法进行企业价值的评估，其前提条件是（　　）。
   A．企业具有生产能力　　　　　　　B．企业各项资产完好
   C．企业能够持续经营　　　　　　　D．企业具有商誉

5. 从市场交换角度，企业价值的决定因素是（　　）。
   A．社会必要劳动时间　　　　　　　B．建造企业的原始投资额
   C．企业获利能力　　　　　　　　　D．企业生产能力

6. 企业价值评估是以企业的（　　）为前提的。
   A．超额获利能力　　　　　　　　　B．持续经营
   C．产权明晰　　　　　　　　　　　D．良好会计制度

7. 对于在整体资产评估中一时难以界定的产权或因产权纠纷暂时难以得出结论的资产，应（　　）。
   A．划入"待定产权"，暂不列入企业资产的评估范围
   B．划入"待定产权"，但可以列入企业资产的评估范围
   C．可以划入"已定产权"，暂不列入企业资产的评估范围
   D．划入"已定产权"，可以列入企业资产的评估范围

8. 在采用直接比较法评估企业价值时，可比指标应选择与企业价值直接相关并且是可观测的变量。在评估合伙公司的价值时，最好选择（　　）作为可比指标。
   A．企业的净利润　　　　　　　　　B．企业的现金净流量
   C．企业的销售收入　　　　　　　　D．企业的总利润

9. 选择何种收益形式作为收益法评估企业价值的基础，主要考虑的是（　　）。
   A．企业价值评估的原则
   B．企业价值评估的目的
   C．企业价值评估的方法
   D．最能客观反映企业正常盈利能力的收益额

10. 下列不属于企业价值评估中的收益预测的方法是（　　）。
    A．产品周期法　　　　　　　　　　B．综合调整法
    C．年金本金化价格法　　　　　　　D．线性回归法

11. 某企业的预期年收益额为 20 万元，该企业各单项资产的重估价值之和为 60 万元，企业所在行业的平均收益率为 20%，以此作为适用的本金化率计算出的商誉价值为（　　）。

A. 8万元　　　　　　　　　　　　B. 56万元
　　C. 32万元　　　　　　　　　　　 D. 40万元

12. 被评估企业未来3年的预期收益分别为20万元、22万元和25万元，预计从第4年开始企业预期收益将在第3年的基础上递增2%，并一直保持该增长率。若折现率为10%，则该企业的评估值约为（　　）。
　　A. 373.9万元　　B. 289.9万元　　C. 312.5万元　　D. 246.7万元

13. 某评估机构对一家企业进行整体评估。经预测，该企业未来第1年的收益为100万元，第2年、第3年连续在上年的基础上递增10%，从第4年起将稳定在第3年的收益水平上。若折现率为15%，则该企业的评估值最接近（　　）。
　　A. 772.8万元　　B. 780.1万元　　C. 789.9万元　　D. 1 056.4万元

14. 被评估企业未来前5年的收益现值之和为1 500万元，折现率及资本化率同为10%，第6年企业的预期收益为400万元，并一直持续下去。按年金本金化价格法计算企业的整体价值最有可能是（　　）。
　　A. 5 500万元　　B. 3 957万元　　C. 5 686万元　　D. 4 569万元

15. 被评估企业未来前5年的收益现值之和为1 500万元，折现率及资本化率同为10%，第6年企业的预期收益为400万元，并一直持续下去。按分段法估算企业的价值最有可能的是（　　）。
　　A. 5 500万元　　B. 3 966万元　　C. 3 984万元　　D. 4 568万元

### 三、多项选择题

1. 在下列内容中，属于企业价值评估一般范围内的资产有（　　）。
　　A. 被评估企业本部拥有的资产
　　B. 被评估企业全资子公司的资产
　　C. 被评估企业产业链上的企业资产
　　D. 被评估企业控股子公司拥有的相关资产
　　E. 被评估企业拥有非控股子公司的相关资产

2. 运用收益途径评估企业价值时，通常需要剥离的溢余资产有（　　）。
　　A. 非生产性资产
　　B. 自身功能与整体企业功能不协调的资产
　　C. 能耗、料耗大的资产
　　D. 闲置资产
　　E. 融资租赁的资产

3. 企业价值评估对象通常包括（　　）。
　　A. 企业整体价值　　　　　　　　　B. 企业全部要素资产
　　C. 企业股东全部权益价值　　　　　D. 企业商誉
　　E. 企业股东部分权益价值

4. 从投资回报的角度，企业投资资本收益体现的权益包括（    ）。

    A．所有者的权益                B．劳动者的权益

    C．债权人的权益              D．政府的权益

5. 在企业价值评估中，在处理企业存在的溢余资产时，通常可以采取（    ）等方式进行。

    A．零值处理                    B．不予考虑

    C．资产剥离                    D．单独评估

6. 企业价值与企业各项可确指资产价值汇总的区别在于（    ）。

    A．评估对象的内涵不同         B．评估结果不同

    C．评估范围不同              D．评估方法不同

7. 一个企业的获利能力通常取决于（    ）。

    A．资金使用效率              B．投入产出效率

    C．资源配置效率              D．管理效率

8. 采用收益法评估企业价值时，需要具备的前提条件是（    ）。

    A．市场上存在可以进行参考比较的数据和资料

    B．企业未来的盈利是有规律、可以预测的

    C．与企业获取未来收益相联系的风险是可以预测的

    D．企业须具有一定的盈利水平

9. 在界定企业收益时，应注意（    ）。

    A．企业创造的但不归企业产权主体所有的收入，不能作为企业价值评估中的企业收益

    B．企业创造的归企业产权主体所有的，但不是其正常业务范围内的收入，不能作为企业收益

    C．凡是归企业产权主体所有的企业收支净额，都可以作为企业收益

    D．凡是形成现金流入量的，都可以作为企业收益

10. 一般而言，应选择净现金流量作为企业的收益形式，因为（    ）。

    A．这种收益形式能够相对客观地反映企业的实际经营业绩

    B．这种收益形式不会因企业折旧政策的不同而导致其缺乏可比性

    C．这种收益形式的测算相对简便

    D．这种收益形式不易被更改，更具有可靠性

11. 下列说法中正确的是（    ）。

    A．评估人员对被评估企业价值的判断，只能基于对企业存量资产运作的合理判断，而不能基于对新产权主体行为的预测，因为新产权主体的行为对收益的影响无论是正面的还是负面的，都应归属其自身

    B．企业价值评估的预期收益的基础是正常经营条件下的企业正常收益

C. 企业的预期收益既是企业存量资产运作的函数，又是未来新产权主体经营管理的函数

D. 若以评估基准日的实际收益作为预测企业未来收益的基础，则意味着在企业未来经营中不复存在的一些因素仍被作为影响预期收益的因素加以考虑

12. 需要设定的预测企业未来收益的前提条件包括（　　）。

　　A. 国家政策不发生重大变化

　　B. 不会发生不可抗拒的自然灾害

　　C. 企业的内部管理制度不发生重大变化

　　D. 企业的市场份额不发生重大变化

13. 评估企业价值时，资产剥离的主要对象有（　　）。

　　A. 非生产性资产

　　B. 局部功能与整体企业功能不协调的资产

　　C. 融资租赁资产

　　D. 闲置资产

14. 可以对企业进行整体资产评估的情况是（　　）。

　　A. 企业进行评估的目的是服务于产权交易

　　B. 把企业作为一个获利整体进行投资（股份制企业改造或上市）、转让、兼并

　　C. 把企业作为一个获利整体进行联营或参加企业集团

　　D. 企业把其全部资产作为一般生产要素出售、变卖或投资

15. 从产权的角度来看，下列选项中属于企业价值评估范围的有（　　）。

　　A. 其他企业存放于待评估企业的委托加工材料

　　B. 全资子公司、控股子公司

　　C. 非控股子公司中的投资部分

　　D. 企业存放于其他企业的委托加工材料

## 四、是非判断题

1. 企业价值取决于其要素资产组合的整体盈利能力，不具备现实或潜在盈利能力的"企业"，也就不存在持续经营企业前提下的企业价值。（　　）

2. 上市公司的内在价值应该等同于该公司的全部股票市值之和。（　　）

3. 当运用收益途径评估企业价值时，评估时点企业的实际收益可以直接用于评估企业价值。（　　）

4. 评估企业市场价值时，对企业价值的判断，通常只能基于对企业存量资产运作的合理判断，而不能考虑新的产权主体行为的因素。（　　）

5. 企业是企业各项可确指资产的汇集，企业整体价值一定等于企业各项可确指资产价值之和。（　　）

6. 长期亏损、面临破产清算的企业属于企业价值评估的范围，对其评估时应运用清偿假设，评估的是清算价格。（　　）

7. 若企业各项可确指资产的评估值之和小于企业价值的评估值,就表明被评估企业存在经济性贬值,即该企业的资产收益率低于企业所在行业的平均水平。(　　)

8. 中国评估界较多采用净利润作为企业的预期收益额,主要是因为净利润能够相对客观地反映企业的实际经营业绩,更具可靠性。(　　)

9. 在对企业收益进行预测时,应遵循的原则是,以被评估企业的现实资产(存量资产)为出发点,预测企业在未来正常经营中可以产生的收益。既不是以评估基准日企业的实际收益为出发点,也不是以产权变动后的实际收益为出发点。(　　)

10. 评估中如果选用企业利润系列指标作为收益额,则应选择相应的资产收益率作为折现率;如果以现金净流量系列指标作为收益额,则应以投资回收率作为折现率。(　　)

11. 经营风险是指企业在经营过程中,由于市场需求变化、生产要素供给条件变化、企业所在行业投资开发变化,以及国家产业政策调整给企业的未来预期收益带来的不确定性影响。(　　)

12. 对于非盈利企业的评估,需要将企业全部可确指资产作为生产要素逐一评估后加总,然后减去企业的负债。(　　)

13. 国有企业在界定企业价值的评估范围时,若其产权变动需要报批,则以上级主管部门批复文件规定的评估范围为准。(　　)

14. 具有较高科技含量的成长型公司,由于其产品处于成长期,今后会进入成熟期,因此其收益会稳步增长,适用收益法评估其企业价值。(　　)

15. 一般在以投资、转让为目的的企业价值评估中,由于企业产权转让的是企业的所有者权益(即企业只更换业主而不更换债主),企业价值评估的是所有者权益的公允市价,因此在企业价值评估中常用净利润(现金净流量)作为收益形式。(　　)

## 五、简答题

1. 企业价值评估对象和评估范围的区别和联系是什么?
2. 划分企业价值评估一般范围与具体范围的意义是什么?
3. 在企业价值评估中,如何处理企业溢余资产?
4. 在转型经济条件下,企业价值评估的风险估计需要注意哪些问题?
5. 在企业价值评估中为什么要明晰产权?
6. 高新技术企业的价值评估有什么特殊性?
7. 企业价值与企业各项可确指资产价值汇总的区别有哪些?
8. 如何界定企业价值评估的范围?
9. 运用收益法评估企业价值时,对企业未来收益的预测应考虑哪些因素?可以采用哪些方法进行预测?
10. 企业价值评估时,确定折现率和资本化率的原则是什么?

## 六、案例分析题

1. 评估某企业价值时,已知其资产总额为13 300万元,长期负债为3 000万元,市场平均收益率为20%,国债利率为15%,该企业适用的风险系数为1.4,长期负债利率为

17%。若所得税税率为30%，试计算该企业的加权平均资金成本。（计算结果保留两位小数）

2. 甲企业拟产权转让，需进行评估。经专家预测，其未来5年的净利润分别为100万元、120万元、150万元、160万元、200万元；从第6年起，每年的利润处于稳定状态，保持在200万元的水平上。该企业有一笔10万元的短期负债，其有形资产包括货币资金、存货和固定资产，评估值分别为80万元、120万元和660万元。该企业还有一项尚有5年剩余经济寿命的非专利技术，该技术产品每件可以获得超额净利润为15元。目前该企业每年生产产品为10万件，未来5年中每年可以生产产品为12万件。若折现率和资本化率均为10%，试计算甲企业的商誉价值并说明评估技术思路。（以万元为单位，计算结果保留两位小数）

3. A企业为了整体资产转让，需要进行评估，评估基准日为2014年12月31日。预计其未来5年的预期利润总额分别为100万元、110万元、120万元、150万元、160万元。该企业长期负债占投资资本的比重为50%，平均长期负债成本为7%，在未来5年中平均每年长期负债利息额为20万元，每年流动负债利息额为40万元。评估时的市场平均收益率为8%，无风险报酬率为3%，企业所在行业的平均风险与社会平均风险的比率为1.2。A企业为正常纳税企业，且生产经营比较平稳。试运用年金法计算A企业的投资资本价值。

4. 甲企业是一家生产家用电器的制造企业，其2011年的收益情况见利润表，表中补贴收入50万元中包括了企业增值税出口退税30万元和因洪灾获得的政府专项补贴20万元；表中营业外支出25万元为企业遭受洪灾的损失支出。经分析，预计从2012年到2015年企业的净利润将在2011年正常净利润水平上每年递增1%，从2016年到2031年企业净利润将保持在2012年至2015年各年净利润按现值计算的平均水平上。企业将在2031年年底停止生产、整体变现，预计变现值约150万元。若折现率10%，现行税收政策保持不变，试评估2011年12月31日该企业的价值。（计算结果保留两位小数）

**利润表** 单位：元

| 项目 | 行次 | 本年累计数 |
|---|---|---|
| 一、主营业务收入 | 1 | 9 000 000 |
| 减：主营业务成本 | 4 | 5 000 000 |
| 　　主营业务税金及附加 | 5 | 300 000 |
| 二、主营业务利润 | 10 | 3 700 000 |
| 加：其他业务利润 | 11 | 0 |
| 减：营业费用 | 14 | 300 000 |
| 　　管理费用 | 15 | 1 800 000 |
| 　　财务费用 | 16 | 400 000 |
| 三、营业利润 | 18 | 1 200 000 |
| 加：投资收益 | 19 | 0 |
| 　　补贴收入 | 22 | 500 000 |
| 　　营业外收入 | 23 | 0 |
| 减：营业外支出 | 25 | 250 000 |
| 四、利润总额 | 27 | 1 450 000 |
| 减：所得税（25%） | 28 | 478 500 |
| 五、净利润 | 30 | 971 500 |

# 第十一章
# 资产评估报告

## 引导案例

### 资产评估报告纠错

分析案例，找出资产评估报告中的错误。

**评估报告**

凤城有限责任公司：

我所接受贵公司委托，根据国家有关资产评估的规定和其他法律法规，对贵公司以与A公司联营为目的的全部资产进行了评估。评估中结合贵公司的具体情况，实施了包括财产清查在内的我们认为必要的评估程序，现将评估结果报告如下：

1. 资产评估机构（略）
2. 委托方和资产占有方（略）
3. 评估目的：为联营之目的，评估贵公司净资产现行价值。
4. 评估范围和对象：本次评估范围为金河公司拥有的全部资产、负债和所有者权益；评估对象为公司的整体资产。
5. 评估原则：根据国家国有资产管理及评估的有关法规，我所遵循独立性、科学性和客观性的评估工作原则，并以贡献原则、替代原则和预期原则为基础进行评估。
6. 评估依据：

（1）××省国有资产管理局《关于同意金河公司与A公司联营的批复》；

（2）委托方提供的资产清单及其他资料；

（3）有关资产的产权证明及相关资料；

（4）委托方提供的有关会计凭证、会计报表及其他会计资料；

（5）与委托方资产取得、销售业务相关的各项合同及其他资料。

7. 评估基准日：2014年9月30日
8. 评估方法：根据委托方的评估目的和评估对象，此次评估方法为成本法。
9. 评估过程（略）
10. 评估结果：在实施了上述评估程序和评估方法后，贵公司截至评估基准日的资产、负债和所有者权益价值为：资产总额41 504 342元；负债总额22 722 000元，净资产价值18 782 342元。
11. 评估结果有效期：根据国家有关规定，本报告有效期1年，自报告提交日2014年12月20日起至2015年12月19日止。
12. 评估说明

（1）流动资产评估：

① 货币资金账面价值为421 588元，其中现金为21 325元，银行存款为400 263元，

考虑到货币资金即为现值不需折现，经总账、明细账与日记账核实一致并对现金盘点无误后，按账面值确认。

② 应收账款账面价值为 5 481 272 元，经与明细账核对，确认评估值为 5 083 252 元。

③ 存货账面价值为 11 072 460 元，抽查比例为 60%，在质量检测与抽查核实的基础上，确认评估值为 10 852 500 元。

④ 其他流动资产（略）

流动资产账面价值为 18 845 502 元，评估值为 17 401 832 元。

| 项　目 | 账面价值（元） | 评估值（元） | 增减值（元） | 增减率（%） |
|---|---|---|---|---|
| 流动资产 | 18 845 502 | 17 451 832 | -1 393 670 | -7.40 |
| 固定资产 | 20 248 470 | 23 542 510 | 3 294 040 | 16.27 |
| 长期投资 | 500 000 | 510 000 | 10 000 | 2.00 |
| 资产总计 | 39 593 972 | 41 504 342 | 1 910 370 | 4.82 |
| 流动负债 | 14 450 000 | 14 250 000 | -200 000 | -1.38 |
| 长期负债 | 8 862 000 | 8 462 000 | -400 000 | -4.51 |
| 负债合计 | 23 312 000 | 22 722 000 | -60 000 | -2.57 |
| 净资产 | 16 281 972 | 18 782 342 | 2 510 370 | 15.42 |

（2）长期投资评估（略）

（3）固定资产评估（略）

（4）其他资产评估（略）

（5）负债审核确认（略）

13. 其他事项说明（略）

14. 评估结果有效的其他条件（略）

15. 评估时间：本次评估工作自 2014 年 10 月 4 日起至 2014 年 12 月 20 日止，本报告提交日期为 2014 年 12 月 20 日。

中国注册资产评估师：李三（签字盖章）<br>
三泰资产评估事务所（盖章）<br>
2014 年 12 月 20 日

**解析：**

（1）评估依据不充分，缺评估法规依据；

（2）评估方法与评估目的不匹配，应首选收益法，如无法采用收益法而改用成本法，应作出说明；

（3）缺评估基准日后调整事项；

（4）缺评估报告评估使用范围的说明；
（5）评估说明应为附件，应与评估报告分开写；
（6）货币资金评估缺银行对账单核实或函证；
（7）应收账款评估未说明坏账确认方法和金额；
（8）存货评估未说明对存货如何分类、各类存货如何评估；
（9）报告中流动资产评估值与表中流动资产评估值不等；
（10）表中评估值栏负债合计及净资产计算有误；
（11）仅有一个注册资产评估师签字；
（12）缺法人代表签字；
（13）评估报告有效期错误。

# 第一节　资产评估报告概述

## 一、资产评估报告的含义

中国在《资产评估准则——评估报告》中指出，资产评估报告，是指注册资产评估师根据资产评估准则的要求，在履行必要评估程序后，对评估对象在评估基准日特定目的下的价值发表的、由其所在评估机构出具的书面专业意见。注册资产评估师在执行完毕评估程序后，应该按照业务约定书的要求，出具能够满足委托方及其他报告使用者合理要求的资产评估报告。在评估报告中要包括评估准则要求的具体内容，以及企业特有的信息。资产评估报告有广义和狭义之分。广义的资产评估报告不仅是一份书面文件，还是一项工作制度。在这项制度的约束下，要求注册资产评估师和评估机构按照制度完成工作内容，以书面形式出具相应的资产评估报告。狭义的资产评估报告即资产评估结果报告，是评估机构和注册资产评估师完成对委托资产作价、发表专业的意见并承担相应法律责任的证明文件。

## 二、资产评估报告的种类

根据评估对象、评估内容等不同的标准，可以对资产评估报告进行四种分类。

（一）按照资产评估对象分类

按照资产评估对象划分，可以分为单项资产评估报告和整体资产评估报告。
（1）单项资产评估报告。单项资产评估报告的评估对象是一项资产，如评估对象仅仅是一项无形资产、机器设备或者房地产等。

（2）整体资产评估报告。整体资产评估报告的评估对象是整体资产，该类型资产评估报告不仅仅包括资产，还包括负债和所有者权益。最典型的是企业价值评估，其出具的是整体资产评估报告。

（二）按照资产评估基准日分类

根据评估基准日的不同选择，可以分为现实型评估报告、预测型评估报告和追溯型评估报告。

在评估报告中，会涉及两个重要的日期，即评估基准日和报告日。评估基准日是对资产进行清查、核实以及确定取价的日期；而报告日是资产评估机构出具资产评估报告的日期。根据这两个概念，上述分类的含义如下：

（1）现实型评估报告，就是评估基准日和出具报告的日期非常接近，评估基准日是现在的时点。目前出具的多数评估报告属于现实型评估报告。

（2）预测型评估报告，就是评估基准日是将来的某时点，确定资产未来的价值，出具报告的日期早于评估基准日的评估报告。

（3）追溯型评估报告，就是评估基准日是过去某时点，确定资产过去时点的价值，而评估基准日早于报告日。一般在资产纳税、司法诉讼情况下需要出具此类评估报告。

（三）按照资产评估内容分类

按照资产评估的内容可以分为正常评估、评估复核和评估咨询，出具的是正常的资产评估报告、评估复核报告和评估咨询报告。

（1）正常的资产评估报告。正常的资产评估报告是经常出具的资产评估报告类型。

（2）评估复核报告。评估复核报告是对其他资产评估机构出具的评估报告进行评判分析后出具的报告。

（3）评估咨询报告。评估咨询报告是以评估作为手段，提供咨询服务，例如为政府、企业、金融机构等提供投资项目评估以及企业改制、企业发展战略、商业计划书、兼并收购的尽责调查等咨询服务，评估目的本身就明确为评估咨询或价值分析。

（四）按照报告内容的详细程度分类

在国际上，美国的《专业评估执业统一准则》中根据报告提供的信息、内容的详细程度不同，资产评估报告可以分为完整评估报告、简明评估报告和限制评估报告。

（1）完整评估报告。完整评估报告包含的信息更加全面。例如，在评估实施的过程中，对业务的承接、相关参数的选择分析、评估方法的介绍和选择等很多方面要进行重点描述和说明。

（2）简明评估报告。简明评估报告则对很多内容只是简要地说明。

（3）限制评估报告。限制评估报告仅仅为委托方所使用，不得用于第三方。当注册资产评估师出具限制评估报告时，必须提醒阅读者，没有注册资产评估师工作底稿的支持，评估报告无法被正确理解。限制评估报告的部分资料和数据只体现在资产评估的工作底稿中。

当评估报告的使用者包含委托方以外的第三方时，评估机构只能出具完整评估报告或简明评估报告，不能出具限制评估报告。

### 三、资产评估报告的内容

资产评估报告是所有评估程序完成后集中体现的结果。一份完整的资产评估报告应该包括资产评估报告正文、资产评估说明和资产评估明细表。

依据2008年7月1日起实施的《资产评估准则——评估报告》的要求，资产评估报告应当包括如下主要内容：标题及文号；声明；摘要；正文；附件。

1. 标题及文号

在资产评估报告的封面上，要写清楚该报告的标题及文号。标题一般采用"企业名称＋经济行为关键词＋评估对象＋评估报告"的形式。评估文号包括评估机构特征字、种类特征字、年份、报告序号。示例如下：

标题：科特股份有限公司拟进行股权转让涉及的股东全部权益价值评估项目资产评估报告

文号：中天评报〔2015〕6号

封面上除了标题及文号之外，还应该有资产评估机构全称和出具报告的日期。

2. 声明

资产评估报告声明应该包括的内容有：注册资产评估师恪守独立、客观和公正的原则，遵循有关法律、法规和资产评估准则的规定，并承担相应的责任；提醒评估报告使用者关注评估报告特别事项说明和使用限制；其他需要声明的内容。

3. 摘要

评估报告摘要应当提供评估业务的主要信息及评估结论。

4. 正文

正文是资产评估报告的主体部分，为了规范资产评估报告的内容，一般正文应该报告如下内容：

委托方、产权持有者和委托方以外的其他资产评估报告使用者；评估目的；评估对象和评估范围；价值类型及其定义；评估基准日；评估依据；评估方法；评估程序实施过程和情况；评估假设；评估结论；特别事项说明；评估报告使用限制说明；评估报告日；注册资产评估师签字盖章，评估机构或者经授权的分支机构加盖公章，法定代表人或者其授权代表签字，合伙人签字。

由于部分内容前面章节已经介绍过，在此主要介绍以下内容：

（1）委托方、产权持有者和委托方以外的其他资产评估报告使用者。委托方，即委托资产评估机构进行此次评估的相关方。产权持有者是持有被评估单位股权的各方，即被评估单位的股东。其他资产评估报告使用者是根据评估目的和经济行为可能涉及的业务约定书规定的其他使用单位。其中，委托方、产权持有者要重点介绍其名称、注册资本、注册地址、法定代表人、营业范围等。

（2）评估依据。评估依据是注册资产评估师进行取价、选择评估方法等的根据。它应该包括经济行为依据、法律法规依据、评估准则依据、权属依据、取价依据、其他参考依据等。

（3）特别事项说明。特别事项说明是注册资产评估师在评估过程中发现的、可能影响评估结论，但非评估人员职业水平和能力所能确定的有关事项，也是提醒评估报告使用者特别注意的事项。一般包括的内容有：产权瑕疵事项；未决事项、法律纠纷等不确定因素；重大期后事项；在不违背资产评估准则基本要求的情况下，采用的不同于资产评估准则规定的程序和方法。

（4）评估报告使用限制说明。评估报告使用限制说明通常包括下列内容：① 评估结果只能用于评估报告载明的评估目的和用途；② 评估结果只能用于评估报告载明的评估报告使用者使用；③ 未征得出具评估报告的评估机构的同意，评估报告的内容不得被摘抄、引用或披露于公开媒体，法律、法规规定以及相关当事方另有约定的除外；④ 评估报告的使用有效期；⑤ 因评估程序受限造成的评估报告的使用限制。

（5）注册资产评估师签字盖章，评估机构或者经授权的分支机构加盖公章，法定代表人或者其授权代表签字，合伙人签字。

中注协〔2011〕230号文要求，评估报告应当由两名以上（含两名）注册资产评估师签字盖章，并由评估机构加盖公章，有限责任公司制评估机构的法定代表人，可以授权首席评估师或者其他持有注册资产评估师证书的副总经理以上管理人员在评估报告上签字。

有限责任公司制评估机构可以授权分支机构以分支机构名义出具除证券期货相关评估业务外的评估报告，加盖分支机构的公章。评估机构的法定代表人可以授权分支机构负责人在以分支机构名义出具的评估报告上签字。

5. 附件

附件是附于资产评估报告正文之后的资料，是用于支持资产评估报告主体部分的资料。附件一般应该包括：评估对象涉及的主要权属证明资料，如房产证、重要发票等；委托方和相关当事方的承诺函，如委托方和资产评估机构的承诺函；评估机构及签字注册资产评估师资质、资格证明文件；评估对象涉及的资产清单或资产汇总表。以上是资产评估报告的基本内容。

资产评估说明是对资产评估报告书中涉及的内容所进行的详细说明，具体到每一个参数怎么选取，每个价格怎么确定，每一项资产、负债的特别详细的评估过程，要说明具体的评估操作符合相关法律、行政法规和行业规范的要求。资产评估说明揭示的内容应该与资产评估报告中的内容表达一致。

资产评估明细表是企业资产负债等所有数据的评估结果的汇总表格，分为资产评估结果汇总表、资产评估结果分类汇总表、各项资产清查评估汇总表以及各项资产清查评估明细表几个层次。可以从评估明细表中了解到每一项待评估资产及负债的账面价值、评估价值、增减值和增减率等。

## 四、资产评估报告的作用

资产评估报告的作用主要体现在以下几个方面：

1. 资产评估报告为被委托评估的资产提供专业作价意见

资产评估报告是经过具有资产评估资质的机构，根据被委托评估资产的特点和具体要求，组织评估人员和专业人员进行的评估；按照评估的原则和准则以及法定的程序，运用科学的方法对被评估资产价值进行评定和估算后，以报告形式提出作价意见。该意见不代表任何一方的利益，是独立的注册资产评估师进行客观、公正评估之后的意见，所以可以成为被委托评估资产作价的重要参考依据。

2. 资产评估报告是反映和体现资产评估工作情况，明确委托方、受托方及有关方面责任的依据

评估人员接受业务委托后，对受托资产的评估目的、范围、对象、依据、程序和方法以及具体的评估过程等重要的工作内容，都会用文字以报告的形式进行说明和总结。一般情况下，所有约定好的事项都可以在评估报告中反映，是评估人员和评估机构工作成果的重要体现。

资产评估报告也能够反映和体现资产评估机构及执业人员的权利与义务，并依此来明确委托方、受托方有关方面的责任。在资产评估现场工作完成后，评估人员就要根据现场获得的资料和数据撰写评估报告，并交予委托方。而委托方提供真实可靠的资料和数据作为编制合理评估报告的基础，评估相应方的权利和义务得以实现，是资产评估报告合理的保证。评估项目的注册资产评估师要在报告上行使签字的权利，并承担相应的法律责任。另外，资产评估机构可以依据资产评估报告向委托方收取评估费用。

3. 对资产评估报告进行审核，是管理部门完善资产评估管理的重要手段

目前，中国资产评估行业实行行政管理与行业自律管理相结合的管理体制。而对资产评估报告的审核，是管理部门实施行业监管的重要途径。资产评估报告是反映评估机构和执业人员的职业道德、执业能力水平、评估质量的高低和评估机构管理机制是否完善的重要依据。通过对资产评估报告的审核，可以监督、管理行业发展的状况。

4. 资产评估报告是建立评估档案、归集评估档案资料的重要信息来源

评估机构完成评估工作之后，就必须按照有关规定进行工作底稿归档。工作底稿是注册资产评估师进行评估工作的总结，包含工作过程中所有的数据和资料。所以，不仅仅资产评估报告的底稿是评估档案归集的主要内容，在撰写资产评估报告过程中采用的各种数据、各个依据、工作底稿和资产评估报告形成的有关文字记录等，都是资产评估档案的重要信息来源。

## 五、资产评估报告的基本制度

资产评估报告的基本制度是资产评估报告应该遵循的规范意见、法律法规等。中国资产评估行业虽然起步较晚，但是随着行业的不断发展，资产评估报告的基本制度也在不断地健全和完善。按照时间顺序，资产评估报告基本制度的发展过程如下：

（1）1999年，国务院以91令号发布《国有资产评估管理办法》。该办法从组织管理、评估程序、评估方法、法律责任等多个方面规定资产评估报告的基本制度，主要针对的是涉及评估国有资产时对资产评估报告的规范。该办法指出，资产评估机构对委托单位被评估资产的价值进行评定和估算，要向委托单位提出资产评估报告；委托单位收到资产评估报告后，应当报其主管部门审查；主管部门同意后，报同级国有资产管理行政主管部门确认资产评估结果；经国有资产管理行政主管部门授权或者委托，占有单位的主管部门确认资产评估结果。国有资产管理行政主管部门应当自收到占有单位报送的资产评估结果报告之日起45天内组织审核、验证、协商，确认资产评估结果，并下达确认通知书。

（2）1993年，原国有资产管理局制定和发布了国资办发〔1993〕55号文，提出了《关于资产评估报告书的规范意见》。

（3）1995年，原国有资产管理局制定和发布了《关于资产评估立项、确认工作的若干规范意见》。

（4）1996年5月，国资办发〔1996〕23号文转发了中国资产评估协会制定的《资产评估操作规范意见（试行）》。2011年2月，财政部公布该文件废除和失效，可以由相关的评估准则进行规范。

（5）1999年，财政部财评字〔1999〕91号文转发了《资产评估报告基本内容与格式的暂行规定》。2008年11月，财政部通过财企〔2008〕343号文指出该文件即废止。

（6）2000年，财政部《关于调整涉及股份有限公司资产评估项目管理事权的通知》（财企〔2000〕256号）对涉及股份有限公司资产评估项目的受理审核事权在财政部和省级财政部门之间进行分工。

（7）2001年12月31日，国务院办公厅转发财政部《关于改革国有资产评估行政管理方式加强资产评估监督管理工作的意见》（国办发〔2001〕102号）的通知，对资产评估项目管理方式实行重大改革，取消对国有资产评估项目的立项确认审批制度，实行核准制和备案制，并加强对资产评估活动的监管。

另外，2007年11月，中国资产评估协会印发《资产评估准则——评估报告》（中评协〔2007〕189号），并在2011年发布中评协〔2011〕230号，对189号文部分内容进行了修改；2008年11月，中国资产评估协会发布了《企业国有资产评估报告指南》。

以上文件是多个部门从不同的方面来规范资产评估报告的格式和内容，从发布文件的过程可以看出，中国关于资产评估报告的制度在不断规范完善，以适应资产评估行业的发展。

## 第二节　资产评估报告的编制

### 一、资产评估报告的编制步骤

资产评估报告的编制是资产评估机构和注册资产评估师完成资产评估工作的一道重要环节。注册资产评估师之前所做的工作以及得出的评估结果都体现在资产评估报告中，所以资产评估报告的编制就显得尤为重要。一般情况下，资产评估报告的编制过程包括以下内容：

1. 收集资料，整理工作底稿

注册资产评估师在评估现场收集的资料以及在工作过程中编制的工作底稿，都是编制资产评估报告的基础。注册资产评估师在完成评估现场工作后，就要按照规范的要求，把工作底稿分为管理类工作底稿、操作类工作底稿和备查类工作底稿，并编制工作底稿的页码和索引。

2. 汇总评估明细表中的数字

整理完工作底稿之后，注册资产评估师要对评估明细表中的数字进行细化，包括对企业申报的账面数据进行分析，结合现场得到的资料和信息，分析得出申报数据的初步评估值，并按要求反映增值额和增值率，然后对所有的数据进行汇总。在汇总的过程中，注册资产评估师要检查各个数据之间的链接是否正确，数据与数据之间的勾稽关系是否正确，防止出现错误，从而影响评估结果。

3. 对初步评估结果进行分析讨论

得出初步的评估数据之后，项目负责人应该召集参与评估工作的相关人员，对初步评估结果进行讨论。负责人应该听取小组成员的分析，判断一些能够影响评估结果的重大事项或者重要参数的选取是否正确，复核评估计算的工作底稿，调整存在作价不合理的部分评估数据。

4. 编写评估报告

对初步评估结果进行调整之后，评估小组成员撰写各自负责部分的评估说明，之后提交全面负责本项目的评估人员进行说明汇总，并草拟资产评估报告。项目负责人对草拟的资产评估报告进行初步审核，审核完毕后提交本公司进行审核。经过修改后，项目负责人提交委托方交换意见，听取委托方的反馈意见后，在坚持独立、客观、公正的前提下，对评估报告中存在的疏忽、遗漏和错误之处进行修改，修改完毕即可撰写正式的资产评估报告。

5. 资产评估报告的签发与送交

注册资产评估师撰写正式的资产评估报告后，经过审核无误，由负责该项目的注册资产评估师签章，再送评估机构的负责人审定签章，并加盖机构公章。资产评估报告经过签章和盖章之后，可连同资产评估说明和资产评估明细表提交委托方。

## 二、资产评估报告编制的技术要点

资产评估报告编制的技术要点，是指在资产评估报告编制过程中的主要技能要求，具体包括文字表达、格式与内容、复核与反馈三个方面的要求，以及编制过程中应该注意的一些事项。

1. 文字表达

资产评估报告是一份对被评估资产价值有咨询性和公证性作用的文件；同时，报告还是体现资产评估机构、注册资产评估师以及委托方和资产占有单位的责任的文件。所以，在编制资产评估报告时，文字表达必须清楚、准确、专业，通过文字的描述能够提供充分的依据说明，能够全面地体现资产评估工作的过程；文字简练但必须准确，不能带有个人的主观意见和感情色彩，能够体现注册资产评估师的专业水平能力。

2. 格式与内容

资产评估报告的格式与内容应该遵循《资产评估准则——评估报告》，涉及国有资产时，还要遵循《企业国有资产评估报告指南》。

3. 复核与反馈

资产评估报告复核是在与委托方交换意见之前和出具正式资产评估报告之前进行的。复核可以涉及工作底稿的内容，评估说明的全部内容，评估明细表的数据、勾稽关系等。复核过程中要做好复核记录，以便反馈给评估人员进行修改。由于一个资产评估项目由多个评估人员合作完成，而每个评估人员受到职业能力、专业水平、评估经验等多方面的限制，导致出现不同的错误。因此，通过资产评估报告的复核与反馈，可以纠正错误，弥补不足之处，这是保证资产评估报告质量的一个重要手段。同时，资产评估机构应该建立多级复核制度，明确复核人的责任，注意实质重于形式。评估人员要实事求是，不能脱离实际进行评估，听取委托方意见的时候，不能没有原则性，不能被委托方的意见左右，不得出具虚假的评估报告。

评估人员在撰写资产评估报告的时候，在评估报告、评估明细表、评估说明中涉及相同内容的文字、数字、内容的表达要注意一致。

要按照业务约定书中规定的时间和份数提交资产评估报告，提交的文件要齐全。在涉及保密内容的时候，要注意加强保密工作。

注册资产评估师在执行业务时，如果评估业务受到限制，无法实施完整的评估程序，应当在资产评估报告中披露受到的限制、无法履行的程序和采取的替代措施。

注册资产评估师在执业过程中，应当关注评估对象的法律权属问题。注册资产评估师在报告中只叙述事实，不得对评估对象的法律权属提供保证。

## 第三节　资产评估报告的使用

资产评估报告由资产评估机构出具，提交委托方使用；同时，资产评估管理机构及其他相关部门也可以使用。

### 一、委托方对资产评估报告的利用

1. 作为资产作价的基础

根据报告的评估目的，委托方可将评估结论作为经济行为实现的价格基础。具体涉及如下经济行为：改建为有限责任公司或股份有限责任公司；合并、分立、清算；资产转让、置换、拍卖；除上市公司以外的原股东股权比例变动；国有资产占有单位收购非国有资产；等等。委托方根据以上评估目的合理使用资产评估报告。

2. 作为企业会计记录或调整账项的依据

委托方可以根据资产评估报告所揭示的评估目的和评估结论，根据需要，作为会计记录和调整账项的依据。例如，国有企业以整体或部分资产改制为有限责任公司或股份有限公司时，需要根据资产评估结果作为新设股份公司股本的依据；财务报告中确定公允价值、资产减值、非同一控制下企业合并中合并对价的分摊等需要利用资产评估结果。

3. 作为履行委托协议和支付评估费用的主要依据

委托方收到评估机构提交的资产评估报告和相关资料之后，应该按照业务约定书的规定，向评估机构支付评估费用。委托方在利用资产评估报告的时候，应该注意以下几项内容：

（1）一份报告只能用于一个评估目的，委托方必须按照报告中的评估目的利用资产评估报告，不得另作其他目的的使用。

（2）资产评估报告的有效期是1年，从评估基准日开始计算，涉及的经济行为必须在有效期内实现，超过报告的有效期，原资产评估结果失效。

（3）在资产评估报告的有效期内，如果被评估的资产数量发生较大变化，则原资产评估报告不再适用，只有原来的评估机构和评估人员对之进行调整之后才可利用。

（4）涉及国有资产产权变动的评估报告，必须经国有资产管理部门或授权部门核准或备案后方可使用。

### 二、资产评估管理机构对资产评估报告的利用

资产评估管理机构，是指对资产评估进行行政管理的机关和对资产评估行业进行自律管理的行业协会。利用资产评估报告是对资产评估机构进行管理的重要过程。

通过使用资产评估机构出具的资产评估报告，资产评估管理机构能够了解资产评估人员的职业能力和职业水平，了解资产评估机构的管理能力。

### 三、有关部门对资产评估报告的利用

此处的有关部门，是指政府管理部门，主要包括国有资产监督管理、证券监督管理、保险监督管理、工商行政管理、税务、金融、法院等有关部门。

国有资产监督管理部门主要是在涉及国有资产评估项目时使用资产评估报告。在《企业国有资产评估管理暂行办法》中，国有资产监督管理部门负责资产评估的核准备案，负责对企业国有资产评估工作的监督检查。因此，国有资产监督管理部门利用资产评估报告，可以加强监管国有产权的转让行为。

证券监督管理部门使用资产评估报告，主要体现在对上市公司的经济行为中。例如，上市公司定向发行股票、公司并购、公司合并、资产收购、资产置换等，工商行政管理部门主要是在公司设立、公司重组、增资扩股等方面利用资产评估报告。证券监督管理部门必须对这些经济行为的评估定价进行审核；另外，证券监督管理部门可以利用资产评估报告加强对评估机构和评估人员的管理。

其他政府部门也通过资产评估报告实现其管理职能。

## 第四节　资产评估报告的法律效力与责任

### 一、资产评估报告的法律效力

资产评估报告的法律效力，主要是指资产评估相关法律生效的范围和法律上的约束力。中国目前已经初步形成一套以国务院颁布的《国有资产评估管理办法》为主干，以财政部、原国家国有资产管理局等政府主管部门颁布的一系列关于资产评估的规章制度为主体，以全国人大及其常委会、司法机关和其他政府部门颁布的相关法律、司法解释和规章制度为补充的资产评估法律体系。

1. 资产评估报告的使用范围

（1）报告专为委托方所使用，为报告所列的目的而服务，以及按照规定报送有关管理部门审查。

（2）未征得评估机构明确同意的其他任何用途，评估机构不承认或承担责任。

（3）评估报告的使用归委托方所有，未经委托方的许可，不得随意向他人公开评估结果或提供报告。

（4）资产评估报告及其相关材料反映了评估机构职业水平与职业技能，委托方及获得、使用、审核报告的相关单位未经评估机构的同意，不得随意向他人提供或公开。

（5）资产评估报告含有的若干附件、评估明细表及评估机构提供的专供政府或行业管理部门审核的其他证实材料，与资产评估报告具有同等的法律效力和同等的约束力。

2. 报告中有关评估对象法律权属说明的效力

根据《注册资产评估师关注评估对象法律权属指导意见》，委托方和相关当事方应对所提供评估对象法律权属资料的合法性、真实性和完整性承担责任。

注册资产评估师执行资产评估业务的目的是对评估对象价值进行估算并发表专业意见，对评估对象法律权属确认或发表意见超出注册资产评估师的执业范围。因此，资产评估报告不对评估对象的法律权属提供任何保证。

3. 资产评估报告的有效期

资产评估报告的有效期按现行规定为1年，例如，评估基准日为2014年10月31日，则有效期为2014年11月1日至2015年10月31日。超过资产评估报告有效期的，不得使用该评估报告。

4. 资产评估报告的解释权

评估报告意思表达解释权为出具报告的评估机构，除国家法律、法规有明确的特殊规定外，其他任何部门均无解释权。

## 二、资产评估的法律责任

中国资产评估的法律责任，是指资产评估机构和注册资产评估师违反法律、法规、规章而依法应当承担的法律后果。资产评估过程中涉及的法律责任主要有三个方面，即行政责任、民事责任及刑事责任。从现行法律执行的情况来看，行政处罚是注册资产评估师承担的主要法律责任；刑事责任的追究仅限于重大财务欺诈案件；注册资产评估师个人承担的民事责任，囿于中国现行的法律规定和资产评估事务的组织结构，实施的可能性很小。

1. 行政责任

行政责任是指违反国家法律、法规而应承担的法律责任。行政责任是资产评估机构和注册资产评估师主要承担的法律责任形式，侧重于惩罚功能和预防功能的综合。就注册资产评估师的行政责任而言，其目的主要是保证信息披露制度的严肃性。行政处罚原则主要包括处罚法定原则、公开公正原则、处罚与教育相结合原则和保障权利原则。行政处罚涉及的相关法律、法规主要有《股票发行与交易管理暂行条例》《证券法》《注册会计师法》《公司法》。

对注册资产评估师行政责任的追究，一般指由于注册资产评估师在执业时，发生错误、疏忽或明知、故意等违法行为，而给其他利害关系人带来损害，或虽未造成实际损害但已违反政府的法律、法规，由行政主管机关对其处以具体行政处罚的责任。包括对资产评估机构的警告、没收违法所得、罚款、暂停营业、撤销，对注册资产评估师给予警告、暂停营业和吊销证书等。

2. 民事责任

民事责任是指由于违反民事法律、违约、侵权，或者由《民法》规定应承担的一种法律责任。其基本原则包括平等原则、自愿原则、公平原则和诚实信用原则。民事责任包括对客户的责任和对第三人的民事赔偿责任。注册资产评估师对委托人应负担的民事责任主要有合同责任与侵权责任两种。合同责任指注册资产评估师未按公认的资产评估准则执行资产评估业务，未依约定日期提出鉴证报告，或违反委托人应尽的保密责任等情形而违反合同约定的，因此必须对委托人的损害负赔偿之责。中国《合同法》第一百零七条规定，当事人一方不履行合同义务或者履行合同义务不符合约定的，应当承担继续履行、采取补救措施或者赔偿损失等违约责任。新《合同法》确立了违约责任的严格责任原则。侵权责任对于注册资产评估师，是指注册资产评估师可能因普通过失、重大过失、欺诈等不当行为而侵犯了委托人的权益。

3. 刑事责任

刑事责任是指行为人因其犯罪行为所必须承受的，由司法机关代表国家确定的否定性法律后果。刑事责任是法律责任最严重的形式，评估刑事责任案例也是近几年才发生的。

涉及刑事处罚的相关法律、法规主要有《证券法》《公司法》《关于惩治违反公司法的犯罪的决定》《注册会计师法》《刑法》。《刑法》第二百二十九条设置了"提供虚假证明文件罪"和"出具证明文件重大失实罪"，针对中介机构故意或过失提供虚假证明文件，造成严重后果的被确定为扰乱市场秩序罪并作出了处罚规定。此外，其他法律、法规中涉及注册资产评估师刑事责任的，均简单陈述为"依法追究刑事责任"。根据《刑法》第八十七条对追诉时效的规定，法定最高刑不满 5 年有期徒刑的，经过 5 年；法定最高刑为 5 年以上不满 10 年有期徒刑的，经过 10 年。《刑法》第二百二十九条"中介组织人员提供虚假证明文件罪"和"中介组织人员提供虚假证明文件失实罪"两罪规定的刑期为 5 年以下、5 年以上 10 年以下和 3 年以下。注册资产评估师刑事责任的追诉时效为 5 年和 10 年两个期限。

## 同步检测练习

### 一、名词解释

1. 资产评估报告
2. 整体资产评估报告
3. 单项资产评估报告
4. 预测型评估报告
5. 追溯型评估报告

### 二、单项选择题

1. 资产评估报告的有效期原则上为（　　）。

  A．1 年   B．2 年   C．3 年   D．4 年

2. 资产评估报告附件中必须列示的内容有（　　）。
   A．评估方案　　　　　　　　　　B．验资报告
   C．评估对象涉及的主要权属证明文件　D．评估结果有效期

3. 广义的资产评估报告是（　　）。
   A．一种工作制度　　　　　　　　B．资产评估报告
   C．公正性报告　　　　　　　　　D．法律责任文书

4. 按照现行行政法规的要求，关于国有资产评估报告摘要与资产评估报告正文两者关系表述正确的是（　　）。
   A．资产评估报告摘要的法律效力高于资产评估报告正文
   B．资产评估报告正文的法律效力高于资产评估报告摘要
   C．两者具有同等法律效力
   D．两者法律效力的高低由当事人协商确定

5. 评估基准日应根据经济行为的性质确定，并尽可能与评估目的的实现接近，评估基准日的确定主体是（　　）。
   A．受托方　　　　　　　　　　　B．委托方
   C．资产占有方　　　　　　　　　D．以上均可

6. 资产评估明细表的基本内容不包括（　　）。
   A．评估结论的效力、使用范围和有效期
   B．资产及负债的名称、发生日期、账面价值等
   C．反映资产及负债特征的项目
   D．备注栏目

7. 资产评估报告的基本要素中，不包括（　　）。
   A．首部、绪言、评估目的和评估基准日
   B．评估种类、评估对象与评估原则
   C．委托方与资产占有方简介
   D．评估过程与评估结论

8. 在评估报告中，对于不纳入资产评估汇总表的评估结果，应在资产评估报告正文的（　　）中单独列示。
   A．评估基准日期后重大事项　　　B．特殊事项说明
   C．评估结论　　　　　　　　　　D．评估范围和评估对象

9. 关于进行资产评估有关事项的说明应由（　　）共同撰写。
   A．评估机构与委托方　　　　　　B．评估机构与资产占有方
   C．委托方与资产占有方　　　　　D．委托方、资产占有方和评估机构

10. 根据财政部91号文件颁布的《资产评估报告基本内容与格式的暂行规定》，资产评估报告应包括资产评估报告正文、资产评估说明和（　　）。

A．评估结论

B．资产评估明细表

C．资产评估报告分析

D．资产评估明细表及相关附件

11．资产评估报告正文基本内容的尾部应当写明出具评估报告书的机构名称并加盖公章，还要由评估机构法定代表人和至少（　　　）名负责评估的注册资产评估师签名盖章。

A．一　　　　　　B．两　　　　　　C．三　　　　　　D．四

12．"资产清查核实情况说明"的基本内容不包括（　　　）。

A．资产及负债清查情况的说明

B．实物资产的分布情况与特点

C．资产清查核实的内容以及资产清查调整说明

D．影响资产清查的事项

13．资产评估说明的基本内容中，主要用来反映评估中选定的评估方法、采用的评估思路及实施的评估工作的是（　　　）。

A．"关于进行资产评估有关事项的说明"的基本内容

B．"各项资产及负债的评估技术说明"的基本内容

C．"评估依据的说明"的基本内容

D．"评估结论及其分析"的基本内容

14．（　　　）可以作为企业进行会计记录的依据和作为支付评估费用的依据。

A．资产评估合同　　　　　　B．资产评估报告

C．资产评估工作底稿　　　　D．资产评估协议

15．经国有资产管理行政主管部门确认的资产评估结果，除国家经济政策发生重大变动或经济行为当事人另有协议外，自评估基准日起（　　　）内有效。

A．一年　　　　　　　　　　B．一年半

C．二年　　　　　　　　　　D．半年

### 三、多项选择题

1．资产评估报告应包括的主要内容有（　　　）。

A．标题及文号　　　　　　　B．声明

C．正文　　　　　　　　　　D．摘要

E．附件

2．资产评估报告的正文应包括的内容有（　　　）。

A．评估基准日　　　　　　　B．评估依据

C．评估方法　　　　　　　　D．摘要

E．附件

3. 评估报告的特别事项说明通常包括的内容有（　　）。
   A．产权瑕疵　　　　　　　　　　B．未决事项、法律纠纷等不确定因素
   C．重大期后事项　　　　　　　　D．评估假设
   E．评估目的
4. 资产评估报告按性质可划分为（　　）。
   A．一般评估报告　　　　　　　　B．机器设备评估报告
   C．房屋评估报告　　　　　　　　D．无形资产评估报告
   E．复核评估报告
5. 资产评估报告制作的技术要点有（　　）。
   A．文字表达方面的技能
   B．格式和内容方面的技能
   C．评估报告的复核及反馈方面的技能要求
   D．评估报告的验证与确定
6. 资产评估说明的基本内容中，"整体资产评估收益现值法评估验证说明"的基本内容包括（　　）。
   A．收益现值法的应用简介　　　　B．无形资产的评估说明
   C．折现率的选取　　　　　　　　D．企业营业收入、成本费用的预测
7. 资产评估报告中"关于进行资产评估有关事项说明"，具体包括（　　）等项目。
   A．资产及负债清查情况说明　　　B．实物资产分布情况说明
   C．在建工程评估说明　　　　　　D．关于资产评估基准日的说明
8. 对评估报告进行逻辑分析，应对下列（　　）进行因果关系分析。
   A．评估目的、评估依据的前提条件与评估方法选择之间的一致性
   B．评估范围与资产权益之间的一致性
   C．评估程序、评估方法和评估作价之间的一致性
   D．资产权益、作价的前提条件与作价依据之间的一致性
9. 对于客户而言，资产评估报告具有（　　）的用途。
   A．作为产权交易作价的基础资料　B．作为企业进行会计记录的依据
   C．作为法庭辩论的举证材料　　　D．作为支付费用的依据
10. 资产评估报告的作用是（　　）。
    A．决定被评估资产的作价
    B．考核资产评估工作质量的依据
    C．建立评估档案、归集评估档案资料的重要信息来源
    D．管理部门完善资产评估管理的重要依据
11. 资产评估报告的基本内容包括（　　）。
    A．评估立项申请　　　　　　　　B．评估结果成立的前提条件

C. 取得评估结果的主要过程　　　　D. 评估委托合同及其主要内容
12. 编写资产评估报告的基本要求有（　　）。
   A. 实事求是　　　　　　　　　　B. 内容全面、准确、简练
   C. 编制及时　　　　　　　　　　D. 详细规定委托双方的权利和义务
13. 资产评估说明的基本内容中，"评估依据说明"主要用来说明进行评估工作所遵循的具体（　　）。
   A. 行为依据　　　　　　　　　　B. 产权依据
   C. 取价依据　　　　　　　　　　D. 方法依据
14. 资产评估说明的基本内容中，"评估依据说明"的基本内容有（　　）。
   A. 经济行为文件　　　　　　　　B. 企业内部审核制度
   C. 产权证明文件　　　　　　　　D. 重大合同
15. 资产评估报告是管理机构对评估机构进行（　　）的手段之一。
   A. 监督管理　　　　　　　　　　B. 收取行政费用
   C. 资格审查　　　　　　　　　　D. 评价工作质量好坏

## 四、是非判断题

1. 评估对象的特点是选择资产评估方法的唯一依据。（　　）
2. 评估报告应当使用中文撰写；需要同时出具外文评估报告的，以中文评估报告为准。（　　）
3. 经使用双方同意，一份资产评估报告可有多种用途。（　　）
4. 资产评估报告对资产业务定价具有强制执行的效力。评估者必须对结论本身合乎职业规范要求负责。（　　）
5. 资产评估报告应在评估结论中单独列示不纳入评估汇总表的评估结果。（　　）
6. 评估报告摘要不具有法律效力，只是将评估报告中的关键内容列示在评估报告正文之前，以便有关各方了解该评估报告提供的主要信息，方便使用者使用。（　　）
7. 评估结论的瑕疵事项，是指评估人员在评估过程中已经发现、可能影响评估结论，但并非评估人员职业水平和能力所能评定估算的事项。（　　）
8. 客户可以按照资产评估报告揭示的评估值对会计账目进行调整。（　　）
9. 资产评估报告中应写明评估报告提交委托方的具体时间，评估报告原则上应在确定的评估基准日后2个月内提出。（　　）
10. 《关于进行资产评估有关事项的说明》由委托方与资产占有方共同撰写，并应由负责人签字，加盖公章，签署日期。它是财产评估主管机关审查、批准企业进行资产评估和评估机构开展评估活动的必要资料依据。（　　）
11. 资产评估报告完成后，必须报送财政（国有资产管理）部门核准或者报送有关部门备案。（　　）
12. 资产评估明细表应逐级汇总。第一级是明细表总计，第二级是按资产及负债大类单独汇总，第三级是资产评估结果分类汇总，第四级是资产评估结果汇总。（　　）

13．一份评估报告资料，特别是涉及国有资产的评估报告资料，不仅是一份评估工作的总结、资产价格的公证性文件和资产交易双方认定资产价格的依据，而且是国有资产管理者加强对国有资产产权变动的管理，确认评估方法、评估依据和评估结果的重要依据。（　　）

14．资产评估只是对评估时点资产价值的估算，不能作为法庭裁决时确认财产价格的证明材料。（　　）

15．资产评估管理部门可以将评估报告作为研究、分析、完善和改进资产评估工作的资料，也可采用其中有用的价格信息资料。（　　）

## 五、简答题

1．什么是资产评估报告？资产评估报告具有哪些特点？

2．资产评估报告的作用有哪些？

3．撰写资产评估报告应遵循哪些基本要求？

4．客户应如何利用资产评估报告？

# 模拟考试试题（一）

## 一、名词解释（5×2=10分）

1. 资产评估
2. 市场价值
3. 重置成本
4. 资产评估程序
5. 容积率

## 二、单项选择题（10×1=10分）

1. 资产评估交易假设设立的目的在于使评估对象（　　　）。
   A. 与正在交易的情况相一致　　　　B. 与拟交易的情况相一致
   C. 与以后交易的情况相一致　　　　D. 人为置于"交易中"

2. 资产评估中的市场价值类型适用的基本假设前提是（　　　）。
   A. 在用续用假设　　　　　　　　　B. 公开市场假设
   C. 清算假设　　　　　　　　　　　D. 会计主体假设

3. 某资产年金收益额为8 500元，剩余使用年限为20年，假定折现率为10%，其评估值最接近（　　　）。
   A. 85 000元　　　　　　　　　　　B. 72 366元
   C. 12 631元　　　　　　　　　　　D. 12 369元

4. 注册资产评估师通常首先应执行的评估程序是（　　　）。
   A. 签订资产评估业务约定书　　　　B. 资产勘查
   C. 明确评估业务基本事项　　　　　D. 评定估算

5. 某厂房建成8年后被改为超级市场，并补办了土地使用权出让手续，土地使用权出让年限为40年，建筑物的经济寿命为50年，则该建筑物贬值的总使用年限应为（　　　）年
   A. 50　　　　B. 42　　　　C. 48　　　　D. 40

6. 进口设备到岸价不包括（　　　）。
   A. 离岸价　　　　　　　　　　　　B. 国外运费
   C. 国外运输保险费　　　　　　　　D. 关税

7. 无形资产评估的前提一般为（　　　）。
   A. 产权变动　　　　　　　　　　　B. 资产重组
   C. 股份经营　　　　　　　　　　　D. 资产抵押

8. 当企业的整体价值低于企业单项资产评估价值之和时，通常的情况是（　　　）。

  A．企业的资产收益率低于社会平均资金收益率

  B．企业的资产收益率高于社会平均资金收益率

  C．企业的资产收益率等于社会平均资金收益率

  D．企业的资产收益率趋于社会平均资金收益率

9. 运用直接法评估企业价值，选择什么口径的收益额作为评估参数应当依据（　　　）。

  A．企业价值评估的方法　　　　　　B．企业价值评估的价值目标

  C．企业价值评估的假设条件　　　　D．企业价值评估的价值标准

10. 资产评估报告的有效期原则上为（　　　）。

  A．1年　　　　B．2年　　　　C．3年　　　　D．4年

### 三、多项选择题（10×1＝10分）

1. 资产评估的特点主要有（　　　）。

  A．市场性　　　　　　　　　　　　B．强制性

  C．公正性　　　　　　　　　　　　D．咨询性

  E．行政性

2. 以资产评估时所依据的市场条件、被评估资产的使用状态，以及评估结论的适用范围来划分资产评估结果的价值类型，具体包括（　　　）。

  A．继续使用价值　　　　　　　　　B．市场变现价值

  C．市场价值　　　　　　　　　　　D．市场价值以外的价值

  E．清算价值

3. 应用市场途径进行资产评估必须具备的前提条件是（　　　）。

  A．需要有一个充分发育且活跃的资产市场

  B．必须具有足够数量的参照物

  C．可以收集到被评估资产与参照物可比较的指标和技术参数

  D．市场上必须有与被评估资产相同或类似的全新资产

  E．市场上的参照物与被评估资产的功能相同或相似

4. 注册资产评估师应明确的评估业务基本事项包括（　　　）。

  A．评估目的　　　　　　　　　　　B．评估对象和评估范围

  C．价值类型　　　　　　　　　　　D．评估基准日

  E．评估报告使用限制

5. 下列（　　　）属于使用市场途径评估的房地产。

  A．商品住宅　　　　　　　　　　　B．写字楼

  C．标准厂房　　　　　　　　　　　D．学校教学楼

  E．高档公寓

6. 机器设备重置成本一般包括（　　）。
   A．设备自身购置价格　　　　B．运杂费
   C．安装费　　　　　　　　　D．基础费
   E．折旧费

7. 按无形资产的性质划分，无形资产可分为（　　）。
   A．知识型无形资产　　　　　B．权利型无形资产
   C．关系型无形资产　　　　　D．促销型无形资产
   E．金融型无形资产

8. 在下列内容中，属于企业价值评估一般范围内的资产有（　　）。
   A．被评估企业本部拥有的资产
   B．被评估企业全资子公司的资产
   C．被评估企业产业链上的企业资产
   D．被评估企业控股子公司拥有的相关资产
   E．被评估企业拥有非控股子公司的相关资产

9. 如果在对企业各单项资产实施评估并将评估值加总后，再运用收益法评估企业价值，这样做的目的是（　　）。
   A．比较判断哪一种方法是正确的
   B．判断企业是否存在商誉
   C．判断企业是否存在经济性贬值
   D．确定企业价值

10. 资产评估报告应包括的主要内容有（　　）。
    A．标题及文号　　　　　　　B．声明
    C．正文　　　　　　　　　　D．摘要
    E．附件

### 四、是非判断题（10×1＝10分）

1. 资产评估通常是在资产产权发生变动时，由专门的人员对资产的交易价格进行确定的活动。（　　）
2. 对于同一资产而言，不同的价值类型的选择不会影响其评估价值。（　　）
3. 一般情况下，在收益途径运用的过程中，折现率的口径应与收益额的口径保持一致。（　　）
4. 注册评估师不得随意删减基本评估程序。（　　）
5. 凡是交易性的房地产都可以运用市场途径进行评估。（　　）
6. 与房地产不可分离的机器设备通常不能单独作为评估对象。（　　）
7. 无形资产评估一般应以产权变动为前提。（　　）
8. 企业价值取决于其要素资产组合的整体盈利能力，不具备现实或潜在盈利能力的"企业"，也就不存在持续经营企业前提下的企业价值。（　　）

9. 企业价值评估中的企业自由现金流量所对应的折现率是股权资本成本。（   ）

10. 评估对象的特点是选择资产评估方法的唯一依据。（   ）

## 五、简答题（2×5=10分）

1. 资产评估和市场之间存在什么样的联系？

2. 什么是资产评估报告？资产评估报告具有哪些特点？

## 六、案例分析题（5×10=50分）

1. 某建筑物为钢筋混凝土结构，总使用年限为50年，实际使用年限为10年。经调查测算，现在重新建造全新状态的该建筑物的建造成本为800万元，建设期为2年。假定第1年投入建造成本的60%，第2年投入40%（均为均匀投入），管理费用为建造成本的3%，1年期基本建设贷款利率为6%，销售税费为50万元，项目开发利润率为25%。

根据以上资料，评估该建筑物的价值。

2. 某公司的一条生产线购建于2010年，购建成本为800万元。2013年对该生产线进行评估，有关资料如下：

（1）2010年和2013年该类设备的定基价格指数分别为108%和115%；

（2）与同类生产线相比，该生产线的年运营成本超支额为3万元；

（3）被评估的生产线尚可使用12年；

（4）该公司的所得税税率为25%，评估时国债利率为5%，风险收益率为3%。

根据上述条件，估测该生产线的价值。

3. 某企业转让制药生产技术，经搜集和初步测算已知下列资料：

（1）该企业与购买企业共同享有该制药生产技术，双方的设计能力分别为600万箱和400万箱；

（2）该制药生产技术系国外引进，账面价格为500万元，已使用3年，尚可使用9年，3年通货膨胀率累计为10%；

（3）该项技术转让对该企业的生产经营有较大影响，由于市场竞争，产品价格下降，在以后9年中减少的销售收入按现值计算为100万元，增加开发费以保住市场的追加成本按现值计算为30万元。

根据上述资料，计算确定：

（1）该制药生产全套技术的重置成本净值。

（2）该无形资产转让的最低收费额评估值。

4. 甲企业拟产权转让，需进行评估。经专家预测，其未来5年的净利润分别为100万元、120万元、150万元、160万元、200万元；从第6年起，每年的利润处于稳定状态，保持在200万元的水平上。该企业有一笔10万元的短期负债，其有形资产有货币资金、存货和固定资产，评估值分别为80万元、120万元和660万元。该企业还有一项尚有5年剩余经济寿命的非专利技术，该技术产品每件可以获得超额净利润15元。目前该企业每年生产产品10万件，经分析，未来5年中每年可以生产产品12万件。若折现率和资

本化率均为10%，试计算甲企业的商誉价值并说明评估技术思路。（以万元为单位，计算结果保留两位小数）

5．某台机床需评估。企业提供的购建成本资料如下：该机床采购价5万元，运输费0.1万元，安装费0.3万元，调试费0.1万元，已服役2年。经市场调查得知，该机床在市场上仍很流行，且价格上升了20%；铁路运价近2年提高了1倍，安装材料和工费上涨幅度40%，调试费用上涨15%。试评估该机床原地续用的重置全价。

# 模拟考试试题（二）

## 一、名词解释（5×2=10分）

1. 经济性贬值
2. 约当投资分成法
3. 溢余资产
4. 固定红利模型
5. 资产评估报告

## 二、单项选择题（10×1=10分）

1. 根据财政部2002年1月1日公布的《国有资产评估管理若干问题的规定》，占有单位有（　　）行为的，可以不进行资产评估。
   A. 以非货币资产对外投资
   B. 整体或部分改组为有限责任公司或者股份有限公司
   C. 行政事业单位下属的独资企业之间的资产转让
   D. 确定涉讼资产价值

2. 资产评估价值是一个（　　）。
   A. 历史事实　　　　　　　　　　B. 资产价值的估计值
   C. 资产的客观价值　　　　　　　D. 资产的实际价值

3. 评估机器设备一台，3年前购置，据了解该设备尚无替代品。该设备账面原值10万元，其中买价8万元，运输费0.4万元，安装费用（包括材料）1万元，调试费用0.6万元。经调查，该设备现行价格9.5万元，运输费、安装费、调试费分别比3年前上涨40%、30%、20%。该设备的重置成本是（　　）。（保留两位小数）
   A. 12.08万元　　　　　　　　　B. 10.58万元
   C. 12.58万元　　　　　　　　　D. 9.5万元

4. 国有资产占有单位应在资产评估报告有效期届满前（　　）个月向国有资产管理部门提出核准申请。
   A. 1　　　B. 2　　　C. 4　　　D. 6

5. 被评估建筑物的账面价值为80万元，2010年建成，要求评估2013年该建筑物的重置成本。根据调查得知，被评估建筑物所在地区的建筑行业价格环比指数从2011年到2013年分别提高3%、3%、2%，该建筑物的重置成本最接近（　　）。
   A. 86万元　　　　　　　　　　　B. 87万元
   C. 90万元　　　　　　　　　　　D. 85万元

6. 当设备出现（　　　）时，评估时需要考虑其经济性贬值。
   A．利用率下降　　　　　　　　B．竞争加剧
   C．使用效益下降　　　　　　　D．技术水平相对落后

7. 租赁权评估的对象是（　　　）。
   A．租赁合同规定的租金的现值
   B．租赁资产的价值
   C．租赁合同带来的高于租金现值的额外经济利益
   D．租赁资产的重置成本

8. 下列不属于企业价值评估中的收益预测的方法是（　　　）。
   A．产品周期法　　　　　　　　B．综合调整法
   C．年金本金化价格法　　　　　D．线性回归法

9. 理论上，企业价值评估的对象是（　　　）。
   A．企业的生产能力　　　　　　B．企业的全部资产
   C．企业整体价值　　　　　　　D．企业有形资产

10. 根据财政部91号文件颁布的《资产评估报告基本内容与格式的暂行规定》，资产评估报告应包括资产评估报告正文、资产评估说明和（　　　）。
    A．评估结论　　　　　　　　　B．资产评估明细表
    C．资产评估报告分析　　　　　D．资产评估明细表及相关附件

## 三、多项选择题（10×1＝10分）

1. 下列原则中，属于资产评估工作原则的是（　　　）。
   A．科学性原则　　　　　　　　B．独立性原则
   C．客观性原则　　　　　　　　D．贡献性原则
   E．替代原则

2. 适用于资产评估的假设有（　　　）。
   A．重置成本假设　　　　　　　B．公开市场假设
   C．收益现值假设　　　　　　　D．清算假设
   E．交易假设

3. 应用市场法估测被评估机器的重置成本时，参照物与被评估机器之间需调整的主要参数有（　　　）。
   A．交易时间的差异　　　　　　B．生产效率的差异
   C．付款方式的差异　　　　　　D．新旧程度的差异
   E．交易情况的差异

4. 评估程序计划的主要内容是（　　　）。
   A．评估项目的背景　　　　　　B．评估工作目标
   C．工作内容、方法、步骤　　　D．执行人和执行时间

5. 对于楼面地价与土地单价之间的关系，下列说法中正确的是（　　）。
   A. 楼面地价一定大于土地单价　　　　B. 楼面地价一定小于土地单价
   C. 楼面地价可以等于土地单价　　　　D. 楼面地价可以小于土地单价
   E. 楼面地价可以大于土地单价

6. 设备的有形损耗率相当于（　　）。
   A. 设备实体损耗程度与全新状态的比率
   B. 设备实体损耗额与全新状态的比率
   C. 设备实体损耗程度与重置成本的比率
   D. 设备实体损耗额与重置成本的比率
   E. 设备实体性损耗占总损耗的比例

7. 商誉属于（　　）。
   A. 不可确指的无形资产　　　　B. 自创的无形资产
   C. 非技术型的无形资产　　　　D. 组合类无形资产

8. 一般而言，应选择净现金流量作为企业的收益形式，因为（　　）。
   A. 这种收益形式能够相对客观地反映企业的实际经营业绩
   B. 这种收益形式不会因企业折旧政策的不同而导致其缺乏可比性
   C. 这种收益形式的测算相对简便
   D. 这种收益形式不易被更改，更具有可靠性

9. 就一般意义而言，可用于企业价值评估的收益额，通常包括（　　）。
   A. 息前净现金流量　　　　B. 无负债净利润
   C. 企业整体价值　　　　　D. 利润总额

10. 资产评估报告的作用是（　　）。
    A. 决定被评估资产的作价
    B. 考核资产评估工作质量的依据
    C. 建立评估档案、归集评估档案资料的重要信息来源
    D. 管理部门完善资产评估管理的重要依据

## 四、是非判断题（10×1＝10分）

1. 根据国际评估准则中的定义，固定资产包括有形和无形两类。其中，无形固定资产又包括长期投资、长期应收账款、结转的费用、商誉、商标、专利及类似资产。（　　）

2. 资产的账面价值是以历史成本计价的，并不能反映物价变动和技术进步等因素对资产价值的实际影响。（　　）

3. 政府实施新的经济政策或发布新的法规限制某些资产的使用，造成资产价值的降低，这是一种非评估考虑因素。（　　）

4. 经各级政府批准的涉及国有资产产权变动的重大经济行为，其国有资产评估应实行审批制。（　　）

5. 标定地价是指具体地块在一定使用年限内的宗地地价，它一般是由省政府公告的。（    ）

6. 市场法的运用必须首先以市场为前提，它是借助参照物的市场成交价或变现价运作的（该参照物与被评估设备相同或相似）。（    ）

7. 租赁权评估的对象是租赁合同带来的额外经济利益，它的评估期限是租赁合同期，估价标准是收益现值，评估目的是服务于产权交易。（    ）

8. 评估中如果选用企业利润系列指标作为收益额，则应选择相应的资产收益率作为折现率；如果以现金净流量系列指标作为收益额，则应以投资回收率作为折现率。（    ）

9. 对于在评估时点产权不清的资产，应划为"待定产权资产"，暂不列入企业价值评估的资产范围。（    ）

10.《关于进行资产评估有关事项的说明》由委托方与资产占有方共同撰写，并应由负责人签字，加盖公章，签署日期。它是资产评估主管机关审查批准企业进行资产评估和评估机构开展评估活动的必要资料依据。（    ）

## 五、简述题（2×5＝10分）

1. 资产评估对象可以依据哪些标准进行分类？
2. 客户应如何利用资产评估报告？

## 六、案例分析题（5×10＝50分）

1. 现有一片荒地，2014年8月进行评估。有关资料如下：该荒地的面积为1 200亩，适宜进行"七通一平"开发后分块转让，可转让土地面积的比率为70%，附近地区与之位置相当的"小块""七通一平"熟地的单价为850元/平方米；将该荒地开发成熟地的开发期预计2年，2016年8月完成，未来2年内该类地价基本平稳；开发成本、管理费用预计为15万元/亩，贷款年利率为8%；项目开发利润率为20%，销售税费为转让价格的7%，折现率为10%。

根据以上资料，运用假设开发法评估该片荒地2014年8月的总价和单价。

2. 机器设备1台，3年前购置，据了解，该设备尚无替代产品。该设备的账面原值为10万元，其中买价为8万元，运输费为0.4万元，安装费用（包括材料）为1万元，调试费用为0.6万元。经调查，该设备的现行价格为9.5万元，运输费、安装费、调试费分别比3年前上涨了40%、30%、20%。求该设备的重置成本。（计算结果保留两位小数）

3. A企业被B企业兼并，需要对A企业自创的一项技术进行评估。据资料可知，该技术研发时发生原材料费10 000元，辅助材料费4 000元，燃料动力费1 100元，有关人员工资和津贴5 000元，专用设备费1 000元，差旅费500元，管理费1 200元，占用固定资产的折旧费3 500元，人员培训和资料费等1 300元，专利申请费800元。该技术的创造性劳动倍加系数3，科研平均风险率6%，无形资产贬值率20%。据预测，该技术使用后，B企业每年可新增利润90 000元。该专利技术剩余有效期限5年。若提成率为

20%，贴现率为10%，求该专利技术的重置价值。（计算结果保留两位小数）

4. 甲企业是一家生产家用电器的制造企业，其2011年的收益情况见利润表，表中补贴收入50万元中包括了企业增值税出口退税30万元和因洪灾获得的政府专项补贴20万元；表中营业外支出25万元为企业遭受洪灾的损失支出。经分析，预计从2012年到2015年企业的净利润将在2011年正常净利润水平上每年递增1%，从2016年到2031年企业净利润将保持在2012年至2015年各年净利润按现值计算的平均水平上。企业将在2031年年底停止生产、整体变现，预计变现值约150万元。若折现率为10%，现行税收政策保持不变，试评估2011年12月31日该企业的价值。（计算结果保留两位小数）

**利润表**　　　　　　　　　　　　　　　　　　　　　　单位：元

| 项目 | 行次 | 本年累计数 |
| --- | --- | --- |
| 一、主营业务收入 | 1 | 9 000 000 |
| 减：主营业务成本 | 4 | 5 000 000 |
| 　　主营业务税金及附加 | 5 | 300 000 |
| 二、主营业务利润 | 10 | 3 700 000 |
| 加：其他业务利润 | 11 | 0 |
| 减：营业费用 | 14 | 300 000 |
| 　　管理费用 | 15 | 1 800 000 |
| 　　财务费用 | 16 | 400 000 |
| 三、营业利润 | 18 | 1 200 000 |
| 加：投资收益 | 19 | 0 |
| 　　补贴收入 | 22 | 500 000 |
| 　　营业外收入 | 23 | 0 |
| 减：营业外支出 | 25 | 250 000 |
| 四、利润总额 | 27 | 1 450 000 |
| 减：所得税（33%） | 28 | 478 500 |
| 五、净利润 | 30 | 971 500 |

5. 某上市公司欲收购一家企业，需对该企业的整体价值进行评估。已知该企业在今后保持持续经营，预计前5年的税前净收益分别为40万元、45万元、50万元、53万元和55万元；从第6年开始，企业进入稳定期，预计每年的税前净收益保持在55万元。折现率与资本化率均为10%，企业所得税税率为40%，试计算该企业的评估值。

# 参考文献

1. 陈淑亭，《资产评估应试精解》，立信会计出版社，2004年版。
2. 程阳春，《资产评估方法体系及实务操作》，湖北人民出版社，2010年版。
3. 高立法，《资产评估业务计算与分析手册》，龙门书局，1997年版。
4. 高雅青，《资产评估及验资案例分析》，中国时代经济出版社，2003年版。
5. 郭景先，《资产评估学》，大连出版社，2011年版。
6. 胡志勇，《资产评估学》，中国财政经济出版社，2014年版。
7. 姜楠，《资产评估学》，东北财经大学出版社，2009年版。
8. 姜楠，《资产评估原理》，东北财经大学出版社，2010年版。
9. 李玲，《资产评估学》，中国市场出版社，2014年版。
10. 龙涛，《资产评估理论与方法》，中国审计出版社，1990年版。
11. 乔志敏，《资产评估学教程》，中国人民大学出版社，2006年版。
12. 全国注册资产评估师考试用书编写组，《资产评估》，经济科学出版社，2009年版。
13. 宋传联，《资产评估理论与实务》，机械工业出版社，2011年版。
14. 苏淑欢，《资产评估学》，中山大学出版社，2003年版。
15. 王凤岭，《资产评估案例与评析》，经济科学出版社，1994年版。
16. 于艳芳，《资产评估理论与实务》，人民邮电出版社，2010年版。
17. 周凤，《资产评估案例教程》，中国财政经济出版社，2001年版。
18. 朱进强、纪益成，《资产评估综合操作实务》，中国财政经济出版社，2002年版。
19. 朱萍，《资产评估学》，复旦大学出版社，2008年版。
20. 祝刚，《资产评估实务》，经济科学出版社，2014年版。

# 附 录

## 1. 复利现值系数表

| 折现率<br>期数 | 1% | 2% | 3% | 4% | 5% | 6% | 7% | 8% | 9% | 10% | 11% | 12% | 13% | 14% |
|---|---|---|---|---|---|---|---|---|---|---|---|---|---|---|
| 1 | 0.9901 | 0.9804 | 0.9709 | 0.9615 | 0.9524 | 0.9434 | 0.9346 | 0.9259 | 0.9174 | 0.9091 | 0.9009 | 0.8929 | 0.885 | 0.8772 |
| 2 | 0.9803 | 0.9612 | 0.9426 | 0.9246 | 0.9070 | 0.8900 | 0.8734 | 0.8573 | 0.8417 | 0.8264 | 0.8116 | 0.7972 | 0.7831 | 0.7695 |
| 3 | 0.9706 | 0.9423 | 0.9151 | 0.8890 | 0.8638 | 0.8396 | 0.8163 | 0.7938 | 0.7722 | 0.7513 | 0.7312 | 0.7118 | 0.6931 | 0.6750 |
| 4 | 0.9610 | 0.9238 | 0.8885 | 0.8548 | 0.8227 | 0.7921 | 0.7629 | 0.7350 | 0.7084 | 0.6830 | 0.6587 | 0.6355 | 0.6133 | 0.5921 |
| 5 | 0.9515 | 0.9057 | 0.8626 | 0.8219 | 0.7835 | 0.7473 | 0.7130 | 0.6806 | 0.6499 | 0.6209 | 0.5935 | 0.5674 | 0.5428 | 0.5194 |
| 6 | 0.9420 | 0.8880 | 0.8375 | 0.7903 | 0.7462 | 0.705 | 0.6663 | 0.6302 | 0.5963 | 0.5645 | 0.5346 | 0.5066 | 0.4803 | 0.4556 |
| 7 | 0.9327 | 0.8706 | 0.8131 | 0.7599 | 0.7107 | 0.6651 | 0.6227 | 0.5835 | 0.5470 | 0.5132 | 0.4817 | 0.4523 | 0.4251 | 0.3996 |
| 8 | 0.9235 | 0.8535 | 0.7894 | 0.7307 | 0.6768 | 0.6274 | 0.5820 | 0.5403 | 0.5019 | 0.4665 | 0.4339 | 0.4039 | 0.3762 | 0.3506 |
| 9 | 0.9143 | 0.8368 | 0.7664 | 0.7026 | 0.6446 | 0.5919 | 0.5439 | 0.5002 | 0.4604 | 0.4241 | 0.3909 | 0.3606 | 0.3329 | 0.3075 |
| 10 | 0.9053 | 0.8203 | 0.7441 | 0.6756 | 0.6139 | 0.5584 | 0.5083 | 0.4632 | 0.4224 | 0.3855 | 0.3522 | 0.3220 | 0.2946 | 0.2697 |
| 11 | 0.8963 | 0.8043 | 0.7224 | 0.6496 | 0.5847 | 0.5268 | 0.4751 | 0.4289 | 0.3875 | 0.3505 | 0.3173 | 0.2875 | 0.2607 | 0.2366 |
| 12 | 0.8874 | 0.7885 | 0.7014 | 0.6246 | 0.5568 | 0.4970 | 0.4440 | 0.3971 | 0.3555 | 0.3186 | 0.2858 | 0.2567 | 0.2307 | 0.2076 |
| 13 | 0.8787 | 0.7730 | 0.6810 | 0.6006 | 0.5303 | 0.4688 | 0.4150 | 0.3677 | 0.3262 | 0.2897 | 0.2575 | 0.2292 | 0.2042 | 0.1821 |
| 14 | 0.8700 | 0.7579 | 0.6611 | 0.5775 | 0.5051 | 0.4423 | 0.3878 | 0.3405 | 0.2992 | 0.2633 | 0.2320 | 0.2046 | 0.1807 | 0.1597 |
| 15 | 0.8613 | 0.7430 | 0.6419 | 0.5553 | 0.4810 | 0.4173 | 0.3624 | 0.3152 | 0.2745 | 0.2394 | 0.2090 | 0.1827 | 0.1599 | 0.1401 |
| 16 | 0.8528 | 0.7284 | 0.6232 | 0.5339 | 0.4581 | 0.3936 | 0.3387 | 0.2919 | 0.2519 | 0.2176 | 0.1883 | 0.1631 | 0.1415 | 0.1229 |
| 17 | 0.8444 | 0.7142 | 0.6050 | 0.5134 | 0.4363 | 0.3714 | 0.3166 | 0.2703 | 0.2311 | 0.1978 | 0.1696 | 0.1456 | 0.1252 | 0.1078 |
| 18 | 0.8360 | 0.7002 | 0.5874 | 0.4936 | 0.4155 | 0.3503 | 0.2959 | 0.2502 | 0.2120 | 0.1799 | 0.1528 | 0.1300 | 0.1108 | 0.0946 |
| 19 | 0.8277 | 0.6864 | 0.5703 | 0.4746 | 0.3957 | 0.3305 | 0.2765 | 0.2317 | 0.1945 | 0.1635 | 0.1377 | 0.1161 | 0.0981 | 0.0829 |
| 20 | 0.8195 | 0.6730 | 0.5537 | 0.4564 | 0.3769 | 0.3118 | 0.2584 | 0.2145 | 0.1784 | 0.1486 | 0.1240 | 0.1037 | 0.0868 | 0.0728 |
| 21 | 0.8114 | 0.6598 | 0.5375 | 0.4388 | 0.3589 | 0.2942 | 0.2415 | 0.1987 | 0.1637 | 0.1351 | 0.1117 | 0.0926 | 0.0768 | 0.0638 |
| 22 | 0.8034 | 0.6468 | 0.5219 | 0.4220 | 0.3418 | 0.2775 | 0.2257 | 0.1839 | 0.1502 | 0.1228 | 0.1007 | 0.0826 | 0.0680 | 0.0560 |
| 23 | 0.7954 | 0.6342 | 0.5067 | 0.4057 | 0.3256 | 0.2618 | 0.2109 | 0.1703 | 0.1378 | 0.1117 | 0.0907 | 0.0738 | 0.0601 | 0.0491 |
| 24 | 0.7876 | 0.6217 | 0.4919 | 0.3901 | 0.3101 | 0.2470 | 0.1971 | 0.1577 | 0.1264 | 0.1015 | 0.0817 | 0.0659 | 0.0532 | 0.0431 |
| 25 | 0.7798 | 0.6095 | 0.4776 | 0.3751 | 0.2953 | 0.2330 | 0.1842 | 0.1460 | 0.1160 | 0.0923 | 0.0736 | 0.0588 | 0.0471 | 0.0378 |
| 26 | 0.7720 | 0.5976 | 0.4637 | 0.3607 | 0.2812 | 0.2198 | 0.1722 | 0.1352 | 0.1064 | 0.0839 | 0.0663 | 0.0525 | 0.0417 | 0.0331 |
| 27 | 0.7644 | 0.5859 | 0.4502 | 0.3468 | 0.2678 | 0.2074 | 0.1609 | 0.1252 | 0.0976 | 0.0763 | 0.0597 | 0.0469 | 0.0369 | 0.0291 |
| 28 | 0.7568 | 0.5744 | 0.4371 | 0.3335 | 0.2551 | 0.1956 | 0.1504 | 0.1159 | 0.0895 | 0.0693 | 0.0538 | 0.0419 | 0.0326 | 0.0255 |
| 29 | 0.7493 | 0.5631 | 0.4243 | 0.3207 | 0.2429 | 0.1846 | 0.1406 | 0.1073 | 0.0822 | 0.0630 | 0.0485 | 0.0374 | 0.0289 | 0.0224 |
| 30 | 0.7419 | 0.5521 | 0.4120 | 0.3083 | 0.2314 | 0.1741 | 0.1314 | 0.0994 | 0.0754 | 0.0573 | 0.0437 | 0.0334 | 0.0256 | 0.0196 |

(续表)

| 折现率<br>期数 | 15% | 16% | 17% | 18% | 19% | 20% | 21% | 22% | 23% | 24% | 25% | 26% | 27% | 28% | 29% | 30% |
|---|---|---|---|---|---|---|---|---|---|---|---|---|---|---|---|---|
| 1 | 0.8696 | 0.8621 | 0.8547 | 0.8475 | 0.8403 | 0.8333 | 0.8264 | 0.8197 | 0.8130 | 0.8065 | 0.8000 | 0.7937 | 0.7874 | 0.7813 | 0.7752 | 0.76 |
| 2 | 0.7561 | 0.7432 | 0.7305 | 0.7182 | 0.7062 | 0.6944 | 0.6830 | 0.6719 | 0.6610 | 0.6504 | 0.6400 | 0.6299 | 0.6200 | 0.6104 | 0.6009 | 0.59 |
| 3 | 0.6575 | 0.6407 | 0.6244 | 0.6086 | 0.5934 | 0.5787 | 0.5645 | 0.5507 | 0.5374 | 0.5245 | 0.5120 | 0.4999 | 0.4882 | 0.4768 | 0.4658 | 0.45 |
| 4 | 0.5718 | 0.5523 | 0.5337 | 0.5158 | 0.4987 | 0.4823 | 0.4665 | 0.4514 | 0.4369 | 0.4230 | 0.4096 | 0.3968 | 0.3844 | 0.3725 | 0.3611 | 0.35 |
| 5 | 0.4972 | 0.4761 | 0.4561 | 0.4371 | 0.4190 | 0.4019 | 0.3855 | 0.3700 | 0.3552 | 0.3411 | 0.3277 | 0.3149 | 0.3027 | 0.2910 | 0.2799 | 0.26 |
| 6 | 0.4323 | 0.4104 | 0.3898 | 0.3704 | 0.3521 | 0.3349 | 0.3186 | 0.3033 | 0.2888 | 0.2751 | 0.2621 | 0.2499 | 0.2383 | 0.2274 | 0.2170 | 0.20 |
| 7 | 0.3759 | 0.3538 | 0.3332 | 0.3139 | 0.2959 | 0.2791 | 0.2633 | 0.2486 | 0.2348 | 0.2218 | 0.2097 | 0.1983 | 0.1877 | 0.1776 | 0.1682 | 0.15 |
| 8 | 0.3269 | 0.3050 | 0.2848 | 0.2660 | 0.2487 | 0.2326 | 0.2176 | 0.2038 | 0.1909 | 0.1789 | 0.1678 | 0.1574 | 0.1478 | 0.1388 | 0.1304 | 0.12 |
| 9 | 0.2843 | 0.2630 | 0.2434 | 0.2255 | 0.2090 | 0.1938 | 0.1799 | 0.1670 | 0.1552 | 0.1443 | 0.1342 | 0.1249 | 0.1164 | 0.1084 | 0.1011 | 0.09 |
| 10 | 0.2472 | 0.2267 | 0.2080 | 0.1911 | 0.1756 | 0.1615 | 0.1486 | 0.1369 | 0.1262 | 0.1164 | 0.1074 | 0.0992 | 0.0916 | 0.0847 | 0.0784 | 0.07 |
| 11 | 0.2149 | 0.1954 | 0.1778 | 0.1619 | 0.1476 | 0.1346 | 0.1228 | 0.1122 | 0.1026 | 0.0938 | 0.0859 | 0.0787 | 0.0721 | 0.0662 | 0.0607 | 0.05 |
| 12 | 0.1869 | 0.1685 | 0.1520 | 0.1372 | 0.1240 | 0.1122 | 0.1015 | 0.0920 | 0.0834 | 0.0757 | 0.0687 | 0.0625 | 0.0568 | 0.0517 | 0.0471 | 0.04 |
| 13 | 0.1625 | 0.1452 | 0.1299 | 0.1163 | 0.1042 | 0.0935 | 0.0839 | 0.0754 | 0.0678 | 0.0610 | 0.0550 | 0.0496 | 0.0447 | 0.0404 | 0.0365 | 0.03 |
| 14 | 0.1413 | 0.1252 | 0.1110 | 0.0985 | 0.0876 | 0.0779 | 0.0693 | 0.0618 | 0.0551 | 0.0492 | 0.0440 | 0.0393 | 0.0352 | 0.0316 | 0.0283 | 0.02 |
| 15 | 0.1229 | 0.1079 | 0.0949 | 0.0835 | 0.0736 | 0.0649 | 0.0573 | 0.0507 | 0.0448 | 0.0397 | 0.0352 | 0.0312 | 0.0277 | 0.0247 | 0.0219 | 0.01 |
| 16 | 0.1069 | 0.0930 | 0.0811 | 0.0708 | 0.0618 | 0.0541 | 0.0474 | 0.0415 | 0.0364 | 0.0320 | 0.0281 | 0.0248 | 0.0218 | 0.0193 | 0.0170 | 0.01 |
| 17 | 0.0929 | 0.0802 | 0.0693 | 0.0600 | 0.0520 | 0.0451 | 0.0391 | 0.0340 | 0.0296 | 0.0258 | 0.0225 | 0.0197 | 0.0172 | 0.0150 | 0.0132 | 0.01 |
| 18 | 0.0808 | 0.0691 | 0.0592 | 0.0508 | 0.0437 | 0.0376 | 0.0323 | 0.0279 | 0.0241 | 0.0208 | 0.018 | 0.0156 | 0.0135 | 0.0118 | 0.0102 | 0.00 |
| 19 | 0.0703 | 0.0596 | 0.0506 | 0.0431 | 0.0367 | 0.0313 | 0.0267 | 0.0229 | 0.0196 | 0.0168 | 0.0144 | 0.0124 | 0.0107 | 0.0092 | 0.0079 | 0.00 |
| 20 | 0.0611 | 0.0514 | 0.0433 | 0.0365 | 0.0308 | 0.0261 | 0.0221 | 0.0187 | 0.0159 | 0.0135 | 0.0115 | 0.0098 | 0.0084 | 0.0072 | 0.0061 | 0.00 |
| 21 | 0.0531 | 0.0443 | 0.0370 | 0.0309 | 0.0259 | 0.0217 | 0.0183 | 0.0154 | 0.0129 | 0.0109 | 0.0092 | 0.0078 | 0.0066 | 0.0056 | 0.0048 | 0.00 |
| 22 | 0.0462 | 0.0382 | 0.0316 | 0.0262 | 0.0218 | 0.0181 | 0.0151 | 0.0126 | 0.0105 | 0.0088 | 0.0074 | 0.0062 | 0.0052 | 0.0044 | 0.0037 | 0.00 |
| 23 | 0.0402 | 0.0329 | 0.0270 | 0.0222 | 0.0183 | 0.0151 | 0.0125 | 0.0103 | 0.0086 | 0.0071 | 0.0059 | 0.0049 | 0.0041 | 0.0034 | 0.0029 | 0.00 |
| 24 | 0.0349 | 0.0284 | 0.0231 | 0.0188 | 0.0154 | 0.0126 | 0.0103 | 0.0085 | 0.0070 | 0.0057 | 0.0047 | 0.0039 | 0.0032 | 0.0027 | 0.0022 | 0.00 |
| 25 | 0.0304 | 0.0245 | 0.0197 | 0.0160 | 0.0129 | 0.0105 | 0.0085 | 0.0069 | 0.0057 | 0.0046 | 0.0038 | 0.0031 | 0.0025 | 0.0021 | 0.0017 | 0.00 |
| 26 | 0.0264 | 0.0211 | 0.0169 | 0.0135 | 0.0109 | 0.0087 | 0.007 | 0.0057 | 0.0046 | 0.0037 | 0.0030 | 0.0025 | 0.0020 | 0.0016 | 0.0013 | 0.00 |
| 27 | 0.0230 | 0.0182 | 0.0144 | 0.0115 | 0.0091 | 0.0073 | 0.0058 | 0.0047 | 0.0037 | 0.0030 | 0.0024 | 0.0019 | 0.0016 | 0.0013 | 0.0010 | 0.00 |
| 28 | 0.0200 | 0.0157 | 0.0123 | 0.0097 | 0.0077 | 0.0061 | 0.0048 | 0.0038 | 0.0030 | 0.0024 | 0.0019 | 0.0015 | 0.0012 | 0.0010 | 0.0008 | 0.00 |
| 29 | 0.0174 | 0.0135 | 0.0105 | 0.0082 | 0.0064 | 0.0051 | 0.0040 | 0.0031 | 0.0025 | 0.0020 | 0.0015 | 0.0012 | 0.0010 | 0.0008 | 0.0006 | 0.00 |
| 30 | 0.0151 | 0.0116 | 0.0090 | 0.0070 | 0.0054 | 0.0042 | 0.0033 | 0.0026 | 0.0020 | 0.0016 | 0.0012 | 0.0010 | 0.0008 | 0.0006 | 0.0005 | 0.00 |

## 2. 年金现值系数表

| 折现率<br>期数 | 1% | 2% | 3% | 4% | 5% | 6% | 8% | 10% | 12% | 14% |
|---|---|---|---|---|---|---|---|---|---|---|
| 1 | 0.990 | 0.980 | 0.970 | 0.961 | 0.952 | 0.943 | 0.925 | 0.909 | 0.892 | 0.877 |
| 2 | 1.970 | 1.941 | 1.913 | 1.886 | 1.859 | 1.833 | 1.783 | 1.735 | 1.690 | 1.646 |
| 3 | 2.940 | 2.883 | 2.828 | 2.775 | 2.723 | 2.673 | 2.577 | 2.486 | 2.401 | 2.321 |
| 4 | 3.901 | 3.807 | 3.717 | 3.629 | 3.545 | 3.465 | 3.312 | 3.169 | 3.037 | 2.913 |
| 5 | 4.853 | 4.713 | 4.579 | 4.451 | 4.329 | 4.212 | 3.992 | 3.790 | 3.604 | 3.433 |
| 6 | 5.795 | 5.601 | 5.417 | 5.242 | 5.075 | 4.917 | 4.622 | 4.355 | 4.111 | 3.888 |
| 7 | 6.728 | 6.471 | 6.230 | 6.002 | 5.786 | 5.582 | 5.206 | 4.868 | 4.563 | 4.288 |
| 8 | 7.651 | 7.325 | 7.019 | 6.732 | 6.463 | 6.209 | 5.746 | 5.334 | 4.967 | 4.638 |
| 9 | 8.566 | 8.162 | 7.786 | 7.435 | 7.107 | 6.801 | 6.246 | 5.759 | 5.328 | 4.946 |
| 10 | 9.471 | 8.982 | 8.530 | 8.110 | 7.721 | 7.360 | 6.710 | 6.144 | 5.650 | 5.216 |
| 11 | 10.367 | 9.786 | 9.252 | 8.760 | 8.306 | 7.886 | 7.138 | 6.495 | 5.937 | 5.452 |
| 12 | 11.255 | 10.575 | 9.954 | 9.385 | 8.863 | 8.383 | 7.536 | 6.813 | 6.194 | 5.660 |
| 13 | 12.133 | 11.348 | 10.634 | 9.985 | 9.393 | 8.852 | 7.903 | 7.103 | 6.423 | 5.842 |
| 14 | 13.003 | 12.106 | 11.296 | 10.563 | 9.898 | 9.294 | 8.244 | 7.366 | 6.628 | 6.002 |
| 15 | 13.865 | 12.849 | 11.937 | 11.118 | 10.379 | 9.712 | 8.559 | 7.606 | 6.810 | 6.142 |
| 16 | 14.717 | 13.577 | 12.561 | 11.652 | 10.837 | 10.105 | 8.851 | 7.823 | 6.973 | 6.265 |
| 17 | 15.562 | 14.291 | 13.166 | 12.165 | 11.274 | 10.477 | 9.121 | 8.021 | 7.119 | 6.372 |
| 18 | 16.398 | 14.992 | 13.753 | 12.659 | 11.689 | 10.827 | 9.371 | 8.201 | 7.249 | 6.467 |
| 19 | 17.226 | 15.678 | 14.323 | 13.133 | 12.085 | 11.158 | 9.603 | 8.364 | 7.365 | 6.550 |
| 20 | 18.045 | 16.351 | 14.877 | 13.590 | 12.462 | 11.469 | 9.818 | 8.513 | 7.469 | 6.623 |
| 21 | 18.856 | 17.011 | 15.415 | 14.029 | 12.821 | 11.764 | 10.016 | 8.648 | 7.562 | 6.686 |
| 22 | 19.660 | 17.658 | 15.936 | 14.451 | 13.163 | 12.041 | 10.200 | 8.771 | 7.644 | 6.742 |
| 23 | 20.455 | 18.292 | 16.443 | 14.856 | 13.488 | 12.303 | 10.371 | 8.883 | 7.718 | 6.792 |
| 24 | 21.243 | 18.913 | 16.935 | 15.246 | 13.798 | 12.550 | 10.528 | 8.984 | 7.784 | 6.835 |
| 25 | 22.023 | 19.523 | 17.413 | 15.622 | 14.093 | 12.783 | 10.674 | 9.077 | 7.843 | 6.872 |
| 26 | 22.795 | 20.121 | 17.876 | 15.982 | 14.375 | 13.003 | 10.809 | 9.160 | 7.895 | 6.906 |
| 27 | 23.559 | 20.706 | 18.327 | 16.329 | 14.643 | 13.210 | 10.935 | 9.237 | 7.942 | 6.935 |
| 28 | 24.316 | 21.281 | 18.764 | 16.663 | 14.898 | 13.406 | 11.051 | 9.306 | 7.984 | 6.960 |
| 29 | 25.065 | 21.844 | 19.188 | 16.983 | 15.141 | 13.590 | 11.158 | 9.369 | 8.021 | 6.983 |
| 30 | 25.807 | 22.396 | 19.600 | 17.292 | 15.372 | 13.764 | 11.257 | 9.426 | 8.055 | 7.002 |
| 40 | 32.834 | 27.355 | 23.114 | 19.792 | 17.159 | 15.046 | 11.924 | 9.779 | 8.243 | 7.105 |
| 50 | 39.196 | 31.423 | 25.729 | 21.482 | 18.255 | 15.761 | 12.233 | 9.914 | 8.304 | 7.132 |

（续表）

| 折现率<br>期数 | 15% | 16% | 18% | 20% | 22% | 24% | 25% | 30% | 35% | 40% | 45% | 50% |
| --- | --- | --- | --- | --- | --- | --- | --- | --- | --- | --- | --- | --- |
| 1 | 0.869 | 0.862 | 0.847 | 0.833 | 0.819 | 0.806 | 0.799 | 0.769 | 0.740 | 0.714 | 0.689 | 0.666 |
| 2 | 1.625 | 1.605 | 1.565 | 1.527 | 1.491 | 1.456 | 1.440 | 1.360 | 1.289 | 1.224 | 1.165 | 1.111 |
| 3 | 2.283 | 2.245 | 2.174 | 2.106 | 2.042 | 1.981 | 1.952 | 1.816 | 1.695 | 1.588 | 1.493 | 1.407 |
| 4 | 2.854 | 2.798 | 2.690 | 2.588 | 2.493 | 2.404 | 2.361 | 2.166 | 1.996 | 1.849 | 1.719 | 1.604 |
| 5 | 3.352 | 3.274 | 3.127 | 2.990 | 2.863 | 2.745 | 2.689 | 2.435 | 2.219 | 2.035 | 1.875 | 1.736 |
| 6 | 3.784 | 3.684 | 3.497 | 3.325 | 3.166 | 3.020 | 2.951 | 2.642 | 2.385 | 2.167 | 1.983 | 1.824 |
| 7 | 4.160 | 4.038 | 3.811 | 3.604 | 3.415 | 3.242 | 3.161 | 2.802 | 2.507 | 2.262 | 2.057 | 1.882 |
| 8 | 4.487 | 4.343 | 4.077 | 3.837 | 3.619 | 3.421 | 3.328 | 2.924 | 2.598 | 2.330 | 2.108 | 1.921 |
| 9 | 4.771 | 4.606 | 4.303 | 4.030 | 3.786 | 3.565 | 3.463 | 3.019 | 2.665 | 2.378 | 2.143 | 1.947 |
| 10 | 5.018 | 4.833 | 4.494 | 4.192 | 3.923 | 3.681 | 3.570 | 3.091 | 2.715 | 2.413 | 2.168 | 1.965 |
| 11 | 5.233 | 5.028 | 4.656 | 4.327 | 4.035 | 3.775 | 3.656 | 3.147 | 2.751 | 2.438 | 2.184 | 1.976 |
| 12 | 5.420 | 5.197 | 4.793 | 4.439 | 4.127 | 3.851 | 3.725 | 3.190 | 2.779 | 2.455 | 2.196 | 1.984 |
| 13 | 5.583 | 5.342 | 4.909 | 4.532 | 4.202 | 3.912 | 3.780 | 3.223 | 2.799 | 2.468 | 2.204 | 1.989 |
| 14 | 5.724 | 5.467 | 5.008 | 4.610 | 4.264 | 3.961 | 3.824 | 3.248 | 2.814 | 2.477 | 2.209 | 1.993 |
| 15 | 5.847 | 5.575 | 5.091 | 4.675 | 4.315 | 4.001 | 3.859 | 3.268 | 2.825 | 2.483 | 2.213 | 1.995 |
| 16 | 5.954 | 5.668 | 5.162 | 4.729 | 4.356 | 4.033 | 3.887 | 3.283 | 2.833 | 2.488 | 2.216 | 1.996 |
| 17 | 6.047 | 5.748 | 5.222 | 4.774 | 4.390 | 4.059 | 3.909 | 3.294 | 2.839 | 2.491 | 2.218 | 1.997 |
| 18 | 6.127 | 5.817 | 5.273 | 4.812 | 4.418 | 4.079 | 3.927 | 3.303 | 2.844 | 2.494 | 2.219 | 1.998 |
| 19 | 6.198 | 5.877 | 5.316 | 4.843 | 4.441 | 4.096 | 3.942 | 3.310 | 2.847 | 2.495 | 2.220 | 1.999 |
| 20 | 6.259 | 5.928 | 5.352 | 4.869 | 4.460 | 4.110 | 3.953 | 3.315 | 2.850 | 2.497 | 2.220 | 1.999 |
| 21 | 6.312 | 5.973 | 5.383 | 4.891 | 4.475 | 4.121 | 3.963 | 3.319 | 2.851 | 2.497 | 2.221 | 1.999 |
| 22 | 6.358 | 6.011 | 5.409 | 4.909 | 4.488 | 4.129 | 3.970 | 3.322 | 2.853 | 2.498 | 2.221 | 1.999 |
| 23 | 6.398 | 6.044 | 5.432 | 4.924 | 4.498 | 4.137 | 3.976 | 3.325 | 2.854 | 2.498 | 2.221 | 1.999 |
| 24 | 6.433 | 6.072 | 5.450 | 4.937 | 4.507 | 4.142 | 3.981 | 3.327 | 2.855 | 2.499 | 2.221 | 1.999 |
| 25 | 6.464 | 6.097 | 5.466 | 4.947 | 4.513 | 4.147 | 3.984 | 3.328 | 2.855 | 2.499 | 2.222 | 1.999 |
| 26 | 6.490 | 6.118 | 5.480 | 4.956 | 4.519 | 4.151 | 3.987 | 3.329 | 2.855 | 2.499 | 2.222 | 1.999 |
| 27 | 6.513 | 6.136 | 5.491 | 4.963 | 4.524 | 4.154 | 3.990 | 3.330 | 2.856 | 2.499 | 2.222 | 1.999 |
| 28 | 6.533 | 6.152 | 5.501 | 4.969 | 4.528 | 4.156 | 3.992 | 3.331 | 2.856 | 2.499 | 2.222 | 1.999 |
| 29 | 6.550 | 6.165 | 5.509 | 4.974 | 4.531 | 4.158 | 3.993 | 3.331 | 2.856 | 2.499 | 2.222 | 1.999 |
| 30 | 6.565 | 6.177 | 5.516 | 4.978 | 4.533 | 4.160 | 3.995 | 3.332 | 2.856 | 2.499 | 2.222 | 1.999 |
| 40 | 6.641 | 6.233 | 5.548 | 4.996 | 4.543 | 4.165 | 3.999 | 3.333 | 2.857 | 2.499 | 2.222 | 1.999 |
| 50 | 6.660 | 6.246 | 5.554 | 4.999 | 4.545 | 4.166 | 3.999 | 3.333 | 2.857 | 2.499 | 2.222 | 1.999 |

# 教师反馈及教辅申请表

　　北京大学出版社本着"教材优先、学术为本"的出版宗旨,竭诚为广大高等院校师生服务。为更有针对性地提供服务,请您认真填写以下表格并经系主任签字盖章后寄回,我们将按照您填写的联系方式免费向您提供相应教辅资料,以及在本书内容更新后及时与您联系邮寄样书等事宜。

| 书名 | | 书号 | 978-7-301- | 作者 | |
|---|---|---|---|---|---|
| 您的姓名 | | | | 职称职务 | |
| 校/院/系 | | | | | |
| 您所讲授的课程名称 | | | | | |
| 每学期学生人数 | _____人_____年级 | | | 学时 | |
| 您准备何时用此书授课 | | | | | |
| 您的联系地址 | | | | | |
| 邮政编码 | | | 联系电话(必填) | | |
| E-mail(必填) | | | QQ | | |
| 您对本书的建议: | | | | 系主任签字<br><br>盖章 | |

## 我们的联系方式:

北京大学出版社经济与管理图书事业部
北京市海淀区成府路 205 号,100871
联 系 人:徐冰
电　　话:010-62767312 / 62757146
传　　真:010-62556201
电子邮件:em_pup@126.com em@pup.cn
Q　　Q:5520 63295
新浪微博:@北京大学出版社经管图书
网　　址:http://www.pup.cn